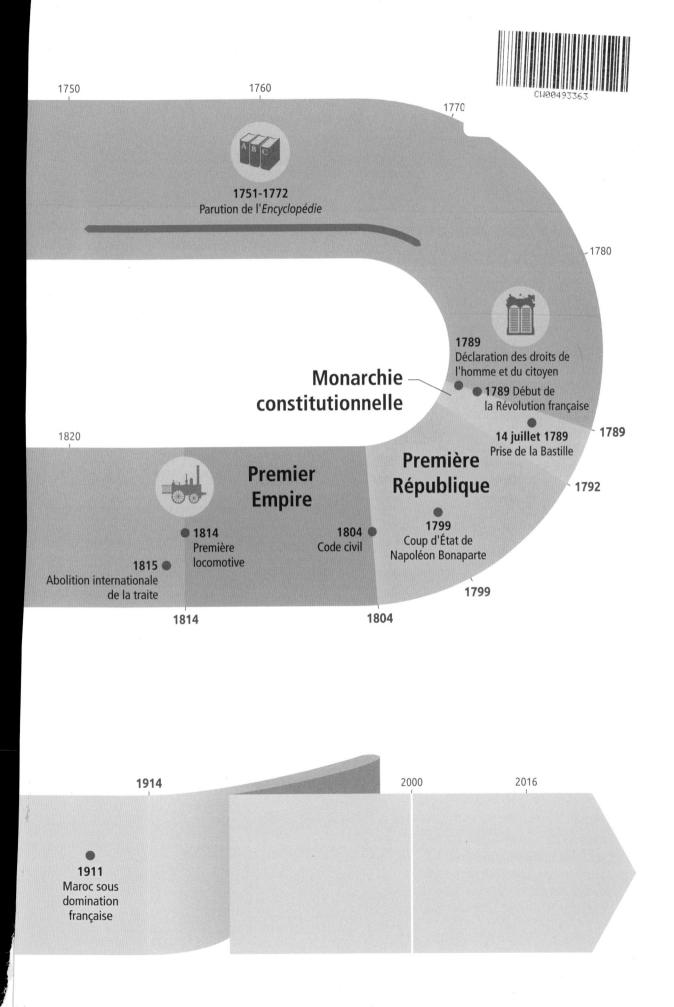

1750

1760

1770

1751-1772
Parution de l'*Encyclopédie*

1780

1789
Déclaration des droits de
l'homme et du citoyen

Monarchie
constitutionnelle

1789 Début de
la Révolution française

14 juillet 1789
Prise de la Bastille

1789

1792

1820

Premier
Empire

Première
République

1799
Coup d'État de
Napoléon Bonaparte

1814
Première
locomotive

1804
Code civil

1815
Abolition internationale
de la traite

1814

1804

1799

1914

2000

2016

1911
Maroc sous
domination
française

Un manuel et un site
à votre service

Sur le site collegien.nathan.fr/hg4, **retrouvez de nombreuses ressources pour vous accompagner toute l'année !**

 Enregistrez ce lien dans les favoris de votre navigateur Internet et prenez l'habitude de le consulter régulièrement !

▌ Tous les **liens vers les vidéos et les sites** présentés dans le manuel

▌ Plus de **80 exercices interactifs** pour vérifier vos connaissances

▌ Tous les **fonds de carte** et les **frises vierges** pour réviser

▌ **Des outils interactifs** : frises chronologiques et cartes mentales à compléter

▌ Tous les textes du manuel **disponibles dans une version spécialement adaptée aux élèves DYS**

Les pages Apprendre à apprendre **pour réviser chez soi !**

Apprendre, tout le monde en est capable ! Il suffit juste de trouver les bonnes méthodes et de créer les bons outils. Ces pages vont vous aider à comprendre comment vous mémorisez le mieux vos leçons.

Pour commencer, rendez-vous sur le site Nathan et effectuez le test proposé !

Avez-vous plutôt une mémoire visuelle, auditive, corporelle ? Ce test vous permettra de mieux connaître votre type de mémoire, et donc votre manière d'apprendre !

Histoire
Géographie
Enseignement moral et civique

4e CYCLE 4

Nouveau programme **2016**

Histoire

Sous la direction de

Sébastien Cote
Agrégé d'histoire
Lycée Joffre, Montpellier (34)

Anne-Marie Hazard-Tourillon
Agrégée d'histoire
Académie de Créteil

Relecture pédagogique :
Caroline Normand

Par

Laetitia Benbassat
Agrégée d'histoire-géographie
Académie de Paris

Jérôme Chastan
Agrégé d'histoire-géographie
Lycée Eugène-Hénaff, Bagnolet (93)
Formateur à l'ESPE de Créteil (94)

Laurence de Cock
Agrégée d'histoire-géographie
Lycée Guillaume-Tirel, Paris (75)

Michaël Delafosse
Certifié d'histoire-géographie
Collège Fontcarrade, Montpellier (34)

Grégoire Gerin
Agrégé d'histoire
Collège Louis-Lumière, Oyonnax (01)

Éric Godeau
Agrégé d'histoire
Lycée Hélène-Boucher, Paris (75)

Jean-Marcel Guigou
Certifié d'histoire-géographie
Lycée Germaine-Tillion, Le Bourget (93)

Delphine Lécureuil
Agrégée d'histoire
Lycée Jules-Guesde, Montpellier (34)

Caroline Normand
Certifiée d'histoire-géographie
Collège Louis-Issaurat, Créteil (94)

Géographie

Sous la direction de

Armelle Fellahi
Agrégée d'histoire
Académie de Rennes

Gwenaëlle Hergott
Agrégée d'histoire-géographie
Académie de Nancy-Metz

Relecture pédagogique :
Grégoire Gerin

Par

Nicolas Hérissé
Certifié d'histoire-géographie
Collège Broussais, Dinan (22)

Stéphane Louessard Ratajczak
Certifié d'histoire-géographie
Collège Charles-Fauqueux,
Beauvais (60)

Cédric Naudet
Agrégé d'histoire-géographie
Lycée Marcel-Pagnol, Athis-Mons (91)

Guillaume Sarcel
Certifié d'histoire-géographie
Collège Gérard-de-Nerval, Vitré (35)

Marie-Pierre Saulze
Certifiée d'histoire-géographie
Collège François-Truffaut, Betton (35)

Enseignement moral et civique

Sous la direction de

Anne-Marie Hazard-Tourillon
Agrégée d'histoire
Académie de Créteil

Arlette Heymann-Doat
Professeure émérite de droit public
à l'université de Paris-Sud

Par

Maria Aeschlimann
Agrégée d'histoire
Collège François-Truffaut, Asnières (92)

Annie Lambert
Agrégée d'histoire-géographie

Caroline Normand
Certifiée d'histoire-géographie
Collège Louis-Issaurat, Créteil (94)

Fabienne Vadrot
Certifiée d'histoire-géographie
Collège Pierre-de-Ronsard,
Saint-Maur-des-Fossés (94)

Eric Zdobych
Agrégé d'histoire-géographie
Collège Jacques-Offenbach,
Saint-Mandé (94)

À la découverte de votre manuel

Ouvertures de chapitre
- Une petite « frise de cycle » pour replacer le chapitre étudié dans les aprentissages des cycles 3 et 4.
- Deux grandes images pour entrer dans le thème.
- Une anecdote pour interpeller les élèves.

Je me repère (en histoire)
- La frise chronologique du chapitre et une petite frise pour se situer dans le programme.
- Les grands repères du chapitre (cartes, schémas...).
- Des questions pour se repérer dans le temps et dans l'espace.

Je découvre
- Un travail sur documents qui propose **2 itinéraires différenciés** (questions de prélèvement, bilan à rédiger, exposé à préparer, carte mentale à compléter...).

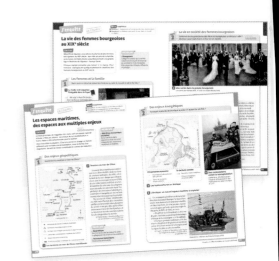

J'enquête
- Des propositions de **tâches complexes** avec une consigne et un «Coup de pouce».
- Des **missions à mener en équipes**.

D'hier à aujourd'hui (en histoire)
- Des documents et un questionnaire pour **comprendre que le passé éclaire le présent**.

© Nathan 2016 - 25, avenue Pierre de Coubertin - 75013 Paris. ISBN : 978-2-09-171896-5

Études de cas (en géographie)

- Des **études de cas** avec des **itinéraires différenciés** : prélèvement d'informations ou réalisation d'un schéma, d'une carte mentale...

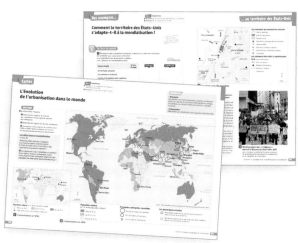

Des études de cas... au monde

- Une activité pour **mettre en perspective** les études de cas et **changer d'échelle**.
- Des cartes pour **changer d'échelle**.

Parcours

- **Des parcours en lien avec les nouveaux programmes** : Parcours Arts et culture (PEAC), Parcours Citoyen.

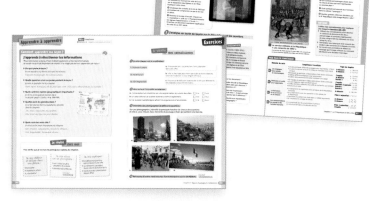

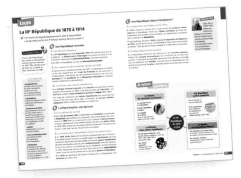

Leçon

- Un cours simple, accessible.
- Un schéma de synthèse.

Apprendre à apprendre et Exercices

- Des pages pour apprendre sa leçon, vérifier et mobiliser ses connaissances.
- Des exercices « **vers le brevet** » pour s'entraîner.
- Un « **bilan de compétences** » pour faire le point sur les compétences acquises ou à perfectionner.

Histoire

Géographie

Le site de la collection

■ Retrouvez sur votre site **collegien.nathan.fr/hg4** tous les liens vers les vidéos et
de nombreuses ressources complémentaires (fonds de cartes, exercices interactifs...),
signalés par ce picto dans le manuel [site élève]
⬇ exercices interactifs

Enseignement moral et civique

Vers le Brevet

Mes outils pour apprendre

Apprendre à apprendre

Histoire–Géographie

Programme de 4ᵉ • Bulletin officiel spécial n°11, 26 novembre 2015

Compétences travaillées	Domaines du socle
→ Se repérer dans le temps : construire des repères historiques	1, 2
→ Se repérer dans l'espace : construire des repères géographiques	1, 2
→ Raisonner, justifier une démarche et les choix effectués	1, 2
→ S'informer dans le monde du numérique	1, 2, 3
→ Analyser et comprendre un document	1, 2
→ Pratiquer différents langages en histoire et en géographie	1, 2
→ Coopérer et mutualiser	2, 3

Histoire

Thème 1

Le XVIIIᵉ siècle. Expansions, Lumières et révolutions

- Bourgeoisies marchandes, négoces internationaux et traites négrières et esclavage au XVIIIᵉ siècle
- L'Europe des Lumières : circulation des idées, despotisme éclairé et contestation de l'absolutisme
- La Révolution française et l'Empire : nouvel ordre politique et société révolutionnée en France et en Europe

Thème 2

L'Europe et le monde au XIXᵉ siècle

- L'Europe de la « révolution industrielle »
- Conquêtes et sociétés coloniales

Thème 3

Société, culture et politique dans la France du XIXᵉ siècle

- Une difficile conquête : voter de 1815 à 1870
- La Troisième République
- Conditions féminines dans une société en mutation

Géographie

Thème 1

L'urbanisation du monde

- Espaces et paysages de l'urbanisation : géographie des centres et des périphéries
- Des villes inégalement connectées aux réseaux de la mondialisation

Thème 2

Les mobilités humaines transnationales

- Un monde de migrants
- Le tourisme et ses espaces

Thème 3

Des espaces transformés par la mondialisation

- Mers et Océans : un monde maritimisé
- L'adaptation du territoire des États-Unis aux nouvelles conditions de la mondialisation
- Les dynamiques d'un grand ensemble géographique africain (au choix : Afrique de l'Ouest, Afrique Orientale, Afrique australe)

→ **Le programme intégral est disponible sur le site collegien.nathan.fr/hg4**

Enseignement moral et civique

Programme de cycle 4 • Bulletin officiel spécial n°6, 25 juin 2015

La sensibilité : soi et les autres

➊ **Identifier et exprimer en les régulant ses émotions et ses sentiments.**

➋ **S'estimer et être capable d'écoute et d'empathie.**

➌ **Se sentir membre d'une collectivité.**

1 – Exprimer des sentiments moraux à partir de questionnements ou de supports variés et les confronter avec ceux des autres (proches ou lointains).

2 – Comprendre que l'aspiration personnelle à la liberté suppose de reconnaître celle d'autrui.

3/a – Comprendre la diversité des sentiments d'appartenance civiques, sociaux, culturels, religieux.

3/b – Connaître les principes, valeurs et symboles de la citoyenneté française et de la citoyenneté européenne.

Le droit et la règle : des principes pour vivre avec les autres

➊ **Comprendre les raisons de l'obéissance aux règles et à la loi dans une société démocratique.**

➋ **Comprendre les principes et les valeurs de la République française et des sociétés démocratiques.**

1/a – Expliquer les grands principes de la justice (droit à un procès équitable, droit à la défense) et leur lien avec le règlement intérieur et la vie de l'établissement.

1/b – Identifier les grandes étapes du parcours d'une loi dans la République française.

2 – Définir les principaux éléments des grandes déclarations des Droits de l'homme.

Le jugement : penser par soi-même et avec les autres

➊ **Développer les aptitudes à la réflexion critique : en recherchant les critères de validité des jugements moraux ; en confrontant ses jugements à ceux d'autrui dans une discussion ou un débat argumenté.**

➋ **Différencier son intérêt particulier de l'intérêt général.**

1/a – Expliquer les différentes dimensions de l'égalité, distinguer une inégalité d'une discrimination.

1/b – Comprendre les enjeux de la laïcité (liberté de conscience et égalité des citoyens).

2/a – Reconnaître les grandes caractéristiques d'un État démocratique.

2/b – Comprendre que deux valeurs de la République, la liberté et l'égalité, peuvent entrer en tension.

L'engagement : agir individuellement et collectivement

➊ **S'engager et assumer des responsabilités dans l'école et dans l'établissement.**

➋ **Prendre en charge des aspects de la vie collective et de l'environnement et développer une conscience citoyenne, sociale et écologique.**

1 – Expliquer le lien entre l'engagement et la responsabilité.

2/a – Expliquer le sens et l'importance de l'engagement individuel ou collectif des citoyens dans une démocratie.

2/b – Connaître les principaux droits sociaux.

2/c – Comprendre la relation entre l'engagement des citoyens dans la cité et l'engagement des élèves dans l'établissement.

2/d – Connaître les grands principes qui régissent la Défense nationale.

Histoire

La Pause déjeuner, Wigan, 1874. Huile sur canevas de Eyre Crowe (1824-1910), Manchester Art Gallery.

1 Bourgeoisies, commerce, traite et esclavage (XVIIIᵉ siècle)

➜ **Comment le commerce, la traite et l'esclavage enrichissent-ils l'Europe au XVIIIᵉ siècle ?**

Au cycle 3, en CM2

J'ai appris que les Européens ont conquis et colonisé le continent américain au XVᵉ siècle.

Au cycle 4, en 5ᵉ

J'ai étudié les Grandes Découvertes du XVᵉ siècle et la première mondialisation, qui ont changé la vision du monde connu.

Ce que je vais découvrir

L'océan Atlantique devient, au XVIIIᵉ siècle, le cœur d'un commerce international intense marqué par le développement de la traite et de l'esclavage.

France
• La Rochelle

Caraïbes
• Antigua

1 **Le travail des esclaves dans les plantations**

Sur cette plantation de canne à sucre de l'île d'Antigua (Caraïbes), les esclaves, femmes et hommes, travaillent dans des conditions très pénibles.

Esclaves plantant des cannes à sucre, Dix Vues sur l'île d'Antigua, William Clark, 1823, British Library, Londres.

Au XVIIIᵉ siècle, les ports les plus actifs pour le commerce des esclaves se trouvent en Angleterre (Liverpool, notamment). Suivent les ports français (Nantes, par exemple) et ceux des Provinces-Unies (Amsterdam).

2 **Le port de La Rochelle au XVIIIᵉ siècle**

Le port de La Rochelle est l'un des ports les plus actifs pour la traite négrière atlantique.

Gravure du XVIIIᵉ siècle, détail.

Bourgeoisies, commerce, traite et esclavage (XVIIIᵉ siècle)

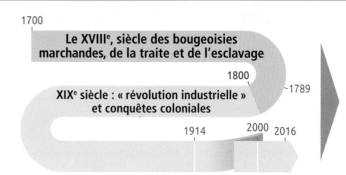

1700

Le XVIIIᵉ, siècle des bougeoisies marchandes, de la traite et de l'esclavage

XIXᵉ siècle : « révolution industrielle » et conquêtes coloniales

1800 ~1789

1914 2000 2016

VOCABULAIRE

▶ **Colonie**
Territoire conquis, dominé et exploité par un État étranger (la métropole).

▶ **Commerce triangulaire**
Commerce d'esclaves qui s'effectue entre trois régions : l'Europe, l'Afrique et les Amériques.

▶ **Code noir**
Ensemble d'articles écrit en 1685 pour organiser la vie des esclaves dans les plantations.

▶ **Comptoir**
Établissement de commerce et escale maritime.

▶ **Route commerciale**
Route terrestre ou maritime empruntée par les marchands.

▶ **Traite négrière**
Commerce de femmes et d'hommes africains capturés puis vendus à des propriétaires esclavagistes.

QUESTIONS

▶ Je me repère dans le temps et dans l'espace

❶ À quelle période la traite négrière atlantique a-t-elle été la plus importante ?

❷ Quelles régions du monde les routes maritimes relient-elles ?

❸ Quels pays européens se partagent le continent américain ?

❹ Nommez les produits échangés dans le monde au XVIIIᵉ siècle.

Fourrures, morue

Québec
Montréal
Boston
New York
Açores

Nouvelle-Espagne

Louisiane

Philadelphie

Floride

Sucre, café, coton, rhum, tabac

Mexico

Saint-Domingue

INDES OCCIDENTALES

Guadeloupe
Martinique
Cap-Vert

Guyanes

OCÉAN PACIFIQUE

Nouvelle-Grenade

Les empires coloniaux

- ● Colonies espagnoles
- ● Colonies et comptoirs portugais
- ● Colonies et comptoirs français
- ● Colonies et comptoirs anglais
- Colonies des Provinces-Unies

Échanges commerciaux, traites négrières et empires coloniaux au XVIIIᵉ siècle

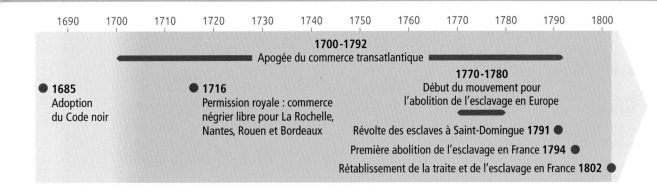

| 1690 | 1700 | 1710 | 1720 | 1730 | 1740 | 1750 | 1760 | 1770 | 1780 | 1790 | 1800 |

1700-1792
Apogée du commerce transatlantique

● **1685**
Adoption
du Code noir

● **1716**
Permission royale : commerce
négrier libre pour La Rochelle,
Nantes, Rouen et Bordeaux

1770-1780
Début du mouvement pour
l'abolition de l'esclavage en Europe

Révolte des esclaves à Saint-Domingue **1791** ●

Première abolition de l'esclavage en France **1794** ●

Rétablissement de la traite et de l'esclavage en France **1802** ●

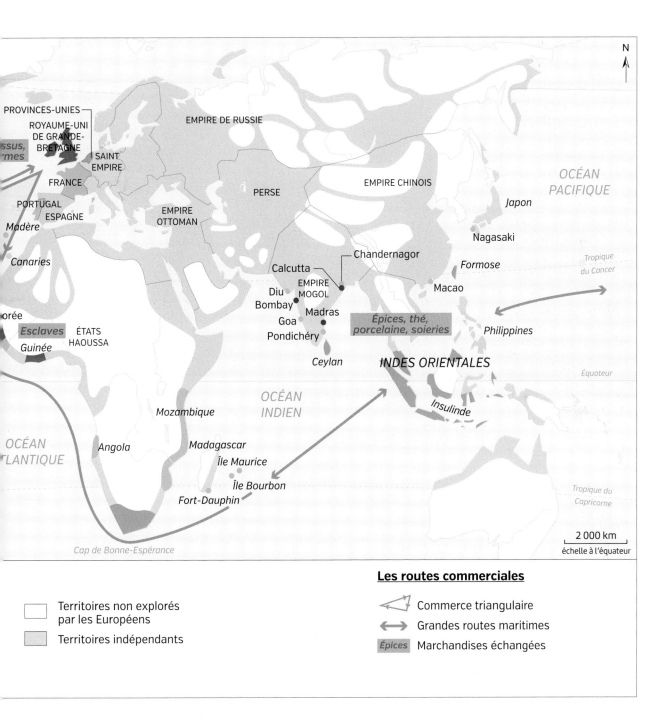

Les routes commerciales

Territoires non explorés
par les Européens

Territoires indépendants

◁ Commerce triangulaire

⟷ Grandes routes maritimes

Épices Marchandises échangées

Je découvre

SOCLE Compétences
▶ **Domaine 1** : Je m'exprime à l'oral et à l'écrit pour expliquer
▶ **Domaine 5** : Je me repère dans le temps
à différentes échelles

Les échanges commerciaux au XVIIIe siècle

Question clé Comment les échanges commerciaux ont-ils enrichi
les États européens au XVIIIe siècle ?

1 Les entrepôts de la Compagnie des Indes à Pondichéry

Dans les entrepôts de la Compagnie des Indes étaient stockés les tissus en provenance des colonies, acheminés ensuite vers le port de Lorient.

Gravure du XVIIIe siècle, musée de la Compagnie des Indes, Lorient.

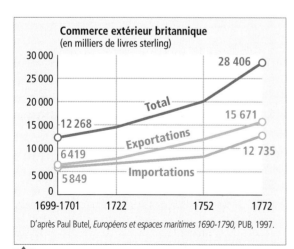

Commerce extérieur britannique
(en milliers de livres sterling)

D'après Paul Butel, *Européens et espaces maritimes 1690-1790*, PUB, 1997.

2 La croissance du commerce britannique

3 La Compagnie des Indes, une compagnie de commerce

La Compagnie des Indes a le monopole[1] du commerce français avec l'Afrique et l'océan Indien.

La Compagnie des Indes orientales doit se procurer les épices, drogues [thé et café] et autres choses que nos provinces ne produisent pas, dont nous ne pouvons nous passer [...]. Cette compagnie a formé des établissements solides dans plusieurs parties du monde, elle y fait respecter le nom du roi et redouter sa puissance, elle a une marine florissante aussi utile à la France que préjudiciable[2] à ses voisins [...].

■ Nicolas Dutot, *Réflexions politiques sur le commerce et les finances*, 1738.

1. Exclusivité. 2. Nuisible.

4 L'utilité du commerce pour la France

On ne peut douter de l'utilité du commerce, premièrement à l'égard des particuliers qui font la marchandise, puisque la plus grande partie du Royaume [de France] subsiste honnêtement dans cette profession, et que l'on voit tous les jours les marchands et négociants faire des fortunes considérables [...]. Plus on fait de commerce dans un pays, plus l'abondance y est grande. On a vu des États amasser ainsi en peu de temps des richesses infinies, et, dès que la guerre fait cesser le commerce, les provinces en souffrent [...].

Les rois tirent aussi leur plus grande utilité du commerce : car outre les droits que leur payent les marchandises qui entrent dans le Royaume et qui en sortent[1] [...] c'est de là que les traitants[2] et les gens d'affaires tirent les sommes immenses dont quelquefois les rois ont besoin pour de grandes entreprises[3].

■ Jacques Savary, *Le Parfait Négociant*, 1675.

1. Taxes sur les produits achetés ou vendus à l'extérieur du royaume. 2. Banquiers qui ont un signé un « traité » avec le roi et lui prêtent de l'argent. 3. Actions.

5 Le grand commerce suscite de nouveaux types de consommation

Sur ce tableau, un domestique ❶ verse du chocolat dans les tasses. Il est issu des fèves de cacao ramenées d'Amérique.

La Tasse de chocolat, Nicolas Lancret, vers 1742, 88,9 x 97,8 cm, détail, National Gallery, Londres.

Activités

Question clé — **Comment les échanges commerciaux ont-ils enrichi les États européens au XVIIIᵉ siècle ?**

ITINÉRAIRE 1

▸ **J'extrais des informations des documents**

❶ **Doc 2.** Comment évolue le commerce britannique au XVIIIᵉ siècle ?

❷ **Doc 1 et 3.** Quel est le rôle de la Compagnie des Indes ?

❸ **Doc 3 et 4.** Pourquoi le commerce est-il profitable à la France ?

❹ **Doc 3, 4 et 5.** Pourquoi les activités commerciales européennes ont-elles influencé les modes de vie des élites ?

▸ **J'argumente à l'écrit ou à l'oral**

❺ Faites une liste des éléments permettant de répondre à la question clé.

OU

ITINÉRAIRE 2

▸ **Je rédige un texte de façon claire et argumentée**

Pour répondre à la question clé, rédigez un texte d'environ 10 lignes. Utilisez les mots suivants : marchands, compagnies de commerce, produits des colonies, enrichissement, importations, exportations.

MÉTHODE

Montrez d'abord l'essor du commerce maritime (doc 2, 3 et 4), puis décrivez les acteurs de ce commerce (doc 1, 3 et 4). Enfin, expliquez les conséquences de ce commerce sur les États et les modes de vie européens (doc 3 à 5).

Un grand port de la façade atlantique : Bordeaux

Question clé Comment les activités du port enrichissent-elles Bordeaux et ses habitants au XVIIIᵉ siècle ?

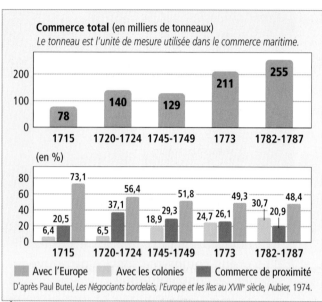

Commerce total (en milliers de tonneaux)
Le tonneau est l'unité de mesure utilisée dans le commerce maritime.

Année	Valeur
1715	78
1720-1724	140
1745-1749	129
1773	211
1782-1787	255

(en %)

Avec l'Europe / Avec les colonies / Commerce de proximité

Année	Avec l'Europe	Avec les colonies	Commerce de proximité
1715	6,4	20,5	73,1
1720-1724	6,5	37,1	56,4
1745-1749	18,9	29,3	51,8
1773	24,7	26,1	49,3
1782-1787	30,7	20,9	48,4

D'après Paul Butel, *Les Négociants bordelais, l'Europe et les îles au XVIIIᵉ siècle*, Aubier, 1974.

1 Les activités commerciales du port de Bordeaux

France
•Bordeaux

VOCABULAIRE

▶ **Bourgeoisie**
Au XVIIIᵉ siècle, classe constituée des habitants d'une ville qui font fortune dans le commerce ou la finance.

▶ **Négociant**
Marchand qui fait du commerce en très grande quantité et à l'échelle internationale. Les négociants forment un groupe puissant dans les grandes villes.

CHIFFRES CLÉS

➡ **1700** : **45 000** habitants à Bordeaux

➡ **1790** : **110 000** habitants

2 Les hôtels particuliers, symboles de l'enrichissement de Bordeaux

L'hôtel Nairac appartient au XVIIIᵉ siècle à un négociant qui s'est enrichi dans le commerce du sucre. C'est aujourd'hui un bâtiment prestigieux de la ville.

3 Un commerce « fort considérable »

Le commerce de Bordeaux est fort considérable ; le principal se fait dans les îles : Bordeaux y porte des vins et du blé, de la quincaillerie, des verroteries[1], des draps, etc.

Elle achète en France ce qu'elle porte en Amérique ; ainsi ce commerce est fort avantageux au royaume.

Le vin est la branche la plus avantageuse à Bordeaux même, puisque c'est une richesse qui se renouvelle tous les ans. Plusieurs personnes m'ont dit que les deux tiers des habitants de Bordeaux étaient occupés au vin.

■ D'après François de la Rochefoucault, *Récit de voyage*, 1783.

1. Objets d'artisanat en métal ou en verre.

4 Le port de Bordeaux au XVIIIᵉ siècle

Première vue du port de Bordeaux, prise du côté des Salinières, Joseph Vernet, 1759, 263 x 165 cm, musée national de la Marine, Paris.

1 Façade de l'hôtel des douanes, construit au XVIIIᵉ siècle

2 Quai en cours d'aménagement

3 Arrivage de tonneaux de vin

4 Navires marchands

5 La Garonne, fleuve qui mène vers l'océan Atlantique

5 François Bonnaffé : un bourgeois bordelais

BIOGRAPHIE

▶ Négociant et armateur, François Bonnaffé est le fils d'Étienne Bonnaffé (1723–1809), marchand bourgeois, et de Françoise Calmels.

▶ Il devient négociant en 1746 et fait fortune dans le commerce de café, sucre, grains et vins avec les Antilles. Il fonde un établissement de commerce au Cap français (Saint-Domingue).

▶ Il assure plus de 80 départs de bateaux entre Bordeaux et les Antilles.

▶ Très fortuné, il possède plusieurs navires, deux domaines dans la région de Bordeaux et 23 maisons dans Bordeaux.

◼ D'après Séverine Pacteau de Luze, dans Patrick Cabanel et André Encrevé (dir.), *Dictionnaire biographique des protestants français de 1787 à nos jours,* Éditions de Paris Max Chaleil, 2015.

Activités

Question clé Comment les activités du port enrichissent-elles Bordeaux et ses habitants au XVIIIᵉ siècle ?

ITINÉRAIRE 1

▶ **Je comprends le sens général des documents**

1 Doc 1. Comment l'activité commerciale de Bordeaux évolue-t-elle entre 1715 et 1787 ?

2 Doc 3. Sur quel produit principal repose la prospérité de Bordeaux ?

3 Doc 4. Quels éléments du tableau montrent que le port de Bordeaux est un important port commercial ?

4 Doc 2, 4 et 5. Quels sont les signes de fortune dans la ville ? dans les familles bourgeoises ?

▶ **Je rédige en utilisant le lexique historique travaillé**

5 Vous visitez Bordeaux au XVIIIᵉ siècle et vous vous promenez le long des quais. Rédigez vos notes de voyage pour répondre à la question clé, en vous aidant des réponses aux questions 1 à 4.

OU

ITINÉRAIRE 2

▶ **Je confronte des documents**

Recopiez et remplissez le tableau suivant pour répondre à la question clé.

	Document utilisé	Idée retenue
Un commerce maritime très actif	Doc 1, 3, 4 et 5	
Un enrichissement des négociants	Doc 2 et 5	
Une ville transformée par le commerce	Doc 2 et 4	

J'enquête

TÂCHE COMPLEXE

La traite atlantique de l'Afrique aux Amériques

CONSIGNE

Votre classe participe au concours de « La Flamme de l'égalité », un concours national sur l'histoire des traites, la vie des esclaves et les luttes pour l'abolition de l'esclavage.

Vous décidez de vous inspirer de la vie d'Olaudah Equiano pour rédiger un discours qui dénonce la traite atlantique.

Parcours citoyen

1 Olaudah Equiano, de l'Afrique aux Amériques

Olaudah Equiano est né en 1745 au Nigeria. Il est capturé à 11 ans par une tribu rivale. Il est vendu à des négriers britanniques, entre au service d'un officier de marine britannique puis d'un négociant qui lui permet d'acheter sa liberté en 1766.

« Mon père, en plus de posséder plusieurs esclaves, avait une famille nombreuse de sept enfants. Un jour, deux hommes et une femme entrèrent dans nos murs et se saisirent de nous deux et nous entraînèrent avec eux dans le bois le plus proche.

On me jeta bientôt dans l'entrepont[1] ; la puanteur était si épouvantable, et il y avait tant de cris, que la nausée et l'abattement m'empêchèrent de manger quoi que ce fût [...].

À la fin, las de nos cris, les Blancs firent venir d'anciens esclaves pour nous rassurer. Ils nous dirent que nous étions ici pour travailler, que nous irions bientôt à terre et que nous pourrions voir d'autres gens de notre pays.

Arrivés en Amérique, à un signal donné, les acheteurs accouraient d'un seul coup dans la cour où les esclaves étaient rassemblés et ils faisaient un choix sur le groupe qu'ils préféraient. »

■ D'après *L'Intéressant Récit de vie d'Olaudah Equiano ou Gustavus Vassa l'Africain*, Londres, 1789.

1. Espace entre le pont supérieur d'un bateau et celui qui se trouve en-dessous.

2 Une justification de l'esclavage

Ces misérables esclaves trouvent ordinairement leur salut dans la perte de liberté. [La] raison de l'instruction chrétienne qu'on leur donne, jointe au besoin indispensable qu'on a d'eux pour la culture des sucres, des tabacs, des indigos, etc., adoucit ce qui paraît d'inhumain dans un négoce[1] où des hommes sont les marchands d'autres hommes, et les achètent, de même que des bestiaux pour cultiver leurs terres.

■ Savary des Bruslons, *Dictionnaire universel du Commerce*, 1723.

1. Commerce.

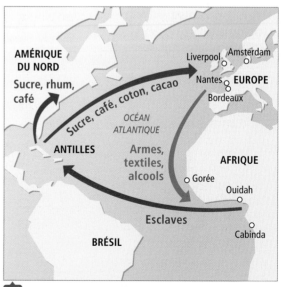

3 Le commerce triangulaire

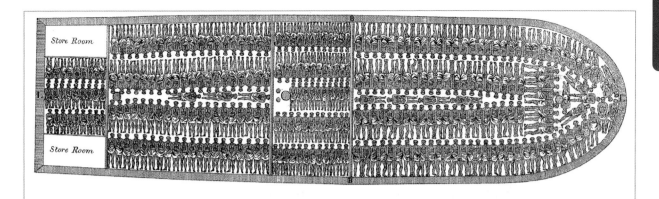

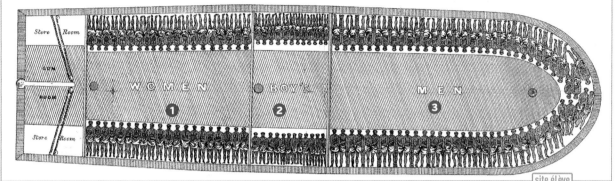

site élève
⬇ lien vers la vidéo

4 **Un navire pour transporter les esclaves :
le *Brookes* de Liverpool**

Cette gravure de 1788 a été réalisée par le mouvement
abolitionniste pour alerter sur le drame de la traite.

❶ Femmes **❷** Enfants **❸** Hommes

5 **Une dénonciation de l'esclavage**

[...] Les hommes et leur liberté ne sont point un
objet de commerce ; ils ne peuvent être ni vendus,
ni achetés, ni payés à aucun prix. [...] Il n'y a donc
pas un seul de ces infortunés que l'on prétend n'être
que des esclaves, qui n'ait droit d'être déclaré libre,
puisqu'il n'a jamais perdu la liberté.

On dira peut-être qu'elles seraient bientôt rui-
nées, ces colonies, si l'on y abolissait l'esclavage des
Nègres[1]. Mais quand cela serait, faut-il conclure de
là que le genre humain doit être horriblement lésé,
pour nous enrichir ou fournir à notre luxe ? [...]

Peut-il être légitime de dépouiller l'espèce
humaine de ses droits les plus sacrés, uniquement pour satisfaire son avarice, sa vanité, ou ses
passions particulières ? Non... Que les colonies
européennes soient donc plutôt détruites, que de
faire tant de malheureux !

■ Louis de Jaucourt, « Traite des Nègres »,
article de *L'Encyclopédie*, 1763.

1. Terme couramment employé au XVIIIe siècle.

INFOS

Dans les **navires négriers**,
chaque esclave ne dispose que
d'un espace de 40 cm de large ; la plupart
se tiennent donc allongés sur le côté
plutôt que sur le dos. Les hommes
sont enferrés aux chevilles par deux.
Tous les esclaves ont les mains attachées.

VOCABULAIRE

▶ **Abolitionniste**
Partisan de la suppression de l'esclavage.

COUP DE POUCE

Pour rédiger votre discours, vous devez
montrer comment les pays européens
ont pratiqué la traite, qui repose sur la vente
d'êtres humains (➔ **doc 1, 3 et 4**),
et comment ils ont justifié une activité aussi
cruelle (➔ **doc 2**), malgré les premières
critiques nées à la fin du XVIIIe siècle
(➔ **doc 4 et 5**).

Découvrez l'épreuve du concours sur le site
www.education.gouv.fr.

SOCLE Compétences
▶ **Domaine 1** : Je raconte et j'explique
▶ **Domaine 5** : J'imagine et je réalise un récit biographique

La vie des esclaves aux Caraïbes

Question clé Quelles étaient les conditions de vie des esclaves dans les plantations ?

Maison
du maître

Champs de
canne à sucre

Cases des
esclaves

Sucrerie

Moulin
à eau

Pâturages

Caraïbes

1 Une plantation de cannes à sucre aux Antilles

Les maîtres font travailler les esclaves dans les plantations où l'on cultive, transforme et vend un produit (ici, le sucre).

Champs de canne à sucre aux Antilles, gravure, Paolo Fumagali, XIXᵉ siècle.

2 Le quotidien des esclaves

Une centaine d'hommes et de femmes d'âges différents sont tous occupés à creuser des fossés sur un champ de canne. La majorité d'entre eux sont nus ou encore couverts de lambeaux. Un soleil de plomb est au-dessus de leur tête. Leurs membres tombent sous la chaleur, fatigués par le poids de leurs outils et la résistance du sol [...]. La sueur coule sur leur corps.

Un silence de cimetière règne. Le manager[1] assiste à la scène d'un œil impitoyable, avec une patrouille de plusieurs hommes armés qui donnent des coups de picotement[2] à tous ceux qui, tombés de fatigue, s'aventurent à prendre du repos, hommes, femmes, jeunes ou vieux, sans distinction.

■ D'après Bernard Moitt,
Les Femmes et l'esclavage dans les Antilles françaises, 1635-1848, 2001.
1. Homme qui dirige le travail. **2.** Fouet.

VOCABULAIRE

▶ **Code noir**
Ensemble d'articles écrit en 1685 pour organiser la vie des esclaves dans les plantations.

▶ **Marronnage**
Fuite d'esclaves pour échapper aux conditions très difficiles de la plantation.

▶ **Plantation**
Exploitation agricole dans laquelle travaillent et vivent des esclaves sous l'autorité d'un propriétaire.

4 Les violences faites aux esclaves

Image publiée par un mouvement abolitionniste.
« Le cruel traitement des esclaves aux Antilles », 1773.

5 Le Code noir

Art. 38 – L'esclave fugitif qui aura été en fuite pendant un mois à compter du jour que son maître l'aura dénoncé en justice, aura les oreilles coupées, et sera marqué d'une fleur de lys[1] sur une épaule ; et s'il récidive[2] un autre mois à compter [...] du jour de la dénonciation, il aura le jarret[3] coupé, et il sera marqué d'une fleur de lys sur l'autre épaule, et la troisième fois, il sera puni de mort.

■ Code noir, 1685.

1. Symbole du pouvoir royal français. 2. Recommence. 3. Jambe.

3 Marronnage et révolte d'esclaves

Esclave en fuite de la colonie néerlandaise du Surinam dans les années 1770.
Gravure de Bartolozzi, 1794.

Activités

Question clé   Quelles étaient les conditions de vie des esclaves dans les plantations ?

ITINÉRAIRE 1

▶ **J'identifie le point de vue particulier des documents**

❶ **Doc 1.** Comment la plantation est-elle organisée ?

❷ **Doc 1, 2 et 4.** Quelles sont les conditions de travail et de vie des esclaves ?

❸ **Doc 3.** Comment réagissent certains esclaves à ces conditions ?

❹ **Doc 5.** Que risquent les esclaves en fuyant ?

▶ **Je rédige un récit historique**

❺ **Doc 3.** En vous aidant des réponses aux questions 1 à 4, rédigez un récit historique pour répondre à la question clé.

OU

ITINÉRAIRE 2

▶ **Je rédige un récit biographique**

Imaginez un récit de vie dans lequel un esclave raconte sa fuite d'une plantation. Vous devez utiliser le vocabulaire tiré des documents.

MÉTHODE

1. À l'aide des documents, imaginez les raisons qui le poussent à fuir.
2. N'oubliez pas de décrire ce qu'il risque en cas de fuite.
3. Pensez à utiliser les mots clés suivants : plantation, travail, fatigue, peur, maître, marronnage, Code noir.

SOCLE Compétences

▶ **Domaine 3** : Je juge par moi-même au nom de la valeur d'égalité
▶ **Domaine 5** : Je comprends que la lecture du passé permet d'interpréter le présent

Quelles sont les traces de l'esclavage en Guadeloupe ?

Antilles
Guadeloupe
Marie-Galante

A Une plantation esclavagiste

INFOS

Plantation sucrière fondée à la fin du XVIIe siècle, l'**Habitation Murat** est, au début du XIXe siècle, l'**une des plus grandes plantations esclavagistes** de Guadeloupe. Elle compte alors plus de **300 esclaves**. Elle tient son nom de son propriétaire, Dominique Murat, qui a fait fortune dans la traite dans les années 1770.

1 **La maison de maître**

L'Habitation Murat à Marie-Galante (Guadeloupe) en 2015.

2 **La sucrerie**

On voit sur la gauche les ruines du moulin à vent construit en 1814 et utilisé pour broyer de la canne à sucre.

B Construire un lieu de mémoire

3 Le Mémorial ACTe

Le Mémorial ACTe, « Centre caribéen d'expressions et de mémoire de la traite et de l'esclavage », a été inauguré le 10 mai 2015 par François Hollande en Guadeloupe.

5 Se souvenir de l'esclavage

Discours d'inauguration du Mémorial ACTe.

Il est de rares instants dans la vie d'une communauté et dans celle d'un homme où l'on peut ressentir cette curieuse et forte impression d'être à la fois témoin et acteur d'un grand moment [...].

C'est ce sentiment qui m'anime ce matin, en ce 10 mai 2015, sur ce site chargé d'histoire qui vit aller et venir tant de navires négriers. [...] Ici se dressa une fière usine qui resta, longtemps, la pointe avancée du capitalisme sucrier[1].

Arpentant les lieux, on sentait encore, il n'y a pas si longtemps, la sueur coagulée des ouvriers flotter dans les airs, leurs fantômes et leurs esprits [...].

En ce dimanche 10 mai, journée nationale française de mémoire de la traite négrière, de l'esclavage et de leurs abolitions, vous vivez [...] la métamorphose de ce site transformé en beauté, en temple dédié aux âmes de nos ancêtres.

◼ Victorin Lurel (président de la région Guadeloupe), 10 mai 2015.

1. Le mémorial a été construit sur les ruines d'une ancienne usine sucrière du XIXe siècle.

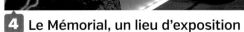

4 Le Mémorial, un lieu d'exposition

Sculpture représentant des bustes d'esclaves, exposée dans le musée.

QUESTIONS

▶ J'observe et j'explique les traces du passé

❶ Doc 1 et 2. Comment les vestiges témoignent-ils de l'importance de cette plantation ?

▶ Je fais le lien entre le passé et le présent

❷ Doc 1 à 5. Selon vous, pourquoi avoir choisi la Guadeloupe pour construire un mémorial ?

❸ Doc 3 et 4. Quel est le rôle du Mémorial ACTe ?

❹ Doc 5. Comment Victorien Lurel parle-t-il de l'histoire de l'esclavage dans son discours ? Montre-t-il son émotion ?

Leçon

Bourgeoisies, commerce, traite et esclavage au XVIIIe siècle

→ Comment le commerce, la traite et l'esclavage enrichissent–ils l'Europe au XVIIIe siècle ?

Le savez-vous ?

Ce n'est qu'en mai 2001 qu'une loi française a déclaré que la traite et l'esclavage étaient des crimes contre l'humanité.

A L'expansion du commerce atlantique

1. Dominer l'océan Atlantique

● Au XVIIIe siècle, **maîtriser les océans** permet aux principaux États européens d'affirmer leur **puissance commerciale**. La **route maritime** vers le **continent américain** devient le lieu d'un **commerce intensif**. L'Atlantique mène aussi vers l'océan Indien et l'Asie. Les **compagnies de commerce** jouent un rôle important dans ces échanges.

● Le **commerce triangulaire** est au cœur des échanges. C'est un système qui relie le continent européen aux Amériques et aux Caraïbes. Les Européens déportent des **esclaves africains** vers les Amériques. En retour, de **nouveaux produits** (sucre, café, tabac, cacao...) sont exportés vers l'Europe où ils modifient les habitudes de consommation. Ce commerce repose donc autant sur la commercialisation des **produits** que sur celle des **femmes** et des **hommes africains**.

2. Grands ports et bourgeoisie marchande

● Ce commerce maritime entraîne le développement de **grands ports** qui enrichissent des villes comme Nantes, Bordeaux ou Liverpool. Les **négociants**, les **armateurs** et les **marchands** forment une **nouvelle bourgeoisie** qui investit son argent dans le **commerce** et vit dans le luxe.

B La traite transatlantique et l'économie de plantation

1. Des millions d'esclaves déportés

● Les **traites négrières** sont destinées à **fournir de la main-d'œuvre agricole** et à **peupler les colonies** d'Amérique. La traite atteint son apogée au XVIIIe siècle : **8 millions d'esclaves sont transportés**.

● Les Africains noirs sont considérés comme des **marchandises**. Ils sont transportés dans des **navires négriers** qui partent des grands ports européens. Ceux-ci chargent leurs esclaves en Afrique et accostent sur le continent américain ou les Caraïbes. La **traversée** dure plus de deux mois dans des conditions terribles. Beaucoup meurent en chemin.

2. Une économie de plantation

● Aux Amériques, une **économie de plantation** se met en place. Le **sucre** en est le produit principal. La plantation est une **unité économique** où l'on produit, transforme et vend.

C La vie des esclaves

1. Le travail et la vie dans les plantations

● Les esclaves travaillent **6 jours sur 7**, du lever au coucher du soleil. En France, le **Code noir** réglemente l'esclavage : les maîtres ont **droit de vie et de mort** sur leurs esclaves, considérés comme du bétail humain. La torture est interdite mais le Code n'est pas toujours respecté.

● La **violence** est quotidienne et le manque de nourriture est fréquent. L'**espérance de vie** d'un·e esclave ne dépasse pas 10 années après l'arrivée dans la plantation.

● **Les esclaves ne peuvent pas se marier ni avoir des enfants librement**. Ils sont regroupés à l'écart de la maison du maître. Ils ont souvent un petit jardin pour leur permettre d'améliorer leur alimentation.

2. Des résistances à l'esclavage

● Parfois, des esclaves se révoltent et fuient : c'est ce que l'on appelle le **marronnage**. Les marrons se cachent souvent dans des lieux très isolés. Ils s'arment parfois et attaquent les propriétaires de plantations, mais la réaction du maître et des autorités est alors très violente (mutilations, exécutions).

VOCABULAIRE

▶ **Économie de plantation**
Économie dont la prospérité et l'équilibre reposent sur l'existence de plantations esclavagistes.

▶ **Marronnage**
Fuite d'esclaves pour échapper aux conditions très difficiles de la plantation.

▶ **Traite négrière**
Commerce de femmes et d'hommes africains capturés puis vendus à des propriétaires esclavagistes.

Je retiens autrement

Traite et commerce atlantique

Quand ?
- Dès le **XVIe siècle**
- Apogée au **XVIIIe siècle**

Où ?
- **Ports de la façade atlantique** de l'Europe (Nantes, Liverpool, Bordeaux…)
- **Côte Ouest de l'Afrique**
- **Amériques et Caraïbes**

Le négoce transatlantique

- **Rivalité** entre les États européens pour dominer l'Atlantique
- Développement de **grands ports européens**
- Formation d'une **bourgeoisie marchande**
- **Produits exotiques** importés en Europe (cacao, café, sucre, tabac…)
- **Économie de plantation**

Traite atlantique et esclavage

- **8 millions d'esclaves** déportés au XVIIIe siècle
- Traversée dans des **bateaux négriers**
- **Conditions de vie terribles** dans les plantations

- **Code noir** en France : réglementation de l'esclavage
- **Fuite** pour certains : **marronnage**

Apprendre à apprendre

Comment apprendre ma leçon ?

J'organise mes révisions en fonction de ma façon d'apprendre

Apprendre, tout le monde en est capable ! Il suffit juste de trouver les bonnes méthodes et de créer les bons outils. Pour cela, il faut se connaître mieux.

Si je retiens mieux ce que je vois et écris, j'ai plutôt une mémoire visuelle.

Pour réviser efficacement, je peux...

➡ **Souligner** les mots importants dans ma fiche de révision.

➡ Organiser ce que je dois apprendre sous forme de **schéma, carte mentale...**

➡ Regarder des **vidéos**.

❗ Je ne dois pas trop surcharger mes documents (textes, images). Je dois travailler dans un **endroit calme**.

Si je retiens mieux ce que j'entends, j'ai plutôt une mémoire auditive.

Pour réviser efficacement, je peux...

➡ **Lire à voix haute** la leçon, les consignes...

➡ **Répéter** à une autre personne ce que j'ai appris et compris.

➡ **M'enregistrer** lorsque je lis la leçon, puis écouter plusieurs fois mon enregistrement.

❗ Je dois faire **attention au bruit** qui peut me déranger.

Si je retiens mieux lorsque je suis en activité et en mouvement, j'ai plutôt une mémoire corporelle.

Pour réviser efficacement, je peux...

➡ **Me déplacer** lorsque je révise (dans ma chambre, dehors...).

➡ Apprendre en **associant des idées à des mouvements** ou des gestes.

➡ Reproduire ce que j'ai appris sous forme de **maquette, affiche...**

❗ Je ne reste pas assis des heures si je ne retiens rien !

💡 Retrouvez un quiz sur le site Nathan qui vous permettra de mieux connaître votre type de mémoire, et donc votre manière d'apprendre !
collegien.nathan.fr/hg4

site élève
⬇ lien vers le test

Je révise chez moi

● **Je vérifie que je connais les principaux repères du chapitre.**

Je sais définir et utiliser dans une phrase :

▶ esclavage

▶ traite

▶ commerce triangulaire

▶ bourgeoisie

Je sais situer :

▶ **sur une carte**
  – les principaux pays ayant participé à la traite
  – quelques routes maritimes

▶ **sur une frise**
  – le Code noir
  – l'apogée de la traite

site élève
⬇ fond de carte et frise

Je sais expliquer :

▶ l'importance de la traite dans l'enrichissement de la façade atlantique de l'Europe.

▶ la vie des esclaves dans les colonies.

▶ l'économie de plantation.

Je vérifie mes connaissances

1 **Je révise le vocabulaire en complétant des mots croisés.**

1. Unité de production agricole dans laquelle travaillent des esclaves.

2. Boisson issue du commerce triangulaire et très à la mode chez les bourgeois au XVIIIe siècle.

3. Grand port français du sud-ouest de la France qui s'est enrichi grâce au négoce international.

4. Fuite des esclaves.

5. Navire utilisé pour transporter les esclaves de l'Afrique à l'Amérique.

2 **J'identifie des acteurs.**

J'observe ces images et je dis à quel type d'acteurs elles correspondent et quel est leur rôle dans la croissance du commerce atlantique au XVIIIe siècle.

a.

b.

c.

3 **J'apprends en équipe.**

Je peux apprendre mon cours avec des ami-e-s.
1. Distribuez-vous un rôle : marchand, esclave, maître, etc.
2. Chacun-e de votre côté, préparez un petit discours. Cela peut être par exemple la plainte d'un-e esclave ou un dialogue entre deux marchands.
3. Vérifiez que vous avez utilisé dans votre discours le vocabulaire de la leçon.

4 **Retrouvez d'autres exercices sous forme interactive sur le site Nathan.**

Exercices

1 Je comprends le sens général d'un document d'archive sur la vente d'une esclave

↳ SOCLE : Domaine 2

Antilles
● La Barbade

La vente d'une esclave

Un Anglais de la Barbade vend sa maîtresse, gravure parue dans *Histoire des deux Indes*, abbé Raynal, 1783.

QUESTIONS

❶ Que montre cette gravure ?

❷ Qui sont les personnages représentés au premier plan ?
Que voit-on à l'arrière-plan ?

❸ Où se déroule cette scène ?

❹ À quelle étape du commerce triangulaire cette image correspond-elle ?

❺ Pourquoi peut-on dire que cette image est une dénonciation du commerce des esclaves ?

2 J'identifie un document et j'extrais des informations sur les négociants

↳ SOCLE : Domaine 1

Les grosses fortunes des négociants de Nantes et de Bordeaux ont étonné les contemporains. Un armateur[1] peut faire fortune en dix ou quinze ans. Une richesse dont témoignent d'ailleurs les beaux hôtels particuliers des « messieurs[2] » des deux ports. Or, toutes ces familles fortunées ou presque ont des parts dans des armements négriers[3]. Les grandes fortunes ne viennent pas de la traite négrière mais des denrées[4] coloniales, obtenues grâce au travail des esclaves.

◼ D'après Philippe Haudrère, « La richesse de Nantes et de Bordeaux », *L'Histoire*, n° 280 (octobre 2003).

1. Personne qui finance l'équipement d'un navire marchand. **2.** Bourgeois. **3.** Elles ont participé à financer l'équipement du navire et se partagent les bénéfices ensuite. **4.** Produits.

QUESTIONS

▶ **Je comprends un texte**

❶ Présentez le document en précisant bien sa date. L'auteur est-il contemporain des faits ?

❷ Comment se sont enrichies les « grosses fortunes » mentionnées dans le texte ?

❸ Quels sont les signes de leur richesse ?

❹ À l'aide des p. 20-21, trouvez un négociant qui semble correspondre au portrait fait ici.

3 Analyser et comprendre des documents (exercice 1)

↳ **SOCLE :** Domaine 1. Je présente un texte sur la traite

La traite négrière

La traite qui se fait aux côtes d'Afrique est très avantageuse à la navigation, au commerce et aux colonies françaises. Elle encourage la construction et l'armement des vaisseaux ; elle occupe un nombre infini d'ouvriers, de matelots et navigateurs ; elle procure de grands débouchés aux denrées et marchandises ; enfin, sans elle, il serait impossible de pouvoir cultiver nos îles de l'Amérique.

Les retours qui proviennent de la traite consistent en Noirs, en poudre d'or, en gomme, en ivoire, en cire et en vivres pour les navires qui fréquentent ces parages.

Le travail des Nègres[1] fournit à la France le sucre, le café, le cacao, l'indigo, le coton, le rocou[2] et autres denrées qui enrichissent continuellement le royaume, qui augmentent les revenus de l'État et l'aisance publique : il convient donc de protéger et d'encourager ce commerce par toutes sortes de moyens.

■ Rapport des négociants de Nantes envoyé à M. de Sartine (ministre de la Marine et des Colonies), 5 novembre 1777.

1. Terme utilisé couramment au XVIIIe siècle.
2. L'indigo et le rocou sont des plantes qui servent à teinter en bleu (indigo) ou en rouge (rocou).

QUESTIONS

site élève
↓ coup de pouce

❶ Présentez le document.

❷ Quelles ressources fournissent d'un côté l'Afrique, de l'autre l'Amérique ?

❸ Quels sont les avantages de la traite selon les marchands de Nantes ?

❹ Quel est l'intérêt de ce texte pour un historien qui étudie la traite ?

MÉTHODE

Je présente un texte (→ Question ❶)
▶ Présenter un texte aide à le comprendre et à l'expliquer.
▶ Pour cela, posez-vous les questions suivantes :
1. Quand (date du texte) ?
2. Dans quel contexte (les circonstances dans lesquelles il a été écrit) ?
3. Qui (son auteur) ?
4. Pour qui (à qui s'adresse le texte) ?
5. Quoi (le sujet traité) ?
6. Quelle est la nature du texte (ex : discours, témoignage, texte littéraire, article de presse...) ?

MON BILAN DE COMPÉTENCES

Domaine du socle	Compétences travaillées	Pages du chapitre
D1 Les langages pour penser et communiquer	• Je sais m'exprimer à l'oral et à l'écrit pour expliquer • Je sais employer à l'écrit un vocabulaire juste et précis • Je sais argumenter de façon critique • Je sais raconter et expliquer • Je sais identifier un document et extraire des informations • Je sais présenter et analyser un texte	**Je découvre** p. 18-19 **Je découvre** p. 20-21 **J'enquête** p. 22-23 **Je découvre** p. 24-25 **Exercice 2** p. 32 **Exercice 3** p. 33
D2 Méthodes et outils pour apprendre	• Je sais me constituer des outils personnels de travail • Je sais organiser mon travail personnel • Je comprends le sens général d'un document d'archive	**Je découvre** p. 20-21 **Apprendre à apprendre** p. 30 **Exercice 1** p. 32
D3 La formation de la personne et du citoyen	• Je m'engage pour le respect de la dignité de l'être humain • Je sais juger par moi-même au nom de la valeur d'égalité	**J'enquête** p. 22-23 **D'hier à aujourd'hui** p. 26-27
D5 Les représentations du monde et de l'activité humaine	• Je sais me repérer dans le temps à différentes échelles • Je sais imaginer et réaliser un récit biographique • Je comprends que la lecture du passé permet d'interpréter le présent	**Je découvre** p. 18-19 **Je découvre** p. 24-25 **D'hier à aujourd'hui** p. 26-27

2 L'Europe des Lumières (XVIIIᵉ siècle)

→ **Comment les idées des Lumières remettent-elles en cause les sociétés au XVIIIᵉ siècle ?**

Au cycle 3, en CM1

J'ai étudié la monarchie capétienne et le pouvoir royal.

Au cycle 4, en 5ᵉ

J'ai appris ce qu'était la monarchie absolue de droit divin à travers l'exemple de Louis XIV.

Ce que je vais découvrir

Au XVIIIᵉ siècle, la monarchie absolue est remise en cause. Les penseurs des Lumières ont beaucoup participé à ce mouvement.

1 Le goût des idées nouvelles et des débats intellectuels

53 personnages sont assemblés chez Mme Geoffrin **1**. On reconnaît notamment les philosophes Rousseau **2**, Diderot **3**, Montesquieu **4** et le buste de Voltaire **5**. Cette assemblée n'a en réalité jamais eu lieu.

Lecture de la tragédie de L'Orphelin de la Chine *de Voltaire dans le salon de madame Geoffrin à Paris en 1755*, A.-C.-G. Lemonnier, 1812, 129 x 196 cm, musée national du château de Malmaison, Rueil-Malmaison.

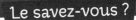

Au XVIIIᵉ siècle, on découvre l'électricité !
Le 13 juin 1746, l'abbé Nollet fait sursauter
par impulsion électrique une chaîne de
140 personnes dans la galerie des Glaces
du château de Versailles.

2 Le goût pour les sciences et les expériences au XVIIIᵉ siècle

Sur ce tableau, une jeune fille participe à une expérience publique sur le courant électrique.
L'électricité produite par le globe à droite circule jusqu'à la bouteille tenue par le jeune garçon
qui s'apprête à toucher la barre métallique pour produire une étincelle.

Expérience électrique, C.-A.-P. Van Loo, 1777, 90 x 115 cm, musée des Beaux-Arts d'Arkhangelsk.

Le XVIIIᵉ, siècle des Lumières

1700 1715

Le XVIIIᵉ, siècle des Lumières

1800

1789

Le XIXᵉ siècle : « révolution industrielle » et conquêtes coloniales

1914   2000   2016

▶ **Despote éclairé**
Souverain autoritaire qui s'inspire des idées et des principes des philosophes des Lumières pour mener des réformes dans son pays.

▶ **Lumières**
Courant de pensée du XVIIIᵉ siècle qui regroupe des savants et des penseurs voulant guider l'humanité sur le chemin du bonheur et du progrès.

▶ **Monarchie absolue**
Régime politique dans lequel le roi est la seule autorité et dispose de tous les pouvoirs.

▶ **Monarchie parlementaire**
Régime politique dans lequel le pouvoir du roi est limité par l'existence d'une assemblée (ou Parlement).

▶ **Philosophe**
Au XVIIIᵉ siècle, personne qui cherche à comprendre le monde par la raison.

SAVANTS ET PHILOSOPHES DES LUMIÈRES

Carl von Linné (1707-1778)
Médecin et savant, il crée une méthode pour analyser et classer les espèces animales et végétales.

David Hume (1711-1776)
Philosophe et historien, il affirme que les vérités scientifiques doivent être fondées sur l'expérience.

Jean-Jacques Rousseau (1712-1778)
Écrivain et philosophe, il défend l'éducation et l'égalité entre les êtres humains.

Denis Diderot (1713-1784)
Écrivain et philosophe, il codirige l'*Encyclopédie* et défend le gouvernement du peuple.

Emmanuel Kant (1724- 1804)
Philosophe, il affirme que la raison est le meilleur moyen de penser librement.

Cesare Beccaria (1738-1794)
Philosophe, juriste et économiste, il prône la justice, l'égalité et s'oppose à la peine de mort.

▶ **Je me repère dans le temps et dans l'espace**

❶ Relevez des pays qui accueillent des savants et des philosophes des Lumières.

❷ Quel régime politique domine en Europe au XVIIIᵉ siècle ?

❸ De quand date l'*Encyclopédie* ? Où se diffuse-t-elle ?

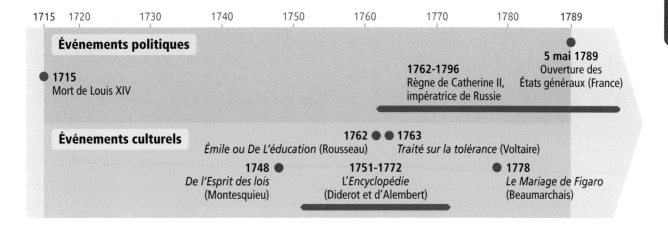

Événements politiques

● **1715**
Mort de Louis XIV

1762-1796
Règne de Catherine II,
impératrice de Russie

● **5 mai 1789**
Ouverture des
États généraux (France)

Événements culturels

1762 ● ● **1763**
Émile ou De L'éducation (Rousseau)   *Traité sur la tolérance* (Voltaire)

1748 ●
De l'Esprit des lois
(Montesquieu)

1751-1772
L'Encyclopédie
(Diderot et d'Alembert)

● **1778**
Le Mariage de Figaro
(Beaumarchais)

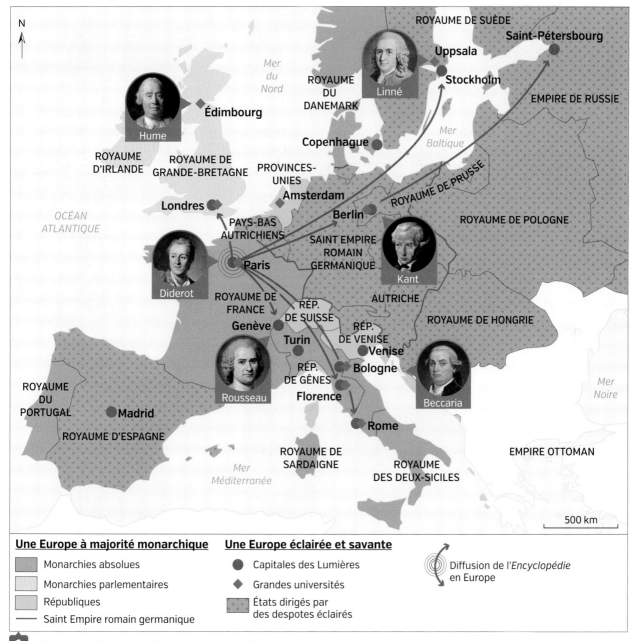

Une Europe à majorité monarchique

- ▨ Monarchies absolues
- ▢ Monarchies parlementaires
- ▨ Républiques
- — Saint Empire romain germanique

Une Europe éclairée et savante

- ● Capitales des Lumières
- ◆ Grandes universités
- ▨ États dirigés par
  des despotes éclairés

- Diffusion de l'*Encyclopédie*
  en Europe

1 **L'Europe des Lumières au XVIIIᵉ siècle**

SOCLE Compétences
▶ **Domaine 1** : Je m'exprime à l'oral et à l'écrit de façon claire et organisée
▶ **Domaine 2** : Je construis un outil personnel de travail

Le couple Lavoisier, des savants au siècle des Lumières

Question clé Comment le couple Lavoisier fait-il progresser la science au XVIIIᵉ siècle ?

1 Deux savants français

Marie-Anne et Antoine-Laurent Lavoisier pratiquent ensemble leurs expériences. Marie-Anne Lavoisier traduit aussi des ouvrages scientifiques étrangers.

❶ Gazomètre à mercure
❷ Tubes à essai et boîte contenant les poids pour la balance
❸ Ballon pour l'étude des gaz
❹ Carton à dessins de Marie-Anne Lavoisier, pour illustrer la publication de leurs travaux

Portrait d'Antoine-Laurent de Lavoisier et de sa femme, J.-L. David, 1788, 195 x 260 cm, Metropolitan Museum of Art, New York.

2 Appareil pour l'analyse de la combustion des huiles, 1788

Les époux Lavoisier inventent et font fabriquer de nombreux appareils scientifiques pour faire des analyses de plus en plus précises.

Musée des arts et métiers, Paris.

BIOGRAPHIE

Antoine-Laurent Lavoisier (1743-1794) et Marie-Anne Paulze (1758-1836)

▶ **1770** : Antoine-Laurent Lavoisier est fermier général (collecteur d'impôts), puis responsable des Poudreries nationales (1775).

▶ **1771** : mariage avec Marie-Anne Paulze. Ensemble, ils mènent d'importantes recherches scientifiques qui en font les fondateurs de la chimie moderne. Ils étudient aussi la biologie ou encore la météorologie.

▶ **1794** : mort d'Antoine-Laurent, guillotiné. Marie-Anne parvient à sauver ses travaux et à les publier.

3 Antoine-Laurent et Marie-Anne Lavoisier dans leur laboratoire

Ici, les époux Lavoisier mesurent la consommation en oxygène et les rejets en gaz carbonique.

❶ Appareils pour mesurer la consommation en oxygène

❷ Sujet de l'expérience

❸ Marie-Anne Lavoisier prenant des notes

Lavoisier dans son laboratoire. Expériences sur la respiration de l'homme au repos, XVIIIe siècle.

4 Les états de la matière et la composition de l'air

PISTES EPI Physique-Chimie

Solidité, liquidité et gazeux sont trois états différents de la même matière, trois modifications particulières, qui dépendent uniquement du degré de chaleur auquel elles sont exposées. [...]

L'atmosphère est composée de fluides gazeux, tels l'air vital, le gaz azote et l'eau. [...] L'air que nous respirons n'est composé que d'un quart d'air respirable. C'est l'air déphlogistiqué[1] qui entretient la vie et participe à la combustion et à l'inflammation. Les trois quarts forment un air méphitique[2] et nuisible[3].

■ D'après Antoine-Laurent Lavoisier, *Mémoires de physique et de chimie*, 1774-1785.

1. L'oxygène. **2.** Toxique. **3.** Le gaz azote.

5 La méthode expérimentale

Pour celui qui commence à se livrer à l'étude des sciences physiques, [...] les idées ne doivent être qu'une conséquence, une suite immédiate d'une expérience ou d'une observation. [...] Le seul moyen de prévenir les erreurs de jugement consiste à mettre notre raisonnement continuellement à l'épreuve de l'expérience.

■ Antoine-Laurent Lavoisier, *Traité élémentaire de chimie*, 1789.

Activités

Question clé | Comment le couple Lavoisier fait-il progresser la science au XVIIIe siècle ?

ITINÉRAIRE 1

ou

ITINÉRAIRE 2

▶ **J'extrais des informations dans les documents**

❶ **Doc 1, 2 et 3.** Relevez les instruments qui permettent au couple Lavoisier de mener ses recherches scientifiques.

❷ **Doc 3 et 4.** Quelle grande découverte doit-on au couple Lavoisier ?

❸ **Doc 3 et 5.** Décrivez la méthode scientifique employée par le couple Lavoisier.

▶ **J'argumente à l'oral**

❹ À l'aide des questions 1 à 3, répondez à la question clé en quelques phrases que vous présenterez à l'oral.

▶ **Je réalise une production graphique**

Réalisez une carte mentale pour répondre à la question clé.

MÉTHODE

site élève
⬇ carte mentale interactive

1. Placez « Le couple Lavoisier et les progrès de la science » au centre de votre feuille.

2. Organisez vos idées dans des bulles en les classant dans trois domaines : les instruments, la méthode, les découvertes.

3. Écrivez des grandes idées ou des mots clés.

4. Utilisez des couleurs pour que votre carte mentale soit plus compréhensible.

Les idées des Lumières

Question clé Quelles sont les grandes idées des Lumières au XVIIIᵉ siècle ?

1 Réfléchir et débattre : *Le Dîner des philosophes*

Ce tableau représente les différents penseurs et savants avec lesquels Voltaire ❶ correspond et échange. On retrouve notamment le philosophe Diderot ❷, et peut-être les mathématiciens d'Alembert ❸ et Condorcet (❹, de dos).

Jean Huber, 1772-1773, Voltaire Foundation, Oxford.

2 Montesquieu : la séparation des pouvoirs

> Montesquieu critique la monarchie absolue et l'arbitraire[1] des souverains.
>
> Il y a dans chaque État trois sortes de pouvoirs : la puissance législative[2], la puissance exécutrice[3] et la puissance de juger. Il n'y a point encore de liberté si la puissance de juger n'est pas séparée de la puissance législative et de l'exécutrice, car on peut craindre que le monarque ne fasse des lois tyranniques pour les exécuter tyranniquement ; et son pouvoir sur la vie et la liberté des citoyens est arbitraire.

■ D'après Montesquieu, *De l'esprit des lois*, 1748.

1. Qui ne dépend pas de la loi ou de la justice, mais d'une volonté.
2. Pouvoir de faire les lois.
3. Pouvoir de faire appliquer les lois et de gouverner.

VOCABULAIRE

▶ **Monarchie absolue**
→ p. 36.

▶ **Philosophe**
→ p. 36.

▶ **Raison**
Capacité à réfléchir par soi-même et à porter un jugement critique sur le monde.

3 Rousseau : l'éducation

Rousseau présente l'éducation comme le seul moyen de faire progresser l'humanité.

On façonne les plantes par la culture et les hommes par l'éducation. [...] Le chef-d'œuvre d'une bonne éducation est de former un homme raisonnable. [...] Et il faut former le corps en même temps que la raison d'un élève. [...] Forcé d'apprendre par lui-même, ce dernier apprend à user de sa raison et non de celle d'autrui.

■ Rousseau, *Émile ou De l'éducation*, 1762.

5 Diderot : le pouvoir et la liberté

Diderot réfléchit sur le pouvoir du peuple et du souverain.

Aucun homme n'a reçu de la nature le droit de commander aux autres. La liberté est un présent du ciel, et chaque individu a le droit d'en jouir aussitôt qu'il jouit de la raison. [...] Le prince tient de ses sujets l'autorité qu'il a sur eux et cette autorité est bornée par les lois de la nature et de l'État. Le prince ne peut donc pas disposer de son pouvoir et de ses sujets sans le consentement de la nation.

■ Diderot, « Autorité politique », article de l'*Encyclopédie*, 1765.

4 Voltaire : la tolérance universelle

Voltaire dénonce le fanatisme et l'intolérance.

Chapitre VI – Le droit humain ne peut être fondé que sur ce grand principe universel : « Ne fais pas ce que tu ne voudrais pas qu'on te fît ». [...]

Chapitre XXII – Je vais plus loin ; je vous dis qu'il faut regarder tous les hommes comme nos frères. Quoi ! mon frère le Turc ? mon frère le Chinois ? le Juif ? le Siamois[1] ? Oui, [...] et il est bien cruel de persécuter ceux qui ne pensent pas comme nous.

■ Voltaire, *Traité sur la tolérance*, 1763.
1. Habitant du Siam, un pays d'Asie.

6 Kant : la raison

Kant définit le rôle du philosophe des Lumières comme celui d'un guide chargé de faire sortir l'humanité de l'ignorance et de lui apprendre la raison.

[Ose penser !] Aie le courage de te servir de ta raison. Voilà la devise des Lumières. [...] Or, pour répandre ces lumières, il n'est rien requis d'autre que la liberté. [...] L'usage public de notre raison doit toujours être libre et lui seul peut amener les lumières parmi les hommes.

■ Kant, *Qu'est-ce que les Lumières ?*, 1784.

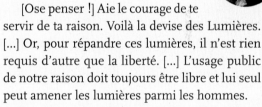

Activités

Question clé | **Quelles sont les grandes idées des Lumières au XVIIIe siècle ?**

ITINÉRAIRE 1

▶ **Je formule une hypothèse et je la vérifie**

❶ **Doc 1, 3 et 6.** Comment les philosophes des Lumières veulent-ils faire progresser l'humanité ? Par quoi veulent-ils être guidés ?

❷ **Doc 2 à 6.** Relevez les grandes idées des philosophes des Lumières.

❸ **Doc 2 et 5.** Quel régime politique les philosophes des Lumières critiquent-ils ?

▶ **Je construis un outil de travail**

❹ À l'aide de vos réponses, réalisez un schéma pour répondre à la question clé. Au centre, écrivez « Les philosophes des Lumières », puis faites une case par philosophe étudié et notez leurs idées.

OU

ITINÉRAIRE 2

▶ **Je rédige un texte de façon argumentée**

Vous êtes conseiller d'un souverain. Il veut comprendre les idées des philosophes des Lumières et vous demande de les lui présenter.

Rédigez un texte argumenté dans lequel vous expliquez le rôle des philosophes des Lumières et leurs idées.

Circulation et diffusion des idées nouvelles en Europe

CONSIGNE

Un site internet est consacré à l'exposition « Lumières » de la Bibliothèque nationale de France. Vous avez pour mission de réaliser la page sur la diffusion des idées des philosophes des Lumières en Europe.

Vous décrirez comment ces idées se diffusent et qui les transmet. Vous devrez également montrer que les monarques au pouvoir ne sont pas toujours favorables à cette diffusion et cherchent à la contrôler. Pensez à illustrer la page.

1 L'*Encyclopédie*, un ouvrage philosophique, scientifique et technique

Première page de l'*Encyclopédie* de Diderot et d'Alembert, première édition, 1751.

INFOS

Publiée à Paris à partir de 1751, l'*Encyclopédie* est rédigée par près de **150 auteurs** spécialisés (médecins, juristes, scientifiques. .). Elle permet aux savants et aux penseurs des Lumières de **faire connaître leurs idées** et leurs **découvertes** en Europe. Certains articles critiquant la monarchie et la religion, Louis XV ordonne en **1759** la **censure** de l'ouvrage, qui devra dès lors être **publié à l'étranger**.

2 Diderot critique la censure de l'*Encyclopédie* par le roi de France

Diderot écrit à Catherine II. Au XVIIIe siècle, les gens instruits correspondent activement. Les lettres sont lues entre amis, ce qui permet à tous de connaître les dernières nouvelles et les débats en cours.

J'ai travaillé près de trente ans à cet ouvrage. De toutes les persécutions qu'on peut imaginer, il n'en est aucune que je n'aie essuyée. J'ai été exposé à la perte de l'honneur, de la fortune et de la liberté. [...] L'ouvrage a été proscrit[1] et ma personne menacée [...]. Nous avons eu pour ennemis déclarés la cour, les grands[2], les militaires, les prêtres, la police, les magistrats [...].

■ Diderot, *Mémoires pour Catherine II*, P. Vernière, éditions Garnier, Paris, 1966.

1. Interdit.
2. Membres importants de la cour du roi.

3 Les cafés, des lieux de débat et d'échange d'idées

Au XVIIIᵉ siècle, les cafés réunissent l'ensemble des personnes cultivées de la société. On vient y lire la presse, discuter des dernières découvertes scientifiques ou des décisions politiques et débattre.

Vue intérieure du café de Manoury (Paris), Jacques Treton de Vaujuas, vers 1775, musée Carnavalet, Paris.

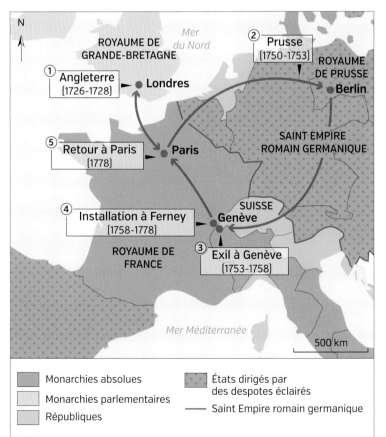

4 Des Lumières qui voyagent : l'exemple de Voltaire

VOCABULAIRE

▸ **Censure**
Contrôle des textes par une autorité qui décide s'ils peuvent ou non être publiés.

▸ **Encyclopédie**
Ouvrage rassemblant l'ensemble des connaissances et des idées d'une période.

COUP DE POUCE

Vous organiserez votre page internet en trois temps.
▸ Les moyens de diffusion écrits des idées des Lumières (Doc 1 et 2)
▸ Les moyens de diffusion oraux des idées des Lumières (Doc 3 et 4)
▸ Les oppositions à la diffusion des idées des Lumières (Infos et doc 2)

SOCLE Compétences
▶ Domaine 2 : Je me constitue un lexique historique
▶ Domaine 5 : J'imagine, je conçois et je réalise une production illustrée

Qu'est-ce que le despotisme éclairé ? L'exemple de Catherine II de Russie

CONSIGNE

Dans le cadre de la Journée de l'Europe, votre classe organise une exposition au collège autour du despotisme éclairé européen au XVIIIe siècle.

Vous travaillez sur l'exemple de Catherine II, impératrice de Russie, pour expliquer cette notion. Réalisez une affiche pour votre exposition à l'aide des documents.

VOCABULAIRE

▶ **Despotisme éclairé**
Régime politique dirigé par un souverain autoritaire, mais qui s'inspire des idées des philosophes des Lumières pour réformer son pays.

BIOGRAPHIE

Sophie d'Anhalt-Zerbst, dite Catherine II « La Grande » (1729-1796)

▶ **1762 :** début du règne personnel.
▶ **1765 :** achat de la bibliothèque de Diderot.
▶ **1773-1774 :** visite de Diderot à Saint-Pétersbourg. Édit de tolérance religieuse.
▶ **1775 :** réformes pour moderniser le pays, mais renforcement du caractère absolu de la monarchie russe.
▶ **1778 :** achat de la bibliothèque de Voltaire.

1 Une impératrice éclairée

❶ Symboles de la monarchie absolue russe : le sceptre (pouvoir de commander), la couronne (pouvoir de gouverner) et le globe (qui représente le pouvoir universel du souverain).

❷ Déesse Thémis, symbole de la justice.

❸ Statue au miroir, symbole de la réflexion et de la philosophie.

❹ Représentations de l'Histoire (avec le livre) et du Temps (avec la faux) qui montrent que Catherine II souhaite construire pour longtemps un régime fondé sur la science.

Catherine II de Russie avec les allégories de l'Histoire et du Temps, Giovanni Battista Lampi, 1792-1793, 42 x 58 cm, musée de la Révolution française, Vizille.

2 Une souveraine qui s'inspire des Lumières

Il faut que les lois veillent à la sûreté de chaque citoyen et l'égalité de tous les citoyens consiste à ce qu'ils soient tous soumis aux mêmes lois. [...]

Nous devons contribuer de tout notre pouvoir au bien-être des hommes, autant que la saine raison le permet. Par conséquent, nous devons éviter de rendre les gens serfs[1].

■ *Instruction de Sa Majesté impériale Catherine II pour le nouveau code de lois,* 1767.

1. Paysans non libres.

3 Une souveraine qui réforme son pays par la loi

1 Le *Nakaz*, ou *Instruction de Sa Majesté impériale Catherine II pour le nouveau code de lois*, inspiré des Lumières et rédigé par la tsarine elle-même entre 1765 et 1767.

Catherine II tenant le manuscrit de son Nakaz, anonyme russe, vers 1770, 15 x 13 cm, musée de l'Ermitage, Saint-Pétersbourg.

4 Une souveraine qui affirme son pouvoir absolu

Le monarque de Russie est souverain. [...]

Il n'y a qu'un pouvoir unique, résidant en sa personne. [...] Le souverain est la source de tout pouvoir politique et civil. Les autres pouvoirs dépendent de ce pouvoir suprême. [...]

Mais nous devons contribuer de tout notre pouvoir au bien-être des Hommes, autant que la saine Raison le permet.

◼ *Instruction de Sa Majesté impériale Catherine II pour le nouveau code de lois*, 1767.

COUP DE POUCE

Pour préparer votre exposition, organisez votre affiche en trois temps :

▶ les idées et valeurs des Lumières qui inspirent Catherine II (→ doc 1, 2 et 5) ;

▶ ses projets pour réformer et développer son pays (→ doc 2, 3 et 5) ;

▶ sa volonté de gouverner comme une souveraine absolue (→ doc 1, 4 et 5).

5 Développer le pays par l'éducation

Nous, Catherine II, par la grâce de Dieu, impératrice et autocrate[1] de toutes les Russies, faisons savoir à tous :

Assister les indigents[2] et augmenter le nombre de gens utiles à la société, sont des devoirs essentiels des souverains, qui s'occupent du bonheur de leurs sujets. [...]

Nous approuvons le projet de fondation d'une maison des enfants trouvés dans la ville de Moscou. [...] De 7 jusqu'à 11 ans, ils apprendront à lire et la religion. [...] Jusqu'à 14 ans, leurs leçons doivent être consacrées à l'écriture et à l'arithmétique. Parvenus à cet âge, on doit les appliquer à un métier. Il faut également s'employer à fortifier et conserver la santé, premier objet d'une éducation conforme à la nature et à la raison.

◼ *Plans et statuts des différents établissements ordonnés par Sa Majesté impériale Catherine II pour l'éducation de la jeunesse et l'utilité générale de son empire*, 1775.

1. Monarque absolu et incontesté.
2. Personnes très pauvres.

Les contestations de la monarchie absolue en France

Question clé Comment et pourquoi la monarchie absolue est-elle remise en cause en France ?

1 Rousseau contre la société d'ordres

Jusqu'ici je n'ai point distingué les états, les rangs, les fortunes [...] parce que l'homme est le même dans tous les états ; que le riche n'a pas l'estomac plus grand que le pauvre et ne digère pas mieux que lui ; que le maître n'a pas les bras plus longs ni plus forts que ceux de son esclave ; qu'un grand[1] n'est pas plus grand qu'un homme du peuple. [...]

Vous vous fiez à l'ordre actuel de la société sans songer que cet ordre est sujet à des révolutions inévitables [...]. Nous approchons de l'état de crise et du siècle des révolutions. [...] Tout ce qu'ont fait les hommes, les hommes peuvent le détruire : il n'y a de caractères ineffaçables que ceux qu'imprime la nature, et la nature ne fait ni princes, ni riches, ni grands seigneurs.

■ Rousseau, *Émile ou De l'éducation*, 1762.
1. Noble.

2 Un Anglais observe la situation en France

Le 17 octobre 1787

Toute la compagnie semblait imbue de[1] cette opinion que l'on est à la veille de quelque grande révolution dans le gouvernement, que tout l'indique : [...] sur le trône, un prince[2] dont les dispositions[3] sont excellentes, mais à qui font défaut les ressources d'esprit qui lui permettraient de gouverner par lui-même dans un tel moment ; [...] une grande fermentation[4] parmi les hommes de tous les rangs qui aspirent à du nouveau sans savoir quoi désirer, ni quoi espérer ; en outre, un levain[5] actif de liberté qui s'accroît chaque jour depuis la révolution d'Amérique ; voilà une réunion de circonstances qui ne manquera pas de provoquer avant peu un mouvement [...].

■ Arthur Young, *Voyages en France*, 1792.
1. D'accord avec. **2.** Louis XVI, depuis 1774. **3.** Qualités.
4. Agitation. **5.** Mouvement.

3 La société d'ordres

❶ Femme du peuple
❷ Religieuse
❸ Femme de la noblesse

« Il faut espérer que ce jeu finira bientôt »,
eau-forte coloriée, 1789, BnF, Paris.

VOCABULAIRE

▶ **Monarchie absolue**
→ p. 36.

▶ **Société d'ordres**
Société divisée en trois ordres. Clergé et noblesse (environ 3 % de la population) concentrent richesse et pouvoir et bénéficient de **privilèges** (ils paient notamment moins d'impôts). Les autres Français constituent le tiers état.

4 La « journée des tuiles »

Le peuple lance des tuiles sur les troupes royales venues rétablir l'ordre et veiller à l'exil des parlementaires qui refusent d'accepter les lois réformant la justice.

La Journée des tuiles à Grenoble, le 7 juin 1788, Alexandre Debelle, 1890, 150 x 200 cm, musée de la Révolution française, Vizille.

INFOS

Un parlement est une cour de justice. Les parlementaires sont donc des juges.

5 L'impact de la révolution américaine en France

L'Amérique nous a donné [un] exemple. L'acte qui a déclaré son indépendance[1] est une exposition simple et sublime de ces droits si sacrés et si longtemps oubliés [...].

Le spectacle d'un grand peuple où les droits de l'homme sont respectés, est utile à tous les autres, malgré la différence des climats, des mœurs, et des constitutions. Il apprend que ses droits sont partout les mêmes [...]. La liberté de presse est établie en Amérique. [...] Le spectacle de l'égalité qui règne dans les États-Unis et qui en assure la paix et la prospérité, peut aussi être utile à l'Europe.

Nous n'y croyons plus à la vérité, que la nature ait divisé la race humaine en trois ou quatre ordres [...] et qu'un de ces ordres[2] y soit aussi condamné à travailler beaucoup et à peu manger.

■ Nicolas de Condorcet, *De l'influence de la révolution d'Amérique sur l'Europe*, 1786.

1. La Déclaration d'indépendance de 1776.
2. Le tiers état.

Activités

Question clé Comment et pourquoi la monarchie absolue est–elle remise en cause en France ?

ITINÉRAIRE 1

▶ **Je sélectionne et j'exploite des informations**

❶ **Doc 1.** Pourquoi Rousseau rejette-t-il la société d'ordres ?

❷ **Doc 3.** Quelle est la critique formulée par cette caricature ?

❸ **Doc 2 et 5.** Pourquoi la révolution américaine est-elle un modèle pour les adversaires de la monarchie absolue en France ?

❹ **Doc 4.** Quelle forme la contestation du pouvoir royal prend-elle ?

▶ **Je rédige un texte et j'explique par des arguments**

❺ Rédigez un texte structuré permettant de répondre à la question clé.

ou

ITINÉRAIRE 2

▶ **Je partage une tâche : réaliser un entretien**

Vous êtes un-e journaliste américain-e en France à la fin de l'année 1788. À deux, imaginez un entretien avec un philosophe français des Lumières interrogé sur les causes et les formes de la contestation en France.

Le Mariage de Figaro, la mise en scène des idées des Lumières au théâtre

Question clé Comment le théâtre du XVIIIe siècle reprend–il les idées des Lumières pour critiquer la société de l'époque ?

PISTES
EPI
Français

BIOGRAPHIE

Pierre Augustin Caron de Beaumarchais (1732-1799)

1759 : devient le professeur de musique des filles de Louis XV. Il exerce ensuite de nombreux métiers (agent secret du roi, financier ou encore marchand d'armes pour la révolution américaine).

1775 : *Le Barbier de Séville*

1778 : *La Folle Journée ou le Mariage de Figaro*

INFOS

Au XVIIIe siècle, le théâtre français investit l'Europe. Villes, souveraines et souverains possèdent ou reçoivent des troupes françaises qui viennent surtout jouer des comédies.
La comédie devient alors le moyen de diffuser les idées des philosophes et leurs critiques.

VOCABULAIRE

▸ **Société d'ordres**
Société divisée en trois ordres. Clergé et noblesse (environ 3 % de la population) concentrent richesse et pouvoir et bénéficient de **privilèges** (ils paient notamment moins d'impôts). Les autres Français constituent le tiers état.

1 Le monologue de Figaro

Figaro s'adresse à haute voix à son maître, le comte Almaviva, qui profite de sa position pour tenter de séduire Suzanne, la fiancée de Figaro.

Non, monsieur le comte, vous ne l'aurez pas… Vous ne l'aurez pas. Parce que vous êtes un grand seigneur, vous vous croyez un grand génie ! Noblesse, fortune, un rang, des places, tout cela rend si fier ! Qu'avez-vous
5 fait pour tant de biens ? Vous vous êtes donné la peine de naître, et rien de plus : du reste, homme assez ordinaire ! Tandis que moi, morbleu, perdu dans la foule obscure, il m'a fallu déployer plus de science et de calculs pour subsister seulement qu'on n'en a mis depuis cent ans à gouverner
10 toutes les Espagnes. […]

Est-il rien de plus bizarre que ma destinée ! Fils de je ne sais pas qui ; volé par des bandits ; élevé dans leurs mœurs[1], je m'en dégoûte et veux courir une carrière honnête ; et partout je suis repoussé ! […] Il s'élève une question sur
15 la nature des richesses ; et comme il n'est pas nécessaire de tenir les choses pour en raisonner, n'ayant pas un sou, j'écris sur la valeur de l'argent : aussitôt je vois, du fond d'un fiacre, baisser pour moi le pont d'un château fort, à l'entrée duquel je laissai l'espérance et la liberté[2]. […]

20 On me dit […] qu'il s'est établi dans Madrid un système de liberté sur la vente des productions, qui s'étend même à celles de la presse ; et que, pourvu que je ne parle en mes écrits ni de l'autorité, ni du culte, ni de la politique, ni de la morale, […] je puis tout imprimer librement, sous
25 l'inspection de deux ou trois censeurs. […]

■ Pierre Augustin Caron de Beaumarchais,
La Folle Journée ou le Mariage de Figaro,
acte V, scène III, 1778.

1. Selon leurs habitudes.
2. Il est emprisonné.

Présentation de l'œuvre

▶ 1778 (création), 1784 (première représentation).

▶ **Comédie** en 5 actes qui dénonce les travers de la société et des êtres humains par le rire.

▶ La pièce raconte comment le valet **Figaro lutte contre son maître**, le comte Almaviva, pour réussir à se marier avec la servante Suzanne, que ce dernier convoite.

▶ Un **monologue** est un **discours théâtral** dans lequel un seul personnage se trouve sur scène et se parle à lui-même ou à un absent.

Art et histoire

▶ Dans cette pièce, Beaumarchais porte un **regard très critique** sur la société du XVIIIe siècle et ses **inégalités**. Le valet Figaro **dénonce** à la fois les **privilèges** de la noblesse et l'**absence de liberté**, notamment d'expression.

▶ Son œuvre est d'abord **censurée** en 1781 et Beaumarchais est emprisonné. Grâce au **soutien de la reine Marie-Antoinette**, il réussit cependant à la faire jouer en 1784 et connaît un **immense succès** en France et à l'étranger.

2 **Le procès de Figaro**

Figaro **1**, jugé par le comte Almaviva **2**.
Représentation de l'acte III, scène XV, 1785.

QUESTIONS

Je présente l'œuvre et je la situe

1 Présentez en quelques lignes *Le Mariage de Figaro* et son auteur.

2 Le monologue de Figaro est une critique de la société française du XVIIIe siècle. Comment est-elle organisée ?

3 À la lecture de ce monologue, que ressentez-vous face à la situation de Figaro ?

Je travaille en équipe

4 Chaque équipe analyse un paragraphe. Dans les paragraphes 1 et 2, les équipes doivent relever les critiques de Figaro et leur destinataire, puis expliquer pourquoi sa situation est injuste. Pour le paragraphe 3, l'équipe doit expliquer à quel système s'attaque Figaro et quelles libertés il revendique.

5 Quelles sont les différentes idées et critiques des Lumières que Beaumarchais reprend dans cette pièce ?

L'Europe des Lumières (XVIIIᵉ siècle)

→ Comment les idées des Lumières remettent-elles en cause les sociétés au XVIIIᵉ siècle ?

A De nouvelles connaissances

1. D'importants progrès scientifiques

● Aux XVIIᵉ et XVIIIᵉ siècles, les **découvertes** se multiplient : **démonstration de la gravité** en physique par l'Anglais Newton, développement de la **botanique** par le Français Buffon et le Suédois Linné, création de la **chimie moderne** par les Français Lavoisier, etc.

● **Le monde est de mieux en mieux connu** grâce à des **voyages** plus nombreux qu'auparavant, comme ceux de l'Anglais James Cook, qui explore le Pacifique entre 1768 et 1779.

2. Un nouvel esprit

● Ces savants fondent leurs recherches sur l'**expérience** et la **raison**. Ils utilisent le **doute** pour émettre des **hypothèses** puis forment des **conclusions** grâce à l'**observation** et l'**analyse**.

● Désormais, on considère que le raisonnement et l'expérimentation sont les seuls moyens d'établir des **vérités scientifiques** incontestables.

B La « révolution » des Lumières

1. Qui sont les philosophes des Lumières ?

● En Europe, des **penseurs** décident d'utiliser les mêmes méthodes que les sciences pour analyser les systèmes politiques, la religion ou encore la société dans laquelle ils vivent. Ces philosophes souhaitent **penser librement** et **faire progresser l'humanité**.

● Les penseurs s'élèvent **contre la monarchie absolue**. Ils revendiquent davantage de **liberté**, demandent la **séparation des pouvoirs** et dénoncent les privilèges de la **société d'ordres** au nom de l'**égalité**. Enfin, ils condamnent le fanatisme religieux et la superstition. Ils souhaitent la diffusion de la **tolérance**.

2. Des idées qui circulent

● En France, les idées des Lumières se diffusent par les **livres**, les **articles** et la **presse**. L'*Encyclopédie* de Diderot et d'Alembert permet notamment de diffuser ces idées et le savoir scientifique de l'époque. Les **cafés** et les **salons** deviennent des lieux privilégiés de rencontres et de **débat**. Les **académies** favorisent également la **diffusion des Lumières** dans toute l'Europe.

● Ces idées circulent d'autant mieux que toutes les personnes instruites parlent alors une même langue, le **français**. Cependant, cette diffusion reste limitée aux **élites européennes éduquées**.

Aujourd'hui, les encyclopédies existent toujours sur format papier, mais beaucoup sont informatisées et disponibles sur Internet. Ces encyclopédies (comme *Wikipédia*) fonctionnent sur les mêmes principes que ceux de l'*Encyclopédie* des Lumières.

VOCABULAIRE

▸ **Académie**
Association qui réunit savants, artistes et gens de lettres.

▸ **Censure**
Contrôle des textes par une autorité qui décide s'ils peuvent ou non être publiés.

▸ **Despotisme éclairé**
Régime politique dirigé par un souverain autoritaire, mais qui s'inspire des idées des philosophes des Lumières pour réformer son pays.

C Gouverner selon les principes des Lumières ?

1. Des souverains éclairés

● À partir de la seconde moitié du XVIIIᵉ siècle, de nombreux souverains sont gagnés par les idées des Lumières et veulent moderniser leurs pays : c'est le **despotisme éclairé**. La plupart entretiennent une **correspondance** suivie avec des philosophes et les protègent. Ainsi, Voltaire est un temps l'hôte de Frédéric II, roi de Prusse. Catherine II, tsarine de Russie, reçoit Diderot.

● D'autres souverains, comme Joseph II d'Autriche tentent de mener des **réformes politiques, administratives et religieuses** inspirées des Lumières (tolérance religieuse, réforme de l'impôt payable par tous...).

2. Le refus de certaines idées

● Cependant, pouvoirs politiques et religieux acceptent mal certaines **critiques** des Lumières qui **remettent en cause leur autorité**. Ils condamnent et **censurent** certains ouvrages, obligeant parfois les philosophes à se réfugier à l'étranger.

● Dans certains pays comme la France, les **critiques sociales** et politiques des Lumières provoquent une contestation grandissante du système monarchique et de la **société d'ordres**, notamment dans les années 1780.

VOCABULAIRE

▸ **Salon**
Lieu de réunion, souvent tenu par les femmes de la haute société, où les élites cultivées se retrouvent pour échanger, débattre et se distraire.

▸ **Société d'ordres**
Société divisée en trois ordres. Clergé et noblesse (environ 3 % de la population) concentrent richesse et pouvoir et bénéficient de **privilèges** (ils paient notamment moins d'impôts). Les autres Français constituent le tiers état.

Je retiens autrement

Quel contexte ?

- Des **savants** et des **philosophes** du XVIIIᵉ s.
- Des gens qui veulent **penser par eux-mêmes** et qui **critiquent la société de l'époque** (injustices, oppression, inégalités...).
- Un mouvement qui se développe dans **toute l'Europe**.

Pourquoi ?

- Des **progrès scientifiques** et un goût pour la **recherche** et la **science**.
- De **nouvelles méthodes scientifiques** fondées sur l'**observation**, l'**expérimentation** et l'**analyse**.
- Des **découvertes** majeures qui permettent de **mieux comprendre le monde**.

L'Europe des Lumières (XVIIIᵉ siècle)

Comment ?

- Une diffusion des idées grâce à la **presse**, aux **livres**, aux **salons**, aux **cafés** ou encore aux **voyages** qui permettent de se rencontrer et d'échanger.
- Une **diffusion** cependant limitée aux **élites intellectuelles européennes**.

Quelles conséquences ?

- Des souverains européens s'inspirent de ces penseurs pour **réformer** leurs pays : les **despotes éclairés**.
- Des **souverains absolus** refusent ces idées et les **censurent**.
- Une **montée des contestations** dans certains pays (contre le système monarchique, la société d'ordres...).

Comment apprendre ma leçon ?

J'apprends à réaliser une carte mentale

Une carte mentale est un très bon outil pour mémoriser une leçon.
C'est une représentation visuelle de tout ce qui a été appris.

▶ **Étape 1**

- Prenez une feuille à l'horizontale.
  Écrivez au centre **le titre du chapitre**,
  puis dessinez des branches qui représentent
  les principaux thèmes du chapitre.

  L'Europe des Lumières

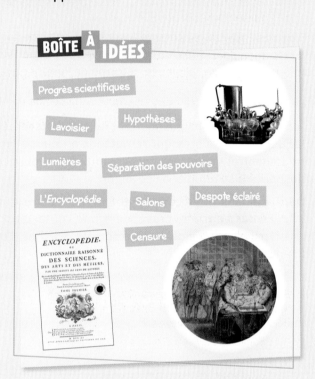

BOÎTE À IDÉES

Progrès scientifiques

Lavoisier

Hypothèses

Lumières

Séparation des pouvoirs

L'Encyclopédie

Salons

Despote éclairé

Censure

▶ **Étape 2**

- Complétez la carte mentale grâce à la boîte
  à idées ci-contre et avec ce que vous avez
  appris avec votre professeur.

  Vous pouvez écrire ou dessiner les mots
  importants, choisir des couleurs différentes
  par thème...

Je révise *chez moi*

● **Je vérifie que je connais les principaux repères du chapitre.**

Je sais définir et utiliser dans une phrase :

▶ encyclopédie
▶ despote éclairé
▶ censure
▶ Lumières

Je sais situer :

▶ **sur une carte :**
– les pays gouvernés par des despotes éclairés

▶ **sur une frise :**
– *l'Encyclopédie*
– le règne de Catherine II
– un ouvrage important et sa date de publication

site élève
⬇ fond de carte et frise

Je sais expliquer :

▶ les grandes idées des Lumières.
▶ comment les idées des Lumières se diffusent en Europe et qui elles touchent.
▶ comment les sciences progressent au XVIIIe siècle.

Je vérifie mes connaissances

1 Je révise le vocabulaire en complétant des mots croisés.

1. Lieu de réunion souvent tenu par des femmes de la haute société où l'on vient se cultiver et se distraire.

2. Courant de pensée qui regroupe des savants et des penseurs voulant guider l'humanité.

3. Ouvrage qui doit rassembler l'ensemble des connaissances.

4. Contrôle des textes par une autorité qui décide de leur publication.

5. Penseur du XVIIIᵉ siècle qui cherche à comprendre le monde par la raison.

2 J'indique la ou les bonne(s) réponse(s).

1. Quelles sont les idées des Lumières ?
- [a] Penser par soi-même.
- [b] Le droit de vote des femmes.
- [c] La liberté.
- [d] La tolérance.

2. Parmi les éléments suivants, lesquels ont permis la diffusion des idées des Lumières ?
- [a] L'*Encyclopédie*
- [b] Les écoles
- [c] Les salons

3. Les Lavoisier sont des scientifiques du XVIIIᵉ siècle, mais dans quelle discipline ?
- [a] La géographie
- [b] La chimie
- [c] Les mathématiques

3 Je complète un résumé.

l'*Encyclopédie*　　monarchie absolue　　Lumières
cafés　　censurent　　raison　　Europe
salons　　despotes éclairés　　expériences

Les savants et les penseurs du XVIIIᵉ siècle font partie du mouvement des …. Ils utilisent leur … pour comprendre le monde et font de nombreuses découvertes scientifiques grâce à leurs …. Leurs idées se diffusent en … grâce à des ouvrages comme … ou lors de discussions dans les … ou les …. Par leurs idées, ils critiquent les erreurs de la société et remettent en cause la …. Certains souverains protègent ces savants, ce sont les …. D'autres, au contraire, n'acceptent pas ces idées nouvelles et les … pour les interdire.

4 Je retrouve les éléments manquants.

Biographie	Personnage des Lumières
Philosophe allemand, il encourage les hommes à utiliser leur raison.	
	Denis Diderot
Impératrice de Russie, elle s'affirme comme une souveraine absolue mais est aussi très influencée par les idées des Lumières.	
Philosophe français et voyageur européen, il défend la tolérance.	
	Les époux Lavoisier

5 Retrouvez d'autres exercices sous forme interactive sur le site Nathan.

Exercices

1 Je m'informe dans le monde du numérique sur l'époque des Lumières

↳ **SOCLE** : Domaine 2

EMI

Rendez-vous sur le site de l'exposition « Lumières ! Un héritage pour demain » de la Bibliothèque nationale de France.

http://expositions.bnf.fr/lumieres/

QUESTIONS

❶ Cliquez sur « Principes et idéaux », puis sur « Sciences et éducation » dans la colonne de gauche qui s'affiche. Lisez les paragraphes « Les académies », « Naissance de l'*Encyclopédie* : la connaissance systématique » et « L'éducation des Lumières ».

❷ Écrivez un résumé de l'article. Sélectionnez une ou deux idées pour chaque paragraphe de l'article que vous avez lu. Cliquez sur les illustrations pour obtenir des informations supplémentaires.

2 J'exprime un jugement moral en analysant le texte d'un philosophe qui s'engage contre la torture

↳ **SOCLE** : Domaine 3

TORTURE : Lorsque le chevalier de La Barre, [...] jeune homme de beaucoup d'esprit et d'une grande espérance, [...] fut convaincu[1] d'avoir chanté des chansons impies[2] et même d'avoir passé devant une procession de capucins[3] sans avoir ôté son chapeau, les juges d'Abbeville ordonnèrent non seulement qu'on lui arrachât la langue, qu'on lui coupât la main et qu'on brulât son corps à petit feu ; mais ils l'appliquèrent encore à la torture pour savoir précisément combien de chansons il avait chantées, et combien de processions il avait vues passer, le chapeau sur la tête.

[...] Les nations étrangères jugent de la France par les spectacles, par les romans, par les jolis vers [...]. Elles ne savent pas qu'il n'y a point au fond de nation plus cruelle que la française.

Les Russes passaient pour des barbares en 1700, une impératrice vient de donner à ce vaste État des lois [...]. La plus remarquable est la tolérance universelle, la seconde est l'abolition de la torture. La justice et l'humanité ont conduit sa plume ; elle a tout réformé.

◼ Voltaire, article « Torture », *Dictionnaire philosophique portatif*, 1769.

1. Reconnu coupable.
2. Hostiles à la religion.
3. Ordre religieux.

QUESTIONS

❶ À quoi s'attaque Voltaire ? Pourquoi est-elle utilisée ?

❷ Relevez dans le texte les tortures infligées au jeune chevalier de La Barre. Quel sentiment Voltaire veut-il faire éprouver à son lecteur ?

❸ Quelle est l'opinion de Voltaire sur la pratique de la torture ? Comment qualifie-t-il la France dans ce texte ?

❹ À quels pays compare-t-il la France ? Pourquoi ce pays est-il un modèle pour lui ?

3 Analyser et comprendre des documents (exercice 1)

↳ **SOCLE** : Domaine 1. J'identifie l'auteur-e d'un document et son point de vue

L'importance de l'éducation

Émilie de Breteuil, marquise du Châtelet (1706-1749), est une scientifique et femme de lettres des Lumières. On lui doit notamment la traduction en français des ouvrages de Newton et plusieurs ouvrages de mathématiques et de physique.

J'ai toujours pensé que le devoir le plus sacré des hommes était de donner à leurs enfants une éducation. [...] Je veux donc, mon cher fils, mettre à profit l'aurore de votre raison[1] pour tâcher de vous garantir de l'ignorance, qui n'est encore que trop commune chez les gens de votre rang et qui est toujours un défaut de plus et un mérite de moins. [...] L'étude de la physique paraît faite pour l'homme, car elle roule sur[2] les choses qui nous entourent. [...] Son secours permet de faire de grands progrès dans l'étude de la nature, elle est la clé de toutes les découvertes et s'il y a encore plusieurs choses inexplicables en physique, c'est qu'on ne s'est pas encore assez appliqué à les rechercher et qu'on est peut-être pas allé assez loin dans cette science.

■ Émilie du Châtelet, avant-propos à ses *Institutions de physique*, 1740.

1. Son jeune âge. 2. Étudie.

QUESTIONS

1 Présentez l'auteure de ce texte.

2 Quelle est son opinion sur l'éducation des enfants ?

3 Quelle discipline scientifique Émilie du Châtelet veut-elle faire étudier à son fils ? Relevez dans le texte les raisons de son choix.

4 À l'aide du texte et de vos connaissances, expliquez pourquoi Émilie du Châtelet est une femme des Lumières.

MÉTHODE

J'identifie l'auteur-e et son point de vue (→ Questions 1 à 3)

▶ Il est important de savoir qui est l'auteur-e pour comprendre son point de vue sur le sujet abordé. Généralement, l'auteur-e est nommé-e à la fin du document.

▶ Résumez les informations qui vous sont données sur Émilie du Châtelet en insistant sur celles qui aident à comprendre le texte.

▶ Résumez le point de vue de l'auteure et citez quelques passages du texte pour l'illustrer : ici, relevez dans le texte les éléments qui montrent qu'elle est favorable à l'éducation des enfants.

MON BILAN DE COMPÉTENCES

Domaine du socle	Compétences travaillées	Pages du chapitre
D1 Les langages pour penser et communiquer	• Je sais m'exprimer à l'oral et à l'écrit de façon claire et organisée • Je sais pratiquer différents langages • Je sais m'exprimer sur Internet et réaliser une page web • Je connais le langage des arts • Je sais identifier l'auteur-e d'un document et son point de vue	**Je découvre** p. 38-39 **Je découvre** p. 46-47 **Je découvre** p. 40-41 **J'enquête** p. 42-43 **Parcours Arts** p. 48-49 **Exercice 3** p. 55
D2 Méthodes et outils pour apprendre	• Je sais construire un outil personnel de travail • Je sais me constituer un lexique historique • Je sais organiser mon travail personnel • Je sais travailler en équipe et m'engager dans un dialogue constructif • Je sais m'informer dans le monde du numérique	**Je découvre** p. 38-39 **J'enquête** p. 44-45 **Apprendre à apprendre** p. 52 **Je découvre** p. 46-47 **Exercice 1** p. 54
D3 La formation de la personne et du citoyen	• J'exprime un jugement moral au nom de la dignité	**Exercice 2** p. 54
D5 Les représentations du monde et de l'activité humaine	• Je sais construire une hypothèse d'interprétation sur un fait historique • Je sais me poser des questions, chercher et justifier mes réponses • Je sais imaginer, concevoir et réaliser une production illustrée	**Je découvre** p. 40-41 **J'enquête** p. 42-43 **J'enquête** p. 44-45

3

La Révolution française et l'Empire (1789–1815)

→ Comment la Révolution française et l'Empire napoléonien bouleversent-ils la manière de gouverner et d'organiser les sociétés en Europe ?

Au cycle 4, en 5ᵉ
J'ai étudié l'affirmation du pouvoir royal en France aux XVIᵉ et XVIIᵉ siècles et la monarchie absolue.

Au cycle 4, en 4ᵉ
Chapitre 2
Au XVIIIᵉ siècle, les Lumières contestent l'absolutisme et amènent les sociétés à envisager un autre type de gouvernement.

Ce que je vais découvrir
La Révolution et l'Empire transforment les États et les sociétés en France et en Europe.

1 **Le 14 juillet 1789, une insurrection qui provoque la chute de la monarchie absolue**

Forteresse devenue prison, la Bastille est un symbole du pouvoir royal à Paris.
Le peuple s'en empare par la force le 14 juillet 1789.

Prise de la Bastille, Claude Cholat (Parisien ayant participé à l'insurrection), 1789, musée Carnavalet, Paris.

Le savez-vous ?

La couronne de laurier de Napoléon ❶, le manteau pourpre de son costume de sacre ❷, l'aigle qu'il choisit comme symbole ❸ et son titre même d'empereur sont des références à l'Empire romain.

2 Le 2 décembre 1804, un empereur gouverne la France

Napoléon Bonaparte est un général de la Révolution. Il prend le pouvoir en 1799 grâce à ses victoires militaires, le soutien de l'armée et sa popularité auprès des Français. Il est couronné empereur le 2 décembre 1804 ; l'armée lui prête serment de fidélité le 5.

Serment de l'armée fait à l'empereur après la distribution des aigles au Champ de Mars, 5 décembre 1804, Jacques-Louis David, 1810, 930 x 610 cm, détail, musée national du château de Versailles.

Je me repère

La Révolution française et l'Empire (1789–1815)

1700 1715

Monarchie absolue

Monarchie constitutionnelle

1848 — IIe République 1815 1804

1852

Monarchie

1789

1792

Ier Empire

II^d Empire — 1870 1914 Ire République

IIIe République

2000 2016

1 La mort du roi

Le 21 janvier 1793, le roi Louis XVI est guillotiné.

Journée du 21 janvier 1793, la mort de Louis Capet sur la place de la Révolution, Ch. Monnet et I.-S. Helman, 1793, BnF, Paris.

2 L'avènement d'un empereur

Après avoir rejeté la monarchie, les Français acceptent l'arrivée d'un empereur à la tête du pays.

Le sacre de Napoléon Ier, Jacques-Louis David, 1805-1807, 920 x 620 cm, détail, musée du Louvre, Paris.

VOCABULAIRE

Empire
Régime politique où les pouvoirs sont concentrés entre les mains d'une seule personne. L'empire désigne aussi l'ensemble des territoires contrôlés par la France.

Convention
Assemblée élue au suffrage universel masculin en septembre 1792.

Monarchie absolue
Régime politique dans lequel le roi est la seule autorité et dispose de tous les pouvoirs.

Monarchie constitutionnelle
Régime politique dans lequel les pouvoirs du roi sont limités par une Constitution, ou loi fondamentale.

République
Régime politique dans lequel tous les dirigeants sont élus par les citoyens.

Terreur
Politique adoptée par la Convention et dirigée par Robespierre de septembre 1793 à juillet 1794. Elle suspend toutes les libertés afin d'éliminer toutes les personnes suspectées d'opposition à la Révolution.

QUESTIONS

▶ Je me repère dans le temps

❶ Combien de régimes politiques la France a-t-elle connus entre 1789 et 1815 ? Quels sont-ils ?

❷ Quels événements conduisent à chaque changement de régime ?

❸ Quel régime a duré le plus longtemps ?

20 juin 1789	10 août 1792	1795	1800	Mai 1804	1805	1810	juin 1815

Monarchie absolue | **Monarchie constitutionnelle** | **République** | **Empire**

1776-1787
Révolution américaine

● **1787** Adoption de la Constitution américaine

20 mai 1789 ●
Ouverture des États généraux à Versailles

● **20 juin 1789** Serment du Jeu de paume

14 juil. 1789 ●
Prise de la Bastille

● **Nuit du 4 août 1789** Abolition des privilèges

● **26 août 1789** Déclaration des droits de l'homme et du citoyen

● **10 août 1792** Insurrection du peuple de Paris

● **21 janvier 1793** Exécution de Louis XVI

Sept. 1793-juil. 1794
Terreur

Sept. 1792-oct. 1795
Convention

Oct. 1795-nov. 1799
Directoire

Nov. 1799-mai 1804
Consulat

● **1800** Création des préfets

● **1802** Création des lycées et de la Légion d'honneur

● **Mai 1804**
Napoléon Iᵉʳ, empereur des Français

● **9 novembre 1799** (18 brumaire an VIII)
Coup d'État de Napoléon Bonaparte

18 juin 1815 ●
Défaite de Napoléon à Waterloo

GRANDES FIGURES DE LA RÉVOLUTION ET DE L'EMPIRE

Olympe de Gouges (1748–1793)

▶ Femme de lettres, **critique de la société d'Ancien Régime**, elle s'engage en faveur des **droits des femmes** et de l'**abolition de l'esclavage**. Opposée à la Terreur, elle est jugée et guillotinée le 3 novembre 1793.

Louis XVI (1754–1793)

▶ Roi à partir de 1774, il ne parvient pas à réformer le royaume, en pleine crise financière. **Hostile à la Révolution**, il n'accepte pas la limitation de son pouvoir.

▶ **Renversé le 10 août 1792**, jugé coupable de trahison, il est guillotiné le 21 janvier 1793.

Maximilien de Robespierre (1754–1794)

▶ Avocat et **représentant du tiers état** aux États généraux, il est élu à la Convention en 1792. Il y vote la mort du roi, puis prend la tête du **Comité de salut public**, chargé de lutter contre les ennemis de la Révolution.

▶ Il renforce la **Terreur** avant d'être renversé par ses adversaires à la Convention le 9 Thermidor an II (27 juillet 1794). Il est guillotiné le lendemain.

Napoléon Bonaparte (1769–1821)

▶ Militaire de formation, il devient **général pendant la Révolution**. Ses campagnes et ses **victoires militaires** (Italie, Égypte) le rendent très **populaire**. Il prend le pouvoir par le **coup d'État** du 18 Brumaire : il crée le Consulat (1799–1804) puis l'Empire (1804–1815) pendant lesquels il réforme profondément la France.

▶ Il **conquiert une grande partie de l'Europe** avant d'être vaincu en 1814 puis en 1815 (défaite de Waterloo). Il meurt en exil sur l'île de Sainte-Hélène.

La France et l'Europe de 1789 à 1815

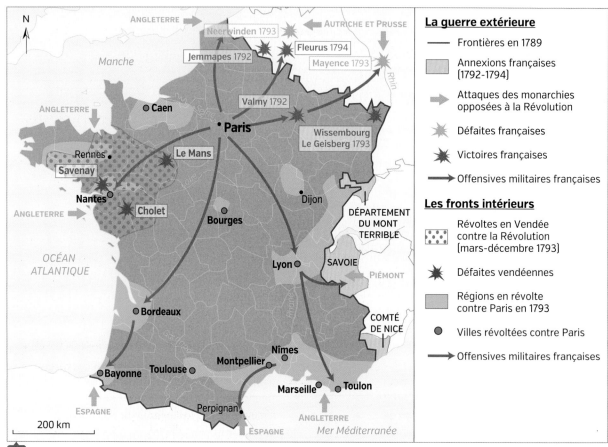

La guerre extérieure

— Frontières en 1789

▨ Annexions françaises (1792-1794)

➡ Attaques des monarchies opposées à la Révolution

✳ Défaites françaises

✴ Victoires françaises

➡ Offensives militaires françaises

Les fronts intérieurs

⠿ Révoltes en Vendée contre la Révolution (mars-décembre 1793)

✳ Défaites vendéennes

▨ Régions en révolte contre Paris en 1793

● Villes révoltées contre Paris

➡ Offensives militaires françaises

1 La France révolutionnaire : des menaces aux victoires (1792-1794)

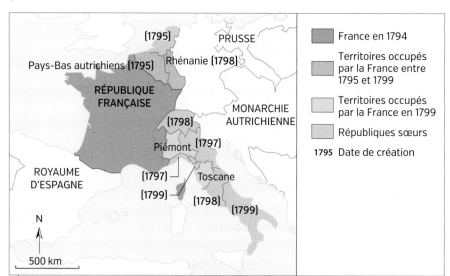

■ France en 1794

▨ Territoires occupés par la France entre 1795 et 1799

▨ Territoires occupés par la France en 1799

□ Républiques sœurs

1795 Date de création

2 Les conquêtes de la République (1795-1799)

VOCABULAIRE

▸ **République sœur**
État organisé entre 1795 et 1799 sur le modèle de la République française.

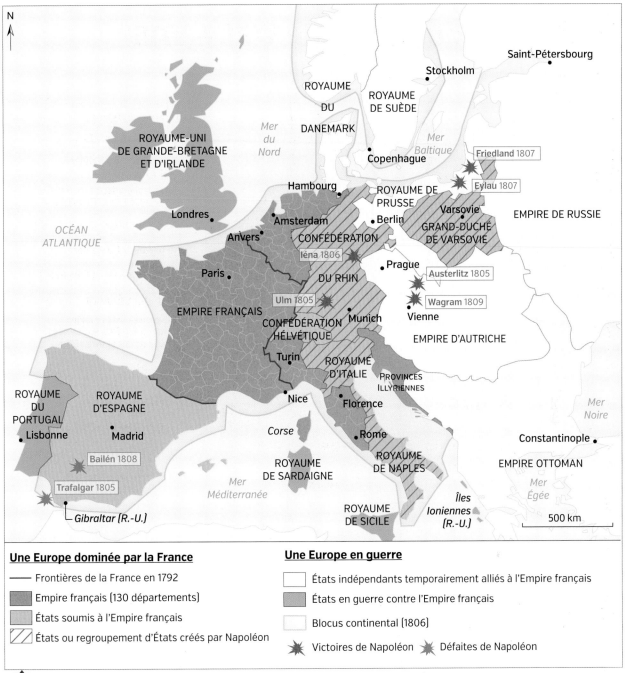

Une Europe dominée par la France

—— Frontières de la France en 1792

Empire français (130 départements)

États soumis à l'Empire français

États ou regroupement d'États créés par Napoléon

Une Europe en guerre

États indépendants temporairement alliés à l'Empire français

États en guerre contre l'Empire français

Blocus continental (1806)

Victoires de Napoléon   Défaites de Napoléon

3 L'Europe de Napoléon (1811)

QUESTIONS

▶ Je me repère dans l'espace

1 Doc 1. À quelles menaces la France révolutionnaire est-elle confrontée entre 1792 et 1794 ?

2 Doc 2. Montrez qu'à partir de 1795, l'organisation de la République française s'étend en Europe.

3 Doc 3. Quels éléments montrent que la France domine l'Europe en 1811 ? Cette domination est-elle acceptée par tous les pays européens ?

Je découvre

SOCLE Compétences

▶ **Domaine 4** : Je mène une démarche d'investigation pour identifier des continuités et des ruptures
▶ **Domaine 2** : Je construis un outil personnel de travail

Une révolution politique (1789-1793)

Question clé Comment la Révolution transforme-t-elle la manière de gouverner la France ?

1 Le serment du Jeu de paume, la fin de la monarchie absolue (20 juin 1789)

Les députés du tiers état et des députés du clergé ❶ se réunissent dans une salle de jeu de paume à Versailles. Ils prêtent le serment « de ne jamais se séparer [...] jusqu'à ce que la Constitution du royaume soit établie ».

Le Serment du Jeu de paume, 20 juin 1789, J.-L. David, 1791, musée national du château de Versailles.

Le pouvoir du roi d'après Louis XV

❝ C'est à moi seul qu'appartient le pouvoir législatif, sans dépendance et sans partage. ❞

Discours du 3 mars 1766.

Chronologie

5 mai 1789 Convocation des États généraux, chargés de proposer des solutions à la crise financière du royaume. Ses membres, élus par les trois ordres (clergé, noblesse et tiers état) ne parviennent pas à trouver un accord.

20 juin 1789 Serment du Jeu de paume.

3 septembre 1791 Adoption de la Constitution qui fait de la France une monarchie constitutionnelle.

21 septembre 1792 La France devient une république.

VOCABULAIRE

▶ **Constitution**
Texte de loi fondamental, qui définit le régime politique et l'organisation des pouvoirs d'un État.

▶ **Monarchie constitutionnelle**
→ p. 58.

▶ **République**
→ p. 58.

▶ **Souveraineté**
Droit d'exercer la totalité du pouvoir politique.

2 Un nouveau régime politique (1791)

Des pouvoirs publics

Art. 1 – La souveraineté est une, indivisible, inaliénable[1] et imprescriptible[2]. Elle appartient à la Nation ; aucune section du peuple, ni aucun individu, ne peut s'en attribuer l'exercice. [...]

Art. 3 – Le pouvoir législatif[3] est délégué à une Assemblée nationale composée de représentants temporaires, librement élus par le peuple, pour être exercé par elle [...].

Art. 4 – Le gouvernement est monarchique : le pouvoir exécutif[4] est délégué au roi, pour être exercé sous son autorité, par des ministres [...].

■ Constitution, 3 septembre 1791.

1. Que l'on ne peut céder. 2. Destinée à durer toujours.
3. Pouvoir de faire la loi. 4. Pouvoir de faire appliquer la loi.

3 Le roi rejette la Révolution et la Constitution (1791)

Tant que le roi a pu espérer voir renaître l'ordre et le bonheur du royaume par les moyens employés par l'Assemblée nationale, aucun sacrifice personnel ne lui a coûté ; mais aujourd'hui que reste-t-il au roi que la fausse apparence de la royauté ? Le roi ne pense pas qu'il soit possible de gouverner la France par les moyens établis par l'Assemblée nationale.

■ D'après Louis XVI, 20 juin 1791.

4 L'instauration de la République (1792)

Le 10 août 1792, la monarchie est renversée.

a. Décret du 21 septembre 1792

La Convention nationale déclare qu'il ne peut y avoir de Constitution que celle qui est acceptée par le peuple [...], que la royauté est abolie en France [...], que la République française est une et indivisible.

b. Constitution du 24 juin 1793

Art. 25 – La souveraineté réside dans le peuple [...].

Art. 29 – Chaque citoyen a un droit égal de concourir à la formation de la loi et à la nomination de ses mandataires[1] [...].

Art. 35 – Quand le gouvernement viole les droits du peuple, l'insurrection est, pour le peuple [...], le plus sacré des droits et le plus indispensable des devoirs.

1. Représentants.

5 L'exécution de Louis XVI (1793)

Après l'insurrection du 10 août 1792, Louis XVI est jugé et reconnu coupable de trahison. Il est guillotiné le 21 janvier 1793.

Fin tragique de Louis XVI exécuté le 21 janvier 1793 sur la place Louis XV, dite la place de la Révolution, Beau et Fious, fin du XVIIIᵉ siècle, musée Carnavalet, Paris.

Activités

Question clé | **Comment la Révolution transforme-t-elle la manière de gouverner la France ?**

ITINÉRAIRE 1

▶ **Je comprends le sens général des documents**

❶ **Doc 1.** Pourquoi le serment du Jeu de paume est-il un bouleversement dans la manière de gouverner la France ?

❷ **Doc 2.** Pourquoi le roi n'est-il plus un monarque absolu en 1791 ?

❸ **Doc 3, 4 et 5.** Louis XVI accepte-t-il cette évolution ? Quelles en sont les conséquences pour le roi et le gouvernement de la France ?

▶ **J'explique à l'écrit des continuités et des ruptures chronologiques**

❹ Expliquez quelle est la manière de gouverner la France : avant le 20 juin 1789, entre 1789 et 1792, puis à partir de septembre 1792.

OU

ITINÉRAIRE 2

▶ **Je m'exprime sous la forme d'une production graphique : un schéma**

Recopiez puis complétez le schéma suivant pour répondre à la question clé.

La France avant 1789
- Nom du régime
- Caractéristiques

Cause du changement

Entre 1789 et 1792
- Nom du régime
- Nouvelles caractéristiques

Cause du changement

À partir de septembre 1792
- Nom du régime
- Nouvelles caractéristiques

SOCLE Compétences
- **Domaine 2** : Je m'engage en équipe et je prends des notes
- **Domaine 3** : Je connais les principes de la Déclaration des droits de l'homme et du citoyen

Société et économie en révolution

CONSIGNE

Les articles de la Déclaration des droits de l'homme et du citoyen définissent de nouveaux droits. Vous devez montrer que la société créée par les révolutionnaires est fondée sur ces droits. Répartis en équipes, mettez en relation ces articles avec différentes caractéristiques de cette nouvelle société.

Chaque équipe présente son travail à l'oral, en écrivant au tableau les grandes idées à retenir. Pendant chaque présentation, pensez à noter les informations importantes.

Un outil pour tous : les grands principes révolutionnaires

ÉQUIPES 1-2-3

Avant de commencer le travail en équipes, lisez le document 1.

1 La Déclaration des droits de l'homme et du citoyen, 26 août 1789 (extraits)

Article Premier

Les hommes naissent et demeurent libres et égaux en droits. [...]

II

Le but de toute association politique est la conservation des droits naturels et imprescriptibles de l'homme. Ces droits sont la liberté, la propriété, la sûreté, et la résistance à l'oppression. [...]

IV

La liberté consiste à pouvoir faire tout ce qui ne nuit pas à autrui : ainsi, l'exercice des droits naturels de chaque homme n'a de bornes que celles qui assurent aux autres membres de la société la jouissance de ces mêmes droits. Ces bornes ne peuvent être déterminées que par la loi. [...]

VI

La loi est l'expression de la volonté générale. Tous les citoyens ont droit de concourir personnellement, ou par leurs représentants, à sa formation. Elle doit être la même pour tous, soit qu'elle protège, soit qu'elle punisse. Tous les citoyens étant égaux à ses yeux sont également admissibles à toutes dignités, places et emplois publics. [...]

X

Nul ne doit être inquiété pour ses opinions, même religieuses, pourvu que leur manifestation ne trouble pas l'ordre public établi par la loi.

XI

La libre communication des pensées et des opinions est un des droits les plus précieux de l'homme : tout citoyen peut donc parler, écrire, imprimer librement, sauf à répondre de l'abus de cette liberté dans les cas déterminés par la loi.

Des privilèges à l'égalité

ÉQUIPE 1

Quelles inégalités les révolutionnaires rejettent-ils ? Quelles réformes engagent-ils pour plus d'égalité ? Quel(s) article(s) de la Déclaration des droits de l'homme et du citoyen (→ **Doc 1**) justifie(nt) ces bouleversements ?

2 La prise de la Bastille : lutter pour un nouveau droit

Le tiers état ❶ affirme, devant la noblesse ❷ et le clergé ❸ : « Ma foi, il était temps que je me réveille, l'oppression de mes fers me donnait le cauchemar un peu fort ». À l'arrière-plan, la prise de la Bastille ❹.

Le Réveil du tiers état, gravure, 1789, BnF, Paris.

3 La nuit du 4 août 1789 : la fin des privilèges

Dans plusieurs provinces, le peuple tout entier forme une espèce de ligue pour détruire les châteaux, pour ravager les terres, et surtout pour s'emparer des chartriers[1], où les titres des propriétés féodales sont en dépôt. [...]

Dans ce siècle de lumières, où la saine philosophie a repris son empire, [...] il faudrait prouver à tous les citoyens que notre intention, notre vœu est [...] d'établir le plus promptement[2] possible cette égalité de droits qui doit exister entre tous les Hommes, et qui seule peut assurer leur liberté. [...]

Mon vœu serait que l'Assemblée nationale déclarât que les impôts seront supportés également par tous les citoyens, en fonction de leurs facultés, et que, désormais, tous les droits féodaux[3] des fiefs et terres seigneuriales seront rachetés par leurs vassaux[4], s'ils le désirent.

■ Duc d'Aiguillon (député de la noblesse élu en 1789 aux États généraux), discours devant l'Assemblée nationale, 4 août 1789.

1. Collection de documents qui prouvent des droits des seigneurs. **2.** Rapidement **3.** Droits et privilèges d'un seigneur sur ses terres et leurs habitants. **4.** Personne qui dépend d'un seigneur.

4 Religion juive et citoyenneté

Avant 1789, les juifs n'ont pas le droit de résider dans le royaume de France sauf dans de rares régions frontalières. Ils ne peuvent donc pas accéder aux fonctions publiques.

Il n'y a pas de milieu possible : [...] écartez de votre société les hommes qui professent un autre culte, et alors effacez l'article de votre Déclaration des droits ; ou bien permettez à chacun d'avoir son opinion religieuse, et n'excluez pas des fonctions publiques ceux qui usent de cette permission. [...]

Il faut refuser tout aux juifs comme nation, et accorder tout aux juifs comme individus ; [...] il faut qu'ils ne fassent dans l'État ni un corps politique, ni un ordre ; il faut qu'ils soient individuellement citoyens.

■ Stanislas de Clermont-Tonnerre, discours devant l'Assemblée nationale, 23 décembre 1789.

J'enquête EN ÉQUIPES !

ÉQUIPE 2

L'économie transformée par la révolution

Quelles sont les réformes économiques réalisées par la Révolution ? Sur quels principes sont-elles fondées ? Quel(s) article(s) de la Déclaration des droits de l'homme et du citoyen (→ Doc 1) justifie(nt) ces bouleversements ?

5 La liberté en économie

À compter du 1er avril prochain, il sera libre à toute personne de faire tel négoce[1], ou d'exercer telle profession, art ou métier qu'elle trouvera bon ; mais elle sera tenue de se pourvoir[2] auparavant d'une patente[3].

■ Loi d'Allarde, 2 mars 1791.

1. Commerce **2.** De se doter de.
3. Autorisation que l'on doit acheter.

6 Un système de poids et de mesures identique pour tous

Sous l'Ancien Régime, les régions françaises utilisaient des poids et des mesures différents.

L'unité des poids et mesures est réclamée à la fois par les sciences et les arts, par le commerce et par l'homme qui vit du travail de ses mains, et qui, exposé aux fraudes par l'ancien système de poids et mesures, est le moins en état d'en supporter les effets.

Ce nouveau moyen de cimenter l'unité de la France renforcerait aussi la liaison entre les Français et les autres peuples.

L'Académie des sciences a été chargée le 8 mai 1790 par l'Assemblée de travailler à un nouveau système général des poids et mesures.

■ D'après le décret sur l'uniformité et le système général des poids et mesures, *Le Moniteur universel*, 1er août 1793.

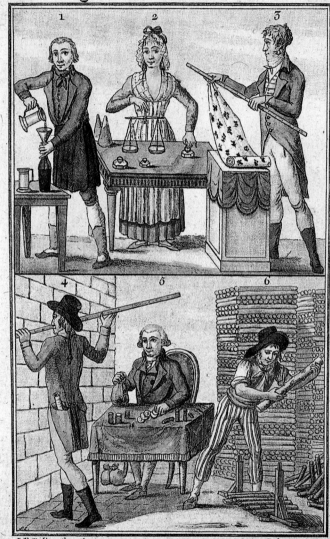

Usage des Nouvelles Mesures.

J.P. Delion G..... inv.   Labrousse Sculp.

1. le Litre (*Pour la* Pinte)
2. le Gramme (*Pour la* Livre)
3. le Mètre (*Pour l'*Aune)
4. l'Are (*Pour la* Toise)
5. le Franc (*Pour une* Livre Tournois)
6. le Stere (*Pour la* Demie Voie de Bois)

Déposé à la Bib.que N.le le 24 Ventose An 8. | A Paris chez Delion Rue Montmartre N.o 142 près le Boulevard.

7 La diffusion des réformes révolutionnaires

Cette gravure, imprimée pour être diffusée, présente les nouveaux poids et mesures utilisés à partir de 1795.

Usage des nouvelles mesures, 1800, BnF, Paris.

L'expression des nouvelles idées politiques

Comment les Français s'informent-ils et expriment-ils leurs idées ?
Comment les femmes cherchent-elles à jouer un nouveau rôle dans la Révolution ?
Quel(s) article(s) de la Déclaration des droits de l'homme et du citoyen (→ **Doc 1**)
justifie(nt) cette participation à la vie politique ?

> **VOCABULAIRE**
>
> ▸ **Club**
> Association dans laquelle
> des citoyens se réunissent pour
> débattre de questions politiques.

8 **Un club révolutionnaire de femmes**

La présidente lit *Le Moniteur universel*, journal qui rend compte des débats à l'Assemblée.

Lesueur, XVIIIe siècle, musée Carnavalet, Paris.

9 Des opinions différentes sur les clubs

a. Les clubs, sauveurs de la Révolution

Les députés voyaient avec effroi la partie la plus saine de la nation réunie en clubs réclamer contre les malversations[1] et toujours prête à soulever la nation contre ses infidèles représentants. Que n'ont-ils pas fait pour anéantir ces clubs, sous prétexte qu'ils usurpaient[2] tous les pouvoirs en prenant des délibérations, alors qu'ils ne délibéraient que pour s'opposer à l'oppression, que pour résister à la tyrannie.

■ D'après Marat, *L'Ami du peuple*, journal révolutionnaire, 18 juin 1791.

1. Malhonnêtetés.
2. S'emparer illégalement de quelque chose.

b. Les clubs, un danger pour la France

Les clubs dans chaque ville dirigent l'opinion de la populace[1], gouvernent leurs administrateurs, dictent les sentences des juges, font trembler les officiers municipaux, décident du résultat des élections ; [...] ils forment, dans le sein de l'État, un complot immense contre l'ordre et la tranquillité ; ennemis de toute obéissance, le gouvernement les trouvera sans cesse dans son chemin.

■ D'après l'abbé Royou, *L'Ami du roi*, journal royaliste, 17 juillet 1791.

1. Mot péjoratif pour désigner le peuple.

10 La place des femmes dans la Révolution

Les mères, les filles, les sœurs, représentantes de la nation, demandant d'être constituées en Assemblée nationale. Considérant que l'ignorance, l'oubli ou le mépris des droits de la femme sont les seules causes des malheurs publics, [...] elles ont résolu d'exposer dans une déclaration solennelle les droits naturels, inaliénables et sacrés de la femme. [...]

Art. 1er – La femme naît libre et demeure égale en droits à l'homme. [...]

Art. 4 – La liberté et la justice consistent à rendre tout ce qui appartient à autrui ; ainsi l'exercice des droits naturels de la femme n'a de bornes que la tyrannie perpétuelle que l'homme lui oppose. [...]

Art. 6 – La loi doit être l'expression de la volonté générale ; toutes les citoyennes et les citoyens doivent concourir personnellement, ou par leurs représentants, à sa formation ; elle doit être la même pour tous [...].

■ Olympe de Gouges, Déclaration des droits de la femme et de la citoyenne, septembre 1791.

SOCLE Compétences

▶ **Domaine 1** : Je rédige un écrit d'engagement, dans le respect de la Déclaration des droits de l'homme et du citoyen
▶ **Domaine 5** : Je juge par moi-même un phénomène historique

La Révolution a-t-elle libéré les esclaves ?

CONSIGNE

Journaliste anglais en voyage en France en juin 1802, vous écrivez un article sur le sort des esclaves pendant la Révolution française. Vous étudiez le cas de Saint-Domingue, colonie française des Antilles.

Écrivez votre article à l'aide des documents, pour montrer qu'il existe plusieurs étapes entre 1789 et 1802, pendant lesquelles différents acteurs interviennent et expriment leurs points de vue sur l'esclavage.

Saint-Domingue

Chronologie

19 février 1788	Création de la Société des amis des Noirs à Paris, qui milite pour l'abolition de l'esclavage.
22 août 1791	Révolte des esclaves noirs de Saint-Domingue.
4 février 1794	Abolition de l'esclavage par la Convention.
20 mai 1802	Rétablissement de l'esclavage dans les colonies par Napoléon Bonaparte.

1 Un révolutionnaire contre la liberté des esclaves noirs

Les Amis des Noirs à la tête desquels on voit [des députés], ont prêché[1] trop haut cette liberté des Noirs.

Ce sentiment est naturel et humain, il est dans tous les cœurs justes et sensibles, mais il ne faut pas s'y abandonner étourdiment : il faut voir si le peuple noir peut recevoir ce bienfait et en profiter.

[...] À peine nous autres civilisés, pensants, réfléchissants, accoutumés aux lois [...] pouvons-nous faire un bon usage de la liberté. Que serait-ce donc pour ces hommes ignorants, barbares ? Ils en abuseraient d'une manière horrible.

[...] Les Amis des Noirs devraient proposer, non une liberté brusque et illimitée, mais une liberté conditionnelle et progressive, [...] faire apercevoir au Nègre[2] sa liberté dans un temps donné s'il se conduit sagement et utilement.

■ Nicolas Ruault (Parisien favorable à la Révolution), lettre à son frère, 1er mars 1790.

1. Proclamer 2. Terme employé couramment au XVIIIe siècle.

BIOGRAPHIE

Toussaint-Louverture (1746–1803)

▶ **1743** : naissance à Saint-Domingue.

▶ **1776** : affranchi, il devient alors un homme libre de couleur.

▶ **1793** : il prend la tête de certains des Noirs révoltés depuis 1791 contre les colons français.

▶ **1797** : il s'empare du pouvoir dans la partie française de l'île, qu'il contrôle entièrement en 1800.

▶ **Juillet 1801** : il promulgue une Constitution qui fait de Saint-Domingue un État séparé de la France.

▶ **1802** : Bonaparte envoie une armée pour rétablir l'autorité de la France. La reprise en main est violente. Toussaint-Louverture est arrêté le 7 juin et transféré en France.

▶ **1803** : mort en prison.

2 Toussaint-Louverture, d'esclave à gouverneur

VOCABULAIRE

▶ **Colonie**
Territoire conquis, dominé et exploité par un État étranger (la métropole).

▶ **Convention**
Assemblée élue au suffrage universel masculin en septembre 1792.

3 La lutte des esclaves pour leur liberté

En août 1791, 15 000 esclaves se révoltent contre leurs maîtres à Saint-Domingue.

Représentation de l'idée que, dans la colonie française de Saint-Domingue, les esclaves noirs se firent de la liberté, gravure, 1791, musée d'Aquitaine, Bordeaux.

4 L'abolition de l'esclavage par la Convention

a. Le débat à la Convention

Levasseur, député de la Sarthe – Je demande que la Convention, [...] fidèle à la Déclaration des droits de l'homme, décrète dès ce moment que l'esclavage est aboli sur tout le territoire de la République. Saint-Domingue fait partie de ce territoire, et cependant, nous avons des esclaves à Saint-Domingue. Je demande donc que tous les hommes soient libres, sans distinction de couleur. [...]

Lacroix, député d'Eure-et-Loir – Les hommes de couleur ont, comme nous, voulu briser leurs fers ; nous avons brisé les nôtres, nous n'avons voulu nous soumettre au joug¹ d'aucun maître ; accordons-leur le même bienfait.

■ Débat à la Convention, 4 février 1794.

1. Domination.

b. La République abolit l'esclavage

La Convention déclare aboli l'esclavage des Nègres dans toutes les colonies, en conséquence, elle décrète que tous les hommes, sans distinction de couleur, domiciliés dans les colonies, sont citoyens français.

■ Décret du 4 février 1794.

5 Les raisons du rétablissement de l'esclavage

La France pourrait-elle compter sur des colonies peuplées en majeure partie de Noirs libres ? Leurs intérêts deviendraient bientôt indépendants de toute affection pour la métropole, car la patrie absente pour le Nègre des Antilles, c'est l'Afrique. [...]

Il faut donc que les propriétés et le pouvoir soient entre les mains des Blancs peu nombreux ; il faut que les Nègres en grand nombre soient esclaves. Tout l'exige, la sécurité du colon, l'activité des cultures, la conservation des colonies, l'intérêt du trésor public, du commerce, des finances [...].

■ Étienne Bruix, discours comme représentant du gouvernement devant le Sénat, 19 mai 1802.

> **COUP DE POUCE**
>
> Vous pouvez organiser votre article en trois temps. Aidez-vous des questions ci-dessous.
>
> ❱ Jusqu'en 1794, les révolutionnaires ont-ils tous la même attitude vis-à-vis de l'esclavage ? (→ Doc 1, 2 et 4)
>
> ❱ Qui agit pour libérer les esclaves ? (→ Doc 2, 3 et 4)
>
> ❱ Pourquoi peut-on parler d'un retour en arrière à partir de 1802 ? (→ Doc 5)

SOCLE Compétences
▶ **Domaine 1** : J'argumente à l'écrit de façon claire et argumentée
▶ **Domaine 3** : J'exprime mon jugement critique sur l'application des principes de la Révolution

Comment la Révolution et Bonaparte réorganisent-ils la société française ?

CONSIGNE

Négociant américain, vous avez déjà visité la France en 1788. Vous y retournez à la fin de l'année 1804. Dans une lettre à vos associés, vous expliquez comment les révolutionnaires puis Napoléon Bonaparte ont réorganisé la société française.

1 La création des préfets (1800)

Le Consulat crée les préfets, représentants du gouvernement dans chaque département.

Vous êtes appelés à seconder le gouvernement dans le noble dessein de restituer la France à son antique splendeur et d'asseoir enfin ce magnifique édifice sur les bases de la liberté et de l'égalité. Votre premier soin est de détruire sans retour, dans votre département, l'influence morale des événements qui nous ont trop longtemps dominés[1]. Faites que les passions haineuses cessent, que les ressentiments[2] s'éteignent.

Je me borne à vous recommander de vous occuper sans délai de la prompte rentrée des contributions[3].

Aimez, honorez les agriculteurs, protégez le commerce. Visitez les manufactures et distinguez par des témoignages d'une haute estime les citoyens qui leur donnent de l'activité. Occupez-vous de la génération qui commence : donnez des soins à l'éducation publique.

Formez des hommes, des citoyens, des Français.

■ D'après Lucien Bonaparte (ministre de l'Intérieur), circulaire aux préfets, 12 mars 1800.

1. Allusion aux tensions et guerres civiles que la France a connues.
2. Rancunes. 3. Impôts.

Un préfet sous le Consulat, début du XIXᵉ siècle.

2 La création des départements (1790)

La France divisée en 9 régions, 10 métropoles et 83 départements, 1790, BnF.

3 La création du franc germinal (1803)

Au mois de germinal an XI (mars 1803), Bonaparte crée une nouvelle monnaie, le franc, unique pour tout le territoire. Cette monnaie est conservée après le passage à l'Empire.

Pièce de 40 francs, 1806.

4 La création de la Légion d'honneur (1802)

Bonaparte ❶ remet la croix de la Légion d'honneur. On peut voir sur ce tableau des militaires ❷, des fonctionnaires ❸, des membres du clergé ❹, et des ministres ❺. L'ordre de la Légion d'honneur récompense les mérites des citoyens français.

Première Distribution des décorations de la Légion d'honneur le 14 juillet 1804, J.-B. Debret, 1812, 531 x 403 cm, détail, Musée national du château de Versailles.

6 La création des lycées (1802)

Les lycées sont un élément essentiel pour former de futurs dirigeants.
Chaque lycée [...] n'aura que six professeurs, trois pour les lettres françaises et latines et trois pour les mathématiques. Passé 12 ans, les élèves apprennent l'exercice militaire [...]. Chaque lycée a une bibliothèque de quinze cents volumes ; le catalogue des livres est partout identique, aucun livre nouveau ne peut être introduit sans l'autorisation du ministre de l'Intérieur. On sait pertinemment que ces dispositions sont l'œuvre propre du Consul[1], qui les a imposées.

◾ J.-F. Reichardt (envoyé de Prusse à Paris), *Un hiver à Paris sous le Consulat*, 17 décembre 1802.

1. Napoléon Bonaparte.

5 Le Code civil (1804)

Art. 8 – Tout Français jouira des droits civils.

Art. 9 – Tout individu né en France d'un étranger pourra, dans l'année qui suivra l'époque de sa majorité, réclamer la qualité de Français ; pourvu que, dans le cas où il résiderait en France, il déclare que son intention est d'y fixer son domicile. [...]

Art. 212 et 213 – Les époux se doivent mutuellement fidélité, secours, assistance. Le mari doit protection à sa femme, la femme obéissance à son mari. [...]

Art. 371 à 373 – L'enfant, à tout âge, doit honneur et respect à ses parents. Il reste sous leur autorité jusqu'à sa majorité. Le père seul exerce cette autorité pendant le mariage.

Art. 1781 – [L'employeur] est cru sur son affirmation pour le paiement des salaires.

◾ Code civil, 21 mars 1804.

COUP DE POUCE

Pour vous aider à construire votre lettre, vous pouvez montrer que ces réformes ont pour but :

▶ d'appliquer le principe d'égalité de 1789 (→ Doc 1, 2 et 5) ;
▶ de définir les droits des citoyens français (→ Doc 5) ;
▶ de permettre l'unité et la prospérité de la France (→ Doc 1 à 3) ;
▶ de former une nouvelle élite fondée sur le mérite (→ Doc 1, 4 et 6).

→ **D'hier à aujourd'hui :**
Que nous reste-t-il de ces réformes ?

La diffusion des idées de liberté et de nation en Europe (1789–1815)

Question clé Quelles sont les conséquences de la Révolution et de l'Empire en Europe ?

1 Diffuser la Révolution

Art. Ier – Dans les pays qui sont ou seront occupés par les armées de la République, les généraux proclameront sur-le-champ, au nom de la nation française, la souveraineté du peuple, la suppression de toutes les autorités établies, des impôts ou contributions existants, [...] de la noblesse et généralement de tous les privilèges.

Art. 2 – Ils annonceront au peuple qu'ils lui apportent paix, secours, fraternité, liberté et égalité, et ils le convoqueront de suite en assemblées pour créer et organiser une administration et une justice provisoires [...].

◾ Décret de la Convention, 15 décembre 1792.

2 L'espoir d'une révolution en Italie

Dès l'aurore de la Révolution française, le peuple piémontais[1] sentit le charme de la liberté. En 1791, plusieurs insurrections avaient déjà fait trembler le gouvernement. Ces essais, quoique inutiles, allumèrent toujours plus le feu révolutionnaire qui était puissamment fomenté[2] par l'odieux gouvernement féodal[3], par le poids excessif des impôts, par la misère du peuple, par l'orgueil de la noblesse et du clergé.

Depuis alors il se forma dans toutes les provinces du Piémont des associations patriotiques qui avaient éclairé le peuple, réuni des hommes et préparé l'explosion qui fut déjouée par les nombreuses arrestations qui eurent alors lieu à Turin. [...]

◾ D'après Philippe Buonarroti (originaire de Toscane, il s'engage dès 1789 dans la Révolution française dont il admire les idées), 20 février 1796.

1. Peuple d'un État italien, le Piémont.
2. Entretenu.
3. Régime monarchique dans lequel les privilèges ne sont pas abolis.

3 La Révolution, un modèle pour l'Europe

Les révolutionnaires français espèrent un bouleversement politique en Europe.

La chute en masse : ainsi l'étincelle électrique de la liberté renversera tous les trônes des brigands couronnés, gravure, 1793, musée Carnavalet, Paris.

4 Des Espagnols révoltés contre l'Empire français

Napoléon conquiert l'Espagne en 1808. La révolte des Espagnols est violemment réprimée le 3 mai.

Tres de Mayo, Francisco de Goya, 1814, 347 x 268 cm, musée du Prado, Madrid.

VOCABULAIRE

▸ **Nation**
Population partageant des caractéristiques communes (langue, histoire...) et cherchant à détenir le pouvoir politique.

5 Des espoirs déçus en Allemagne

À la fin de 1792, les armées françaises franchissent le Rhin.

Ce fut la guerre et des colonnes de Français armés s'approchèrent, mais ils ne semblaient apporter que l'amitié. Gaiement ils plantèrent des arbres joyeux de la liberté, promettant à chacun de respecter ce qui lui appartenait, et à chacun de lui laisser son gouvernement propre. Alors jeunes gens et vieillards grandement se réjouirent.

Cependant le ciel se troubla bien vite. Leurs chefs se disputèrent les avantages du pouvoir. Et nous les vîmes se livrer à l'orgie et piller en grands, tandis que les petits, jusqu'au moindre d'entre eux, pillaient et vivaient dans la débauche.

Alors, une fureur sauvage s'empara de nos hommes ; ils voulurent venger leurs pertes et défendre ce qui leur restait. En un clin d'œil les paisibles instruments des champs se changèrent en armes.

■ D'après Goethe, *Hermann et Dorothée*, 1797.

Activités

Question clé | **Quelles sont les conséquences de la Révolution et de l'Empire en Europe ?**

ITINÉRAIRE 1

▸ **Je mets en relation des faits d'une période donnée**

❶ **Doc 1 et 3.** Montrez que les deux documents expriment le même objectif.

❷ **Doc 2.** Quelle est la situation en Italie ?

❸ **Doc 4.** Comment Goya montre-t-il la violence des Français en Espagne ?

❹ **Doc 5.** Quelles sont les réactions des Allemands ? Comment l'auteur les explique-t-il ?

▸ **J'explique les faits des acteurs de l'histoire**

❺ À l'aide des documents et de vos réponses aux questions, répondez à la question clé.

OU

ITINÉRAIRE 2

▸ **J'élabore un schéma explicatif**

Après avoir analysé les documents, complétez ce schéma.

La Révolution française et l'Empire

Des principes à diffuser en Europe (→ Doc 1 et 3)

Des conquêtes en Europe (→ Doc 4 et 5)

Les raisons d'un accueil favorable (→ Doc 2, 3 et 5)

Les raisons d'une hostilité des populations (→ Doc 4 et 5)

La Révolution française et l'Empire (1789–1815)

→ Comment la Révolution française et l'Empire napoléonien bouleversent-ils la manière de gouverner et d'organiser les sociétés en Europe ?

Le savez-vous ?

Notre fête nationale, le 14 juillet, commémore à la fois la prise de la Bastille en 1789, mais aussi la fête de la Fédération, organisée en 1790 pour célébrer l'unité des Français.

VOCABULAIRE

▸ **Constitution**
Texte de loi fondamental, qui définit le régime politique et l'organisation des pouvoirs d'un État.

▸ **Nation**
Population partageant des caractéristiques communes (langue, histoire...) et cherchant à détenir le pouvoir politique.

▸ **République**
Régime politique dans lequel tous les dirigeants sont élus par les citoyens.

▸ **Souveraineté**
Droit d'exercer la totalité du pouvoir politique.

A Une révolution politique

1. Du roi à la nation

● En **juin 1789**, les députés du tiers état élus aux **États généraux** se déclarent **Assemblée nationale**, puis prêtent le serment de rédiger une **Constitution**. Ils affirment donc posséder le **pouvoir législatif**. C'est une révolution : ils proclament le principe de la **souveraineté** de la **nation**. **Louis XVI** y est hostile mais les Parisiens, en prenant la **Bastille** le 14 juillet, le forcent à céder : **la monarchie absolue disparaît**.

2. Un nouveau régime politique

● **La Constitution de 1791 crée une monarchie constitutionnelle** : le roi ne possède plus que le pouvoir exécutif, l'Assemblée élue par les citoyens exerce le pouvoir législatif. Mais Louis XVI refuse cette évolution : il est renversé le 10 août 1792 par une insurrection.

● La **République** est proclamée le **21 septembre**. La nouvelle **Constitution de 1793** affirme la souveraineté de la nation et l'égalité des citoyens. L'esclavage est aboli en 1794.

3. Les libertés menacées

● Mais **cette Constitution n'est pas appliquée**. La politique de la **Terreur**, menée par Robespierre pour sauver la République de ses ennemis (→ p. 59), puis les gouvernements qui se succèdent entre 1794 et 1799 suspendent ou limitent les libertés politiques. Enfin le coup d'État du général **Bonaparte**, puis son accession à l'**Empire** en mai 1804, lui donnent l'essentiel du pouvoir.

B Une France nouvelle

1. La création d'un nouvel ordre social

● **Le 4 août 1789, les privilèges sont abolis**. Le 26 août, la **Déclaration des droits de l'homme et du citoyen** définit des principes nouveaux : libertés individuelles, tolérance religieuse, égalité des droits.

● Napoléon Bonaparte conserve ces acquis dans le **Code civil** de 1804. Il mène aussi une politique d'apaisement des tensions nées de la Révolution et forme de nouvelles élites grâce aux **lycées**, créés en 1802.

2. La réorganisation de l'économie

● Au nom de l'égalité, les **impôts** sont désormais payés par tous les citoyens. Les privilèges économiques sont supprimés ; chacun est libre d'exercer le métier de son choix. Un **système unique de poids et de mesures** est mis en place à partir de 1795. Bonaparte réforme les finances en créant en **1803** une nouvelle monnaie : le **franc germinal**.

C La Révolution, l'Empire et l'Europe

1. Espoirs et rejets

● Dès 1789, la Révolution est considérée en Europe à la fois comme un **modèle** et un **danger**. Les partisans des Lumières l'accueillent avec enthousiasme. À l'inverse, les monarchies lui sont hostiles. En 1792, la France leur déclare la guerre.

● D'abord battue, la France se lance en **1795** à la conquête de l'Europe. Elle organise les territoires qu'elle contrôle sur le modèle républicain. Elle diffuse les principes révolutionnaires : égalité, souveraineté de la nation...

2. L'affirmation des nations contre la France

● Mais ces territoires sont rapidement soumis au pillage. **Napoléon Ier leur impose des gouvernements**. Ce rejet de la souveraineté de la nation provoque colère et révoltes.

Le savez-vous ?

Lors de sa création par Rouget de Lisle en avril 1792, la *Marseillaise* s'appelle *Chant de guerre pour l'armée du Rhin* : c'est un chant patriotique qui, parce qu'il est chanté à Paris en juillet 1792 par des soldats marseillais, prend le nom de *Marseillaise*. Il est l'hymne national de la France entre juillet 1795 et 1804, et définitivement depuis 1879.

Je retiens autrement

Une transformation de la société

- **Déclaration des droits de l'homme et du citoyen** (1789) :
  - suppression des **privilèges**
  - **égalité** devant la loi, pour le paiement des **impôts**
  - **libertés** (religieuse, d'expression…)
- Principes réaffirmés par le **Code civil** (1804)

La France en révolution et l'Empire (1789-1815)

Un bouleversement politique

- De **nouveaux principes** :
  - séparation des pouvoirs
  - souveraineté de la nation et droit de vote
  - liberté d'opinion et d'expression politique
- De **nouveaux régimes politiques** :
  - **monarchie constitutionnelle** (1789-1792)
  - **République** (1792-1804)
  - **Empire** (1804-1815)

Une mutation de l'économie

- **Liberté** : suppression des privilèges, liberté d'exercer n'importe quel métier
- **Égalité** : unification des poids et des mesures
- Réforme pour stabiliser l'**économie** : le franc germinal.

L'Europe bouleversée

- La **France comme modèle** : les principes révolutionnaires se diffusent.
- La **France rejetée** : les populations conquises, forcées d'obéir à la France, exigent la reconnaissance de la souveraineté de leur nation.

Apprendre à apprendre

Comment apprendre ma leçon ?

Je réalise un plan détaillé du chapitre

Le plan détaillé est un bon outil pour réviser vos leçons : c'est le résumé du chapitre.

▶ **Étape 1**

- Pour construire le plan détaillé, il faut d'abord trier les informations et sélectionner les éléments à retenir : le sujet de la leçon, la question clé, les repères historiques et géographiques, les grands thèmes du chapitre, les mots clés à retenir.

▶ **Étape 2**

- Hiérarchisez bien les informations, en passant à la ligne et en numérotant vos paragraphes.

N'hésitez pas à utiliser un code couleurs pour organiser toujours de la même manière les informations importantes : titres, sous-titres, questions clés, vocabulaire, repères...

> **Titre** : LA RÉVOLUTION FRANÇAISE ET L'EMPIRE (1789-1815)
>
> **Question clé** : Comment la Révolution française et l'Empire napoléonien bouleversent-ils la manière de gouverner et d'organiser les sociétés en Europe ?
>
> **Plan :**
> **I. Du roi à la nation : une révolution politique**
>
> A. Une nouvelle conception du pouvoir
> - Juin 1789 : Serment du jeu de paume (rédiger une Constitution)
> - 14 juillet 1789 : prise de la Bastille
> - La monarchie absolue disparaît
>
> B. Un nouveau régime politique
> - Constitution de 1791 : monarchie constitutionnelle
> - 10 août 1792 : le roi est renversé
> - 21 septembre 1792 : proclamation de la République
> - Constitution de 1793 : souveraineté de la nation et égalité des citoyens
> - 1794 : l'esclavage est aboli
> ...

Je révise chez moi

● **Je vérifie que je connais les principaux repères du chapitre.**

Je sais définir et utiliser dans une phrase :
▶ Constitution
▶ nation
▶ République
▶ souveraineté

Je sais situer dans le temps :
▶ la prise de la Bastille
▶ l'abolition des privilèges et la Déclaration des droits de l'homme
▶ la proclamation de la Ire République
▶ l'instauration de l'Empire

site élève
↳ frise à imprimer

Je sais expliquer :
▶ pourquoi on peut dire que la société et le gouvernement français sont bouleversés par la Révolution et par l'Empire.
▶ l'abolition temporaire de l'esclavage par la République.
▶ comment les idées de liberté et de nation se diffusent en Europe.

Je vérifie mes connaissances

1 Vrai ou faux ?

J'indique quelles affirmations sont fausses et je les corrige.

1. Louis XVI accepte les changements révolutionnaires. ☐ Vrai ☐ Faux

2. Les privilèges sont abolis lors de la nuit du 10 août 1792. ☐ Vrai ☐ Faux

3. Le serment du Jeu de paume marque la fin de la monarchie absolue. ☐ Vrai ☐ Faux

4. Napoléon Bonaparte ne remet pas en cause l'abolition de l'esclavage. ☐ Vrai ☐ Faux

5. La Légion d'honneur permet de récompenser les mérites des citoyens français. ☐ Vrai ☐ Faux

6. Tous les peuples européens acceptent les conquêtes et les annexions françaises. ☐ Vrai ☐ Faux

2 Je révise les dates importantes.

site élève
⬇ frise à imprimer

J'explique à quels événements correspondent les dates indiquées.

a. 10 août 1792

b. 14 juillet 1789

c. 26 août 1789

d. 21 septembre 1792

e. 9 novembre 1799 (18 brumaire an VIII)

3 Énigme : qui suis-je ?

Je suis un texte fondamental de la Révolution qui définit des droits et des libertés. J'ai été adopté le 26 août 1789. Je suis...

Je rassemble des femmes ou des hommes qui veulent discuter de politique et s'informer ; chez moi, la parole est libre à condition d'être membre. Je suis...

Forteresse parisienne, je symbolise la monarchie absolue ; ma destruction par les révolutionnaires est un des premiers événements majeurs de la Révolution. Je suis...

Né esclave puis affranchi, je prends les armes en 1793 à Saint-Domingue contre les Français, que je chasse de l'île. Je suis...

Créé en 1802 par Bonaparte pour former la jeunesse, je suis un lieu d'études qui existe encore de nos jours. Je suis...

4 Je raconte à partir d'une image.

Rédigez quelques phrases pour résumer ce que chacun de ces documents, que vous avez vus dans le chapitre, vous a appris sur la Révolution française et l'Empire.

a.

b.

c.

5 Retrouvez d'autres exercices sous forme interactive sur le site Nathan.

site élève
⬇ exercices interactifs

Exercices

1 J'identifie une rupture historique : en 1789, un nouveau pouvoir politique

↳ SOCLE : Domaine 5

Les membres de [l'Assemblée nationale] seront des représentants de la nation ; pour avoir des représentants, il faut les élire.

Les administrations provinciales et municipales seront de même composées de députés élus. Il faut donc parvenir à distribuer la représentation à égalité entre les différentes parties du royaume [...] ou rien ne sera véritablement fait pour la Constitution.

■ Jacques Guillaume Thouret (député à l'Assemblée nationale), discours du 3 novembre 1789.

QUESTIONS

❶ D'après ce texte, à qui appartient le pouvoir ?

❷ Comment doivent être désignés les représentants de ceux à qui appartient le pouvoir ?

❸ Pourquoi peut-on dire que cette définition du pouvoir n'est pas la même que celle d'avant la Révolution ?

2 Je réfléchis et j'exprime un jugement sur la place des femmes dans la Révolution

↳ SOCLE : Domaine 3

1 Un point de vue sur le rôle des femmes

Sous le rapport social, le premier devoir des femmes est l'éducation de leurs enfants. La nature, en les créant faibles, leur dénia cette forme politique qui mène à la résistance à l'oppression ; et la pudeur leur interdit les délibérations publiques.

Enfin, sous le rapport politique, [...] que dire des femmes dont l'éducation, négligée dans toutes les parties essentielles, ne permet pas de compter sur leurs lumières, et dont la faiblesse de caractère peut faire craindre la séduction ?

■ D'après Jean-Pierre-André Amar (député à la Convention), rapport du 31 octobre 1793.

QUESTIONS

❶ D'après l'auteur du texte, quel est le rôle des femmes ?

❷ Comment les décrit-il ?

❸ Expliquez si cet auteur pense que les femmes peuvent jouer un rôle politique pendant la Révolution.

❹ L'auteur de la gravure a-t-il le même point de vue sur les femmes que l'auteur du texte ?
Justifiez votre réponse.

2 Les femmes dans la Révolution
Une sans culotte (révolutionnaire issue du peuple), gravure, vers 1792, BnF, Paris.

❸ Analyser et comprendre des documents (exercice 1)

↳ **SOCLE :** Domaines 2 et 5. J'utilise mes connaissances pour comprendre un document

L'esclavage aboli

Moi libre, gravure anonyme, 1794,
bibliothèque des Arts décoratifs, Paris.

QUESTIONS

❶ Dans quel contexte ce document a-t-il été produit ?

❷ Quel est le droit affirmé sur cette gravure ? Quel est le texte révolutionnaire qui définit ce droit ?

❸ Expliquez ce que vous connaissez sur l'abolition de l'esclavage dans les colonies françaises. Pourquoi peut-on affirmer que cette gravure y fait référence ?

❹ En utilisant vos connaissances, montrez que cette gravure ne peut pas avoir été réalisée après le 20 mai 1802.

MÉTHODE

Je détermine le contexte d'un document (→ Question ❶)

▶ Repérez la date du document.

▶ Déterminez les circonstances dans lesquelles le document a été produit à l'aide de vos connaissances. Ne retenez que ce qui est en rapport avec le thème du document.

MON BILAN DE COMPÉTENCES

Domaine du socle	Compétences travaillées	Pages du chapitre
D1 Les langages pour penser et communiquer	• Je sais rédiger un écrit d'engagement, dans le respect de la Déclaration des droits de l'homme et du citoyen • Je sais argumenter à l'écrit de façon claire et organisée • Je sais expliquer un phénomène historique à partir de sources	**Je découvre** .... p. 68-69 **J'enquête** .... p. 70-71 **Je découvre** ....p. 72-73
D2 Méthodes et outils pour apprendre	• Je sais construire un outil de travail personnel • Je sais m'engager en équipe dans un dialogue constructif et prendre des notes • Je sais organiser mon travail personnel • J'utilise mes connaissances pour comprendre un document	**Je découvre** .... p. 62-63 **J'enquête** .... p. 64-67 **Apprendre à apprendre**.. p. 76 **Exercice 3** .... p. 79
D3 La formation de la personne et du citoyen	• Je connais les principes de la Déclaration des droits de l'homme et du citoyen • Je sais exprimer mon jugement critique sur l'application des principes de la Révolution • Je réfléchis et j'exprime un jugement moral	**J'enquête** .... p. 64-67 **J'enquête** .... p. 70-71 **Exercice 2** .... p. 78
D4 Les systèmes naturels et les systèmes techniques	• Je sais mener une démarche d'investigation pour identifier des continuités et des ruptures	**Je découvre** .... p. 62-63
D5 Les représentations du monde et de l'activité humaine	• Je sais juger par moi-même un phénomène historique • Je sais me repérer dans le temps et dans l'espace • Je sais identifier une rupture chronologique • J'utilise mes connaissances pour comprendre un document	**Je découvre** .... p. 68-69 **Je découvre** .... p. 72-73 **Exercice 1** .... p. 78 **Exercice 3** .... p. 79

4

L'Europe de la « révolution industrielle »

→ Comment les sociétés européennes sont-elles bouleversées au temps de la « révolution industrielle » ?

Au cycle 4, en 5ᵉ

J'ai appris qu'au Moyen Âge, les populations tiraient l'essentiel de leurs richesses de la terre.

Au cycle 4, en 4ᵉ

Chapitre 1
J'ai étudié la multiplication des échanges dans l'Europe du XVIIIᵉ siècle, au temps de l'essor du commerce international.

Ce que je vais découvrir

Au XIXᵉ siècle, la « révolution industrielle » provoque d'importants changements sociaux, politiques et économiques.

1 Le temps des travailleurs de l'industrie

Intérieur d'une fonderie, usine où l'on travaille les métaux. On voit ici les ouvriers fondeurs verser le métal liquide en fusion dans un moule, pour lui donner sa forme définitive.

À la fonderie de Burmeister & Wain, Peder Severin Kroyer, 1885, 144 x 194 cm, National Museum of Art, Copenhague.

Au temps de la « révolution industrielle », les ouvriers travaillent souvent dans de grandes usines, soumis au rythme et au bruit des machines.

Ils surnomment alors l'usine « le bagne », en référence aux prisons pour les condamnés aux travaux forcés.

2 La ville et la révolution des transports

Londres est la première ville à se doter d'un réseau ferré de transport urbain.
Construction du métro de Londres en 1861 (inauguré en 1863).

La « révolution industrielle » (XIXᵉ siècle)

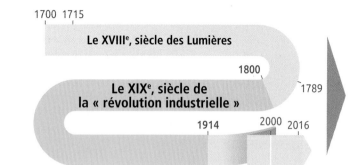

1700 1715

Le XVIIIᵉ, siècle des Lumières

1800

Le XIXᵉ, siècle de
la « révolution industrielle »

1789

1914   2000 2016

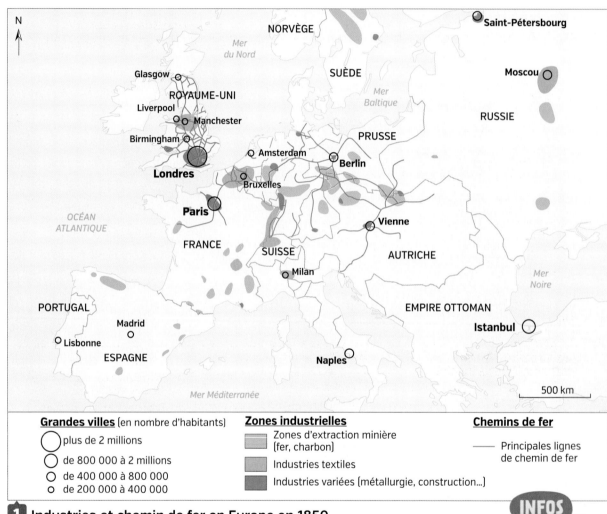

N

NORVÈGE

Mer du Nord

Saint-Pétersbourg

Glasgow
ROYAUME-UNI
Liverpool
Manchester
Birmingham
Londres

SUÈDE

Mer Baltique

Moscou

RUSSIE

Amsterdam
PRUSSE
Berlin
Bruxelles

Paris

Vienne

OCÉAN ATLANTIQUE

FRANCE
SUISSE
Milan

AUTRICHE

Mer Noire

PORTUGAL
Madrid
Lisbonne
ESPAGNE

EMPIRE OTTOMAN

Istanbul

Naples

Mer Méditerranée

500 km

Grandes villes (en nombre d'habitants)
- plus de 2 millions
- de 800 000 à 2 millions
- de 400 000 à 800 000
- de 200 000 à 400 000

Zones industrielles
- Zones d'extraction minière (fer, charbon)
- Industries textiles
- Industries variées (métallurgie, construction...)

Chemins de fer
- Principales lignes de chemin de fer

1 Industries et chemin de fer en Europe en 1850

INFOS

En 1850, le **Royaume-Uni** dispose de 9 791 km de **voies ferrées** ; en 1914, de 32 615 km.

VOCABULAIRE

▸ **Innovation**
Application d'une invention à l'industrie dans le but d'être commercialisée.

▸ **Invention**
Mise au point d'un produit ou d'un procédé qui améliore les productions.

▸ **Mondialisation**
Processus d'accélération des échanges (personnes, marchandises, capitaux, informations) à l'échelle mondiale.

▸ **« Révolution industrielle » ou industrialisation**
Processus d'accélération des activités industrielles par lequel la production industrielle dépasse la production agricole.

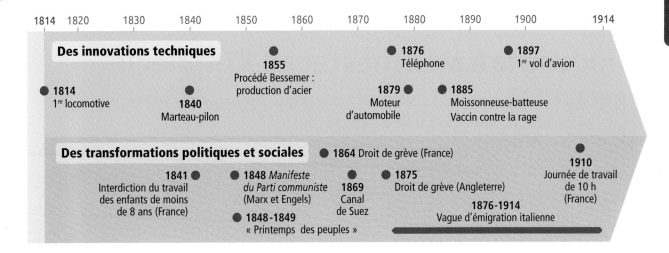

Des innovations techniques

1814 1820 1830 1840 1850 1860 1870 1880 1890 1900 1914

● **1814**
1re locomotive

● **1840**
Marteau-pilon

● **1855**
Procédé Bessemer :
production d'acier

● **1876**
Téléphone

● **1879**
Moteur
d'automobile

● **1885**
Moissonneuse-batteuse
Vaccin contre la rage

● **1897**
1er vol d'avion

Des transformations politiques et sociales

● **1841**
Interdiction du travail
des enfants de moins
de 8 ans (France)

● **1848** *Manifeste
du Parti communiste*
(Marx et Engels)

● **1848-1849**
« Printemps des peuples »

● **1864** Droit de grève (France)

● **1869**
Canal
de Suez

● **1875**
Droit de grève (Angleterre)

1876-1914
Vague d'émigration italienne

● **1910**
Journée de travail
de 10 h
(France)

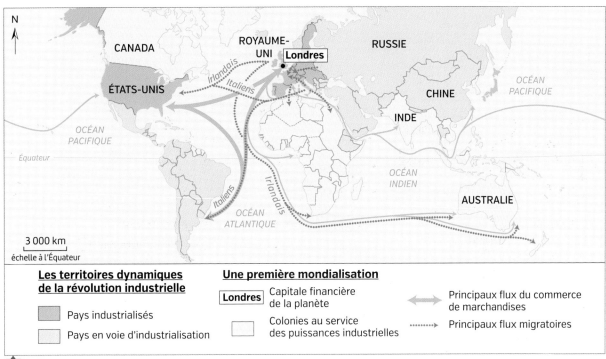

2 « Révolution industrielle » et mondialisation au XIXe siècle

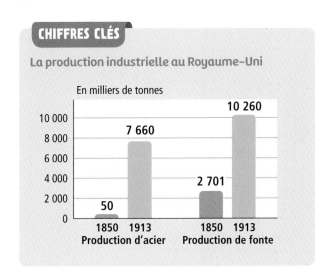

CHIFFRES CLÉS

La production industrielle au Royaume-Uni

En milliers de tonnes

Production d'acier : 1850 = 50 ; 1913 = 7 660
Production de fonte : 1850 = 2 701 ; 1913 = 10 260

QUESTIONS

▶ **Je me repère dans le temps
et dans l'espace**

❶ Quelles sont les principales régions
et villes industrialisées en Europe ?

❷ Pourquoi peut-on parler
de mondialisation à la fin du XIXe siècle ?

▶ **J'extrais des informations pertinentes
pour répondre à des questions**

❸ Citez trois innovations qui contribuent
à la mondialisation pendant la « révolution
industrielle ».

SOCLE Compétences
▶ **Domaine 1** : Je m'exprime à l'écrit et à l'oral de manière claire et organisée
▶ **Domaine 2** : Je construis un outil de travail numérique

L'industrie à Manchester au XIXᵉ siècle

Question clé Comment la « révolution industrielle » marque-t-elle le paysage, le travail et la société de Manchester ?

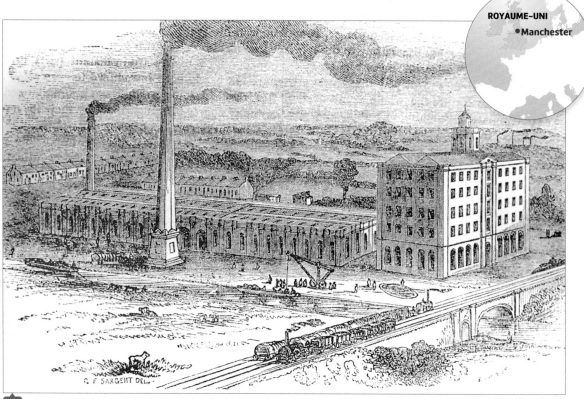

ROYAUME-UNI
• Manchester

1 Un paysage urbain transformé

Fondée en 1836, l'entreprise Nasmyth, Gaskell and Company, située dans la banlieue de Manchester, fabrique des locomotives.

Bridgewater Foundry, Patricroft. Gravure d'après un dessin de James Nasmyth, 1839.

CHIFFRES CLÉS

➡ **75 000** habitants en **1801**

➡ **600 000** en **1901**, soit **8 fois plus** en 100 ans !

2 Le travail en usine

L'industrie textile est un secteur clé de la « révolution industrielle ». Les femmes y sont très présentes.

Ouvrières dans une filature de coton à Dean Mills près de Manchester, *The Illustrated London News*, 1851.

3 La condition ouvrière à Manchester

Kay-Shuttleworth, médecin anglais, est considéré comme le père de l'éducation populaire en Angleterre. Il est particulièrement attentif à la condition ouvrière.

Les ouvriers sont confinés pendant douze heures de la journée dans les ateliers ou les pièces où ils travaillent, au milieu d'une atmosphère surchauffée et énervante, fréquemment alourdie par la poussière et les brins de coton, ou rendue impure par la respiration continuelle ou par toute autre cause. Leur travail absorbe toute leur attention et fait appel sans relâche à leur énergie physique. [...]

Le labeur de l'ouvrier doit continuellement rivaliser avec la précision mathématique, le mouvement incessant et la puissance inépuisable de la machine.

Par conséquent, en plus des résultats négatifs – absence totale de stimulant moral ou intellectuel, monotonie, privation du bon air et des effets bienfaisants de la lumière –, les énergies physiques sont épuisées par un labeur incessant et une alimentation défectueuse.

■ Sir James Phillips Kay-Shuttleworth,
L'État moral et physique des classes ouvrières employées dans la manufacture de coton de Manchester, 1832.

> **INFOS**
>
> En **1853**, une loi anglaise **interdit le travail des enfants de moins de 9 ans** et limite celui des 9–13 ans à 8 heures par jour.

4 Des enfants au service de la machine
Jeune garçon affecté à l'atelier des bobines dans une filature (usine qui fabrique des fils à partir de laine ou de coton), 1909.

Activités

Question clé | **Comment la « révolution industrielle » marque-t-elle le paysage, le travail et la société de Manchester ?**

ITINÉRAIRE 1

OU

ITINÉRAIRE 2

▶ **Je prélève des informations dans les documents**

❶ Doc 1, 2 et 4. Quelles sont les activités industrielles à Manchester ?

❷ Doc 1. Quels sont les deux modes de transport liés à l'usine ?

❸ Doc 2 à 4. De quoi l'ouvrier est-il dépendant dans son travail ?

❹ Doc 3 et 4. Montrez que le travail des ouvriers est pénible.

▶ **J'argumente à l'écrit**

❺ À l'aide de vos réponses aux questions 1 à 4, répondez en quelques phrases à la question clé.

▶ **J'argumente à l'oral**

Préparez un exposé pour décrire Manchester, grande ville industrielle du XIXe siècle.

MÉTHODE

Réalisez un diaporama qui servira de support à votre exposé.
Illustrez-le avec des images du manuel.
Écran 1. Un paysage urbain et des transports modifiés par l'industrie.
(➔ Doc 1)
Écran 2. Des industries variées.
(➔ Doc 1, 2 et 4)
Écran 3. Des conditions de travail difficiles pour les ouvriers. (➔ Doc 3 et 4)

SOCLE Compétences

▶ **Domaine 1** : J'extrais des informations pertinentes pour répondre à une consigne
▶ **Domaine 1** : Je m'exprime à l'écrit pour expliquer et argumenter

La révolution des transports au XIXᵉ siècle

CONSIGNE

Vous êtes un industriel de la fin du XIXᵉ siècle et vous décidez d'investir dans le secteur des transports.

Rédigez un rapport à vos banquiers pour justifier votre choix. Vous montrerez que les transports sont variés, qu'ils accélèrent la circulation des marchandises et des personnes, permettant ainsi la naissance de la première mondialisation.

INFOS

Entre 1840 et 1913, les **exportations de marchandises** européennes sont **multipliées par 17**.

1 L'apparition du chemin de fer (années 1820)

Ouverture de la ligne Canterbury-Whitstable dans le sud-est de l'Angleterre, 3 mai 1830.
Gravure de Thomas Mann Baynes, 1830, Musée national du chemin de fer, York.

VOCABULAIRE

▶ **Mondialisation**
Processus d'accélération des échanges (personnes, marchandises, capitaux, informations) à l'échelle mondiale.

CHIFFRES CLÉS

Des temps de trajet réduits

➡ **Londres-Édimbourg**
• **1830** (diligence) : 45 h 30
• **1850** (train) : 13 h 45

➡ **Paris-Marseille**
• **1834** (diligence) : 80 heures
• **1887** (train) : 14 heures

➡ **Londres-New York**
• **1819** (voilier) : 30 jours
• **1860** (bateau à vapeur) : 9 jours

2 La naissance de l'automobile

Carl Benz, ingénieur automobile allemand, et sa fille Clara à bord d'une automobile Benz.
Allemagne, 1893.

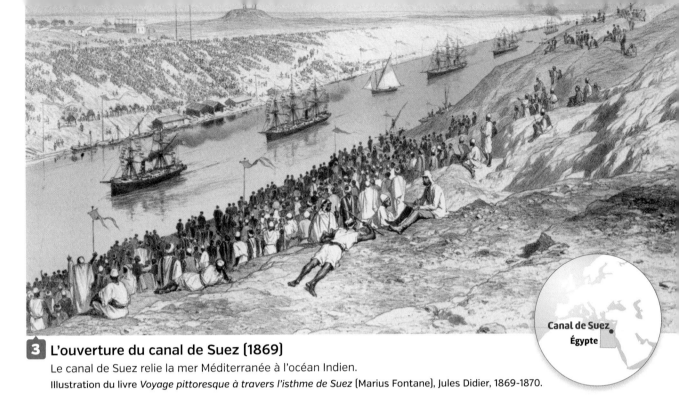

3 L'ouverture du canal de Suez (1869)

Le canal de Suez relie la mer Méditerranée à l'océan Indien.

Illustration du livre *Voyage pittoresque à travers l'isthme de Suez* (Marius Fontane), Jules Didier, 1869-1870.

Canal de Suez
Égypte

4 De grandes entreprises de transport

« Voyage autour du monde », affiche pour la Compagnie générale transatlantique, E.-J. Schindler, fin du XIXᵉ siècle.

COUP DE POUCE

Pour rédiger votre rapport, vous pouvez suivre le plan suivant :

▸ Des transports variés. (→ Doc 1 à 4)

▸ Une circulation des personnes accélérée.
(→ Doc 1, 2, 4 et 5)

▸ Une circulation des marchandises accélérée.
(→ Doc 1, 3 et 5)

5 L'accélération des transports

La suppression (ou le rapprochement) des distances, réalisée par le télégraphe[1] et le téléphone, pour la transmission de la pensée et de la parole, par la vapeur pour le transport par terre et par mer des personnes et des marchandises, constitue l'un des traits les plus caractéristiques de la vie moderne dont elle a décuplé[2] l'intensité.

Les tendances vers une plus grande vitesse sont générales et se manifestent : dans les transports, dans la production et la fabrication de toutes choses, dans la manutention[3] et la livraison de tous produits, dans les transactions de toute nature. [...]

L'automobilisme n'est qu'une manifestation de cette grande évolution.

■ Félicien Hennequin, *Rapport sur l'évolution automobiliste en France*, 1905.

1. Système permettant de transmettre des messages à grande distance à l'aide de pulsions électriques émises sur des fils.
2. Augmenter fortement. Au sens propre : multiplier par 10.
3. Action de déplacer des marchandises.

Le XIXᵉ, siècle de la bourgeoisie

Question clé **Quelles sont les caractéristiques de la bourgeoisie au XIXᵉ siècle ?**

1 Une violente critique de la société bourgeoise

Je n'ai jamais vu une classe si profondément immorale, si incurablement pourrie et intérieurement rongée d'égoïsme, si incapable du moindre progrès que la bourgeoisie. [...]

Pour elle il n'existe rien au monde qui ne soit là pour l'argent, sans l'excepter elle-même, car elle ne vit que pour gagner de l'argent et pour rien d'autre, elle ne connaît pas d'autre félicité que de faire une rapide fortune, pas d'autre souffrance que de perdre de l'argent. [...]

Le bourgeois se moque éperdument de savoir si ses ouvriers meurent de faim ou pas, pourvu que lui gagne de l'argent. Toutes les conditions de vie sont évaluées au critère du bénéfice, et tout ce qui ne procure pas d'argent est idiot, irréalisable. [...] Le rapport de l'industriel à l'ouvrier n'est pas un rapport humain, mais une relation purement économique.

■ Friedrich Engels, *La Situation de la classe laborieuse en Angleterre*, 1845.

INFOS

Friedrich Engels est un socialiste allemand, ami du philosophe Karl Marx.
Ils écrivent ensemble en 1848 le *Manifeste du Parti communiste*.

2 Éloge de la bourgeoisie

Cet homme qui gagne un million par an a moins de loisir que le plus pauvre de ses ouvriers, il se lève avant le soleil, passe le jour au milieu des miasmes fétides[1] de l'atelier, et se délasse le soir en parcourant les colonnes de chiffres de son grand livre[2] ; mais c'est sa joie. [...] Qu'il n'y ait pour lui ni paix ni relâche ; qu'il trouve à peine, une fois par semaine, le temps de se rappeler qu'il a une femme, ou de regarder dormir ses enfants, cette fatigue est son bonheur, ces embarras font sa vie. [...]

Ne vous arrêtez ni à leur extérieur ni à leur langage si vous voulez les juger réellement, mais visitez leurs ateliers ; c'est là que vous trouverez leur intelligence traduite, non par des mots, mais par d'adroits arrangements, de merveilleux procédés, d'admirables machines ; car ces hommes si simples et si peu faits au beau langage ont pénétré dans toutes les pratiques de la science [...].

■ Émile Souvestre, « Mulhouse », *Musée français*, 1837.

1. Odeurs malsaines et malodorantes.
2. Livre dans lequel sont consignés les comptes.

BIOGRAPHIE

Aristide et Marguerite Boucicaut

▶ **1834** : Aristide est vendeur de textiles dans un magasin de nouveautés (objets de parures et toilette des femmes).

▶ **1848** : Mariage avec Marguerite.

▶ **1852** : Aristide ouvre à Paris le premier grand magasin : *Au Bon Marché*.

▶ **1876** : Il crée une caisse de prévoyance pour la maladie et la retraite de ses employés.

▶ **1877** : À la mort d'Aristide, son fils, puis son épouse Marguerite dirigent son affaire.

▶ **1887** : Mort de Marguerite. Elle lègue sa fortune à l'Assistance publique. L'hôpital Boucicaut (Paris) est créé grâce à ce don.

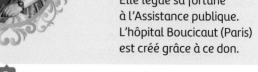

3 Un couple de grands bourgeois

4 **Le mode de vie bourgeois**

Les bourgeois se retrouvent dans des cafés chics, véritables lieux
de rencontre. Ici une pâtisserie ; au XIXe siècle, c'est une boutique de luxe.

La Pâtisserie Gloppe, Jean Béraud, 1889, 53 x 38 cm, musée Carnavalet, Paris.

Activités

Question clé **Quelles sont les caractéristiques de la bourgeoisie au XIXe siècle ?**

OU

ITINÉRAIRE 1

▶ **J'identifie le point de vue particulier
de documents**

❶ Doc 1. Quel regard Engels porte-t-il sur
les bourgeois ?

❷ Doc 2. Quelles qualités l'auteur
prête-t-il à la bourgeoisie ?

❸ Doc 3. Montrez que les Boucicaut se
soucient de leurs employés.

❹ Doc 4. Décrivez cette scène.
Que nous apprend-elle sur la vie
des bourgeois ?

▶ **J'écris un texte
dans lequel je décris une société**

❺ À l'aide de vos réponses aux questions
1 à 4, rédigez un paragraphe pour
répondre à la question clé.

ITINÉRAIRE 2

▶ **J'exprime mon point de vue
et j'accepte le point de vue des autres**

À deux, élaborez un dialogue entre
un admirateur de la bourgeoisie
et l'un de ses opposants.

MÉTHODE

Pour préparer votre dialogue, remplissez le tableau
suivant :

	Défense de la bourgeoisie et de son mode de vie	Critique de la bourgeoisie et de son mode de vie
Doc 1		
Doc 2		
Doc 3		
Doc 4		

Je découvre

SOCLE Compétences
- **Domaine 1** : Je décris et j'explique à l'écrit de façon claire et organisée
- **Domaine 4** : Je mène une démarche d'investigation

Les ouvriers de la « révolution industrielle »

Question clé Quelles sont les conditions de vie et de travail des ouvriers et quelles inquiétudes soulèvent-elles ?

1 Le travail des ouvriers d'usine

Une forge est une usine dans laquelle des ouvriers travaillent le métal, à froid ou à chaud comme ici.

La Forge (Cyclopes modernes), Adolf von Menzel, 1875, 158 x 254 cm, Berlin, National Galerie.

2 Le regard d'un économiste catholique

Si l'indigence[1] envahit des classes entières de la population ; si elle tend à s'accroître progressivement, en raison même de l'accroissement de la production industrielle ; si elle n'est plus un accident, mais la condition forcée d'une grande partie des membres de la société ; alors on ne peut méconnaître un vice profond survenu dans l'état de la constitution sociale et l'indice prochain des plus graves et des plus funestes perturbations.

Ainsi l'ordre social, longtemps contenu en Europe dans une sorte d'équilibre entre les divers éléments de la population, semble à la veille d'une commotion[2] générale.

La misère de la classe ouvrière est devenue la question de l'époque actuelle : elle est immense.

◼ D'après Alban de Villeneuve-Bargemont, *Économie politique chrétienne*, 1837.

1. Grande pauvreté.
2. Trouble violent.

3 Le paternalisme

La famille Schneider dirige Le Creusot, grand centre industriel français.

Être le père de vos ouvriers, voilà bien, Monsieur Schneider, la constante préoccupation de votre cœur. Toutes les œuvres de bienfaisance dont vous avez doté votre cité, en donnent un vivant et magnifique témoignage. L'enfant a ses écoles, le vieillard sa maison de famille pour abriter ses infirmités ; les blessés et les malades trouveront ici l'Hôtel du bon Dieu[1].

Cette pensée constante de votre vie, vouée au bien-être moral et matériel de votre grande famille ouvrière, vous l'avez recueillie, Monsieur, de votre illustre père, le grand génie qui a créé cette cité industrielle.

◼ D'après le discours de J.-A. Burdy, adjoint au maire du Creusot, lors de l'inauguration de l'hôtel-Dieu, 15 septembre 1894.

1. Aussi appelé « hôtel-Dieu » ; il s'agit d'un hôpital.

Chronologie

Principales lois sociales en Europe

1825 Reconnaissance des syndicats.

1841 Interdiction du travail des enfants de moins de 8 ans.

1853 Journée de travail limitée à 8 heures pour les femmes et les enfants.

1864 Droit de grève.

1884 Reconnaissance des syndicats.

1884 Assurance maladie et assurance accidents.

1890 Repos hebdomadaire le samedi et le dimanche.

1899 Journée de travail limitée à 10 heures pour les femmes et les enfants.

1906 Un jour de repos par semaine.

● Allemagne ● Grande-Bretagne
● France

4 **La baisse du temps de travail : une demande des syndicats**

Affiche de la CGT (Confédération générale du travail), syndicat créé en 1895, en faveur de la journée de travail de 8 heures, 1910.

CHIFFRES CLÉS

En France :
➡ En **1806** : **2,6 millions** d'**ouvriers**
➡ En **1906** : **7 millions** d'**ouvriers**

VOCABULAIRE

▸ **Paternalisme**
Système dans lequel les patrons, soucieux de fidéliser et de contrôler leur main-d'œuvre, accordent des avantages sociaux aux ouvriers (écoles, système de soins, accès au logement, etc.).

▸ **Syndicat**
Association qui défend les intérêts des travailleurs (durée de travail, salaires, etc.).

Activités

Question clé | **Quelles sont les conditions de vie et de travail des ouvriers et quelles inquiétudes soulèvent-elles ?**

ITINÉRAIRE 1

ou

ITINÉRAIRE 2

▶ **Je comprends le sens des documents**

❶ **Doc 1 et 2.** Quelles sont les conditions de vie et de travail des ouvriers ?

❷ **Doc 3.** Pourquoi peut-on qualifier les Schneider de patrons paternalistes ?

❸ **Doc 4.** Que demande le syndicat ? Avec quels arguments ?

▶ **Je décris et j'explique à l'écrit**

❹ À l'aide de vos réponses aux questions, répondez en quelques phrases à la question clé.

▶ **Je collecte et je confronte des informations**

Vous écrivez un roman sur les conditions de vie et de travail des ouvriers au XIXe siècle. Avant de commencer, menez une enquête, qui a pour objectif de répondre à la question clé.

MÉTHODE

Vous pouvez suivre le plan ci-dessous :

1. Les ouvriers ont des conditions de vie et de travail difficiles. (➔ **Doc 1 et 2**)

2. Ces conditions risquent de déstabiliser la société, ce qui provoque de l'inquiétude. (➔ **Doc 2 et 3**)

3. Les ouvriers et leurs syndicats souhaitent voir leurs conditions s'améliorer. (➔ **Doc 4**)

J'enquête — TÂCHE COMPLEXE

SOCLE Compétences

▶ **Domaine 1** : Je m'exprime à l'oral en utilisant un vocabulaire historique
▶ **Domaine 5** : Je me pose des questions au sujet d'un phénomène historique

Les révolutions de 1848 en Europe

CONSIGNE

Vous réalisez une présentation orale sur les révolutions de 1848 en Europe. Montrez que ces révolutions sont marquées par des revendications sociales (qui défendent la cause des ouvriers), libérales et nationales.

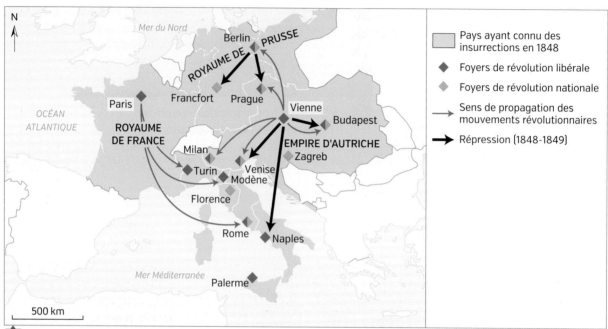

1 Le « printemps des peuples » en Europe (1848)

VOCABULAIRE

▶ **Mouvement libéral**
Mouvement réclamant plus de libertés politiques et la limitation des droits des souverains.

▶ **Mouvement national**
Mouvement réclamant l'indépendance d'un peuple ou son unité lorsqu'il est divisé entre plusieurs États, comme l'Italie et l'Allemagne.

▶ **« Printemps des peuples »**
De 1848 à 1849, l'Europe est traversée par une vague révolutionnaire qui porte des revendications à la fois politiques (libertés, unité des nations) et sociales (meilleures conditions de travail et de vie pour les ouvriers).

2 La situation des ouvriers

Maudit le dieu que nous avons prié
Dans la froideur de l'hiver, dans les jours de famine ;
Nous avons en vain attendu et espéré,
Il nous a moqués, bafoués, ridiculisés —
Nous tissons, nous tissons !

Maudit le roi, le roi des riches,
Que notre misère n'a pu fléchir,
Qui nous a arraché jusqu'au dernier sou
Et nous fait abattre comme des chiens —
Nous tissons, nous tissons ! [...]

La navette[1] vole, le métier craque,
Nous tissons avec ardeur, et le jour, et la nuit —
Vieille Allemagne, nous tissons ton linceul[2],
Nous le tissons d'une triple malédiction,
Nous tissons, nous tissons !

■ Heinrich Heine, *Chant des Tisserands*, juin 1844.

1. Élément du métier à tisser.
2. Drap dans lequel on enveloppe un cadavre.

3 De nouveaux droits pour les ouvriers en France

En France, la révolution renverse la monarchie de Juillet et le roi Louis-Philippe.

La Seconde République est proclamée en 1848.

Au nom du peuple français,

Sur le rapport de la commission de gouvernement pour les travailleurs,

Considérant :

Qu'un travail manuel trop prolongé non seulement ruine la santé du travailleur, mais encore, en l'empêchant de cultiver son intelligence, porte atteinte à la dignité de l'homme ; [...] le gouvernement provisoire de la République décrète :

1. La journée de travail est diminuée d'une heure. En conséquence, à Paris, où elle était de 11 heures, elle est réduite à 10 ; et, en province, où elle avait été jusqu'ici de 12 heures, elle est réduite à 11.

■ Décret du 2 mars 1848.

4 Un étudiant allemand dans la révolution

Un matin vers la fin de février 1848, j'étais assis paisiblement dans le grenier qui me servait de chambre [...] quand soudain un ami se précipita hors d'haleine dans ma chambre et s'exclama : « Les Français ont renversé Louis-Philippe et proclamé la République ! » [...]

Comme beaucoup de mes amis, j'étais dominé par le sentiment qu'enfin était arrivé le moment de donner au peuple allemand la liberté qui était son droit naturel et à la patrie allemande son unité et sa grandeur. [...]

De grandes nouvelles arrivèrent de Vienne. Là-bas, les étudiants de l'université avaient été les premiers à défier l'empereur d'Autriche avec des slogans réclamant la liberté et des droits pour le citoyen [...].

Dans la capitale prussienne[1], les masses avaient envahi les rues, et chacun espérait des événements d'une grande importance.

■ Carl Schurz, *Réminiscences*, 1908.

1. Berlin.

INFOS

Les trois couleurs du drapeau de l'Allemagne unie (noir, rouge et or) ont été choisies par des jeunes soldats se battant contre les armées de Napoléon 1er pour les chasser d'Allemagne (1813–1815).

COUP DE POUCE

Pour préparer votre présentation orale, vous pouvez suivre le plan ci-dessous :

▶ La misère ouvrière est une des causes des soulèvements, qui font progresser les droits des ouvriers. (→ **Doc 2 et 3**)

▶ Les révolutions de 1848 sont des mouvements nationaux et libéraux. (→ **Doc 1, 4 et 5**)

5 En Allemagne, un mouvement national

Combats de rue à Berlin, 18-19 mars 1848. De nombreux Berlinois réclament plus de libertés et une Allemagne unie.

Lithographie coloriée de la série « L'étrange année 1848 », 1848, Heimat Museum, Allemagne.

SOCLE Compétences

▶ **Domaine 5** : Je comprends que le passé éclaire le présent
▶ **Domaine 5** : Je mobilise des connaissances pour comprendre la civilisation industrielle

Le Grand-Hornu, la reconversion d'un site industriel

A Le Grand-Hornu à l'ère industrielle

BELGIQUE
• Le Grand-Hornu

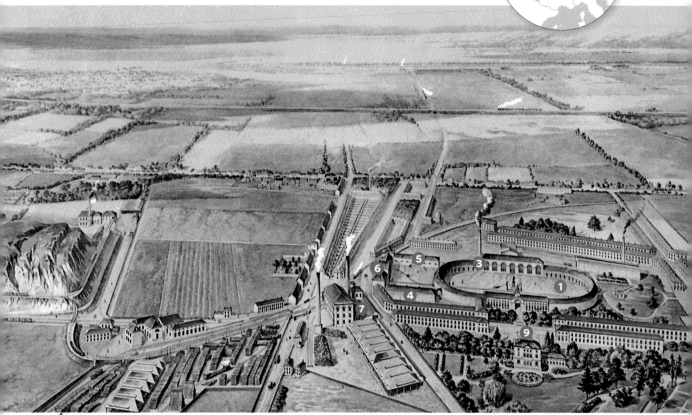

1 Le Grand-Hornu en 1900

Vue d'ensemble du Grand-Hornu, M.-V. Rose, aquarelle, 1900.

❶ Cour principale avec la statue d'Henri De Gorge.

❷ Musée des Arts contemporains et Centre d'innovation et de design (→ Doc 2).

❸ Atelier des machines.

❹ Magasin au foin. Aujourd'hui salle de concerts et de spectacles.

❺ Écuries. Aujourd'hui espace d'exposition.

❻ Magasins. Aujourd'hui siège administratif du Grand-Hornu.

❼ Lampisterie. Aujourd'hui accueil des visiteurs.

❽ Auditorium (→ Doc 2).

❾ Château. Aujourd'hui centre de formation aux technologies de l'information.

❿ Crypte, salle d'exposition (→ Doc 2).

Chronologie

L'histoire du Grand-Hornu

1810 Fondation du Grand-Hornu par le Français Henri De Gorge. Ce vaste ensemble comprenait un complexe industriel minier, une cité ouvrière et la résidence des responsables.

1830 Première voie ferrée de Belgique, à l'initiative d'Henri De Gorge.

1832 Le site emploie plus de 1 500 ouvriers.

1954 Fin de l'activité industrielle au Grand-Hornu.

1989 Travaux de rénovation.

2012 Le site est classé par l'UNESCO sur la liste du patrimoine mondial de l'humanité.

B Le Grand-Hornu de nos jours

2 Le Grand-Hornu aujourd'hui

3 Un hommage aux mineurs

Les Registres du Grand-Hornu, installation de l'artiste français Christian Boltanski, 472 x 4 015 x 19 cm, 1997.

INFOS

En 1997, le Grand-Hornu accueille **3 500 boîtes de fer** comportant chacune un **nom et la photo d'un ouvrier des années 1920**.

Il s'agit pour l'artiste de nommer chaque ouvrier car « ce ne sont pas des groupes anonymes mais des individus. L'important, c'est de savoir qu'il y a eu plein de vie ».

QUESTIONS

▶ **J'observe les traces du passé**

1 **Doc 1 et Chronologie.** Dressez la liste des éléments qui prouvent que le Grand-Hornu était un site industriel.

▶ **Je fais le lien entre le passé et le présent**

2 **Doc 3.** Quel est le projet de l'artiste ? Que peut-on ressentir face à ce mur ?

3 **Doc 1 et 3.** Pourquoi peut-on dire que l'artiste travaille sur la mémoire ouvrière ? Pourquoi en ce lieu ?

L'émigration italienne à la fin du XIXᵉ siècle

Question clé Quels sont les aspects de l'émigration italienne à la fin du XIXᵉ siècle ?

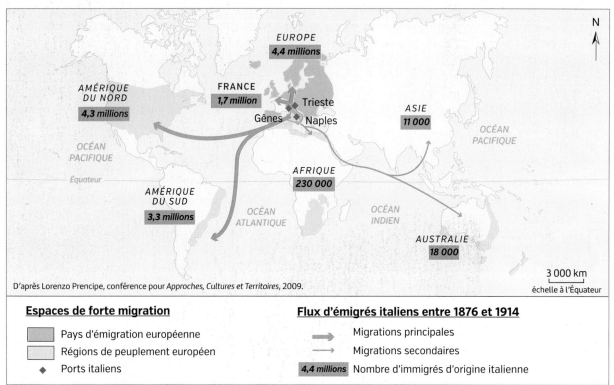

D'après Lorenzo Prencipe, conférence pour *Approches, Cultures et Territoires*, 2009.

Espaces de forte migration

◻ Pays d'émigration européenne
◻ Régions de peuplement européen
◆ Ports italiens

Flux d'émigrés italiens entre 1876 et 1914

➡ Migrations principales
→ Migrations secondaires
4,4 millions Nombre d'immigrés d'origine italienne

1 Une forte émigration à la fin du XIXᵉ siècle

CHIFFRES CLÉS

➡ Entre 1876 et 1914, environ **14 millions** d'émigrés italiens

➡ Entre 1845 et 1900, environ **4,9 millions** d'émigrés irlandais

VOCABULAIRE

▶ **Émigré**
Personne qui quitte son pays natal.

▶ **Immigré**
Personne qui arrive dans un pays d'accueil.

---

2 Deux types d'émigration

L'émigration temporaire se compose de paysans, de maçons, de tailleurs de pierre, de chauffourniers[1], etc., qui se rendent en France, en Autriche, en Suisse, dans les Balkans et même en Russie et en Scandinavie pour les gros travaux de construction.

Ils partent au début du printemps et rentrent lorsque l'approche de l'hiver rend impossibles les travaux en plein air. [...]

Le plus gros contingent [de l'émigration permanente] est fourni par les classes agricoles : des agriculteurs, des travailleurs de la terre, des journaliers[2], qui quittent l'Italie et se dirigent de préférence vers les républiques de La Plata[3], vers le Brésil, vers les États-Unis, vers le Canada, suivant l'importance de la demande de main-d'œuvre de ces pays-là.

■ Guido Sensini, *Les Variations de l'économie en Italie dans les trente dernières années du XIXᵉ siècle*, 1904.

1. Ouvriers des entreprises de production de chaux.
2. Ouvriers engagés pour une journée.
3. Argentine.

3 Départ d'émigrés italiens

Émigrés italiens s'apprêtant à embarquer sur un bateau pour quitter l'Italie, fin du XIXᵉ siècle.

4 Le travail d'un ouvrier italien en France

J'arrivai à Marseille le 5 juin et je trouvai du travail à Saint-Henri dans une briqueterie à 3,25 lire[1] par jour. Malheureusement, trois semaines après, il n'y eut plus de travail, on me mit à la porte et je fus obligé de faire l'aide maçon. Ayant su qu'on cherchait des ouvriers dans les salins d'Aigues-Mortes, le 8 août je m'y rendis avec cinq camarades par le train. Le matin suivant je fus embauché, avec un salaire de 5 lires par jour. Je travaillais à Peccais dans une équipe de 150 ouvriers dirigés par le bayle[2] Ciutti, un Toscan. Cette équipe était composée pour la plupart d'ouvriers italiens.

On entassait le sel depuis 5 heures du matin jusqu'à 7 heures du soir, avec plusieurs pauses pour un total de quatre heures et demie. Pour la nourriture, on dépensait 1,20 lire ; on nous donnait du pain à volonté, du café à 8 heures, de la daube[3] et de la soupe à midi et le soir. On dormait dans des cabanes [...] sur un peu de paille qu'on nous fournissait gratuitement.

■ Témoignage cité dans *Mort aux Italiens !
1893, le massacre d'Aigues-Mortes*, Enzo Barnabà,
© Éditalie, 2012.

1. Monnaie italienne.
2. Chef d'équipe.
3. Plat à base de viande de bœuf marinée.

Activités

Question clé Quels sont les aspects de l'émigration italienne à la fin du XIXᵉ siècle ?

ITINÉRAIRE 1

▶ **Je prélève des informations dans les documents**

❶ Doc 1, 2 et 4. Quelles destinations sont privilégiées par les émigrés italiens ?

❷ Doc 2 et 4. Que vont-ils chercher dans ces pays étrangers ?

❸ Doc 2. Quels sont les deux types d'émigration italienne ?

❹ Doc 2 à 4. Quels types de populations sont plus particulièrement poussées à partir ?

▶ **J'argumente à l'écrit**

❺ À l'aide de vos réponses aux questions 1 à 4, répondez en quelques phrases à la question clé.

 OU

ITINÉRAIRE 2

▶ **Je m'exprime à l'écrit de façon claire et organisée**

Vous êtes un émigré italien. Écrivez une lettre à un ami resté en Italie pour lui expliquer votre départ.

MÉTHODE

1. Expliquez d'abord pourquoi vous avez quitté l'Italie.
2. Dites ensuite quelle destination vous avez choisie et pour quelle raison.
3. Évoquez votre nouvelle vie une fois sur place.

SOCLE Compétences

▶ **Domaine 2** : Je comprends le sens d'une consigne
▶ **Domaine 5** : Je me pose des questions à propos
d'un phénomène historique et je cherche les réponses

Les campagnes à l'heure de la « révolution industrielle »

CONSIGNE

Né-e en 1845, vous êtes un-e citadin-e qui revient dans sa campagne natale après plusieurs années d'absence. Vous constatez à quel point ce monde a changé sous l'effet de la « révolution industrielle ».

Rendez compte de ces transformations dans votre carnet de voyage, que vous rédigez en 1900.

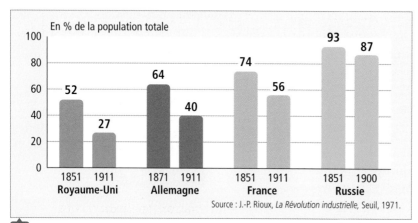

Source : J.-P. Rioux, *La Révolution industrielle*, Seuil, 1971.

1 Part de la population rurale dans la population totale

VOCABULAIRE

▶ **Exode rural**
Migration massive des habitants des campagnes vers les villes.

▶ **Mécanisation**
Introduction de machines dans le travail de la terre.

2 Un travail qui reste longtemps manuel : la moisson à la faucille
Moisson, L.-A. Lhermitte, 1874, 205 x 122 cm, musée des Beaux-Arts, Carcassonne.

3 La mécanisation de la campagne allemande

Batteuse mécanique, province du Brandebourg (Allemagne), 1900.

INFOS

La **batteuse mécanique** est une invention américaine des années 1830. C'est un **progrès considérable** car le battage manuel, qui consiste à séparer le grain de la paille, était un travail long et fatigant.

4 Les progrès de l'agriculture dans un village français

M. Massé de la Jaunelière fut le premier cultivateur qui adopta la charrue en fer en 1856. Ce fermier intelligent m'a répété que le premier labour avec une Dombasle fut visité par plus de deux cents personnes. [...]

Il ne faudrait pas croire que les paysans remplacèrent sans hésitation l'ancienne machine par la nouvelle. Beaucoup prétendaient qu'elle faisait un labour trop profond et ramenait la mauvaise terre à la surface du sol, au grand désavantage de la culture. Mais quand on vit les belles récoltes obtenues, il fallut bien se rendre à l'évidence ; ce qui contribua encore à faire adopter la charrue en fer, c'est que les labours profonds firent disparaître les fougères, le plus grand ennemi des céréales à cette époque, qu'il était impossible de détruire avec les labours imparfaits de la charrue en bois.

■ Roger Thabault, *Mon village. Ses hommes, ses routes, son école. 1848-1914*, ©Presses de Sciences Po, 1982.

5 Une dénonciation de l'exode rural

L'ouvrier des champs se précipite vers les villes et vers l'industrie, où peut-être il trouve un salaire plus élevé, mais où il ne tarde pas à trouver, à se créer à lui-même des besoins qu'il n'avait pas dans son village, à perdre ses habitudes d'ordre et d'économie, et bien souvent à trouver la misère là où il avait cherché le bonheur.

Ce fâcheux état de choses a les plus graves inconvénients au point de vue du progrès de l'agriculture. Les campagnes se dépeuplent et le cultivateur ne trouve que difficilement les ouvriers qui lui sont nécessaires pour les travaux ordinaires et indispensables.

■ D'après le *Bulletin de la Société d'agriculture de l'arrondissement de Boulogne*, 1860.

COUP DE POUCE

Pour vous aider à rédiger votre carnet de voyage, recopiez et complétez le tableau suivant.

	Doc 1	Doc 2	Doc 3	Doc 4	Doc 5
La modernisation du travail paysan					–
Un exode rural massif mais inégal		–	–	–	

Une pensée scientifique : le darwinisme

Question clé Comment les théories de Darwin conduisent-elles à repenser la vision du monde défendue par l'Église ?

BIOGRAPHIE

Charles Darwin (1809-1882)

- **1809** : Naissance en Angleterre dans une famille de savants et de médecins.
- **1825** : Études de médecine.
- **1831** : Participation à un voyage d'exploration ; il collecte des données en biologie, géologie et anthropologie.
- **1859** : Son livre *De l'origine des espèces* présente la **théorie de l'évolution** et provoque de vifs débats.
- **1882** : Funérailles nationales. Il est enterré à la cathédrale de Westminster, où la monarchie britannique enterre ses « personnages illustres ».

1 L'Église contre la théorie de l'évolution

L'opinion a été émise que le corps du premier homme aurait été élaboré, non par l'action immédiate des mains divines, mais par la série de ces transformations animales dont il serait le dernier terme [...].

Dieu, cependant, d'après cette hypothèse, aurait saisi dans sa formation même le fruit de quelque génération simienne[1] pour lui infuser la première âme spirituelle, et une femelle animale aurait enfanté, nourri, élevé un homme véritable, notre ancêtre et celui de Jésus-Christ.

Ce n'est ni le lieu, ni le moment d'examiner ce que valent scientifiquement ces fictions répugnantes.

■ Le père de Scoraille, *Études*, 1888.

1. Qui relève du singe.

VOCABULAIRE

Théorie de l'évolution
Théorie élaborée en 1859 par Charles Darwin selon laquelle l'être humain descend du singe et a évolué au cours du temps. Elle s'oppose au **fixisme**, hypothèse selon laquelle le monde tel qu'il existe a toujours été le même puisque façonné par Dieu.

2 Une critique de la théorie de l'évolution de Darwin

Caricature anglaise de Darwin et d'un singe se regardant dans un miroir.

Parue dans *The London Sketch Book*, avril 1874.

3 Un hommage à Darwin

Inauguration de la statue de Darwin au musée d'Histoire naturelle de South Kensington (Londres) en 1885.

4 La science contre la religion

PISTES EPI SVT

Notes d'un instituteur français au début du XXᵉ siècle, destinées à la préparation de soirées de réflexion auxquelles participaient de nombreuses personnes.

D'après la Bible, Dieu aurait créé avec rien tout ce qui existe : le soleil, la terre, les étoiles, etc. Sur la terre, il aurait placé l'homme à l'état d'être adulte. Puis, afin de le distraire, un beau jour, pendant qu'Adam faisait un somme, il lui enleva une côte et avec ce simple morceau d'os, il fit la femme. [...]

La raison et la science ne nous permettent pas d'accepter cette doctrine. [...] L'explication scientifique repose sur des principes absolument certains : 1. le corps des animaux, y compris l'homme, les végétaux et les minéraux, sont formés des mêmes substances [...] ; 2. tous les êtres, animaux ou végétaux, sont susceptibles d'amélioration ou de perfectionnement.

Nous sommes bien loin de l'explication de l'Église.

■ Témoignage cité par Jacques Ozouf, *Nous les maîtres d'école*, © Éditions Gallimard, 1973.

Activités

Question clé Comment les théories de Darwin conduisent-elles à repenser la vision du monde défendue par l'Église ?

ITINÉRAIRE 1

▶ **J'extrais des informations pertinentes pour répondre à des questions**

❶ **Doc 1.** Pourquoi l'Église rejette-t-elle la théorie de l'évolution ?

❷ **Doc 2.** Comment Darwin est-il représenté ? Pourquoi ?

❸ **Biographie et doc 3.** Comment la société de son temps lui a-t-elle finalement rendu hommage ?

❹ **Doc 4.** Montrez que, selon cet auteur, les progrès de la science permettent de contester la vision religieuse du monde.

▶ **Je réalise une production numérique**

❺ Réalisez un diaporama qui réponde à la question clé. Illustrez-le avec des exemples.

OU

ITINÉRAIRE 2

▶ **Je réalise une carte mentale**

Répondez à la question clé en réalisant une carte mentale.

MÉTHODE

1. Placez « Darwin et les progrès de la science » au centre de votre feuille.
2. Développez vos idées dans des bulles et classez-les.
3. N'écrivez que des grandes idées ou des mots clés.
4. Utilisez des couleurs pour que votre carte mentale soit plus lisible.

L'Europe de la « révolution industrielle »

➡ **Comment les sociétés européennes sont-elles bouleversées au temps de la « révolution industrielle » ?**

De l'histoire à la géographie

Avec la « révolution industrielle », les villes se sont fortement développées et se sont modifiées au XIXᵉ siècle.

Dans le chapitre 9, en géographie, (→ p. 188), observez leur évolution aujourd'hui.

VOCABULAIRE

▸ **Bourgeoisie**
→ p. 89.

▸ **Émigré**
→ p. 96.

▸ **Innovation**
→ p. 82.

▸ **Libéralisme**
Idéologie qui prône la liberté d'entreprendre et la limitation du rôle de l'État dans l'économie, afin d'assurer l'enrichissement général.

▸ **Mondialisation**
Processus d'accélération des échanges (personnes, marchandises, capitaux, informations) à l'échelle mondiale.

▸ **Mouvement national**
→ p. 92.

▸ **Prolétariat**
Ensemble des ouvriers de la grande industrie qui sont au bas de l'échelle sociale et qui, selon l'analyse de Karl Marx, sont exploités par la bourgeoisie.

A Le XIXᵉ, siècle de l'industrialisation

1. De nombreuses innovations

● Le **moteur à vapeur**, alimenté par le **charbon**, contribue à la **multiplication des machines** et à l'**essor des industries**. Il permet aussi la croissance des **réseaux de chemin de fer**. À partir des années 1880, un cycle d'**innovations** débute avec les progrès de **l'électricité et de la chimie** et avec l'apparition du **moteur à explosion** utilisé pour l'**automobile**.

2. De nouvelles manières de produire

● Le travail en atelier reste très répandu, mais les **grandes entreprises** sont désormais les moteurs de la **croissance**. C'est le temps de la **grande usine**, dans laquelle les ouvriers toujours plus nombreux travaillent sur des **machines** fonctionnant à la **vapeur** puis à l'**électricité**.

3. Des paysages transformés

● La « **révolution industrielle** » transforme les villes, où se constituent des **quartiers industriels**, ainsi que les **campagnes**, **modernisées** par la **mécanisation** et les **engrais**. À la fin du XIXᵉ siècle, la **révolution des transports** donne naissance à une première **mondialisation**.

B Des sociétés bouleversées

1. Un monde rural en pleine transformation

● Les **paysans** sont touchés par la « révolution industrielle » qui, en améliorant les manières de travailler, libère une **main-d'œuvre nombreuse**. Le **manque de travail** et la **misère** poussent de nombreux paysans à **quitter leurs campagnes** et parfois même à **émigrer**.

2. Le siècle des prolétaires

● La **machine** et la **grande usine** donnent naissance au **prolétariat**. Soumis à l'autorité des chefs et aux rythmes dictés par les machines, les prolétaires ont des **conditions de travail et de vie difficiles** (habitations insalubres, salaires faibles). Peu à peu cependant, des **lois sociales** voient le jour.

3. La bourgeoisie dominante

● Les sociétés européennes sont peu à peu dominées par la **bourgeoisie**, un groupe social en pleine ascension qui s'enrichit par le **commerce** et l'**industrie**. À la fin du XIXᵉ siècle, des **classes moyennes** apparaissent ; elles travaillent dans des **grands magasins**, des **banques** ou des **administrations**.

C Un siècle d'idées nouvelles

1. Des progrès, mais des inégalités persistantes

● Si le **niveau de vie des populations s'améliore** (hygiène, médecine), les sociétés européennes restent très **inégalitaires**. La **misère ouvrière** inquiète les élites qui redoutent les **révolutions**. Pour défendre leurs droits, les ouvriers s'organisent en **syndicats**. De nouvelles idées politiques et économiques naissent et s'opposent, comme le **libéralisme** et le **socialisme**.

2. La religion remise en cause

● Les **découvertes scientifiques** se multiplient. Certains pensent que la **science** sera bientôt capable de donner à chaque question une réponse fondée sur la **raison** et non plus sur la religion. La théorie de **Charles Darwin** sur l'**évolution des espèces** (1859) remet en question la vision biblique de l'origine de l'homme.

3. L'essor des idées nationales

● Dans les **années 1815-1848,** des **mouvements nationaux se développent** partout en Europe. Au **printemps 1848**, de **violentes émeutes** éclatent dans toute l'Europe : les Hongrois proclament leur indépendance, les Italiens et les Allemands réclament l'unité. Mais ces mouvements nationaux sont partout durement réprimés.

Je retiens autrement

Des innovations et de nouvelles manières de produire

- Charbon, vapeur
- Machine
- Grande usine

Des paysages transformés

- Campagnes modernisées
- Urbanisation
- Villes et régions industrielles
- Chemin de fer, automobile

La « révolution industrielle » (XIXᵉ siècle)

Des sociétés bouleversées

- Siècle de la bourgeoisie
- Essor du prolétariat
- Travail des hommes, des femmes et des enfants dans les usines
- Exode rural
- Émigration massive

Des réflexions sur la modernité

- Des idées pour résoudre la « question sociale »
→ Paternalisme, libéralisme, socialisme, syndicalisme
- Remise en cause de la religion
- Montée de l'idée nationale, « printemps des peuples »

Journée de travail de 8 heures

Apprendre à apprendre

SOCLE Compétences

Domaine 2 : J'organise mon travail personnel

Comment apprendre ma leçon ?

Je révise en construisant un tableau de synthèse

Le tableau de synthèse est un outil de révision : il regroupe les idées principales,
les repères ainsi que le vocabulaire important.

▶ Étape 1

• Complétez le tableau à l'aide de votre cours.

site élève
⬇ tableau à compléter

Parties	Repères chronologiques et géographiques [→ p. 82-83]	Idées principales	Vocabulaire et notions clés	Documents, personnages, œuvres à connaître
A. Le siècle des innovations	– Fin du XIXᵉ siècle – Europe – Principales régions industrialisées – ...	– « Révolution industrielle » : • des innovations : moteur à vapeur, progrès de l'électricité... • de nouvelles manières de produire : machinisme, essor de l'industrie, croissance des chemins de fer → transformation des villes, modernisation des campagnes. → 1ʳᵉ mondialisation...	– Innovation – « Révolution industrielle » – Mondialisation	....
B. Des sociétés bouleversées	....	....	....	....
C. Un siècle d'idées nouvelles	....	....	....	....

▶ Étape 2

• Vous pouvez ensuite le relire plusieurs fois afin de maîtriser les contenus de la leçon.

Je révise chez moi

● **Je vérifie que je connais les principaux repères du chapitre.**

Je sais définir et utiliser dans une phrase :

▶ « révolution industrielle »
▶ innovation
▶ socialisme
▶ bourgeoisie

Je sais situer :

▶ **sur une carte :**
– les régions industrialisées à la fin du XIXᵉ siècle
– deux villes industrielles du XIXᵉ siècle

▶ **sur une frise :**
– la « révolution industrielle » en Europe
– l'apparition du chemin de fer

site élève
⬇ fond de carte et frise

Je sais expliquer :

▶ de quelle manière les innovations changent les villes, les campagnes et les manières de travailler.

▶ quels changements affectent les sociétés européennes à l'heure de la « révolution industrielle ».

▶ quelles idées nouvelles naissent de la transformation des sociétés.

▶ l'émigration italienne au XIXᵉ siècle.

Je vérifie mes connaissances

1 J'apprends à justifier.

Pour chaque affirmation, je donne deux exemples précis issus du chapitre.

a. Une révolution des transports se produit au XIXe siècle.
→ Exemples : ....

c. Les campagnes se transforment à l'heure de la « révolution industrielle »
→ Exemples : ....

b. Le travail des ouvriers change au XIXe siècle.
→ Exemples : ....

2 Vrai ou faux ?

a. La « révolution industrielle » ne touche pas les campagnes. ☐ Vrai ☐ Faux

b. Mouvement national et mouvement libéral s'opposent. ☐ Vrai ☐ Faux

c. Les ouvriers participent au « printemps des peuples ». ☐ Vrai ☐ Faux

d. Les Italiens émigrent essentiellement pour des raisons politiques au XIXe siècle. ☐ Vrai ☐ Faux

3 Je révise avec des images.

J'observe ces images et je leur donne un titre.

a.

b.

c.

d.

4 Retrouvez d'autres exercices sous forme interactive sur le site Nathan.

site élève
exercices interactifs

Exercices

1 Je comprends une image sur les progès de la « révolution industrielle »

↳ SOCLE : Domaine 1

Les progrès du XIXe siècle,
Currier et Ives, 1876.

QUESTIONS

❶ Décrivez les différentes scènes de l'image.

❷ Dressez la liste de toutes les innovations techniques que vous identifiez.

❸ Quels types de progrès sont ici mis en valeur ?

❹ Quel lien pouvez-vous faire entre cette image et la mondialisation au XIXe siècle ?

2 J'analyse un témoignage d'enfant

↳ SOCLE : Domaine 1

J'avais 7 ans quand je commençai à travailler à la manufacture : le travail était la filature de la laine ; les heures de travail étaient de 5 heures du matin à 8 heures du soir, avec un intervalle de 30 minutes à midi pour se reposer et manger ; il n'y avait pas le temps pour se reposer et manger dans l'après-midi. Nous devions prendre nos repas comme nous pouvions, debout ou autrement. J'avais 14 heures de travail effectif, à 7 ans... Dans cette manufacture, il y avait à peu près 50 enfants de mon âge. Ces enfants étaient souvent en pauvre santé. Il y en avait toujours une demi-douzaine qui étaient malades, régulièrement, à cause du travail excessif. C'est à coups de lanières de cuir que les enfants étaient tenus au travail. C'était la principale occupation d'un contremaître de fouetter les enfants pour les forcer à faire ce travail excessif.

■ Déposition d'un ouvrier anglais, *Rapport de la Commission sur le travail des enfants dans les manufactures*, 1832.

QUESTIONS

❶ Identifiez l'auteur et la source du document.

❷ Quel travail cet enfant réalise-t-il ?

❸ Dans quelles conditions travaille-t-il ?

❹ Quelles sont les conséquences de ces conditions de travail sur la santé des enfants ?

3 Analyser et comprendre des documents (exercice 1)

↳ **SOCLE** : Domaines 1 et 2. J'extrais des informations d'un texte sur le Creusot, je les classe et les hiérarchise

Le règlement des ateliers de construction du Creusot (1848)

Art. 2 – La durée de la journée sera fixée suivant les besoins des travaux par l'administration de l'Établissement, sans pouvoir toutefois dépasser 12 heures de travail effectif. [...]

Art. 3 – Le montant du salaire est réglé à tant par heure, suivant la force de l'ouvrier, dans la partie où il est occupé.

Art. 4 – Tout ouvrier, en entrant dans l'Établissement, doit déposer son livret ou ses papiers au bureau du comptable de son atelier, où ils seront immédiatement enregistrés. [...]

Art. 5 – Après la rentrée, aucun ouvrier ne doit s'éloigner de son travail, à moins de justifier son absence par une permission du chef d'atelier [...].

Art. 8 – Il est défendu :
– de fumer durant les heures de travail ;
– de faire entrer dans les ateliers aucune liqueur spiritueuse, sans une permission expresse ;
– d'y lire des imprimés, journaux ou autres écrits, et d'y former des groupes.

■ Le Creusot, le 22 septembre 1848, signé Schneider et Cie.

QUESTIONS

❶ Quels sont la nature, l'auteur et le contexte de ce document ?

❷ Relevez et classez les éléments du règlement dans le tableau suivant :

Temps de travail et salaire de l'ouvrier	Obligations et interdictions faites à l'ouvrier

❸ Quelles inquiétudes des patrons l'article 8 révèle-t-il ?

❹ Que nous apprend ce document sur les relations entre un patron et ses ouvriers ?

MÉTHODE

J'extrais des informations d'un texte, je les classe, et je les hiérarchise (→ Question ❷)

▶ Ce travail permet de comprendre un document, d'identifier des arguments, un point de vue... et vous aide à répondre aux questions.

▶ Avant de compléter le tableau, identifiez les articles du règlement qui vont vous être utiles pour compléter chacune des rubriques, puis reformulez l'idée contenue dans chacun d'entre eux dans la bonne colonne.

MON BILAN DE COMPÉTENCES

Domaine du socle	Compétences travaillées	Pages du chapitre
D1 Les langages pour penser et communiquer	• Je sais m'exprimer à l'écrit et à l'oral	**Je découvre** p. 84-85, 88-89, 92-93, 96-97
	• Je sais extraire des informations pertinentes	**J'enquête** p. 86-87
	• Je sais exercer mon esprit critique	**J'enquête** p. 86-87
	• Je sais décrire et expliquer à l'écrit de façon claire et organisée	**Je découvre** p. 90-91
	• Je comprends une image	**Exercice 1** p. 106-107
	• Je sais extraire des informations d'un texte, les classer et les hiérarchiser	**Exercice 3** p. 107
D2 Méthodes et outils pour apprendre	• Je sais construire des outils de travail	**Je découvre** p. 84-85, 100-101
	• Je sais coopérer à une tâche commune	**Je découvre** p. 88-89
	• Je comprends le sens d'une consigne	**J'enquête** p. 98-99
	• Je sais organiser mon travail personnel	**Apprendre à apprendre** p. 104
	• Je sais extraire des informations d'un texte, les classer et les hiérarchiser	**Exercice 3** p. 107
D3 La formation du citoyen	• Je sais exprimer mon opinion	**Exercice 2** p. 106
D4 Les systèmes naturels et techniques	• Je sais mener une démarche d'investigation	**Je découvre** p. 90-91
D5 Les représentations du monde et de l'activité humaine	• Je sais me poser des questions au sujet d'un phénomène historique	**J'enquête** p. 92-93, 98-99
	• Je comprends que le passé éclaire le présent	**D'hier à aujourd'hui** p. 94-95
	• Je sais mobiliser des connaissances pour comprendre une civilisation	**D'hier à aujourd'hui** p. 94-95
	• Je sais situer un fait dans l'espace et dans une période donnée	**Je découvre** p. 96-97
	• Je sais répondre à des questions en justifiant mes choix	**Je découvre** p. 100-101

5 Conquêtes et sociétés coloniales (XIXe siècle)

→ **Comment la colonisation renforce-t-elle la domination européenne sur le monde ?**

Au cycle 4, en 5e

J'ai appris qu'au XVIe siècle, à la suite des grands voyages de découvertes, les Européens ont fondé les premiers empires coloniaux.

Au cycle 4, en 4e

J'ai étudié la traite et l'esclavage au XVIIIe siècle, puis l'abolition de ce dernier entre 1794 et 1802.

Ce que je vais découvrir

Au XIXe siècle, l'esclavage est définitivement aboli et une nouvelle vague de conquêtes renforce la domination des Européens sur le monde.

1 **Les Européens à la conquête de nouveaux territoires au XIXe siècle**

La conquête du Tonkin par les Français.

Guerre du Tonkin, combat de Nam-Dinh, 19 juillet 1883, image d'Épinal, XIXe siècle.

2 **Des traces de la domination européenne encore visibles dans le paysage**

Cathédrale Saint-Vincent-de-Paul de Tunis, construite entre 1893 et 1897, au temps de la colonisation française.

La course aux colonies au XIXᵉ siècle

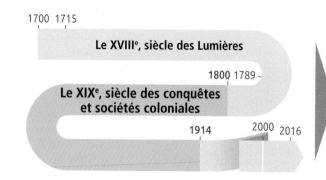

1700 1715

Le XVIIIᵉ, siècle des Lumières

1800 1789

Le XIXᵉ, siècle des conquêtes et sociétés coloniales

1914   2000 2016

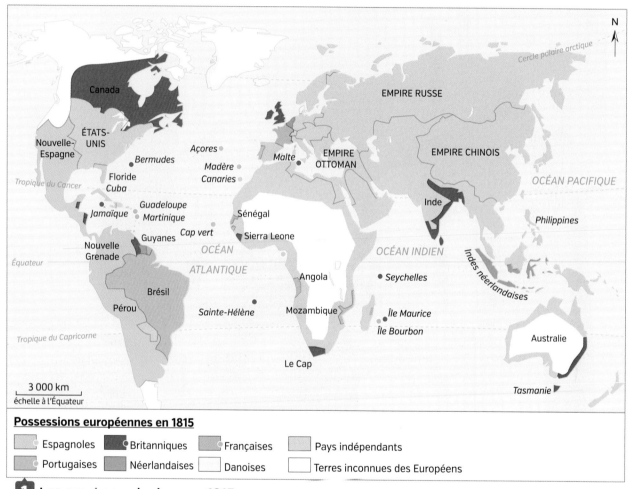

1 Les empires coloniaux en 1815

Possessions européennes en 1815

- Espagnoles
- Britanniques
- Françaises
- Pays indépendants
- Portugaises
- Néerlandaises
- Danoises
- Terres inconnues des Européens

VOCABULAIRE

▸ **Colonisation**
Conquête et domination d'un territoire par un État.

▸ **Empire colonial**
Ensemble de territoires dominés par un État qui les a conquis.

QUESTIONS

▶ **Je me repère dans le temps et dans l'espace**

1 À partir de quand la colonisation s'accélère-t-elle ?

2 Comparez les régions colonisées en 1815 et en 1914. Que constatez-vous ?

3 Quelles sont les puissances européennes implantées en Afrique, en Asie et en Océanie en 1914 ?

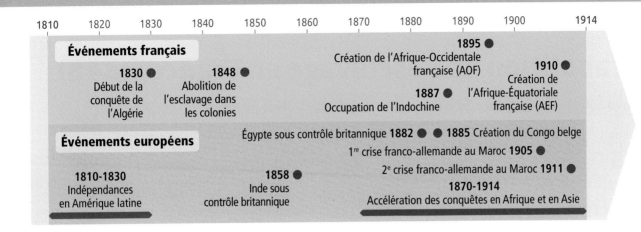

| 1810 | 1820 | 1830 | 1840 | 1850 | 1860 | 1870 | 1880 | 1890 | 1900 | 1914 |

Événements français

1895 ●
Création de l'Afrique-Occidentale
française (AOF)

1830 ●
Début de la
conquête de
l'Algérie

1848 ●
Abolition de
l'esclavage dans
les colonies

1910 ●
Création de
l'Afrique-Équatoriale
française (AEF)

1887 ●
Occupation de l'Indochine

Événements européens

Égypte sous contrôle britannique **1882** ● ● **1885** Création du Congo belge
1ʳᵉ crise franco-allemande au Maroc **1905** ●

1810-1830
Indépendances
en Amérique latine

1858 ●
Inde sous
contrôle britannique

2ᵉ crise franco-allemande au Maroc **1911** ●
1870-1914
Accélération des conquêtes en Afrique et en Asie

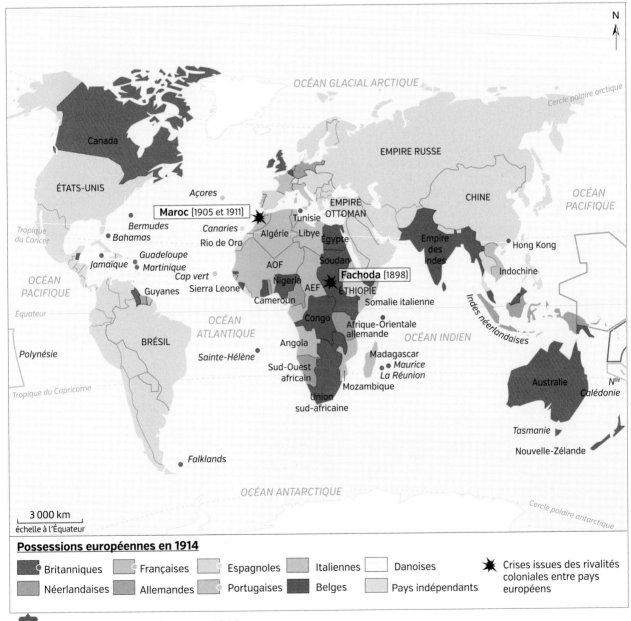

Possessions européennes en 1914

| Britanniques | Françaises | Espagnoles | Italiennes | Danoises | ✴ Crises issues des rivalités coloniales entre pays européens |

| Néerlandaises | Allemandes | Portugaises | Belges | Pays indépendants |

2 **Les empires coloniaux en 1914**

Je découvre

SOCLE Compétences
- **Domaine 2** : Je construis des outils personnels de travail
- **Domaine 3** : Je juge par moi-même en futur citoyen

L'abolition de l'esclavage en France (1848)

Question clé Comment l'esclavage est-il définitivement aboli en France ?

1 Une pétition des « hommes de couleur »

L'émancipation des esclaves sera un acte d'humanité, de justice et de bonne politique ; nous l'appelons de tous nos vœux, réprouvant à l'avance toutes les résolutions opposées. Avec elle renaîtront la sécurité, l'ordre et la tranquillité ; avec elle le travail libre et salarié remplacera le travail forcé et humiliant qui démoralise et le maître et l'esclave ; par elle se formeront des liens de famille incompatibles avec l'état d'esclavage quel qu'il soit.

■ Pétition de 191 « hommes de couleur » de la Martinique en faveur de l'abolition de l'esclavage, adressée à la Chambre des députés, 24 novembre 1836.

2 Victor Schœlcher, une figure de l'abolition de l'esclavage

Nulle part, [les Noirs] ne sont admis dans la société des Blancs ; aux champs ou à la ville, on les traite comme de véritables animaux domestiques, on leur refuse leur titre d'Hommes, et il n'est pas d'Européen qui n'ait frissonné d'horreur et de honte en voyant les esclaves traînés sur les marchés ou dans les ventes comme nous y conduisons nos bœufs. [...]

Il est avéré aujourd'hui que l'humanité et la liberté peuvent s'allier avec la préservation des colonies, et par conséquent de leurs produits. Les Nègres[1] ne sont pas indispensables aux plantations.

■ Victor Schœlcher, journaliste et militant anti-esclavagiste, « Des Noirs », *Revue de Paris*, 1830.

1. Terme couramment employé au XIXe siècle.

Chronologie

1794	Première abolition de l'esclavage dans les colonies françaises.
Mai 1802	Bonaparte rétablit l'esclavage pour satisfaire les propriétaires d'exploitations agricoles.
1822	Échec de la révolte d'esclaves au Carbet (Martinique).
1833	Abolition de l'esclavage au Royaume-Uni.
1834	Création de la Société française pour l'abolition de l'esclavage.
27 avril 1848	La IIe République abolit définitivement l'esclavage.
10 mai 2001	La loi Taubira reconnaît la traite et l'esclavage comme des crimes contre l'humanité.

3 La Convention mondiale contre l'esclavage

La Convention mondiale contre l'esclavage se tient à Londres en juin 1840, sous la présidence de Thomas Clarkson, célèbre abolitionniste anglais. Seulement trois hommes noirs sont présents.

The Anti-Slavery Convention, Benjamin Haydon, 1841, 297 x 384 cm, National Portrait Gallery, Londres.

4 **La proclamation de l'abolition de l'esclavage dans les colonies**

L'Abolition de l'esclavage (27 avril 1848), François Biard, 1849, 391 x 261 cm,
musée national du château de Versailles.

5 **La République abolit l'esclavage**

Au nom du peuple français, le Gouvernement provisoire[1], considérant que l'esclavage est un attentat contre la dignité humaine ; qu'en détruisant le libre arbitre de l'Homme, il supprime le principe naturel du droit et du devoir [...] décrète :

Art. 1ᵉʳ – L'esclavage sera entièrement aboli dans toutes les colonies et possessions françaises deux mois après la promulgation du présent décret dans chacune d'elles. À partir de la promulgation du présent décret dans les colonies, tout châtiment corporel, toute vente de personnes non libres, seront absolument interdits.

■ Décret d'abolition de l'esclavage, 27 avril 1848.

1. Gouvernement provisoire de la République, au pouvoir à la suite de la révolution de février 1848.

VOCABULAIRE

▸ **Abolitionniste**
Partisan de la suppression de l'esclavage.

Activités

Question clé **Comment l'esclavage est-il définitivement aboli en France ?**

ITINÉRAIRE 1

▶ **Je mets en relation des informations avec les valeurs de la République française**

❶ Doc 1. Qui sont les auteurs de la pétition ?

❷ Doc 2. Relevez trois expressions montrant que l'auteur est indigné par l'esclavage.

❸ Chronologie et doc 3. Montrez que le mouvement pour l'abolition est ancien et dépasse la France.

❹ Doc 4. Décrivez précisément la place et le comportement des personnages. D'après vous, que veut montrer ce tableau ?

❺ Doc 5. Quels arguments sont utilisés pour justifier l'abolition de l'esclavage ?

▶ **J'élabore une fiche de révision**

❻ Réalisez une fiche de révision sur l'abolition de l'esclavage.

OU

ITINÉRAIRE 2

▶ **Je justifie les intitulés des rubriques d'un schéma**

Répondez à la question clé en complétant ce schéma avec des dates, des noms et des idées importantes.

Une histoire ancienne → Chrono. et doc 1	Des arguments contre l'esclavage → Doc 1, 2 et 5	Un mouvement international → Doc 3

↓ ↓ ↓

Abolition définitive de l'esclavage en France → Doc 4 et 5

SOCLE Compétences

▶ **Domaine 1** : Je raconte à l'écrit de façon claire et organisée
▶ **Domaine 5** : J'explique de manière critique un phénomène historique

Pourquoi coloniser ? Le cas de la France

Question clé Quelles sont les motivations de la colonisation ?

1 Jules Ferry justifie la colonisation

Les colonies sont, pour les pays riches, un placement de capitaux des plus avantageux. Au temps où nous sommes et dans la crise que traversent toutes les industries européennes[1], la fondation d'une colonie, c'est la création d'un débouché.

Messieurs, il y a un second point que je dois également aborder, c'est le côté humanitaire et civilisateur de la question. Il y a pour les races supérieures un droit, parce qu'il y a un devoir pour elles. Elles ont le devoir de civiliser[2] les races inférieures.

Les nations, au temps où nous sommes, ne sont grandes que par l'activité qu'elles développent. Rayonner sans agir, sans se mêler aux affaires du Monde, c'est descendre du premier rang au troisième et au quatrième.

◾ D'après Jules Ferry (député, ancien chef du gouvernement et ancien ministre des Affaires étrangères), discours à la Chambre des députés, 28 juillet 1885.

1. Entre 1873 et 1896, une crise économique touche l'Europe.
2. Au XIXe siècle, « civiliser » était défini dans les dictionnaires comme « faire sortir de la barbarie, améliorer du point de vue moral, intellectuel, industriel ».

> **VOCABULAIRE**
>
> ▶ **Colonisation**
> Conquête et domination d'un territoire par un État.
>
> ▶ **Missionnaire**
> Femme ou homme d'Église chargé de répandre la religion chrétienne dans les territoires colonisés.

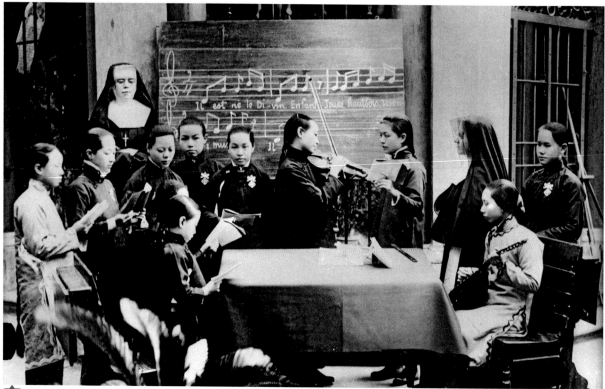

2 La christianisation des peuples colonisés

Des missionnaires catholiques font répéter le cantique *Il est né le divin enfant* à de jeunes Indochinoises (début du XXe siècle).
La majorité des Indochinois sont bouddhistes.

1830 L'ALGÉRIE 1930

PAYS DE GRANDE PRODUCTION AGRICOLE

3 La colonisation de l'Algérie vue par la France

Affiche commandée par les autorités françaises célébrant le centenaire de la présence française en Algérie.

Affiche de Henri Dormoy, 1930.

LA FRANCE VA POUVOIR PORTER LIBREMENT AU MAROC LA CIVILISATION LA RICHESSE ET LA PAIX

4 La colonisation du Maroc vue par un journal français

❶ Corne d'abondance, symbole de richesse.

❷ Bonnet phrygien, symbole de la Révolution française, qui coiffe Marianne (représentation de la République).

❸ Couronne de laurier symbolisant le triomphe.

Supplément illustré du *Petit Journal*, 19 novembre 1911.

Activités

Question clé | **Quelles sont les motivations de la colonisation ?**

ITINÉRAIRE 1

OU

ITINÉRAIRE 2

▶ **J'identifie des documents et leur point de vue particulier**

❶ **Doc 1.** Quels sont les arguments de l'auteur en faveur de la colonisation ?

❷ **Doc 3 et 4.** Selon ces documents, quels sont les intérêts de la colonisation ?

❸ **Doc 1, 2 et 4.** Quelle idée du texte de Jules Ferry est illustrée par les documents 2 et 4 ?

▶ **Je rédige un récit historique**

❹ En 1930, à l'occasion de la célébration du centenaire de la conquête de l'Algérie, le ministre des Colonies prononce un discours. Journaliste, vous résumez son propos dans un article.

MÉTHODE

Mettez en évidence les **motivations politiques et économiques** qui ont poussé à la **colonisation** et que le ministre rappelle dans son discours. Mentionnez aussi les **bienfaits** qu'elle était censée apporter selon lui.

▶ **Je pratique différents langages**

À l'aide des documents 1 à 4, classez les informations dans un tableau, puis utilisez-les pour rédiger un paragraphe qui réponde à la question clé.

	Doc utilisé	Idée retenue
Motivations politiques	→ Doc 1	
Motivations économiques	→ Doc 1 et 3	
Motivations morales	→ Doc 1, 2 et 4	

Je découvre

SOCLE Competences

- **Domaine 2** : J'extrais des informations pertinentes de documents et je les classe
- **Domaine 5** : Je situe un fait historique dans le temps et dans l'espace

Le partage colonial de l'Afrique : conquêtes et rivalités

Question clé Comment se déroulent la conquête et le partage de l'Afrique ?

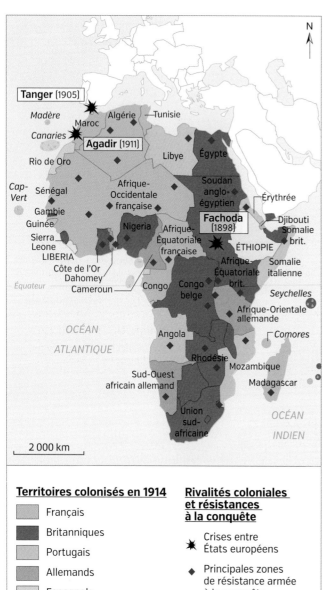

1 Le partage colonial de l'Afrique en 1914

Territoires colonisés en 1914

- Français
- Britanniques
- Portugais
- Allemands
- Espagnols
- Belges
- Italiens
- États indépendants

Rivalités coloniales et résistances à la conquête

- ✴ Crises entre États européens
- ◆ Principales zones de résistance armée à la conquête

Chronologie

Des rivalités coloniales

1898 **Crise franco-britannique de Fachoda**
Une expédition française partie pour s'implanter au Soudan se retrouve face aux Britanniques à Fachoda. La France doit céder et évacuer ; elle signe un accord reconnaissant l'autorité britannique sur le bassin du Nil.

1905 **1re crise franco-allemande au Maroc**
L'empereur allemand Guillaume II s'oppose à l'influence française sur le Maroc.

1911 **2e crise franco-allemande au Maroc**
- **Juillet** : envoi d'un navire de guerre allemand devant le port d'Agadir.
- **Novembre** : accord franco-allemand sur le Maroc et le Congo.

2 La conquête de l'Afrique vue par un poète africain

La calamité chrétienne s'est abattue sur nous
Comme un nuage de poussière.
Au commencement ils arrivèrent
Pacifiquement,
Avec des propos tendres et suaves[1].
« Nous venons commercer, disaient-ils,
Réformer les croyances des hommes,
Chasser d'ici-bas l'oppression et le vol,
Vaincre et balayer la corruption[2]. »
Nous n'avons pas tous perçu leurs intentions
Et maintenant nous voilà leurs inférieurs.
Ils nous ont séduits à coup de petits cadeaux
Ils nous ont nourris de bonnes choses...
Mais ils viennent de changer de ton.

■ El Hajj' Ommar (poète de la Côte de l'Or), vers 1875.

1. Doux, agréables.
2. L'auteur fait référence à l'arrivée des compagnies de commerce et des missionnaires, qui a souvent précédé la conquête coloniale.

4 La rivalité franco-allemande pour la conquête du Maroc

a. La situation du Maroc en 1906

L'Allemagne [...] veut sur l'Atlantique une zone d'influence policière qu'elle ne tardera pas à transformer en zone d'occupation militaire [...] et d'appui pour ses navires de commerce et sa marine de guerre. [...] Avec l'Allemagne, qui s'installerait sur les côtes de l'Atlantique, [...] qui ne comprend qu'il y aurait pour nos possessions de l'Afrique du Nord[1] un danger commercial et militaire [...] ?

■ D'après Alceste (Hippolyte Castille), *La Presse*, 14 février 1906.

1. À cette date, la France a étendu sa domination sur l'Algérie et la Tunisie.

b. L'accord franco-allemand du 4 novembre 1911

Après plusieurs mois de négociations, un arrangement a été signé entre la France et l'Allemagne, le 4 novembre 1911, assurant à la France la suprématie au Maroc en échange de concessions territoriales au Congo [...]. Les clauses relatives au Congo [...] comportent la cession à l'Allemagne de deux bandes importantes de territoire.

■ Maurice Zimmermann, *Annales de géographie*, 1912.

3 La résistance des populations du Dahomey vue par un journal français

En 1892, les troupes françaises se heurtent aux armées du roi du Dahomey, Behanzin.

« Au Dahomey, la prise de Kana », *Le Petit Journal*, 19 novembre 1892.

Activités

Question clé Comment se déroulent la conquête et le partage de l'Afrique ?

ITINÉRAIRE 1 ou ITINÉRAIRE 2

ITINÉRAIRE 1

▶ J'analyse et je comprends des documents

❶ Doc 1. Quelles puissances ont colonisé l'Afrique ?

❷ Doc 2 et 3. De quelle façon les Européens imposent-ils leur domination ?

❸ Doc 1, 2 et 3. Comment réagissent les populations locales ?

❹ Doc 4. Expliquez les raisons et le dénouement de la rivalité franco-allemande au Maroc.

▶ J'explique à l'écrit

❺ À l'aide de vos réponses aux questions 1 à 4, rédigez quelques lignes pour répondre à la question clé.

ITINÉRAIRE 2

▶ Je mets en relation des faits d'une période donnée

À l'aide des documents 1 à 4, complétez ce schéma pour répondre à la question clé.

Principaux États colonisateurs
→ Doc 1

Moyens employés
→ Doc 2 à 4

Le partage de l'Afrique

Conséquences sur les relations entre puissances européennes
→ Doc 1 et 4

Réaction des populations indigènes
→ Doc 1 à 3

SOCLE Compétences

▶ **Domaine 5** : Je me pose des questions au sujet d'une situation historique et je cherche des réponses
▶ **Domaine 2** : Je justifie une démarche en faisant preuve d'esprit critique

Comment s'organise une société coloniale ? L'exemple de l'Algérie

CONSIGNE

Vous êtes journaliste au début du XXᵉ siècle. Votre rédacteur en chef vous envoie en Algérie pour mener une enquête sur la société algérienne. Frappé-e par les inégalités entre colons et colonisés, vous rédigez un article pour rendre compte de cette situation.

VOCABULAIRE

▶ **Code de l'indigénat**
Ensemble de textes adoptés en 1881 en Algérie. Il maintient les populations colonisées dans un statut juridique inférieur. Il les prive de droits politiques et les soumet à une justice particulière.

▶ **Colon**
Habitant d'un territoire colonisé, originaire de la métropole.

▶ **Colonie de peuplement**
Territoire colonisé dans lequel s'installent un grand nombre d'habitants venus de métropole.

▶ **Indigène**
Nom donné aux populations implantées sur un territoire avant la colonisation.

▶ **Métropole**
Puissance qui a fondé la colonie et qui la domine.

INFOS

L'**Algérie** est organisée depuis 1848 en **trois départements français**. Elle accueille une **importante minorité européenne** (des Français surtout, mais aussi des Espagnols, des Italiens, des Maltais. .).

1 L'Algérie, une colonie de peuplement

> La colonisation de l'Algérie s'accompagne de la confiscation d'une partie des terres appartenant aux populations locales au profit de l'État français et des colons. On estime qu'en 1919, les Algériens musulmans ont perdu le contrôle d'environ 7 millions d'hectares de terres agricoles.
>
> Nous avons réussi, à travers mille obstacles, à implanter en Algérie de nombreux agriculteurs français. Les colons, dit-on, ont des privilèges : pourquoi non ? N'a-t-on pas cherché à les attirer et à les retenir en Afrique par toutes sortes d'avantages : exemption partielle de service militaire, exemption partielle d'impôts, voire même don gratuit de la terre ?

■ Augustin Bernard (géographe et historien français), « L'Afrique du Nord. L'Algérie et la Tunisie », *Conférences*, 1913.

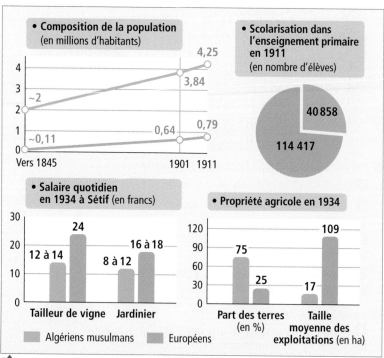

- **Composition de la population** (en millions d'habitants)
- **Scolarisation dans l'enseignement primaire en 1911** (en nombre d'élèves) : 40 858 ; 114 417
- **Salaire quotidien en 1934 à Sétif (en francs)** : Tailleur de vigne — 12 à 14 / 24 ; Jardinier — 8 à 12 / 16 à 18
- **Propriété agricole en 1934** : Part des terres (en %) — 75 / 25 ; Taille moyenne des exploitations (en ha) — 17 / 109
- Légende : Algériens musulmans — Européens

2 Des inégalités dans la société algérienne

3 Alger, ville européenne et ville « indigène » (première moitié du XXᵉ siècle)

1 Port des Courriers (nouveau port créé par les Européens).

2 Gare maritime.

3 Quartier européen.

4 Place du gouvernement (au centre, une statue du Duc d'Orléans rend hommage à son rôle dans la conquête de l'Algérie).

5 Casbah (ville indigène aux ruelles tortueuses).

4 Le Code de l'indigénat

L'indigénat, c'est un système de répression qui, sous prétexte de discipline, frappe l'indigène dans sa liberté, dans sa fortune, dans ses droits les plus essentiels.

Un arrêté du gouverneur général[1] peut arracher un indigène à sa famille, à sa tribu, le déporter dans de véritables bagnes ou simplement lui imposer une résidence déterminée avec interdiction d'en sortir. Un indigène musulman ne peut circuler en Algérie sans passeport régulier [...].

Pour punir des méfaits de ce genre, des peines de police, d'amende et d'emprisonnement sont prononcées légalement. L'indigène comparaît devant l'administrateur ou le maire, qui lui inflige le châtiment qui lui plaît. Une telle situation a engendré des abus vraiment scandaleux. Elle a créé dans l'âme indigène des sentiments de rancune et d'hostilité.

■ D'après Gustave de Molinari, *Journal des économistes*, 1909.

1. Le gouverneur général de l'Algérie est chargé d'administrer la colonie pour la métropole. En vertu du Code de l'indigénat, il peut décider seul d'infliger certaines peines aux Algériens musulmans.

5 Une inégalité politique

En 1911, un rapport commandé par le gouvernement général de l'Algérie rend compte du mécontentement de la population musulmane.

Alors que les juifs et fils d'étrangers sont devenus automatiquement citoyens français[1] prenant part à toutes les élections, les indigènes musulmans algériens sont systématiquement privés de représentation, ou du moins ne possèdent qu'une représentation absolument dérisoire. [...]

Aujourd'hui, dans aucune commune, les conseillers musulmans ne sont autorisés par la loi à prendre part à l'élection du maire et des adjoints.

■ D'après un rapport commandé par le gouvernement général de l'Algérie, 1911.

1. Les populations européennes installées en Algérie, ainsi que les juifs d'Algérie, ont obtenu la citoyenneté française dans la seconde moitié du XIXᵉ siècle.

COUP DE POUCE

Pour vous aider à rédiger votre article, complétez le tableau suivant.

site élève
⬇ tableau à imprimer

	Doc 1	Doc 2	Doc 3	Doc 4	Doc 5
Une colonie de peuplement				–	
Des inégalités sociales entre colons et colonisés			–	–	–
Des inégalités juridiques et politiques entre colons et colonisés	–		–		

Conquêtes et sociétés coloniales (XIXᵉ siècle)

→ Comment la colonisation renforce-t-elle
la domination européenne sur le monde ?

CHIFFRES CLÉS

Les empires coloniaux en 1914

En millions	Superficie (km²)	Population
Grande-Bretagne	32	400
France	10,5	44
Pays-Bas	2	50
Allemagne	2,5	15
Belgique	2,3	10
Portugal	2	6
Italie	2	2
Espagne	0,4	0,6

Source : *Les Colonies dans la Grande Guerre, combats et épreuves des peuples d'Outre-Mer*, Jacques Frémeaux, Éditions 14-18, 2006.

A Les conquêtes coloniales

1. Aux origines de l'expansion coloniale

● Au XIXᵉ siècle, l'**exploration de régions inconnues** en Afrique et en Asie se développe. Des **missionnaires** cherchent à **convertir au christianisme** les peuples rencontrés. Les compagnies de commerce veulent **profiter des ressources locales** (minerais, café, cacao...). Les Européens partent alors à la conquête de ces territoires.

● Les Européens pensent qu'ils ont la mission de **civiliser** des **populations jugées inférieures**, de **lutter contre la traite négrière et l'esclavage** que la France, en 1848, a aboli dans ses **colonies**. Ils cherchent aussi à s'approvisionner en matières premières, à trouver des **débouchés pour leur industrie**. Les États européens voient la colonisation comme un **moyen d'accroître leur puissance**.

2. Conquêtes et rivalités coloniales

● À partir des années 1870, **les conquêtes s'intensifient**, surtout en Afrique où se livre une véritable « **course aux colonies** ». Cela nourrit d'importantes **tensions entre puissances européennes**, comme au Maroc, en 1905 puis en 1911, entre la France et l'Allemagne.

● Les Européens utilisent souvent la **force militaire**. Entre 1839 et 1847, l'émir Abd el Kader mène en Algérie une longue lutte contre les Français. Dans les années 1890, ils font face à la résistance des habitants du Dahomey (actuel Bénin), menée par leur roi Behanzin.

● En **1914**, **le partage colonial est quasiment achevé**. L'Afrique est entièrement colonisée, à l'exception de l'Éthiopie et du Liberia. Les conquêtes se sont étendues en Asie et en Océanie. Le Royaume-Uni dispose de l'empire le plus vaste. La France arrive en seconde position.

B Domination et société coloniales

1. Des territoires sous dépendance

● Certains territoires sont des **colonies de peuplement**, où s'installent un grand nombre d'habitants venus de **métropole** (les **colons**). La plupart sont des **colonies d'exploitation** qui fournissent des **matières premières** aux métropoles, mais accueillent peu de colons.

● **L'économie coloniale est organisée par et pour la métropole**. Les cultures locales sont sacrifiées au profit des cultures d'exportation comme le café ou le coton. Les Européens exploitent les mines. Pour faciliter les échanges avec la métropole, ils font construire des routes, des voies ferrées et des ports.

2. Des sociétés coloniales inégalitaires

● Dans les possessions françaises, le **Code de l'indigénat** donne aux populations indigènes un **statut inférieur à celui des citoyens français**. Dans les villes, même si les populations ne sont pas complètement séparées, il existe des quartiers européens et des quartiers indigènes.

● Les salaires de la main-d'œuvre indigène sont maigres et les Européens ont parfois recours au **travail forcé**. Les colonisés sont souvent privés des meilleures terres.

● Les Européens créent des écoles pour enseigner leur langue et leur histoire, mais tous les enfants ne sont pas scolarisés. Par ailleurs, les **progrès en matière de soins** sont surtout liés à leur volonté de s'assurer une main-d'œuvre en bonne santé.

● La domination coloniale **bouleverse la culture et les habitudes** des peuples colonisés, déchirés entre l'**influence occidentale** et leurs **traditions**. Les élites indigènes, éduquées à l'occidentale, souhaitent accéder à des responsabilités mais sont maintenues dans une **situation d'infériorité**.

Le savez-vous ?

La colonisation a produit des **mélanges linguistiques** comme en témoignent certains termes issus de l'arabe algérien, utilisés par les Européens d'Algérie et les Français de métropole : **bled** (pays), **maboul** (fou), **toubib** (docteur)...

Je retiens autrement

Les conquêtes coloniales
(intensification après 1870)

Motivations
- **Économiques**
- **Politiques**
- **Morales** (« mission civilisatrice »)

Acteurs
- Explorateurs
- Missionnaires
- Militaires
- Compagnies de commerce
- Gouvernements européens

Conséquences
- **Résistances** locales
- **Rivalités** et tensions entre Européens

La domination coloniale de l'Europe

Des territoires sous dépendance
- **Colonies** d'exploitation ou de peuplement
- **Administration dominée** par les représentants de la métropole
- **Économie organisée** pour et par la métropole

Une société coloniale inégalitaire
- Européens minoritaires mais dominants ; colonisés maintenus dans une situation d'infériorité
- **Quartiers d'habitation** distincts dans les villes
- Actions sanitaires, de scolarisation et de christianisation

Apprendre à apprendre

Comment apprendre ma leçon ?

J'apprends en réalisant un livret illustré

Un livret illustré et personnalisé peut prendre la forme d'une page, d'un dossier, d'un livret petit ou grand format. Il vous permet de rassembler les informations à retenir et de les mémoriser.

▶ **Étape 1**

- Regroupez les informations du chapitre comme **les repères géographiques** et **chronologiques**, les **définitions** et les **explications** sur les thèmes de la leçon.

▶ **Étape 2**

- Construisez votre livret. Présentez les informations sous forme d'articles illustrés, de feuilles à déplier, de volets à rabattre, d'enveloppes remplies de fiches, ou de toute autre idée créative qui peut vous permettre de mémoriser votre leçon.

BOÎTE À IDÉES

Pourquoi coloniser ? où ? quand ? comment ?

Les colonies : des territoires dominés

Les rivalités coloniales

Des sociétés coloniales inégalitaires

L'exemple de l'Algérie

BOÎTE À OUTILS

- Salaire quotidien en 1934 à Sétif (en francs)

Je révise chez moi

- **Je vérifie que je connais les principaux repères du chapitre.**

Je sais définir et utiliser dans une phrase :

▶ colonisation
▶ colonie de peuplement
▶ métropole
▶ Code de l'indigénat

Je sais situer :

▶ **sur une carte :**
– les deux principales puissances coloniales et les continents sur lesquels sont implantées leurs possessions

▶ **sur une frise :**
– l'abolition de l'esclavage dans les colonies françaises
– le moment où les conquêtes coloniales s'accélèrent

site élève
⬇ fond de carte et frise

Je sais expliquer :

▶ pour quelles raisons les Européens partent à la conquête du monde.

▶ quelles sont les conséquences de la colonisation sur les relations entre États européens.

▶ comment est organisée une société coloniale.

Je vérifie mes connaissances

1 Je révise ma leçon avec un schéma.

`site élève` `⤓ schéma à imprimer`

Je place les flèches sur le schéma pour réviser ma leçon.

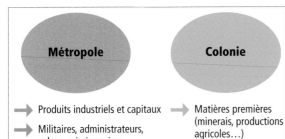

Métropole — Colonie

→ Produits industriels et capitaux → Matières premières (minerais, productions agricoles…)

→ Militaires, administrateurs, colons, missionnaires

2 J'indique la ou les bonne(s) réponse(s).

1. Au XIXᵉ siècle, les Européens considèrent :

[a] que les peuples colonisés sont leurs égaux.

[b] que les peuples colonisés sont inférieurs.

[c] qu'ils ont la mission de civiliser les peuples colonisés.

2. Les conquêtes coloniales :

[a] ont renforcé la solidarité entre les puissances européennes.

[b] ont provoqué une guerre mondiale.

[c] ont provoqué des rivalités et des tensions entre puissances européennes.

3. Quelles sont les caractéristiques des sociétés coloniales ?

[a] Elles sont inégalitaires.

[b] Européens et colonisés vivent ensemble, dans les mêmes quartiers.

[c] Les populations colonisées conservent entièrement leur culture et leurs habitudes.

[d] Une minorité européenne domine une majorité indigène.

3 Je raconte à partir d'images.

Je rédige une phrase pour expliquer ce que chaque document, issu du chapitre, m'a appris sur les conquêtes et les sociétés coloniales au XIXᵉ siècle.

a.

b.

c.

4 Je complète un schéma pour réviser ma leçon.

`site élève` `⤓ schéma à imprimer`

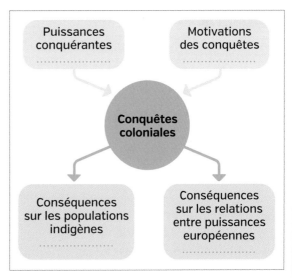

Puissances conquérantes ....

Motivations des conquêtes ....

Conquêtes coloniales

Conséquences sur les populations indigènes ....

Conséquences sur les relations entre puissances européennes ....

5 Retrouvez d'autres exercices sous forme interactive sur le site élève.

`site élève` `⤓ exercices interactifs`

Exercices

1 Je mobilise mes connaissances pour répondre à des questions sur la société coloniale au Congo

↳ Socle : Domaine 5

Sortie de la messe à la cathédrale de Brazzaville (Congo français), Toussaint 1910.

QUESTIONS

❶ De quand date cette photographie ? Quel est le statut du Congo à cette date ?

❷ Où la photographie a-t-elle été prise ? À quel moment ?

❸ Quelles sont les différentes catégories de la population représentées ici ? Décrivez-les.

❹ Pourquoi cette photographie illustre-t-elle l'influence européenne sur la société coloniale congolaise ?

2 J'identifie un document et son point de vue particulier sur la colonisation britannique en Inde

↳ Socle : Domaine 2

Les infidèles et perfides gouvernants britanniques ont monopolisé le commerce de toutes les marchandises de qualité et de valeur, ne laissant que les bagatelles[1] aux gens du pays, et même là-dessus ils ne se privent pas de prendre leur profit, qu'ils s'assurent par des taxes.

Sous le gouvernement des Britanniques, les autochtones employés dans les services civils[2] et l'armée ne reçoivent que peu de considération et tous les postes prestigieux et bien rémunérés sont exclusivement attribués à des Anglais.

Les Européens, en introduisant les produits britanniques en Inde, ont fait perdre leur emploi aux tisserands, confectionneurs, charpentiers, forgerons, travailleurs de la chaussure et ont si bien envahi leurs activités que toutes les catégories d'artisans locaux ont été réduites à la mendicité.

■ D'après le journal *Delhi Gazette*, septembre 1857.

1. Choses de peu d'importance et de peu de prix.
2. Indiens employés dans l'administration britannique.

QUESTIONS

❶ Quelle est la situation de l'Inde à l'époque où ce texte a été rédigé ? Aidez-vous des cartes pages 110-111.

❷ Quel regard l'auteur du texte porte-t-il sur la colonisation ? Justifiez votre réponse.

❸ À partir du texte et de vos connaissances, expliquez quelles sont les conséquences de la domination coloniale sur les territoires et les populations colonisées.

Exercices

3 Analyser et comprendre des documents (exercice 1)

↳ **SOCLE** : Domaine 2. J'exerce mon esprit critique

■ Une image de propagande sur la colonisation

Couverture d'un cahier scolaire à destination des élèves français, dessin de G. Daschner, vers 1900.

❶ Rameau d'olivier symbolisant la paix

❷ Disque solaire représentant le rayonnement de la France

❸ Couronne de laurier symbolisant le triomphe

QUESTIONS

❶ À qui cette image est-elle destinée ? dans quel contexte ?

❷ Identifiez et décrivez les personnages ou groupes de personnages représentés.

❸ Comment est représentée la colonisation française ? dans quel but ?

❹ Cette représentation correspond-elle à la réalité ?

MÉTHODE

J'exerce mon esprit critique sur un document (➔ Questions ❸ à ❹)

▶ Pour porter un regard critique sur un document vous devez avoir identifié son auteur, son destinataire (quel public est visé ?) et le contexte dans lequel il a été produit.

▶ Confrontez ce que dit le document à vos connaissances pour comprendre le but de l'auteur (quel est son message ?) et évaluez la justesse des informations fournies. Vous devez par exemple montrer que, pour délivrer son message, l'image présente une vision de la colonisation qui ne correspond pas entièrement à la réalité.

MON BILAN DE COMPÉTENCES

Domaine du socle	Compétences travaillées	Pages du chapitre
D1 Les langages pour penser et communiquer	• Je sais raconter à l'écrit de façon claire et organisée	**Je découvre** ....p. 114-115
D2 Méthodes et outils pour apprendre	• Je sais construire des outils personnels de travail • Je sais extraire des informations pertinentes de documents et les classer • Je sais justifier une démarche en faisant preuve d'esprit critique • Je sais organiser mon travail personnel • Je sais identifier un document et son point de vue particulier • Je sais exercer mon esprit critique	**Je découvre** ....p. 112-113 **Je découvre** ....p. 116-117 **J'enquête** ....p. 118-119 **Apprendre à apprendre** ..p. 122 **Exercice 2** ....p. 124 **Exercice 3** ....p. 125
D3 La formation de la personne et du citoyen	• Je sais juger par moi-même en futur citoyen	**Je découvre** ....p. 112-113
D5 Les représentations du monde et de l'activité humaine	• Je sais expliquer de manière critique un phénomène historique • Je sais situer un fait historique dans le temps et dans l'espace • Je sais me poser des questions au sujet d'une situation historique et chercher des réponses • Je sais mobiliser mes connaissances pour répondre à des questions	**Je découvre** ....p. 114-115 **Je découvre** ....p. 116-117 **J'enquête** ....p. 118-119 **Exercice 1** ....p. 124

6 Les Français et le vote de 1814 à 1870

→ **Comment s'exerce le droit de vote en France entre 1814 et 1870 ?**

Au cycle 3, en 6e

J'ai étudié l'invention de la démocratie par Athènes au Ve siècle avant J.-C.

Au cycle 4, en 4e

Chapitre 3
J'ai étudié la Révolution française, pendant laquelle les Français passent du statut de sujets du roi à celui de citoyens et expérimentent le suffrage universel masculin en 1792.

Ce que je vais découvrir

Au XIXe siècle, le droit de vote se transforme. En 1848, le suffrage universel masculin est définitivement adopté.

1 **Des barricades pour faire entendre ses opinions politiques (1830)**

Le 25 juillet 1830, le roi Charles X veut restreindre les libertés et notamment réduire encore le nombre d'électeurs. Les Français se révoltent durant les « Trois Glorieuses ». Le roi est contraint d'abdiquer.

La Liberté guidant le peuple, Eugène Delacroix, 1830, 260 x 325 cm, musée du Louvre.

La France est le premier pays européen à adopter le suffrage universel masculin en 1848.
Pourtant, les femmes devront attendre 1944 pour obtenir le droit de vote.

Ça, c'est pour l'ennemi du dehors ; pour le dedans, voici comme l'on combat loyalement les adversaires....

2 **Le suffrage universel masculin pour éviter la violence**

Un ouvrier dépose son bulletin dans l'urne d'une main et repousse son fusil de l'autre.

Le Vote ou le fusil, M.-L. Bosredon, 1848, BnF, Paris.

Voter en France de 1814 à 1870

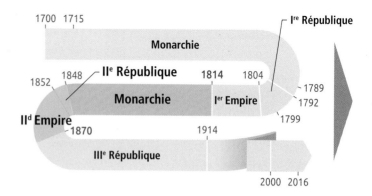

1700 1715

Monarchie

Iʳᵉ République

1852 1848 IIᵉ République 1814 1804

Monarchie Iᵉʳ Empire

1789

1792

IIᵈ Empire

1870

1914

1799

IIIᵉ République

2000 2016

VOCABULAIRE

▸ **Charte constitutionnelle**
Texte qui définit les pouvoirs du roi sous la Restauration et la monarchie de Juillet (1814-1848).

▸ **Coup d'État**
Prise du pouvoir par une personne en utilisant la force et la brutalité.

▸ **Suffrage censitaire**
Système électoral dans lequel seuls les citoyens masculins qui paient un certain montant d'impôt (le cens) ont le droit de vote.

▸ **Suffrage universel masculin**
Au XIXᵉ siècle, vote qui concerne l'ensemble des citoyens âgés de plus de 21 ans.

▸ **Plébiscite**
Consultation directe du peuple (suffrage universel) auquel on demande de répondre par oui ou non à une question.

CHIFFRES CLÉS

Le pourcentage de Français autorisés à voter

➡ **0,2%** aux élections de **1824**, au suffrage censitaire

➡ **0,68%** à celles de **1846**, au suffrage censitaire

➡ **28%** pour celles de décembre **1848**, au suffrage universel masculin

---

LES MONARCHIES CONSTITUTIONNELLES

Louis XVIII

Règne : 1814–1824

▸ Frère de Louis XVI, il devient roi de France en 1814.

▸ Il établit une Charte constitutionnelle qui définit les pouvoirs du roi, en conservant les acquis de la Révolution française (égalité devant la loi, liberté de culte..) et de l'Empire (Code civil).

Charles X

Règne : 1824–1830

▸ Frère de Louis XVI et de Louis XVIII, il devient roi de France en 1824.

▸ Très hostile aux idées de la Révolution, il mène une politique autoritaire qui provoque son renversement par la révolution de juillet 1830 (« Trois Glorieuses »).

Louis-Philippe

Règne : 1830–1848

▸ Louis-Philippe d'Orléans devient roi des Français à la suite de la révolution de 1830.

▸ Il élargit légèrement le suffrage, qui reste cependant censitaire. Il est renversé par la révolution républicaine de février 1848.

➡ **Suffrage censitaire**

1814	1820	1830	1840	1848	1852	1860	1870

Monarchies constitutionnelles | **IIe République** | **Second Empire**

1814-1830
Restauration

1830-1848
Monarchie de Juillet

1814-1824
Louis XVIII

1824-1830
Charles X

1830-1848
Louis-Philippe

1848-1852
Louis Napoléon Bonaparte

1852-1870
Napoléon III

1814-1848
Suffrage censitaire

1848-1870
Suffrage universel masculin

27-29 juillet 1830 ✹
Trois Glorieuses

Révolution de 1848 ✹

● **4 juin 1814**
Adoption
de la Charte
constitutionnelle

5 mars 1848 ●
Adoption du suffrage universel masculin

● **2 décembre 1851**
Coup d'État de Louis Napoléon Bonaparte

10 décembre 1848 ●
Première élection présidentielle

● **20-21 décembre 1851**
Plébiscite approuvant le coup d'État

DE LA RÉPUBLIQUE À L'EMPIRE

Louis Napoléon Bonaparte

Président : 1848–1852

▶ Premier président de la République (1848).

▶ Ne pouvant se présenter une seconde fois, il réalise un coup d'État en 1851 pour se maintenir au pouvoir.

Empereur : 1852–1870

▶ Devenu empereur des Français en 1852 sous le nom de Napoléon III, il exerce son pouvoir de manière autoritaire en limitant les libertés d'expression et de réunion, en exilant ses opposants.

▶ Sous son règne, le suffrage universel masculin est très surveillé.

➡ **Suffrage universel masculin**

Le savez-vous ?

Louis Napoléon Bonaparte est le neveu de l'empereur Napoléon Ier.
Mais il se fait appeler Napoléon III car en 1815, Napoléon Ier avait abdiqué en faveur de son fils, qui régna quelques jours sous le nom de Napoléon II.

QUESTIONS

▶ **Je me repère dans le temps**

❶ Quelle est la période de la Restauration ? de la monarchie de Juillet ?

❷ Quand est proclamée la IIe République ?

▶ **J'extrais des informations pertinentes pour répondre à des questions**

❸ À quel régime politique est associé le suffrage censitaire ?

❹ Quel régime politique instaure le suffrage universel masculin ?

❺ Quels Français sont systématiquement exclus de la participation électorale entre 1814 et 1870 ?

SOCLE Compétences
▶ **Domaine 1 :** Je maîtrise différents langages
▶ **Domaine 3 :** Je me forme en tant que futur citoyen dans une démocratie

Voter sous les monarchies constitutionnelles (1814–1848)

Question clé Comment les Français votent-ils entre 1814 et 1848 ?

Chronologie

Avril 1814	Louis XVIII devient roi de France.
Juin 1814	Charte constitutionnelle qui définit les pouvoirs du roi et des Assemblées.
1824	Charles X devient roi de France.
Juillet 1830	Révolution parisienne contre Charles X. Louis-Philippe devient roi des Français.

VOCABULAIRE

▶ **Suffrage censitaire**
Système électoral dans lequel seuls les citoyens masculins qui paient un certain montant d'impôt par an (le cens) ont le droit de vote.

1 **Une carte d'électeur pour le suffrage censitaire**

Jusqu'en 1831, seuls les hommes qui payent au moins 300 francs de cens peuvent voter. Le cens passe ensuite à 200 francs.
Élections de 1824, département de l'Allier.

2 **Ce que dit la Constitution**

Art. 13 – [...] Au roi seul appartient la puissance exécutive.

Art. 15 – La puissance législative s'exerce collectivement par le roi, la Chambre des pairs, et la Chambre des députés des départements. [...]

Art. 27 – La nomination des pairs[1] de France appartient au roi. [...]

Art. 35 – La Chambre des députés sera composée des députés élus par les collèges électoraux dont l'organisation sera déterminée par des lois. [...]

Art. 37 – Les députés seront élus pour 5 ans.

Art. 38 – Aucun député ne peut être admis dans la Chambre, s'il n'est âgé de 40 ans, et s'il ne paie une contribution directe de 1 000 francs. [...]

Art. 40 – Les électeurs qui concourent à la nomination des députés, ne peuvent avoir droit de suffrage s'ils ne paient une contribution directe de 300 francs, et s'ils ont moins de 30 ans [...].

◼ Charte constitutionnelle, 4 juin 1814.
1. Nom donné aux membres d'une des deux assemblées.

3 **Une défense du suffrage censitaire**

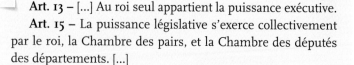

Égalité et liberté pour tous. [...] Mais seul le possédant[1] est véritablement libre et peut représenter les autres. L'électeur à 300 francs représente parfaitement l'électeur à 200 francs, à 100 francs. Il ne l'exclut pas ; il le représente, il le protège, il le couvre, il ressent, il défend les mêmes intérêts. Je suis pour mon compte ennemi décidé du suffrage universel.

◼ François Guizot (président du conseil des ministres de Louis-Philippe), discours à la Chambre des députés, 15 février 1842.
1. Le riche propriétaire.

LLE des ELECTIONS

5 Une défense du suffrage universel

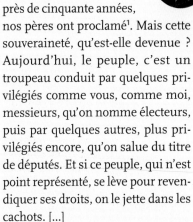

La souveraineté du peuple, tel est, en effet, le grand principe qu'il y a près de cinquante années, nos pères ont proclamé[1]. Mais cette souveraineté, qu'est-elle devenue ? Aujourd'hui, le peuple, c'est un troupeau conduit par quelques privilégiés comme vous, comme moi, messieurs, qu'on nomme électeurs, puis par quelques autres, plus privilégiés encore, qu'on salue du titre de députés. Et si ce peuple, qui n'est point représenté, se lève pour revendiquer ses droits, on le jette dans les cachots. [...]

C'est dire assez que ce système déshonoré, rongé par la corruption, a fait son temps [...]. Et pour le changer, messieurs, la réforme électorale est le premier pas à faire. Cette réforme il la faut radicale. Que tout citoyen soit électeur, que le député soit l'homme de la nation, non de la fortune [...].

◼ Alexandre Ledru-Rollin, profession de foi devant les électeurs de la Sarthe pour sa candidature à la députation, 23 juillet 1841.

1. Allusion à la Révolution française qui établit le suffrage universel masculin en 1792.

4 Des élections influencées

Le suffrage censitaire facilite la corruption et les élections sont parfois influencées par les récompenses proposées aux électeurs.

❶ Louis-Philippe, roi des Français entre 1830 et 1848.

❷ Électeurs.

❸ Décorations offertes en récompense aux électeurs corrompus.

« Récompense honnête aux électeurs obéissants », Daumier, *La Caricature*, 17 juillet 1834.

Activités

Question clé — Comment les Français votent–ils entre 1814 et 1848 ?

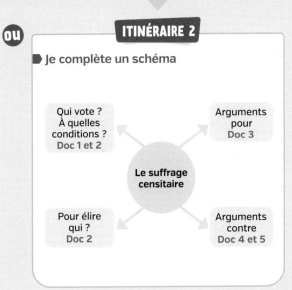

ITINÉRAIRE 1

ou

ITINÉRAIRE 2

▶ Je prélève des informations dans les documents

❶ **Doc 1.** Qu'est-ce qui montre que cette carte est celle d'un électeur censitaire ?

❷ **Doc 2.** Quelles conditions faut-il remplir pour être électeur ?

❸ **Doc 3 à 5.** Quels sont les arguments pour et contre le suffrage censitaire ?

▶ J'argumente à l'écrit

❹ À l'occasion des prochaines élections présidentielles, vous écrivez un article dans le journal du collège sur l'histoire du vote en France entre 1814 et 1848.

▶ Je complète un schéma

Qui vote ? À quelles conditions ? Doc 1 et 2

Arguments pour Doc 3

Le suffrage censitaire

Pour élire qui ? Doc 2

Arguments contre Doc 4 et 5

 J'enquête TÂCHE COMPLEXE

SOCLE Compétences
- Domaine 3 : Je m'approprie et j'utilise un lexique civique
- Domaine 2 : Je construis un outil numérique de communication et d'information

Le suffrage universel masculin en 1848, sous la IIe République

CONSIGNE

En 2018, cela fera 170 ans que les Français votent au suffrage universel. Pour la radio du collège, vous réalisez une chronique audio qui explique comment le suffrage universel masculin a été mis en place après la révolution de 1848. Pour préparer cet enregistrement, menez l'enquête à l'aide des documents.

VOCABULAIRE

▶ **Constitution**
Texte de loi fondamental, qui définit le régime politique et l'organisation des pouvoirs d'un État.

▶ **République**
Régime politique dans lequel tous les dirigeants sont élus par les citoyens.

Chronologie

L'année 1848

22-24 février	Révolution à Paris et proclamation de la IIe République.
2 mars	Proclamation du suffrage universel masculin.
23 avril	Élection de l'Assemblée nationale constituante, chargée de rédiger une Constitution.
4 novembre	Adoption de la Constitution.
10 décembre	Louis Napoléon Bonaparte est élu président de la République avec 74,2 % des suffrages.

1 Ce que dit la Constitution

La France s'est constituée en République. En adoptant cette forme définitive de gouvernement, elle s'est proposé pour but de marcher plus librement dans la voie du progrès et de la civilisation, d'assurer une répartition de plus en plus équitable des charges et des avantages de la société. [...]

Art. 1 – La souveraineté réside dans l'universalité des citoyens français. Elle est inaliénable et imprescriptible[1]. Aucun individu, aucune fraction du peuple ne peut s'en attribuer l'exercice. [...]

Art. 20 – Le peuple français délègue le pouvoir législatif à une Assemblée unique. [...]

Art. 24 – Le suffrage est direct et universel. Le scrutin est secret.

Art. 25 – Sont électeurs, sans condition de cens, tous les Français âgés de 21 ans, et jouissant de leurs droits civils et politiques.

Art. 26 – Sont éligibles[2], sans condition de domicile, tous les électeurs âgés de 25 ans.

■ Constitution de la IIe République, 4 novembre 1848.

1. Ne peut subir aucune modification.
2. Peuvent être élus.

2 « Une République égalitaire »

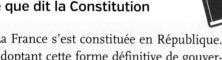

Citoyens, si on vous avait dit, il y a trois jours, que vous auriez renversé le trône, obtenu le suffrage universel, au nom du titre d'homme, conquis tous les droits du citoyen, fondé enfin la République ! Et quelle République ? Une République égalitaire, où il n'y a plus ni aristocratie, ni grands, ni petits, ni maîtres, ni ilotes[1] devant la loi ; où il n'y a qu'un seul peuple, composé de l'universalité des citoyens.

Si l'on vous avait dit cela il y a trois jours, vous auriez refusé de le croire ! « Trois jours ? » auriez-vous dit, « il faut trois siècles pour accomplir une œuvre pareille au profit de l'humanité ». Eh bien, ce que vous avez déclaré impossible est accompli !

■ D'après Alphonse de Lamartine (poète, membre du gouvernement provisoire de la République), *Histoire de la révolution de 1848*, 1849.

1. Esclaves.

3 **La campagne électorale pour l'élection présidentielle**

Affiches, tracts et discussions politiques dans Paris, *Illustrirte Zeitung*, décembre 1848.

VICTOR HUGO

A SES CONCITOYENS.

Mes Concitoyens,

Je réponds à l'appel des soixante mille Électeurs qui m'ont spontanément honoré de leurs suffrages aux élections de la Seine. Je me présente à votre libre choix. Dans la situation politique telle qu'elle est, on me demande toute ma pensée. La voici : Deux Républiques sont possibles.

L'une abattra le drapeau tricolore sous le drapeau rouge, fera des gros sous avec la colonne, jettera bas la statue de Napoléon et dressera la statue de Marat, détruira l'Institut, l'École polytechnique et la Légion-d'Honneur, ajoutera à l'auguste devise : *Liberté, Égalité, Fraternité*, l'option sinistre : *ou la Mort*; fera banqueroute, ruinera les riches sans enrichir les pauvres, anéantira le crédit, qui est la fortune de tous, et le travail, qui est le pain de chacun, abolira la propriété et la famille, promènera des têtes sur des piques, remplira les prisons par le soupçon et les videra par le massacre, mettra l'Europe en feu et la civilisation en cendre, fera de la France la patrie des ténèbres, égorgera la liberté, étouffera les arts, décapitera la pensée, niera Dieu ; remettra en mouvement ces deux machines fatales qui ne vont pas l'une sans l'autre, la planche aux assignats et la bascule de la guillotine ; en un mot, fera froidement ce que les hommes de 93 ont fait ardemment, et, après l'horrible dans le grand que nos pères ont vu, nous montrera le monstrueux dans le petit.

L'autre sera la sainte communion de tous les Français dès à présent, et de tous les peuples un jour, dans le principe démocratique ; fondera une liberté sans usurpations et sans violences, une égalité qui admettra la croissance naturelle de chacun, une fraternité, non de moines dans un couvent, mais d'hommes libres ; donnera à tous l'enseignement comme le soleil donne la lumière gratuitement ; introduira la clémence dans la loi pénale et la conciliation dans la loi civile ; multipliera les chemins de fer, reboisera une partie du territoire, en défrichera une autre, décuplera la valeur du sol ; partira de ce principe qu'il faut que tout homme commence par le travail accompli et le travail comme l'élément de la propriété future ; respectera l'héritage, qui n'est autre chose que la main du père tendue aux enfants à travers le mur du tombeau ; combinera pacifiquement, pour résoudre le glorieux problème du bien-être universel, les accroissements continus de l'industrie, de la science, de l'art et de la pensée ; poursuivra, sans quitter terre pourtant, et sans sortir du possible et du vrai, la réalisation sereine de tous les grands rêves des sages ; bâtira le pouvoir sur la même base que la liberté, c'est-à-dire sur le droit ; subordonnera la force à l'intelligence ; dissoudra l'émeute et la guerre, ces deux formes de la barbarie ; fera de l'ordre la loi des citoyens, et de la paix la loi des nations ; vivra et rayonnera, grandira la France, conquerra le monde, sera en un mot, le majestueux embrassement du genre humain sous le regard de Dieu satisfait.

De ces deux Républiques, celle-ci s'appelle la civilisation, celle-là s'appelle la terreur. Je suis prêt à dévouer ma vie pour établir l'une et empêcher l'autre.

VICTOR HUGO.

5 **Victor Hugo se présente aux élections**

Affiche électorale de Victor Hugo, candidat à Paris en 1848. Il est élu député en juin.

4 **Les élections dans le village de Tocqueville**

Déjà député sous la monarchie de Juillet, Alexis de Tocqueville se présente aux élections d'avril 1848.

Le matin de l'élection, tous les électeurs, c'est-à-dire toute la population mâle au-dessus de 20 ans, se réunirent devant l'église. Tous ces hommes se mirent à la file deux par deux, suivant l'ordre alphabétique. Je voulus marcher au rang que m'assignait mon nom, car je savais que dans les pays et dans les temps démocratiques, il faut se faire mettre à la tête du peuple et ne pas s'y mettre soi-même [...].

Je rappelais à ces braves gens la gravité et l'importance de l'acte qu'ils allaient faire ; je leur recommandais de ne point se laisser accoster ni détourner par les gens, qui, à notre arrivée au bourg, pourraient chercher à les tromper ; mais de marcher sans se désunir et de rester ensemble, chacun à son rang, jusqu'à ce qu'on eût voté [...]. Ils crièrent qu'ainsi ils feraient et ainsi ils firent. Tous les votes furent donnés en même temps, et j'ai lieu de penser qu'ils le furent tous au même candidat.

■ Alexis de Tocqueville, *Souvenirs de 1848*, texte établi par Luc Monnier, Folio Gallimard, 1964.

COUP DE POUCE

Pour préparer votre enregistrement, pensez à expliquer :

▶ Les nouvelles conditions créées par la République pour être électeur. (→ Doc 1 et 2)

▶ La liberté des débats et de l'information politique en 1848. (→ Doc 3 et 5)

▶ L'importance historique du vote de 1848. (→ Doc 2 et 4)

Prévoyez environ une minute par thème.

La pratique du suffrage universel masculin sous le Second Empire (1852–1870)

Question clé Comment les Français votent–ils sous le Second Empire (1852–1870) ?

Chronologie

De la République à l'Empire

Décembre 1848	Louis Napoléon Bonaparte est élu président de la République.
Décembre 1851	Coup d'État de Louis Napoléon Bonaparte pour se maintenir au pouvoir ; il organise un plébiscite pour l'approuver.
Janvier 1852	Nouvelle Constitution de la République.
Décembre 1852	L'Empire est proclamé après un plébiscite. Louis Napoléon Bonaparte devient Napoléon III.

VOCABULAIRE

▶ **Candidature officielle**
Pratique politique par laquelle le gouvernement désigne aux électeurs le candidat qu'il souhaite voir élu.

▶ **Plébiscite**
Consultation directe du peuple (suffrage universel) auquel on demande de répondre par oui ou non à une question.

1 Ce que dit la Constitution

Art. 2 – Le Gouvernement de la République française est confié pour 10 ans au prince Louis Napoléon Bonaparte, président actuel de la République. [...]

Art. 4 – La puissance législative s'exerce collectivement par le président de la République, le Sénat et le Corps législatif. [...]

Art. 20 – Le Sénat se compose : 1. Des cardinaux, des maréchaux, des amiraux[1] ; 2. Des citoyens que le président de la République juge convenable d'élever à la dignité de sénateur.

Art. 21 – Les sénateurs sont inamovibles[2] et à vie. [...]

Art. 32 – [...] Sera soumise au suffrage universel toute modification aux bases fondamentales de la Constitution, telles qu'elles ont été [...] adoptées par le peuple français. [...]

Art. 36 – Les députés sont élus par le suffrage universel [...] pour 6 ans.

◼ Louis Napoléon Bonaparte (président de la République), proclamation du 14 janvier 1852.

1. Hommes d'Église et militaires de haut rang.
2. Ne peuvent être remplacés.

2 La candidature officielle fausse la démocratie

Monsieur le Maire,

Le scrutin ouvre demain. [...] Trois candidats sont en présence : M. de Dalmas, secrétaire sous-chef du cabinet de l'Empereur, candidat du gouvernement[1] ; M. Le Beselm de Champsavin ; M. Dréo, gendre de Garnier-Pagès, fondateur de la République de 1848. [...]

M. de Dalmas représente le principe du dévouement au gouvernement, à l'autorité, à l'ordre, et peut seul, par sa position, favoriser le développement des nombreux intérêts de l'arrondissement. M. Dréo représente la République, le socialisme, la misère ! [...]

Faites voter en masse, Monsieur le Maire, pour M. de Dalmas, candidat du gouvernement ; et, par votre conduite éclairée et patriotique, vous servirez à la fois le gouvernement de l'Empereur et l'intérêt général du pays.

◼ Le sous-préfet de Fougères aux maires de son arrondissement, 1859.

1. Candidat officiel.

— M'sieu l'maire quoi donc que c'est qu'un **bibiscite**
— C'est un mot latin qui veut dire **oui**

3 L'usage du plébiscite sous le Second Empire

Les caricaturistes dénoncent les pressions
et l'ignorance des électeurs.

Honoré Daumier, caricature parue dans le journal *Charivari*, 1870.

4 L'apprentissage du vote passe par l'éducation

Que dans chaque village, un républicain à l'abri du besoin et indépendant par position se fasse l'éducateur de tous ses voisins et qu'il fasse envoyer, suivant sa fortune, deux ou trois journaux aux cafés de la localité, afin que les paysans prennent peu à peu l'habitude de la lecture et de la discussion.

Que chacun apprenne à connaître la République, et alors chacun aussi l'aimera. [...]

Éclairer et combattre, tel est le devoir de la démocratie moderne ; il ne faut pas seulement qu'elle soit militante, il faut encore qu'elle se fasse enseignante.

■ Bernard Lavigne, *L'Émancipation*, 16 mai 1870.

Activités

Question clé | **Comment les Français votent-ils sous le Second Empire (1852–1870) ?**

ITINÉRAIRE 1

ou

ITINÉRAIRE 2

▶ Je comprends le sens général des documents

❶ **Doc 1.** À quelles occasions le suffrage universel est-il utilisé ?

❷ **Doc 2.** Les candidats à l'élection sont-ils traités à égalité ?

❸ **Doc 3.** Comment Daumier dénonce-t-il les pressions sur les électeurs au plébiscite ?

❹ **Doc 3 et 4.** Pourquoi l'éducation est-elle indispensable au bon fonctionnement du suffrage universel ?

▶ Je m'exprime à l'écrit avec des arguments

❺ En vous aidant de vos réponses aux questions, répondez à la question clé de manière argumentée.

▶ Je réalise un outil numérique pour informer et communiquer

Réalisez un diaporama expliquant la pratique du suffrage universel masculin sous le Second Empire.
Illustrez votre diaporama avec les documents 1 à 4. Vous pouvez également utiliser d'autres images issues du manuel ou de vos recherches personnelles.

MÉTHODE

▶ **Écran 1.** Qui est Napoléon III ? Comment est-il arrivé au pouvoir ?

▶ **Écran 2.** Pour qui et pour quoi vote-t-on sous le Second Empire ?

▶ **Écran 3.** Comment Napoléon III influence-t-il le vote des Français ?

▶ **Écran 4.** Comment les républicains espèrent-ils convaincre les électeurs de voter contre Napoléon III ?

SOCLE Compétences
► **Domaine 5** : Je comprends que le passé permet d'interpréter le présent
► **Domaine 3** : J'apprends à devenir citoyen

La pratique du suffrage universel

A Voter sous la IIᵉ République

1 Un bureau de vote en 1848

Élection présidentielle du 10 décembre 1848, gravure anglaise, The Illustrated London News, décembre 1848.

❶ Président du bureau de vote.
❷ Électeurs.
❸ Urne.
❹ Bulletin de vote.

Le savez-vous ?

Il faut attendre 1913 pour qu'une loi impose les isoloirs et les enveloppes, garantissant le secret absolu du vote.

DÉPARTEMENT DE L'AIN.   RÉPUBLIQUE FRANÇAISE.   CANTON de
Liberté, Égalité, Fraternité.

COMMUNE de   **Elections du 13 Mai 1849.**   ° SECTION.

CARTE D'ELECTEUR.

Le Citoyen

domicilié à   est convoqué

pour l'élection de huit Représentants à l'Assemblée nationale, qui aura lieu dans la salle

le dimanche 13 mai 1849, à 8 heures du matin.

Sceau de la Mairie,   Le Maire,

2 Carte d'électeur en 1849

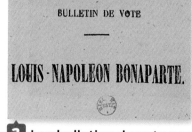

Bulletin de vote

Présidence de la République.

Le général

Eugène CAVAIGNAC.

BULLETIN DE VOTE

LOUIS - NAPOLÉON BONAPARTE.

3 Les bulletins de vote pour l'élection présidentielle de 1848

La première élection présidentielle se déroule le 10 décembre 1848. Louis Napoléon Bonaparte est élu au 1ᵉʳ tour avec 74,2 % des suffrages.

4 **Un bureau de vote en 2015**
Un bureau de vote lors du premier tour
des élections départementales.
Menton (Alpes-Maritimes), 22 mars 2015.

Nicolas SARKOZY

Ségolène ROYAL

6 **Les bulletins de vote pour l'élection présidentielle de 2007**
Pour la première fois en France, une femme accède au second tour de l'élection présidentielle.

LIEU DE VOTE	
NOM - PRÉNOMS - ADRESSE DU TITULAIRE	

980	Mme HÉLÈNE	0006

N° d'ordre sur la liste

N° du bureau de vote

34 MONTPELLIER
Date de naissance   Département   Commune de naissance

Signature du Maire   Cachet de la Mairie   Signature du titulaire

Brigitte   NOISY-LE-GRAND

POUR VOTER, SE MUNIR OBLIGATOIREMENT
D'UNE PIECE D'IDENTITE.

5 **Carte d'électrice aujourd'hui**

QUESTIONS

▶ **J'observe le passé**

1 **Doc 1.** Qui est présent dans le bureau de vote ?

2 **Doc 1.** Observez les personnes présentes dans la salle ; de quoi parlent-elles à votre avis ?

▶ **Je fais le lien entre le passé et le présent**

3 **Doc 1 et 4.** Comparez les deux bureaux de vote et indiquez les points communs et les différences.

4 **Doc 3 et 6.** Que remarquez-vous à propos des candidats de 1848 et de 2007 ?

5 **Doc 2 et 5.** Relevez les points communs et les différences entre ces documents.

Leçon

Les Français et le vote de 1814 à 1870

→ Comment s'exerce le droit de vote en France entre 1814 et 1870 ?

CHIFFRES CLÉS

Nombre d'électeurs en France

→ En **1817** :
110 000 environ

→ En **1846** :
240 000 environ

→ En **1848** :
9 millions environ

→ En **1870** : plus de
10 millions

VOCABULAIRE

▸ **Candidature officielle**
Pratique politique par laquelle le gouvernement désigne aux électeurs le candidat qu'il souhaite voir élu.

▸ **Charte constitutionnelle**
Texte qui définit les pouvoirs du roi sous la Restauration et la monarchie de Juillet (1814-1848).

▸ **Élections législatives**
Scrutin pour élire des députés.

▸ **Plébiscite**
Consultation directe du peuple (suffrage universel) auquel on demande de répondre par oui ou non à une question.

▸ **Suffrage censitaire**
Système électoral dans lequel seuls les citoyens masculins qui paient un certain montant d'impôt par an (le cens) ont le droit de vote.

A Voter sous les monarchies constitutionnelles (1814–1848)

1. La Restauration (1814-1830) : le suffrage censitaire

● En 1814, la **monarchie** est restaurée en France avec **Louis XVIII**, frère de Louis XVI. Le nouveau régime se dote d'une **Charte constitutionnelle** qui définit et limite les pouvoirs du roi. Il existe deux assemblées : l'une nommée par le souverain, la **Chambre des pairs**, l'autre élue par les Français, la **Chambre des députés**. Mais le **suffrage** est **censitaire** : il faut payer **300 francs d'impôt** par an pour voter.

● En juillet 1830, le roi **Charles X** cherche à limiter encore plus le droit de vote, ce qui provoque la **révolution de juillet en 1830**.

2. La monarchie de Juillet (1830-1848) : un élargissement du suffrage

● **Louis-Philippe** devient **roi des Français**. Le **suffrage** pour les **élections législatives** reste **censitaire**, mais le cens tombe à 200 francs. En 1831, une loi permet aussi aux 10 % des habitants les plus riches d'une commune d'élire leur conseil municipal.

● Les adversaires de Louis-Philippe, notamment les **républicains**, défendent le **suffrage universel**. En 1847, ils organisent des **rassemblements pour une réforme du droit de vote**. L'interdiction du dernier rassemblement à Paris déclenche la révolution de février 1848. Le roi Louis-Philippe s'enfuit et la **République est proclamée**.

B La IIᵉ République (1848–1852) : le suffrage universel masculin

1. Libertés et suffrage universel

● De nombreuses réformes sont engagées par la IIᵉ République : abolition de l'esclavage, liberté de la presse... Le 2 mars 1848, **le suffrage universel est proclamé**. Les hommes âgés de plus de 21 ans peuvent voter. Cependant, malgré les revendications de plusieurs militantes, les femmes restent exclues du droit de vote (→ chap. 8 pp. 174-175).

2. De nombreuses élections

● Les **premières élections législatives** se déroulent en avril 1848. La **première élection présidentielle** a lieu le 10 décembre 1848. **Louis Napoléon Bonaparte**, bénéficiant de la renommée de son nom et d'une campagne efficace, est très largement **élu**. Lors du vote, l'électeur dispose d'une carte, mais il n'y a encore ni isoloir ni enveloppe.

C Le Second Empire (1852–1870) : le suffrage universel au service de l'empereur

1. Un coup d'État approuvé par le suffrage universel

● Le 2 décembre 1851, Louis Napoléon Bonaparte, qui veut rester au pouvoir au-delà de son mandat, fait un **coup d'État** en s'emparant de tous les pouvoirs. Le 21 décembre 1851, il utilise le suffrage universel pour faire approuver le coup d'État en organisant un **plébiscite**.

● En 1852, les Français approuvent par plébiscite le passage à l'**Empire** ; Louis Napoléon Bonaparte devient empereur sous le nom de Napoléon III.

2. Le suffrage universel sous l'Empire

● Sous l'**Empire**, les élections législatives ne se déroulent pas de manière impartiale. Napoléon III sélectionne et favorise des **candidatures officielles** et dissuade les autres candidats. Les libertés sont limitées.

3. Une opposition difficile

● À partir de 1867, les adversaires républicains progressent. Mais, en **1870**, Napoléon III organise un **nouveau plébiscite pour obtenir le soutien des Français à son régime**. Ses opposants appellent à voter « non », mais le « oui » l'emporte très largement.

> **D'OÙ VIENT LE MOT ?**
> **PLÉBISCITE**
> Le terme vient directement de l'Antiquité romaine. Il dérive du mot « **plèbe** » qui désignait le peuple de Rome appelé à voter, au temps de la République.

Je retiens autrement

Voter entre 1814 et 1870

Monarchies constitutionnelles (1814-1848)	IIe République (1848-1852)	Second Empire (1852-1870)
• Une **Charte constitutionnelle** et un **roi**	• Une **République** et un **Président**	• Un **empereur**, Napoléon III
• **Suffrage censitaire**	• **Suffrage universel masculin**	• **Suffrage universel masculin**
• Entre **90 000** et **240 000 électeurs** sur 28 millions de Français	• Environ **9 millions d'électeurs** en 1848	• Environ **10 millions d'électeurs** en 1852
• **Élections législatives**	• **Élections législatives** et **présidentielles**	• **Plébiscites, élections législatives**
• **Libertés de la presse et de réunion** limitées	• **Libertés politiques** (presse, réunion…)	• **Candidatures officielles, limitation des libertés** (presse, réunion…)
• Les républicains dans l'opposition veulent le **suffrage universel**	• **Coup d'État** de Louis Napoléon Bonaparte	• Les républicains dans l'opposition demandent **plus de libertés**

Apprendre à apprendre

Comment apprendre ma leçon ?

J'apprends en m'enregistrant

Parfois, on retient mieux ce que l'on entend. Pour mémoriser le cours, on peut s'enregistrer en récitant sa leçon, puis s'écouter plusieurs fois.

▶ **Étape 1**

- Pour commencer, il faut vous assurer que vous avez bien compris votre leçon. Classez les connaissances du chapitre en 3 parties.

▶ **Étape 2**

- Enregistrez-vous en racontant votre leçon. Pour cela, vous pouvez utiliser votre téléphone portable, un dictaphone, ou un ordinateur (grâce à des logiciels comme Audacity).

💡 Lorsque vous vous enregistrez, faites des phrases claires et audibles ; ne parlez pas trop vite, il faut que cela soit agréable à écouter.

▶ **Étape 3**

- Pour écouter votre enregistrement, mettez-vous au calme et concentrez-vous.

1. Le suffrage censitaire sous les monarchies constitutionnelles

2. La IIe République et le suffrage universel masculin

3. Voter sous le Second Empire

Je révise chez moi

● **Je vérifie que je connais les principaux repères du chapitre.**

Je sais définir et utiliser dans une phrase :

- ▶ suffrage censitaire
- ▶ suffrage universel masculin
- ▶ plébiscite
- ▶ candidature officielle

Je sais situer sur une frise :

- ▶ la IIe République
- ▶ le Second Empire
- ▶ les périodes où s'appliquent le suffrage censitaire et le suffrage universel

site élève
⬇ frise à compléter

Je sais expliquer :

- ▶ les différences entre le suffrage universel masculin et le suffrage censitaire.
- ▶ l'instauration du suffrage universel masculin.
- ▶ le déroulement du vote sous le Second Empire.

Je vérifie mes connaissances

1 J'indique la (ou les) bonne(s) réponse(s).

1. Qui défend le suffrage universel ?
- [a] Guizot
- [b] Victor Hugo
- [c] Ledru-Rollin

2. À quelle date la France compte-t-elle 110 000 électeurs ?
- [a] 1817
- [b] 1848
- [c] 1870

3. Qui vote à l'élection présidentielle de 1848 ?
- [a] Tous les Français de plus de 21 ans
- [b] Tous les Français et les Françaises de plus de 21 ans
- [c] Les Français de plus de 21 ans qui possèdent une fortune importante

4. Parmi ces personnages, qui a été élu au suffrage universel ?
- [a] Victor Hugo
- [b] Louis-Philippe
- [c] Louis Napoléon Bonaparte

2 Je réalise une frise chronologique.

site élève
frise interactive

Je place les périodes ci-dessous en indiquant les dates demandées.
- Restauration
- Monarchie de Juillet
- IIe République
- Second Empire
- Instauration du suffrage universel masculin
- Premier plébiscite de Louis Napoléon Bonaparte

1814 1820   1830   1840   1850   1860   1870

3 Je classe les mots importants de la leçon.

Dans les encadrés, je place les mots de vocabulaire que j'ai appris et qui correspondent à chacun des thèmes de la leçon sur les Français et le vote de 1814 à 1870.

Les monarchies constitutionnelles

La IIe République

Le Second Empire

4 Je remplace les mots soulignés par le lexique historique que j'ai appris.

- En 1814, Louis XVIII accorde aux Français une loi fondamentale qui règle les rapports entre les pouvoirs.
- Cela permet aux citoyens qui payent plus de 300 francs d'impôt par an sous la Restauration de voter.
- Les républicains défendent le droit de voter pour tous les Français.
- Sous le Second Empire, les élections sont faussées, car l'empereur désigne au peuple les candidats qu'il souhaite voir gagner les élections.
- Napoléon III organise à plusieurs reprises des consultations électorales où les Français doivent répondre par « oui » ou « non » à une question.

5 Retrouvez d'autres exercices sous forme interactive sur le site Nathan.

site élève
exercices interactifs

Exercices

1 Je fais le lien entre suffrage universel et éducation

↳ SOCLE : Domaine 3

Tant que l'éducation politique du peuple n'est pas faite, le suffrage universel est impraticable dans son plein et libre exercice.

Un gouvernement despotique ou dictatorial peut le faire servir à ses fins en le dirigeant à la faveur du silence de la presse indépendante ou du bruit de la presse servile et dévouée.

■ Jules Vacherot (professeur de philosophie), *La Démocratie*, 1859.

QUESTIONS

❶ Quel régime politique dirige la France en 1859 ?

❷ Trouvez l'expression par laquelle l'auteur qualifie ce régime.

❸ Quelles conditions sont nécessaires pour appliquer le suffrage universel d'après ce texte ?

❹ En vous aidant de ce texte et de vos connaissances, rédigez quelques lignes illustrant la phrase « le suffrage universel est impraticable dans son plein et libre exercice » sous Napoléon III.

2 Je mobilise mes connaissances pour comprendre le rôle d'une image d'un bureau de vote

↳ SOCLE : Domaines 2 et 5

Suffrage universel, bureau de vote en Bretagne sous le Second Empire, lithographie de G. Gostiaux, musée municipal d'Avranches.

QUESTIONS

❶ Qui est présent dans le bureau de vote ?

❷ Comment se déroule précisément le vote ?

❸ D'après vos connaissances, quel est le type de suffrage à cette période en France ?

Exercices

③ Analyser et comprendre des documents (exercice 1)

↳ **SOCLE :** Domaine 2. Je confronte deux sources historiques

❶ Victor Hugo défend le suffrage universel

En mai 1850, la Chambre des députés souhaite limiter le suffrage universel, privant notamment du droit de vote les plus pauvres. Victor Hugo s'adresse alors aux députés.

Sur cette terre d'égalité et de liberté, tous les hommes respirent le même air et le même droit. Il y a dans l'année un jour où celui qui vous obéit se voit votre pareil, où celui qui vous sert se voit votre égal [...]. Il y a un jour dans l'année où le journalier, le manœuvre, l'homme qui casse des pierres au bord des routes, prend dans sa main, durcie par le travail, les ministres, les représentants, le président de la République, et dit : La puissance, c'est moi ! Regardez l'ouvrier qui va au scrutin. Il y entre, avec le front triste du prolétaire accablé, il en sort avec le regard d'un souverain. Or qu'est-ce que tout cela, messieurs ? <u>C'est la fin de la violence, c'est la fin de la force brutale, c'est la fin de l'émeute. C'est le droit d'insurrection aboli par le droit de suffrage.</u>

◾ Victor Hugo, discours à l'Assemblée nationale, 21 mai 1850.

❷ Le vote comme arme politique
« V'là ma cartouche », caricature d'Honoré Daumier publiée dans le journal *Le Charivari*, 20 novembre 1869.

QUESTIONS

❶ Présentez les deux documents.

❷ Que défend Victor Hugo ? quels sont ses arguments ?

❸ Décrivez la scène représentée sur le document 2 et expliquez ce que signifie « V'là ma cartouche ».

❹ Pourquoi peut-on dire que les auteurs de ces deux documents défendent les mêmes idées ?

MÉTHODE

Je confronte deux sources historiques (→ Question ❹)

▶ Pour étudier une question historique, on utilise souvent plusieurs documents de natures différentes.

▶ Après les avoir présentés, identifiez les informations et points de vue fournis par chacun.

▶ Par exemple, montrez que les deux auteurs défendent le suffrage universel. Expliquez quel lien peut être fait entre le passage souligné du texte et la légende de la caricature « V'là ma cartouche ».

MON BILAN DE COMPÉTENCES

Domaine du socle	Compétences travaillées	Pages du chapitre
D1 Les langages pour penser et communiquer	• Je maîtrise différents langages	**Je découvre** .... p. 130-131
D2 Méthodes et outils pour apprendre	• Je sais construire un outil numérique de communication et d'information	**J'enquête** .... p. 132-133 **Je découvre** .... p. 134-135
	• Je sais organiser mon travail personnel	**Apprendre à apprendre** ..p. 140
	• Je mobilise les connaissances pour comprendre le rôle de l'image	**Exercice 2** .... p. 142
	• Je sais confronter deux sources historiques	**Exercice 3** .... p. 143
D3 La formation de la personne et du citoyen	• Je me forme en tant que futur citoyen dans une démocratie	**Je découvre** .... p. 130-131
	• Je m'approprie et j'utilise un lexique civique	**J'enquête** .... p. 132-133 **Je découvre** .... p. 134-135
	• J'apprends à devenir citoyen	**D'hier à aujourd'hui** p. 136-137
	• Je comprends le rôle de l'éducation dans ma formation de futur citoyen	**Exercice 1** .... p. 142
D5 Les représentations du monde et de l'activité humaine	• Je comprends que le passé permet d'interpréter le présent	**D'hier à aujourd'hui** p. 136-137
	• Je mobilise les connaissances pour comprendre le rôle d'une image	**Exercice 2** .... p. 142

→ Comment la République parvient-elle à rassembler une grande partie des Français autour de ses valeurs ?

Au cycle 4, en 4e

Chapitre 3
J'ai étudié la Révolution française et l'Empire et les bouleversements qu'ils ont provoqués dans la société.

Au cycle 4, en 4e

Chapitre 6
Le suffrage universel masculin est mis en place par la IIe République en 1848.

Ce que je vais découvrir

La IIIe République veut rassembler les citoyens autour de symboles et de valeurs, mais elle fait face à de violentes contestations.

GIÈRES (Isère) — La Mairie et les Écoles

MAIRIE

INSTRUCTION & LIBERTÉ

V. - Garcin, édit.

1 La mairie et l'école, symboles de la République

Ces deux institutions étaient souvent réunies dans un même bâtiment dans les campagnes françaises sous la IIIe République.

Carte postale de Gières (Isère), début du XXe siècle.

La représentation de la République sous les traits d'une femme nommée Marianne remonte à la Révolution. Ce prénom aurait été utilisé pour la première fois dans une chanson de 1792, mais c'est en 1848 que cette figure féminine s'impose.

2 Des valeurs héritées de la Révolution

La République, sous les traits de Marianne, est présentée comme ayant apporté à la France paix ❶, prospérité ❷ et progrès ❸.

Affiche éditée pour le centenaire de la République, en 1892.

La IIIᵉ République de 1870 à 1914

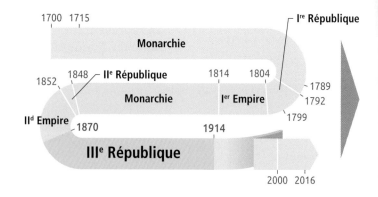

Chronologie

Les débuts de la IIIᵉ République

La guerre franco-prussienne

1870 — La guerre engagée par Napoléon III contre l'Allemagne se termine par une défaite et l'invasion de la France.

L'Empire est renversé, la République proclamée.

1871 — Une Assemblée élue en février accepte l'arrêt des combats avec l'Allemagne.

La France est humiliée et doit céder l'Alsace et la Moselle.

La République aura donc comme objectif le redressement de la nation.

La Commune

1870 — Durant la guerre, les Parisiens ont subi un siège allemand très dur.

1871 — Les Parisiens s'estiment trahis par l'arrêt des combats décidé par l'Assemblée élue en février.

Ils se révoltent et élisent la Commune de Paris. En mai, l'Assemblée ordonne la reprise de Paris par la force.

21-28 mai 1871 — Cette guerre civile se termine par l'écrasement de la Commune lors de la « semaine sanglante ».

RÉPUBLIQUE FRANÇAISE
LIBERTE — EGALITE — FRATERNITE

COMMUNE de PARIS

COMITE DE SALUT PUBLIC

Que tous les bons citoyens se lèvent! Aux barricades! L'ennemi est dans nos murs! Pas d'hésitation!

En avant pour la République, pour la Commune et pour la Liberté!

AUX ARMES!

Paris, le 22 mai 1871.

Le Comité de Salut Public,
Ant. ARNAUD, BILLIORAY, F. EUDES, F. GAM- BON, G. RANVIER.

Tract du Comité de Salut Public (conseil qui dirige la Commune) appelant à défendre Paris lors de la « semaine sanglante ».

QUESTIONS

▶ **Je me repère dans l'espace et dans le temps**

❶ Quels événements la France vit-elle en 1870-1871 ?

❷ Pour quelles raisons les Parisiens se révoltent-ils ?

❸ Quand la IIIᵉ République est-elle dotée de lois constitutionnelles ?

▶ **Je m'approprie un lexique civique**

❹ Quels éléments permettent d'affirmer que la IIIᵉ République est une démocratie ?

VOCABULAIRE

▶ **Commune de Paris**
Gouvernement autonome de Paris entre mars et mai 1871 qui s'oppose à l'arrêt des combats avec l'Allemagne et souhaite une République sociale et populaire.

▶ **Lois constitutionnelles**
Lois votées en 1875 qui organisent la IIIᵉ République.

1870 1880 1890 1900 1910

● **2-4 septembre 1870**
Fin du Second Empire, proclamation de la IIIᵉ République

● **Janvier-février 1871**
Élection d'une Assemblée législative

● **Mars-mai 1871** Commune de Paris

● **1875** Lois constitutionnelles

1876-1879
Victoires électorales
des républicains

● **1881-1882**
Lois Ferry

●
1889
Service militaire
de 3 ans

1905 ●
Service militaire obligatoire (2 ans)
Loi sur la séparation
des Églises et de l'État

1910 ●
Loi sur les
retraites
ouvrières
et paysannes

1894-1906
Affaire Dreyfus

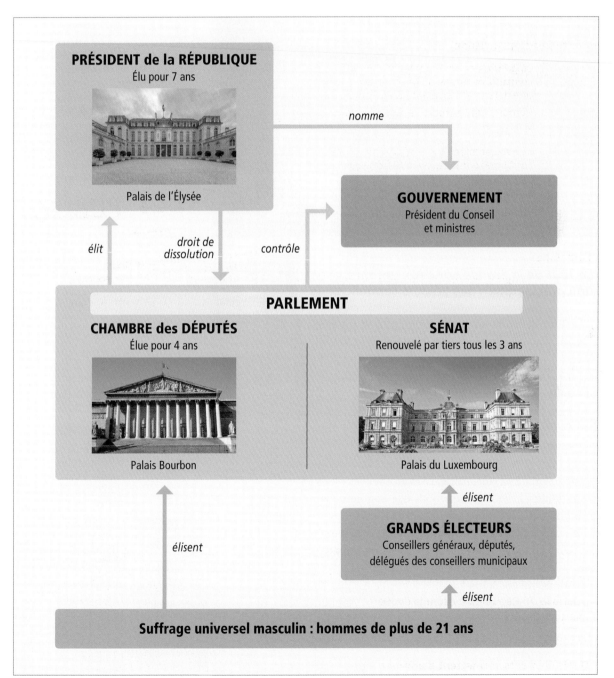

PRÉSIDENT de la RÉPUBLIQUE
Élu pour 7 ans

Palais de l'Élysée

nomme

GOUVERNEMENT
Président du Conseil
et ministres

élit *droit de dissolution* *contrôle*

PARLEMENT

CHAMBRE des DÉPUTÉS
Élue pour 4 ans

Palais Bourbon

SÉNAT
Renouvelé par tiers tous les 3 ans

Palais du Luxembourg

élisent

GRANDS ÉLECTEURS
Conseillers généraux, députés,
délégués des conseillers municipaux

élisent

élisent

Suffrage universel masculin : hommes de plus de 21 ans

Les institutions de la IIIᵉ République

La culture républicaine

Question clé Comment les républicains cherchent–ils à rassembler les Français autour des mêmes valeurs ?

1 Les républicains mettent en scène leurs symboles et leurs valeurs

La République triomphante préside à la grande fête nationale du 14 juillet 1880, anonyme, 1880.

❶ Marianne, représentée avec le drapeau, symbolise la République.

❷ L'armée défile et remet le drapeau au président de la République.

❸ Le président Jules Grévy et son gouvernement.

❹ Rappel de la prise de la Bastille et donc de la Révolution.

❺ Bateau évoquant le retour des communards condamnés après 1871, que la République vient d'amnistier.

2 *Le Tour de la France par deux enfants*, une proclamation des valeurs républicaines

Le Tour de la France par deux enfants *est un livre de lecture pour le cours moyen, publié en 1877. Le lecteur traverse le pays avec deux orphelins lorrains, André et Julien, qui ont quitté leur village, désormais allemand, pour rejoindre la France.*

« – Oh ! dit un jour Julien quand l'heure fut venue de se coucher, c'est une bien belle chose d'avoir une bibliothèque où l'on peut emprunter des livres ! [...]

– [...] Les écoles, les cours d'adultes, les bibliothèques scolaires sont des bienfaits de votre patrie. La France veut que tous ses enfants soient dignes d'elle, et chaque jour elle augmente le nombre de ses écoles et de ses cours, elle fonde de nouvelles bibliothèques, elle prépare des maîtres savants pour diriger la jeunesse.

– Oh ! dit Julien, j'aime la France de tout mon cœur ! Je voudrais qu'elle fût la première nation du monde !

– Alors, Julien, songez à une chose : c'est que l'honneur de la patrie dépend de ce que valent les enfants. Appliquez-vous au travail, instruisez-vous, soyez bon et généreux ; que tous les enfants de la France en fassent autant, et notre patrie sera la première de toutes les nations. »

■ Le Tour de la France par deux enfants, Augustine Fouillée, sous le pseudonyme de G. Bruno, 1877.

Chronologie

L'école de la République

21 décembre 1880	Loi Camille Sée instituant les lycées et collèges publics de jeunes filles.
16 juin 1881	Loi Ferry rendant l'instruction primaire (6-13 ans) publique et gratuite.
28 mars 1882	Loi Ferry rendant l'instruction primaire laïque et obligatoire.
30 octobre 1886	Loi Goblet rendant la laïcité des enseignants obligatoire.

3 **L'école obligatoire pour tous et toutes (1882)**

Avec les lois Ferry, l'enseignement primaire devient obligatoire pour les filles comme pour les garçons.

Cours de lecture dans une classe de filles à Saint-Marcel-sur-Aude, vers 1900.

4 **Le service militaire, obligatoire pour tous les Français**

Défilé de jeunes Français au moment de leur appel pour le service militaire.

Bretagne, vers 1910.

Activités

Question clé Comment les républicains cherchent-ils à rassembler les Français autour des mêmes valeurs ?

ITINÉRAIRE 1

▶ **Je prélève des informations dans les documents**

❶ Doc 2 et 3. Pourquoi les républicains rendent-ils l'école obligatoire ?

❷ Doc 2 et 4. Montrez que la République veut diffuser l'amour de la patrie.

❸ Doc 1 et 4. Quel symbole est mis en avant dans ces documents ? Quel rôle doit jouer le service militaire pour les jeunes Français ?

▶ **J'argumente à l'écrit**

❹ À partir des réponses aux questions 1 à 3, répondez à la question clé en rédigeant un paragraphe argumenté d'une dizaine de lignes.

ou

ITINÉRAIRE 2

▶ **Je réalise un schéma de synthèse**

À partir des éléments tirés des documents, remplissez le schéma ci-dessous pour répondre à la question clé.

Symboles de la République
→ Doc 1 et 4

Construire une culture républicaine

Valeurs de la République
→ Doc 2 et 3

Moyens employés pour diffuser les symboles et les valeurs → Doc 1 à 4

SOCLE Compétences
- **Domaine 5** : Je comprends que le passé éclaire le présent
- **Domaine 3** : Je comprends le sens des symboles et les valeurs de la République

La place de la République (Paris), un lieu où s'enracinent les valeurs républicaines

A À la fin du XIXᵉ siècle, une place à la gloire de la République

1 L'inauguration de la statue de la République

Inauguration de la statue de la place de la République à l'occasion du 14 juillet 1883.

Illustration anonyme, fin du XIXᵉ siècle.

2 La statue de la République

1. L'Égalité
2. La Liberté
3. Le lion, symbolisant la force ; une urne, à sa gauche, porte l'inscription « suffrage universel ».
4. Événements marquants depuis la Révolution française entre 1789 et 1880.
5. Marianne, représentant la République, est armée d'une épée et coiffée du bonnet phrygien, symbole de liberté. Elle tient un rameau d'olivier, symbole de paix. Sa main gauche tient une tablette portant l'inscription « Droits de l'homme ».

B Aujourd'hui, un lieu de mobilisation civique et républicaine

3 En 1958, le général de Gaulle propose la Ve République sur cette place

La République a revêtu des formes diverses au cours de ses règnes successifs. En 1792, on la vit révolutionnaire et guerrière, renverser les trônes et privilèges [...]. En 1848, on la vit s'élever au-dessus des barricades, se refuser à l'anarchie, se montrer sociale au-dedans et fraternelle au-dehors [...].

Le 4 septembre 1870, au lendemain du désastre de Sedan, on la vit s'offrir au pays pour réparer le désastre. De fait, la République a su relever la France, reconstituer une armée, recréer un vaste empire, renouer des alliances solides, faire de bonnes lois sociales, développer l'instruction. Si bien qu'elle eut la gloire d'assurer, pendant la Première Guerre mondiale, notre salut et notre victoire [...].

Voilà Françaises, Français, de quoi s'inspire et en quoi consiste la Constitution qui sera, le 28 septembre, soumise à vos suffrages[1] [...]. Si vous le faites, le résultat sera de rendre la République forte et efficace. [...] Vive la République ! Vive la France !

■ Discours de Charles de Gaulle, 4 septembre 1958.

1. L'adoption de la nouvelle Constitution de la Ve République est soumise à un référendum : les Français votent pour ou contre cette adoption.

De l'histoire à l'EMC

4 En 2015, un lieu de rassemblement autour des valeurs républicaines

Manifestation du 11 janvier 2015, après les attentats islamistes de *Charlie Hebdo*, de Montrouge et de l'Hyper Cacher.

Parcours citoyen

QUESTIONS

▶ J'observe les traces du passé

1 Doc 1. Quand la statue de la place de la République est-elle inaugurée ?

2 Doc 1 et 2. Quels symboles républicains sont mis en avant ?

3 Doc 2. Que représente le lion ? D'après vous, pourquoi le mettre ainsi en avant ?

▶ Je fais le lien entre le passé et le présent

4 Doc 3. Pourquoi le général de Gaulle choisit-il la place de la République pour prononcer son discours en 1958 ?

5 Doc 2 et 3. Montrez comment le général de Gaulle reprend, dans son discours, les symboles de la statue de la République.

6 Doc 4. Aujourd'hui, pourquoi la place de la République reste-t-elle un lieu de rassemblement pour les Français ?

Une République libérale et ses limites

Question clé Quelles sont les grandes libertés républicaines et leurs limites ?

1 Les libertés républicaines

a. La presse

Art. 1er – L'imprimerie et la librairie sont libres. [...]

Art. 5 – Tout journal ou écrit périodique peut être publié, sans autorisation préalable et sans dépôt de cautionnement[1], après la déclaration prescrite [au parquet du procureur de la République].

■ Loi du 29 juillet 1881.

1. Somme à verser avant la publication.

b. Le droit syndical

Art. 2 – Les syndicats ou associations professionnelles, même de plus de vingt personnes exerçant la même profession, [...] pourront se constituer librement sans l'autorisation du gouvernement.

Art. 3 – Les syndicats professionnels ont exclusivement pour objet l'étude et la défense des intérêts économiques, industriels, commerciaux et agricoles.

■ Loi du 21 mars 1884.

c. Le droit d'association

Art. 1er – L'association est la convention par laquelle deux ou plusieurs personnes mettent en commun, d'une façon permanente, leurs connaissances ou leur activité dans un but autre que de partager des bénéfices. [...]

Art. 2 – Les associations de personnes pourront se former librement sans autorisation [...].

■ Loi du 1er juillet 1901.

2 La liberté du vote, fondement du régime républicain

Sous la IIIe République, tous les hommes âgés d'au moins 21 ans ont le droit de voter.
Les femmes sont exclues du suffrage universel.

Un bureau de vote en 1891. *Le Suffrage universel*, Alfred Bramtot, 1891, 575 cm x 430 cm, musée de la mairie des Lilas.

3 Le kiosque à journaux, symbole d'une presse libre

Une marchande de journaux.

Les Petits métiers de Paris, Charles Pezeu-Carlopez, 1905.

5 La répression des grèves

Malgré l'autorisation des syndicats, les grèves sont parfois durement réprimées.

« La grève », caricature de Grandjouan parue dans *L'Assiette au beurre*, 1905.

4 La République contrôle les nomades

Sous la IIIᵉ République, la carte d'identité n'existe pas. Deux témoins suffisent à prouver son identité. Le carnet des nomades est le premier document de contrôle d'identité obligatoire en France.

Art. 2 – Tous individus de nationalité française n'ayant en France ni domicile, ni résidence fixe, qui voudront circuler sur le territoire français pour exercer la profession de commerçants ou industriels forains, devront demander un carnet d'identité reproduisant leur signalement avec photographie à l'appui.

Toute infraction aux dispositions du présent article sera punie d'une amende de seize à cent francs et d'un emprisonnement de cinq jours à un mois ou à une de ces deux peines seulement. En cas de récidive ou de déclaration mensongère, la peine d'emprisonnement sera nécessairement prononcée.

Art. 3 – [...] Tous nomades séjournant dans une commune devront, à leur arrivée et à leur départ, présenter leurs carnets à fin de visa [...].

■ Loi sur l'exercice des professions ambulantes et la réglementation de la circulation des nomades, 16 juillet 1912.

Activités

Question clé | **Quelles sont les grandes libertés républicaines et leurs limites ?**

ITINÉRAIRE 1

▶ **J'extrais des informations pertinentes pour répondre à des questions**

❶ **Doc 1.** Quelles libertés sont garanties sous la IIIᵉ République ?

❷ **Doc 2.** Pourquoi la République est-elle démocratique ?

❸ **Doc 1 et 3.** Pourquoi la liberté de la presse est-elle indispensable dans une démocratie ?

❹ **Doc 2 et 4.** Montrez que la République n'accorde pas les mêmes libertés à tous.

❺ **Doc 5.** Qui sont les deux groupes face à face ?

▶ **J'argumente à l'écrit**

❻ Répondez à la question clé en rédigeant un paragraphe d'une dizaine de lignes.

ou

ITINÉRAIRE 2

▶ **J'élabore une présentation orale**

Vous allez travailler par groupes de quatre.

▶ Deux d'entre vous défendent le point de vue suivant : la République garantit les libertés. (➜ **Doc 1 à 3**)

▶ Deux autres défendent un autre point de vue : la République n'accorde pas les mêmes libertés à tous. (➜ **Doc 2, 4 et 5**)

SOCLE Compétences

▶ **Domaine 5** : Je situe un fait dans une période donnée
▶ **Domaines 1 et 2** : En équipe, je participe à l'élaboration d'une tâche commune

La République en danger : l'affaire Dreyfus (1894–1906)

CONSIGNE

Votre classe est invitée à l'Assemblée nationale à l'occasion d'une commémoration de l'affaire Dreyfus. Par groupes, vous devez réaliser un discours que vous irez prononcer lors de la cérémonie.

VOCABULAIRE

▶ **Antiparlementarisme**
Hostilité à l'encontre du Parlement (→ p. 147), voire de la démocratie, jugés corrompus et inefficaces, et volonté de les remplacer par un régime plus autoritaire.

▶ **Antisémitisme**
Hostilité, haine à l'égard des juifs, considérés comme une race ou un groupe distinct du reste de la société.

▶ **Ligues**
Organisations politiques constituées dans le cadre du débat autour de l'affaire Dreyfus. La majorité d'entre elles sont hostiles à Dreyfus et à la République.

Chronologie

1894 Le Conseil de guerre condamne le capitaine Alfred Dreyfus à la dégradation et à la déportation à vie au bagne de Guyane. Il est accusé d'espionnage au profit de l'Allemagne.

1896 Découverte du vrai coupable, le commandant Esterhazy, par le lieutenant-colonel Picquart qui est mis à l'écart.

1898 Acquittement d'Esterhazy par un tribunal militaire. Publication de « J'accuse ». Naissance de la Ligue des droits de l'Homme (favorable à Dreyfus).

1899 Nouveau procès de Dreyfus devant le Conseil de guerre ; il obtient une grâce présidentielle.

1906 Réhabilitation de Dreyfus et réintégration dans l'armée.

1 « J'accuse » de Zola (1898)

J'accuse le général Billot d'avoir eu entre les mains les preuves certaines de l'innocence de Dreyfus et de les avoir étouffées, de s'être rendu coupable de ce crime de lèse-humanité et de lèse-justice[1], dans un but politique et pour sauver l'État-Major compromis. [...]

J'accuse enfin le premier Conseil de guerre d'avoir violé le droit, en condamnant un accusé sur une pièce restée secrète, et j'accuse le second Conseil de guerre d'avoir couvert cette illégalité, par ordre, en commettant à son tour le crime juridique d'acquitter sciemment un coupable[2]. [...]

Je n'ai qu'une passion, celle de la lumière, au nom de l'humanité qui a tant souffert et qui a droit au bonheur. Ma protestation enflammée n'est que le cri de mon âme. Qu'on ose donc me traduire en cour d'assises et que l'enquête ait lieu au grand jour !

J'attends.

■ Lettre ouverte d'Émile Zola au président de la République, *L'Aurore*, 13 janvier 1898.
1. Contre l'humanité et la justice. **2.** Esterhazy.

2 Défendre Dreyfus, c'est défendre la République

Au procès de Rennes, en 1899, Dreyfus est à nouveau condamné.

Républicains !

Ainsi que nous l'avions prévu, les généraux complices des faussaires viennent d'arracher du Conseil de guerre de Rennes un verdict déclarant que le capitaine Dreyfus, parce que juif, est le véritable traître. C'est la lutte ouverte contre la démocratie républicaine, contre la République, contre les quelques libertés que nous possédons.

Ce n'est pas pour Dreyfus lui-même que nous vous invitons à lutter. C'est contre le verdict inique qui consacre le triomphe de nos mortels ennemis, les hommes noirs[1] qui s'apprêtent à nous ravir toutes nos libertés si chèrement conquises.

Pour la République, debout !

■ D'après un tract de la Ligue de défense républicaine, Vienne (Isère), 11 septembre 1899.
1. Ennemis de la République.

UN DÎNER EN FAMILLE

Surtout ! ne parlons pas de l'affaire Dreyfus !

… Ils en ont parlé…

3 La société divisée par l'Affaire

L'affaire Dreyfus divise la France en deux camps : les dreyfusards, qui défendent Dreyfus, et les antidreyfusards.

Un Dîner en famille, caricature de Caran d'Ache, dessinateur hostile à Dreyfus, *Le Figaro*, 14 février 1898.

5 L'antiparlementarisme des ligues

Paul Déroulède est très hostile à la République parlementaire et souhaite une revanche de la France contre l'Allemagne à la suite de la défaite de 1870.

« Vive l'armée ! » Ce cri unique qui a retenti jusqu'à la porte des casernes, n'était-il pas en même temps la condamnation de tous ces politiciens de bas étage, quel que soit le rang auquel ils sont montés ? À quoi bon crier : À bas les ministres ! À bas les présidents ! À bas les dreyfusards ! À bas les parlementaires et le parlementarisme ! les corrupteurs et les corrompus ! Est-ce que ces deux mots-là ne disent pas tout ce qu'il y a à dire : « Vive l'armée ! ». Oh oui, vive l'armée qui est notre dernier honneur, notre dernier recours, notre suprême sauvegarde. Nos admirables soldats sont depuis vingt ans les gendarmes des parlementaires contre la France, il est temps qu'ils deviennent les gendarmes de la France contre les parlementaires.

■ D'après Paul Déroulède, *Discours à la Ligue des patriotes*, 16 juillet 1899.

4 L'antisémitisme dans l'Affaire

Les ligues antidreyfusardes profitent de l'affaire Dreyfus pour affirmer leur soutien à l'armée et diffuser leurs idées antisémites et antirépublicaines.

L'Arsenal du Fort Chabrol, gravure parue dans *L'Illustration*, 1900.

COUP DE POUCE

Vous pouvez suivre le plan ci-dessous pour rédiger votre discours. Pensez à vous aider de la chronologie.

❱ Une affaire militaire qui se révèle être une erreur judiciaire.
→ **Doc 1 et 2**

❱ Un débat violent qui met en évidence l'antisémitisme dans la société française.
→ **Doc 2 à 4**

❱ Un débat violent qui met en évidence deux visions de la France : l'une pour, l'autre contre la République.
→ **Doc 2 à 5**

Je découvre

SOCLE Compétences
▶ **Domaine 1** : J'utilise différents langages pour argumenter
▶ **Domaine 3** : Je comprends le principe de laïcité

La séparation des Églises et de l'État (1905)

Question clé Comment se déroule la séparation des Églises et de l'État ?

1 L'anticléricalisme des républicains

Le premier devoir d'une République est de faire des républicains, et l'on ne fait pas un républicain comme on fait un catholique. Pour faire un catholique, il suffit de lui imposer la vérité toute faite : la voilà, il n'y a plus qu'à l'avaler. Le maître a parlé, le fidèle répète. Je dis catholique mais j'aurais dit tout aussi bien protestant ou un croyant quelconque [...].

Pour faire un républicain, il faut prendre l'être humain si petit et si humble qu'il soit [...] et lui donner l'idée qu'il faut penser par lui-même, qu'il ne doit ni foi, ni obéissance à personne, que c'est à lui de rechercher la vérité et non pas à la recevoir toute faite.

■ Ferdinand Buisson, *Discours au congrès du Parti radical* (principal parti républicain), 1903.

Chronologie

1881-1882	Lois sur l'école primaire publique, gratuite, obligatoire et laïque.
1886	Loi sur la laïcité des instituteurs et institutrices des écoles publiques.
9 décembre 1905	Loi sur la séparation des Églises et de l'État.

2 La loi sur la séparation des Églises et de l'État

Art. 1 – La République assure la liberté de conscience. Elle garantit le libre exercice des cultes sous les seules restrictions édictées ci-après dans l'intérêt de l'ordre public.

Art. 2 – La République ne reconnaît, ne salarie ni ne subventionne aucun culte. En conséquence [...] seront supprimées des budgets de l'État, des départements et des communes, toutes dépenses relatives à l'exercice des cultes.

Art. 3 – Dès la promulgation de la présente loi, il sera procédé par les agents de l'administration des domaines à l'inventaire descriptif et estimatif :
a. des biens mobiliers et immobiliers des établissements religieux ;
b. des biens de l'État, des départements et des communes dont ces établissements ont la jouissance.

■ Loi du 9 décembre 1905.

VOCABULAIRE

▸ **Anticléricalisme**
Hostilité à l'influence de l'Église dans la société et sur le pouvoir politique.

▸ **Laïcité**
Indépendance vis-à-vis de toute religion.

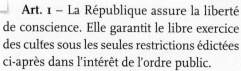

3 La laïcité, un combat

« L'Église contre la République. Oh ! elle est trop solide ! »

« Les prêtres contre la République », Gabriele Galantara, *L'Asino*, mai 1903.

4 La condamnation du pape Pie X

Aux archevêques, évêques, au clergé et au peuple français, à nos bien-aimés fils [...].

Notre âme est pleine d'une douloureuse sollicitude et notre cœur se remplit d'angoisse quand notre pensée s'arrête sur vous. Et comment en pourrait-il être autrement, en vérité, au lendemain de la promulgation de la loi qui, en brisant violemment les liens séculaires[1] par lesquels votre nation était unie au siège apostolique[2], crée à l'Église catholique, en France, une situation indigne d'elle et lamentable à jamais. [...]

Nous réprouvons et Nous condamnons la loi votée en France sur la séparation de l'Église et de l'État comme profondément injurieuse vis-à-vis de Dieu, qu'elle renie officiellement, en posant le principe que la République ne reconnaît aucun culte.

■ *Lettre encyclique de Sa Sainteté le Pape Pie X au peuple français*, 11 février 1906.

1. Qui durent depuis des siècles.
2. Rome, donc le pape.

5 Le refus des inventaires

La loi de 1905 prévoit de faire l'inventaire des biens dans les églises pour distinguer ce qui appartient à l'État et à l'Église. Dans plusieurs régions, les fidèles et le clergé s'y opposent.

Des policiers français enfoncent la porte d'une église pour procéder à l'inventaire, vers 1905-1907.

Activités

Question clé | **Comment se déroule la séparation des Églises et de l'État ?**

ITINÉRAIRE 1 | ou

▶ **Je prélève des informations dans les documents**

❶ **Doc 1.** Que reprochent les républicains anticléricaux à l'Église ?

❷ **Doc 2.** Quel grand principe est affirmé par l'article 1 de la loi sur la séparation des Églises et de l'État ?

❸ **Doc 3 et 4.** Quelles sont les relations entre l'Église catholique et la République ?

❹ **Doc 4 et 5.** Comment le pape et les catholiques de France réagissent-ils à la loi ?

▶ **J'argumente à l'oral**

❺ À l'aide des questions 1 à 4, répondez à la question clé en quelques phrases que vous présenterez à l'oral.

ITINÉRAIRE 2

▶ **Je réalise une carte mentale**

Réalisez une carte mentale pour répondre à la question clé.

site élève
↧ carte mentale interactive

MÉTHODE

1. Placez « La séparation des Églises et de l'État » au centre de votre feuille.
2. Développez vos idées dans des bulles distinctes. Vous devez écrire les mots suivants : laïcité, République, religions, pape, inventaires, anticléricalisme.
3. Utilisez des couleurs pour que votre carte soit plus claire.

De l'histoire à l'EMC

À l'aide des documents de cette page et du document 3 de la page 352, répondez aux questions suivantes.

❶ En 1905, quelle religion s'oppose à la laïcité ?

❷ La loi de 1905 est-elle encore appliquée en France ?

La IIIᵉ République de 1870 à 1914

→ Comment la République parvient-elle à rassembler une grande partie des Français autour de ses valeurs ?

Le savez-vous ?

C'est la IIIᵉ République qui choisit la *Marseillaise* comme hymne national en 1879. Elle choisit aussi de faire du 14 juillet la fête nationale, en 1880.

VOCABULAIRE

▸ **Antisémitisme**
Hostilité, haine à l'égard des Juifs, considérés comme une race ou un groupe distinct du reste de la société.

▸ **Cléricalisme**
Volonté de rendre les idées religieuses dominantes en politique.

▸ **Commune de Paris**
Gouvernement autonome de Paris entre mars et mai 1871 qui s'oppose à l'arrêt des combats avec l'Allemagne et souhaite une République sociale et populaire.

▸ **Laïcité**
Indépendance vis-à-vis de toute religion.

▸ **Lois constitutionnelles**
Lois votées en 1875 qui organisent la IIIᵉ République.

▸ **Parlement**
Ensemble formé par la Chambre des députés et le Sénat. Il vote la loi, contrôle le gouvernement et élit le président de la République (→ p. 147).

A Une République nouvelle

1. Une difficile fondation

● La **IIIᵉ République** naît le **4 septembre 1870**. Elle fait face à de graves problèmes : la **défaite contre l'Allemagne** et la perte de l'Alsace et de la Moselle, mais aussi la **Commune de Paris**, durement réprimée.

● En 1875, la République se dote de **lois constitutionnelles**.

2. Des valeurs et des symboles hérités de 1789

● Après les lois constitutionnelles de 1875, la République s'installe. Le but des républicains est d'**unir les Français** en les associant à la République. Cela passe par des symboles faisant le lien avec les **principes** et les **symboles** de la **Révolution française** (le drapeau tricolore, Marianne, la *Marseillaise*).

3. Construire une culture républicaine

● Le **suffrage universel masculin** et les **libertés** sont garantis (comme la liberté de la presse en 1881). L'une des priorités est l'**éducation** : les **lois Ferry** rendent l'**école obligatoire, gratuite et laïque** (1881-1882).

● Il s'agit de construire une **culture républicaine** qui rassemble les citoyens dès leur plus jeune âge. L'extension du **service militaire obligatoire** (1899 et 1905) se fait dans ce même but.

B L'affaire Dreyfus, une épreuve

1. Les origines de la crise

● Dès la **fin des années 1880**, la République est **contestée**, en particulier le **Parlement**, jugé inefficace et corrompu. Mais la principale crise commence en **1894** avec la condamnation pour trahison d'**Alfred Dreyfus**, un jeune capitaine juif. Cette affaire militaire devient une **affaire d'État** en 1896-1898, quand de nouveaux éléments prouvent l'innocence de Dreyfus, mais que l'armée refuse de la reconnaître.

2. La victoire de la République contre ses adversaires

● En **1898**, **Émile Zola** prend position publiquement pour Dreyfus ; le scandale devient énorme. Le conflit oppose les **dreyfusards**, pour qui l'innocence de Dreyfus doit être établie au nom des **valeurs républicaines** (libertés individuelles, justice), et les **antidreyfusards**. Pour ces derniers, le sort d'un homme ne mérite pas qu'on affaiblisse l'armée française et l'État. Beaucoup d'entre eux font aussi preuve d'un **antisémitisme** violent. Leur but est de profiter de la crise pour **abattre la République**.

● En **1899**, les partisans de Dreyfus l'emportent ; la République sort **renforcée** de cette crise.

C Une République laïque triomphante ?

1. La séparation des Églises et de l'État

● L'affaire Dreyfus a montré qu'il y avait encore de **nombreux adversaires** de la République. Parmi eux, l'**Église catholique**, qui avait pris majoritairement position contre Dreyfus. Les républicains souhaitent donc combattre le **cléricalisme**.

● Cette politique aboutit en **1905** à la **loi sur la séparation des Églises et de l'État**, qui fait de la France une République laïque. Après des années de débats, l'État garantit la liberté religieuse en affirmant sa neutralité.

2. La République et les ouvriers

● La République renforcée doit faire face à de **nouvelles tensions**. Malgré des **progrès économiques**, les conditions de vie des plus pauvres, notamment les **ouvriers**, demeurent très difficiles, et les **lois** pour les améliorer sont **limitées**. Cela provoque le développement de grands mouvements de **grève**, réprimés parfois durement par l'armée et la police.

BIOGRAPHIE

Jules Ferry (1832-1893)

Ministre de l'Instruction publique, il est l'auteur des lois rendant l'école primaire gratuite, laïque et obligatoire.
Il est considéré comme l'un des fondateurs de la IIIe République.

Je retiens autrement

La volonté de rassembler les Français

- Des **symboles** hérités de la **Révolution**.
- **Associer République et nation**.
- **Le triomphe de la laïcité** : loi sur la séparation des Églises et de l'État (1905).

La IIIe République de 1870 à 1914

Une République parfois contestée

- Tous les Français ne sont pas républicains.
- **Fortes oppositions** entre républicains et antirépublicains au moment de l'**affaire Dreyfus** (1894-1906).

La diffusion d'une culture républicaine

- **Des lois pour les libertés** : école gratuite, laïque et obligatoire pour tous (1881, 1882, 1886), liberté de la presse (1881)…
- **Des valeurs communes** diffusées par l'école, le service militaire.

Les limites de la République libérale

- **Des inégalités qui restent fortes** : les femmes n'ont pas le droit de vote, les ouvriers ont peu de protection sociale.
- **Des tensions violentes** : manifestations et grèves réprimées parfois durement.

Comment apprendre ma leçon ?

Je révise en équipe

Travailler en équipe, c'est pouvoir s'encourager les uns les autres et s'entraîner en se posant des questions.

▶ **Étape 1**

- Ensemble, révisez la leçon et dégagez ce qu'il faut retenir.

▶ **Étape 2**

- **Organisez des défis**
  Faites deux groupes. Chaque groupe prépare des questions sur le thème du chapitre et les pose au groupe adverse. Chaque question rapporte des points en fonction de la qualité des réponses.

- Reproduisez le tableau ci-contre, puis à vous de jouer !

site élève ⬇ tableau à imprimer

Niveau de difficulté	Exemples de question	Aïe ! 0 point	À revoir 1 point	Bien 2 points	Bravo 3 points
NIVEAU 1 Questions sur des connaissances précises	• Date de la loi de séparation des Églises et de l'État. • Qu'est-ce que l'antisémitisme ?				
NIVEAU 2 Questions de synthèse (Les points comptent double)	• Racontez et expliquez l'affaire Dreyfus. • Quels sont les symboles et les valeurs de la IIIe République ?				

▶ **Étape 3**

- Après les défis, faites le point sur les parties du cours qui ne sont pas encore maîtrisées ; vous pouvez recommencer jusqu'à ce que vous ayez parfaitement compris le chapitre !

Je révise chez moi

● **Je vérifie que je connais les principaux repères du chapitre.**

Je sais définir et utiliser dans une phrase :

- ▶ IIIe République
- ▶ Parlement
- ▶ laïcité

Je sais situer sur une frise :

- ▶ la loi sur la séparation des Églises et de l'État
- ▶ la loi sur la liberté de la presse
- ▶ l'affaire Dreyfus

site élève ⬇ frise à compléter

Je sais expliquer :

- ▶ pourquoi les lois sur l'école et la presse expriment les valeurs de la IIIe République.
- ▶ pourquoi l'affaire Dreyfus est un moment très important dans l'affirmation de la IIIe République.
- ▶ pourquoi la loi de 1905 est une loi laïque et républicaine.

Je vérifie mes connaissances

1 Vrai ou faux ?

a. La laïcité interdit l'exercice de toute religion. ☐ Vrai ☐ Faux

b. Jules Ferry est à l'origine des lois sur l'école obligatoire, gratuite et laïque. ☐ Vrai ☐ Faux

c. Sous la IIIᵉ République, le suffrage universel est uniquement masculin. ☐ Vrai ☐ Faux

d. Émile Zola s'est engagé contre le capitaine Dreyfus. ☐ Vrai ☐ Faux

e. Les symboles et les valeurs de la République sont en grande partie inspirés de la Révolution. ☐ Vrai ☐ Faux

2 Je relie une personne ou un groupe à une idée.

1. Antisémitisme
2. Laïcité de l'école
3. Défense de Dreyfus

a. Ligues antidreyfusardes
b. Émile Zola
c. Jules Ferry

3 Je complète une frise.
site élève
⤓ frise à compléter

1. Lois sur la séparation des Églises et de l'État
2. Loi sur la liberté de la presse
3. Publication de « J'accuse » par Émile Zola
4. Lois Ferry sur l'école primaire
5. Commune de Paris
6. Service militaire obligatoire

4 Je sais utiliser un lexique historique précis.
site élève
⤓ tableau à imprimer

À partir de la liste de vocabulaire ci-dessous, recopiez dans la colonne de droite du tableau les mots ou expressions qui correspondent à chaque thème de la colonne de gauche :

Émile Zola – Marianne – Antiparlementarisme – Laïcité – Liberté de la presse – Jules Ferry – Anticléricalisme – Drapeau tricolore – Service militaire – École laïque, obligatoire et gratuite – La *Marseillaise* – Crise politique

Les symboles de la IIIᵉ République	
L'affaire Dreyfus	
Les grandes lois républicaines	
La séparation des Églises et de l'État	

5 Je révise les notions importantes du chapitre.

Dans le tableau ci-dessous, je complète les éléments manquants.

Mot clé	Définition
Laïcité	
Antisémitisme	
	Lois votées en 1881 et 1882 à l'initiative de Jules Ferry.
Marianne	
	Article publié par Émile Zola en 1898 pour défendre Alfred Dreyfus.

6 Retrouvez d'autres exercices sous forme interactive sur le site Nathan.
site élève
⤓ exercices interactifs

Exercices

J'utilise de façon réfléchie des outils de recherche sur Internet pour comprendre la laïcité

⤷ SOCLE : Domaine 2

• Rendez-vous sur le site de la BnF consacré à la laïcité.

 site élève
⤓ lien vers le site

• Une fois sur la page d'accueil, cliquez sur « La laïcité ennemie des religions ? ».

❶ Choisissez une image qui montre les tensions au moment du vote de la loi sur la séparation des Églises et de l'État. Expliquez votre choix.

❷ Choisissez les extraits de la loi de 1905 qui permettent de comprendre ce que la loi met en place.

❸ Revenez à la page d'accueil. Cliquez sur « L'exposition », puis sur « Pourquoi interdire les signes d'appartenance à l'école ? ». Cherchez un document montrant l'application de cette loi au XXIe siècle.

De l'histoire à l'EMC

http://classes.bnf.fr/laicite/

2 **J'analyse un texte de Jaurès sur la République et les ouvriers**

⤷ SOCLE : Domaine 2

Oui, par le suffrage universel, par la souveraineté nationale, qui trouve son expression définitive et logique dans la République, vous avez fait de tous les citoyens, y compris les salariés, une assemblée de rois. C'est d'eux, c'est de leur volonté souveraine qu'émanent les lois et le gouvernement ; ils révoquent, ils changent leurs mandataires[1], les législateurs[2] et les ministres. [...]

Et puis, vous avez fait des lois d'instruction. [...] Par là même, vous avez mis en harmonie l'éducation populaire avec les résultats de la pensée moderne ; vous avez définitivement arraché le peuple à la tutelle de l'Église et du dogme[3]. [...]

Et maintenant, parce que les travailleurs trouvent en effet dans ces syndicats le sentiment d'une force nouvelle, qui leur permet d'espérer la réalisation de la pleine justice sociale, vous vous effrayez, encore une fois, devant votre œuvre.

■ Jean Jaurès, discours à la Chambre des députés, 21 novembre 1893.

1. Personne à qui on délègue des pouvoirs (un élu).
2. Celui qui élabore et vote les lois.
3. Affirmation considérée comme une vérité qu'on ne peut pas contester.

BIOGRAPHIE

Jean Jaurès (1859-1914)
▶ Né dans un milieu modeste, il fait de brillantes études.
▶ Député dès 1885, il devient une figure du socialisme français. Il s'engage en faveur de Dreyfus et participe à la rédaction de la loi sur la séparation des Églises et de l'État.
▶ Opposant à la guerre, il est assassiné en 1914.

QUESTIONS

❶ Qui est l'auteur du document ?

❷ À quelles grandes lois de la République Jaurès fait-il allusion dans son discours ? Comment les présente-t-il ?

❸ Expliquez le sens de l'expression « une assemblée de rois » : à quel principe de la République Jaurès fait-il référence ?

❹ Que reproche Jaurès aux républicains dans le dernier paragraphe ?

3 Analyser et comprendre des documents (exercice 1)

↳ SOCLE : Domaine 1. J'utilise mes connaissances pour expliquer une image

**Le service militaire et la République :
« Les conscrits de 1892 »**

Couverture du *Petit Journal*, 5 mars 1892. Un conscrit est un jeune homme appelé pour faire son service militaire.

❶ Quelle est la nature du document ? Quel est le régime politique en place à la date du document ?

❷ Qui sont les personnages situés dans la voiture et ceux qui sont représentés au premier plan ?

❸ Quel symbole est associé aux hommes dans la voiture ? pourquoi ?

❹ Quelles grandes réformes décidées par la IIIe République cette image illustre-t-elle ?

MÉTHODE

J'utilise mes connaissances pour expliquer une image (➜ Questions ❶ à ❹)

▶ Utilisez vos connaissances pour identfier le contexte du document (les lieux, personnages et symboles représentés), et pour comprendre les éléments de texte lorsqu'il y en a.

▶ Demandez-vous pourquoi avoir associé des écoliers, des conscrits et le drapeau tricolore.

▶ Ce travail vous permettra de déduire le message que l'image véhicule ou comment elle illustre une situation historique.

MON BILAN DE COMPÉTENCES

Domaine du socle	Compétences travaillées	Pages du chapitre
D1 Les langages pour penser et communiquer	• Je sais pratiquer différents langages pour argumenter à l'écrit • Je sais m'exprimer à l'écrit et à l'oral en exerçant mon esprit critique • En équipe, je participe à l'élaboration d'une tâche commune • J'utilise différents langages pour argumenter • J'utilise mes connaissances pour expliquer une image	**Je découvre** .... p. 148-149 **Je découvre** .... p. 152-153 **J'enquête** .... p. 154-155 **Je découvre** .... p. 156-157 **Exercice 3** .... p. 163
D2 Méthodes et outils pour apprendre	• En équipe, je participe à l'élaboration d'une tâche commune • Je sais organiser mon travail personnel • J'utilise de façon réfléchie des outils de recherche sur Internet • J'analyse un texte	**J'enquête** .... p. 154-155 **Apprendre à apprendre** ...p. 160 **Exercice 1** .... p. 162 **Exercice 2** .... p. 162
D3 La formation de la personne et du citoyen	• Je comprends les symboles et les principes de la République française • Je comprends le sens des symboles et les valeurs de la République • J'apprends à justifier mes choix dans un débat argumenté • Je comprends le principe de laïcité	**Je découvre** .... p. 148-149 **D'hier à aujourd'hui** p. 150-151 **Je découvre** .... p. 152-153 **Je découvre** .... p. 156-157
D5 Les représentations du monde et de l'activité humaine	• Je comprends que le passé éclaire le présent • Je situe un fait dans une période donnée	**D'hier à aujourd'hui** p. 150-151 **J'enquête** .... p. 154-155

8 Conditions féminines au XIXe siècle

→ **Comment les conditions de vie des femmes sont-elles transformées au XIXe siècle ?**

Au cycle 4, en 4e

Chapitres 2 et 3
J'ai appris que les femmes ont participé à la circulation des idées des Lumières, puis à la Révolution française.

Au cycle 4, en 4e

Chapitres 4 et 6
Avec l'industrialisation, certaines femmes deviennent ouvrières. Malgré cela, elles sont exclues du suffrage universel.

Ce que je vais découvrir

Les femmes voient leurs conditions de vie et de travail changer au cours du XIXe siècle, mais restent exclues du droit de vote.

1 **Des femmes au cœur du monde du travail dans la France du XIXe siècle**

Le métier de lingère est un exemple de métier presque exclusivement féminin.
Ici, les femmes repassent le linge après l'avoir nettoyé.

Atelier de repasseuses à Trouville, Louis-Joseph Anthonissen, 1888, 61 x 83 cm, musée des Beaux-Arts, Pau.

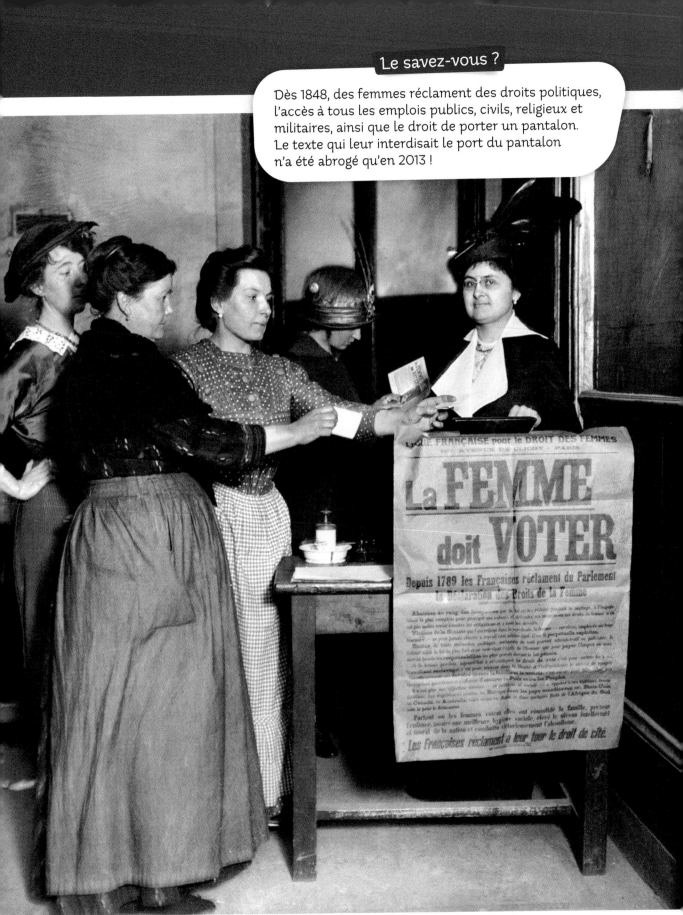

Dès 1848, des femmes réclament des droits politiques, l'accès à tous les emplois publics, civils, religieux et militaires, ainsi que le droit de porter un pantalon. Le texte qui leur interdisait le port du pantalon n'a été abrogé qu'en 2013 !

2 **Les femmes revendiquent l'accès aux droits politiques**

Une mobilisation de femmes devant les urnes pour réclamer le droit de vote.

Paris, 1914.

Conditions féminines dans une société en mutation

1700 1715

Le XVIIIᵉ, siècle des Lumières

1800

~1789

Le XIXᵉ, siècle de la « révolution industrielle »

1914   2000 2016

1 **Une classe de filles au XIXᵉ siècle**
Classe de jeunes filles occupées à une leçon de couture.
Hellemmes (Nord), vers 1900.

INFOS

En **1882**, les programmes officiels de l'**école primaire** prévoient des **travaux manuels** pour les filles (2–3 heures par semaine). Ces leçons sont données pour inspirer aux jeunes filles l'amour de l'ordre et leur faire acquérir les qualités sérieuses de la **femme au foyer**.

2 **Des « sardinières » au travail**
Ces ouvrières remplissent d'huile des boîtes de sardines.
Bretagne, vers 1910.

QUESTIONS

▶ **Je me repère dans le temps**

1 Quand le divorce est-il interdit ? Quand est-il autorisé de nouveau ?

▶ **J'extrais des informations pertinentes des documents**

2 Citez deux femmes qui se sont battues pour le droit de vote au XIXᵉ siècle. Comment se sont-elles fait entendre ?

3 Citez deux lois qui améliorent l'éducation des jeunes filles.

1800	1810	1820	1830	1840	1850	1860	1870	1880	1890	1900	1914

Législation française

Création des lycées de jeunes filles **1880**

1892 Interdiction du travail de nuit aux femmes

● **1804**
Code civil

● **1816**
Abolition
du divorce

1848 ●
Suffrage universel
masculin

1867 ●
Écoles primaires
de filles
obligatoires

● **1881-1882**
Lois Ferry

1884 ●
Loi autorisant à nouveau le divorce

● **1909**
Premier congé
maternité

Mouvement féministe

1869 ●
Fondation du journal
Le Droit des femmes

● **1875**
Première femme médecin

1832 ●
Premier journal féministe,
La Femme libre

● **1848**
Naissance de la *Voix des femmes*
et de *L'Opinion des femmes*

● **1876**
Fondation de l'association
Le Droit des femmes

GRANDES FIGURES FÉMININES AU XIXᵉ SIÈCLE

George Sand (1804-1876)

Femme de lettres et journaliste. Elle prend la défense des femmes et dénonce leur soumission dans ses premiers romans.
Elle fait scandale par sa vie amoureuse agitée, ses tenues vestimentaires masculines et son pseudonyme. Elle participe à la fondation du journal *La Cause du peuple* en 1848.

Eugénie Niboyet (1796-1883)

Écrivaine et journaliste, militante de la cause féministe. Elle fonde en 1848 le journal *La Voix des femmes* qui ne traite que de la question du droit des femmes. C'est l'un des premiers quotidiens féministes français.

Jeanne Deroin (1805-1894)

Lingère devenue institutrice. En 1831, elle rédige un « plaidoyer contre la soumission des femmes ». En se mariant en 1832, elle refuse de prendre le nom de son époux et insiste au cours de la cérémonie civile sur son statut d'égalité. En 1849, elle se présente comme candidate aux élections législatives.

Maria Deraismes (1828-1894)

Issue d'un milieu bourgeois, elle a reçu une éducation de haut niveau. Elle s'engage dans le combat pour les droits des femmes à la fin des années 1860. Elle est militante au parti républicain, mais ce parti ne soutient pas le droit de vote des femmes. En 1870, elle fonde l'Association pour le droit des femmes.

Hubertine Auclert (1848-1914)

Elle lance en 1880 le journal *La Citoyenne* et une association pour le suffrage des femmes. Elle est considérée comme la première suffragette française (➔ p. 175).

Les femmes au travail, l'exemple des ouvrières

Question clé Quelle est la place des femmes dans le monde industriel ?

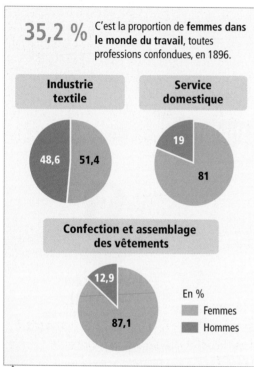

35,2 % C'est la proportion de **femmes dans le monde du travail**, toutes professions confondues, en 1896.

Industrie textile : 48,6 / 51,4

Service domestique : 19 / 81

Confection et assemblage des vêtements : 12,9 / 87,1

En %
- Femmes
- Hommes

1 Des métiers très féminisés (1896)

2 Une critique de la société

Combien plus coupables encore ceux qui prirent les femmes, qui ouvrirent à la misère de la fille des villes, à l'aveuglement de la Parisienne, la ressource funeste d'un travail exterminateur et la promiscuité[1] des manufactures ! Qui dit la femme dit l'enfant, une famille est détruite, plusieurs enfants et l'espoir des générations à venir.

Barbarie de notre Occident, la femme n'a plus été comptée pour l'amour, pour le bonheur de l'homme, encore moins comme maternité, comme puissance de race. Mais comme ouvrière !

L'ouvrière, mot impie[2], sordide, qu'aucune langue n'eut jamais, qu'aucun temps n'aurait compris sans cet âge de fer[3] et qui balancerait à lui tout seul tous nos prétendus progrès.

◼ Jules Michelet (1798-1874), historien français, *La Femme*, 1859.

1. Espace trop petit pour permettre l'intimité.
2. Contraire aux choses sacrées.
3. Le XIXe siècle industriel.

3 Des femmes dans la mine sous le Second Empire

PISTES **EPI** Français

Dans Germinal, *Émile Zola décrit la vie des mineurs sous le Second Empire. Dans cet extrait, il évoque Catherine, 16 ans, qui travaille à la mine depuis son enfance. Il a écrit ce roman après de longues enquêtes de terrain.*

Ce qui étonnait Étienne c'était la force de cette enfant, une force nerveuse où il entrait beaucoup d'adresse. Elle remplissait sa berline[1] plus vite que lui, à petits coups de pelle réguliers et rapides ; elle la poussait ensuite d'une seule poussée lente, sans accrocs, passant à l'aise sous les roches basses. Lui se massacrait, déraillait, restait en détresse.

Il fallut qu'elle lui montrât à écarter les jambes, à s'arc-bouter[2] les pieds contre les bois, des deux côtés de la galerie, pour se donner des points d'appui solides. Le corps devait être penché, les bras raidis, de façon à pousser de tous les muscles. Elle suait, haletait, craquait des jointures, mais sans une plainte, avec l'indifférence de l'habitude, comme si la commune misère était pour tous de vivre ainsi ployé.

◼ D'après Émile Zola, *Germinal*, 1885.

1. Wagonnet. 2. S'appuyer sur une partie de son corps pour avoir plus de force.

Enfants dans une mine, gravure du XIXe siècle.

4 L'usine, une réalité pour de nombreuses femmes

Fabrique de tapis en laine, France, 1908.

5 Le travail des femmes et des enfants, 1892

Pour les femmes (et les filles), la durée de la journée de travail « effectif » ne doit pas excéder onze heures.

Le travail de nuit est aussi réglementé : les enfants de moins de dix-huit ans, les filles de moins de vingt et un an et les femmes ne peuvent être employés à aucun travail de nuit. [...]

Les enfants de moins de dix-huit ans et les femmes ne peuvent être employés plus de six jours par semaine, ni les jours fériés.

Les filles et les femmes ne peuvent effectuer les travaux souterrains (mines, carrières) ni être employées (de même que les enfants) dans des établissements insalubres ou dangereux.

■ *Journal officiel* (journal édité par l'État dans lequel sont publiées toutes les lois), n° 298, novembre 1892.

Activités

Question clé Quelle est la place des femmes dans le monde industriel ?

ITINÉRAIRE 1

▶ **Je comprends le sens général des documents**

❶ Doc 1. Quelle est la place des femmes dans l'industrie ?

❷ Doc 2. Quel est le point de vue de l'auteur sur le travail des femmes ?

❸ Doc 3. Pourquoi cet extrait de roman est-il intéressant pour comprendre la condition des ouvrières ?

❹ Doc 3 et 4. Comment peut-on décrire le travail des femmes au XIXe siècle ?

❺ Doc 5. Que cherchent à réglementer les lois ?

▶ **Je m'exprime à l'écrit pour décrire et expliquer**

❻ À partir des informations tirées de l'ensemble des documents, vous rédigerez un texte d'une quinzaine de lignes pour répondre à la question clé.

OU

ITINÉRAIRE 2

▶ **J'apprends à gérer une tâche collective**

En petits groupes, préparez un exposé pour répondre à la question clé. Appuyez-vous sur les documents.

MÉTHODE

Dans votre exposé, vous montrerez :
▶ que les femmes sont très présentes dans le monde industriel (➔ Doc 1, 3 et 4) ;
▶ que cette présence suscite des critiques, mais aussi une volonté de les protéger (➔ Doc 2 et 5).

La vie des femmes bourgeoises au XIXe siècle

CONSIGNE

Répartis en équipes, vous devez étudier la vie des femmes bourgeoises au XIXe siècle : leur rôle au sein de la famille, leurs loisirs. Certains d'entre vous découvriront une grande figure féminine de l'époque : George Sand.

Chaque équipe présente son travail à la classe. Pour conclure, expliquez en quelques phrases la condition des femmes bourgeoises au XIXe siècle.

VOCABULAIRE

▶ **Bourgeoisie**
Catégorie sociale qui s'enrichit essentiellement par les revenus du commerce et de l'industrie. Elle concentre richesse, influence et prestige.

Les femmes et la famille

Quels sont le rôle et le statut des femmes au sein du couple et de la famille au XIXe siècle ?

1 Le Code civil organise l'inégalité dans le foyer

Art. 213. Le mari doit protection à sa femme, la femme doit obéissance à son mari.

Art. 229. Le mari pourra demander le divorce si sa femme commet un adultère.

Art. 230. La femme pourra demander le divorce si le mari commet un adultère dans leur maison.

Art. 1124. La femme passe de l'autorité de son père à celle de son mari. Elle est une éternelle mineure qu'il faut protéger.

Art. 1421. Le mari s'occupe seul des biens de la famille. Il peut les vendre et les donner sans l'accord de sa femme.

■ Code civil ou « Code Napoléon », 1804.

2 Une famille bourgeoise
Tous les bonheurs, Alfred Stevens, vers 1880, 53,5 x 67,5 cm, musée d'Orsay, Paris.

La vie en société des femmes bourgeoises

ÉQUIPE 2

Comment la vie quotidienne des femmes bourgeoises se déroule-t-elle ?
Décrivez aussi leurs loisirs et leur vie en société.

3 Une soirée dans la grande bourgeoisie

Une soirée, Jean Béraud, 1878, 117 x 65 cm, musée d'Orsay, Paris.

PISTES EPI Français

Gustave Flaubert (1821-1880)

Romancier français, Flaubert attache une grande importance au réalisme et à l'analyse psychologique. Parmi ses œuvres majeures, *Madame Bovary* (1857) et *L'Éducation sentimentale* (1869) connaissent encore aujourd'hui un grand succès.

Madame Bovary (1857)

Madame Bovary décrit le quotidien d'une femme de la petite bourgeoisie de province, Emma Bovary. Elle s'ennuie auprès de son mari et cherche une vie plus intéressante que celle d'une femme bourgeoise, destinée à s'occuper de son foyer.

4 Madame Bovary s'ennuie, ou le quotidien d'une bourgeoise

Avant ce passage, Emma Bovary a passé une soirée au château de Vaubyessard. Elle y a découvert le luxe du monde aristocratique. Le retour à sa vie quotidienne lui paraît encore plus maussade.

Dès le commencement de juillet, elle compta sur ses doigts combien de semaines lui restaient pour arriver au mois d'octobre, pensant que le marquis d'Andervilliers, peut-être, donnerait encore un bal à la Vaubyessard. Mais tout septembre s'écoula sans lettres ni visites.

Après l'ennui de cette déception, son cœur de nouveau resta vide, et alors la série des mêmes journées recommença.

Elles allaient donc maintenant se suivre ainsi à la file, toujours pareilles, innombrables, et n'apportant rien ! [...] L'avenir était un corridor[1] tout noir, et qui avait au fond sa porte bien fermée.

Elle abandonna la musique. Pourquoi jouer ? Qui l'entendrait ? Puisqu'elle ne pourrait jamais, en robe de velours à manches courtes, sur un piano d'Érard[2], dans un concert, battant de ses doigts légers les touches d'ivoire, sentir, comme une brise, circuler autour d'elle un murmure d'extase[3], ce n'était pas la peine de s'ennuyer à étudier. Elle laissa dans l'armoire ses cartons à dessin et la tapisserie. À quoi bon ? À quoi bon ? La couture l'irritait.

■ Gustave Flaubert, *Madame Bovary*, 1857.

1. Étroit couloir.
2. Marque de piano qui connaît un grand succès au XIXᵉ siècle.
3. Fort sentiment de bien-être.

ÉQUIPE **3**

George Sand face au mariage

Quelle est la position de George Sand face au mariage ? Décrivez en particulier son point de vue sur la place qu'y occupent les femmes. → **Biographie p. 167**

5 Un roman pour dénoncer la place des femmes dans le mariage

– Qui donc est le maître ici, de vous ou de moi ? qui donc porte une jupe et doit filer une quenouille[1] ? Prétendez-vous m'ôter la barbe du menton ? Cela vous sied bien, femmelette !

– Je sais que je suis l'esclave et vous le seigneur. La loi de ce pays vous a fait mon maître. Vous pouvez lier mon corps, garrotter[2] mes mains, gouverner mes actions. Vous avez le droit du plus fort, et la société vous le confirme ; mais sur ma volonté, monsieur, vous ne pouvez rien, Dieu seul peut la courber et la réduire. Cherchez donc une loi, un cachot, un instrument de supplice qui vous donne prise sur moi ! c'est comme si vous vouliez manier l'air et saisir le vide.

– Taisez-vous, sotte et impertinente créature ; vos phrases de roman nous ennuient.

– Vous pouvez m'imposer le silence, mais non m'empêcher de penser.

■ George Sand, *Indiana*, 1832.

1. Activité proche de la couture.
2. Lier très solidement.

Tony Johannot, dessin réalisé pour *Indiana*, 1832.

6 Pour une réforme du mariage

Pour ne pas laisser d'ambiguïté dans ces considérations que j'apporte, je dirai toute ma pensée sur ce fameux affranchissement de la femme dont on a tant parlé dans ce temps-ci. Je le crois facile et immédiatement réalisable, dans la mesure que l'état de nos mœurs comporte.

Il consiste simplement à rendre à la femme les droits civils[1] que le mariage seul lui enlève, que le célibat seul lui conserve ; erreur détestable de notre législation qui place en effet la femme dans la dépendance cupide[2] de l'homme, et qui fait du mariage une condition d'éternelle minorité, tandis qu'elle déciderait la plupart des jeunes filles à ne se jamais marier si elles avaient la moindre notion de la législation civile à l'âge où elles renoncent à leurs droits.

■ George Sand, *Lettre aux membres du Comité central* (club politique républicain), 1848.

1. Droits qui garantissent l'égalité des femmes et des hommes devant la loi. **2.** Dirigée par l'argent.

INFOS

George Sand consacre ses premiers romans, notamment *Indiana* (1832) et *Lélia* (1833), à la dénonciation du mariage qui opprime les femmes. Elle-même se sépare officiellement de son mari à une époque où le divorce est interdit.

George Sand vue par les hommes de son temps

Comment George Sand, qui remet en cause la place des femmes dans la société, est-elle perçue par beaucoup d'hommes de son époque ?

7 **George Sand critiquée par un caricaturiste**

Caricature de Gérard Fontallard parue dans *Aujourd'hui, journal des ridicules*, le 15 octobre 1839.

① George Sand

INFOS

Porter à l'occasion un habit d'homme est un choix personnel de George Sand. C'est pour elle une manifestation d'indépendance et de liberté.

8 **Une attaque contre George Sand**

Nous avons, depuis plus de trente ans, polissonné avec[1] les choses les plus sacrées, la religion, la morale, les pouvoirs publics… et aujourd'hui, il ne sera pas permis de juger librement Mme George Sand !

Femme, Mme Sand ne l'est plus. Elle a passé une partie de sa vie en habit d'homme. Si vous voulez, je l'appellerai *Monsieur* George Sand, au lieu de *Madame* dans le courant de ce chapitre. Je n'y tiens pas, ni elle non plus !

■ D'après *Les Œuvres et les Hommes*, 5e partie, « Les Bas-bleus », Jules Barbey d'Aurevilly, 1878.

1. Critiqué.

D'OÙ VIENT L'EXPRESSION…

BAS-BLEU

Cette expression apparaît sous la monarchie de Juillet. Elle désigne une **femme de lettres**. Le terme est toujours employé de façon péjorative pour critiquer celles qui écrivent des livres. Flaubert la définit ainsi comme « Terme de mépris pour désigner toute femme qui s'intéresse aux choses intellectuelles. »

Les femmes et la participation politique

SOCLE Compétences
- **Domaine 3** : Je comprends le sens de l'engagement pour l'égalité entre les femmes et les hommes
- **Domaine 5** : Je réalise une production artistique

CONSIGNE

À l'occasion de la Journée internationale des femmes le 8 mars, vous réalisez une affiche pour une campagne d'information illustrée, présentant l'engagement et le combat politique des femmes en France au XIXe siècle.

Appuyez-vous sur les documents pour élaborer votre affiche.

VOCABULAIRE

▶ **Suffragette**
À la fin du XIXe siècle, les militantes pour le droit de vote des femmes sont appelées **suffragettes**.
Ce mot apparaît en Angleterre.

1 Les femmes sur les barricades de 1830

Fin juillet 1830, trois journées révolutionnaires parisiennes poussent le roi Charles X à abdiquer (→ Chap. 6 p. 126).

Une Barricade en 1830, P. Manguin, 1834, musée Carnavalet, Paris.

2 Une nouvelle révolution en 1848

En 1848, une nouvelle révolution met un terme à la monarchie de Juillet ; la République est proclamée (→ Chap. 6 p. 128).

7 heures du matin, le 24 février. Mlle Joséphine attendant la Garde municipale, François Teichel, Bibliothèque historique de la ville de Paris.

3 **Les femmes revendiquent le droit de vote**
Manifestation de suffragettes à Paris en 1914.

4 **La revendication du suffrage universel en 1848**

Il ne suffit pas d'énoncer un grand principe et de proclamer bien haut que l'on en accepte toutes les conséquences ; il faut se dévouer à la réalisation de ce principe et témoigner par tous ses actes que l'on a le courage de son opinion [...].

En 1849, une femme vient encore frapper à la porte de la cité, réclamer pour toutes les femmes le droit de participer aux travaux de l'Assemblée législative[1]. Ce n'est pas au vieux monde qu'elle s'adresse ; on ne parle pas aux morts, mais aux vivants : c'est à ses frères, aux démocrates socialistes[2], à ceux qui ont accepté toutes les conséquences des principes de liberté, d'égalité, de fraternité. Elle vient leur demander de protester contre une injuste exclusion, et de proclamer par leur vote qu'ils veulent sincèrement l'abolition de tous les privilèges de race, de naissance et de fortune.

◼ Jeanne Deroin, *L'Opinion des femmes*, n° 3, 10 avril 1849.

1. Jeanne Deroin se présente comme candidate aux élections législatives de mai 1849, (➜ Biographie p. 167).
2. Autre nom des républicains à cette époque.

5 **Les femmes exclues du suffrage universel**

En vain prétend-on que l'égalité civile accordée à la femme a pour corollaire[1] nécessaire son émancipation politique. C'est méconnaître absolument le rôle de la femme dans l'humanité. Destinée à la maternité, faite pour la vie de famille, la dignité de sa situation sera d'autant plus grande qu'elle n'ira point la compromettre dans les luttes du forum[2] et dans les hasards de la vie publique. Elle oublierait fatalement ses devoirs de mère et ses devoirs d'épouse, si elle abandonnait le foyer pour courir à la tribune. [...] D'autre part, elle introduirait dans la famille un élément de dissolution[3], qui lui ferait perdre la légitime influence qu'exerce sur le père de famille la femme respectable. [...]

On a donc parfaitement raison d'exclure de la vie politique les femmes et les personnes qui, par leur peu de maturité d'esprit, ne peuvent prendre une part intelligente à la conduite des affaires publiques.

◼ Louis-Émile Morlot (député républicain), *De la capacité électorale*, 1884.
1. Conséquence. **2.** Lieu où l'on discute des affaires publiques.
3. Rupture.

> **COUP DE POUCE**
>
> Réalisez l'affiche de votre campagne d'information en deux parties.
>
> ▸ Les femmes participent spontanément à l'action politique. (➜ **Doc 1, 2 et 3**)
> ▸ Les femmes exclues du suffrage universel revendiquent le droit de vote. (➜ **Doc 3 à 5**)

La représentation des femmes dans le monde rural : *Des Glaneuses* de Millet

Question clé Comment la peinture peut-elle décrire les conditions de vie des femmes dans le monde rural ?

BIOGRAPHIE

Jean-François Millet (1814-1875)
▶ Fils aîné de paysans aisés, il travaille dans la ferme familiale jusqu'à ses 20 ans.
▶ Il connaît donc bien le monde rural et a pu longuement observer des scènes de la vie paysanne avant d'être envoyé à Cherbourg pour apprendre son métier de peintre.
▶ Il est célèbre pour ses peintures réalistes de la paysannerie, dont l'une des plus connues est *L'Angélus*.

 INFOS

Les femmes au travail

Le travail féminin du XIXᵉ siècle ne se réduit pas à celui de **l'ouvrière**. Malgré le phénomène d'industrialisation, la France est encore un **pays majoritairement agricole et rural**. Les femmes travaillent dans les **campagnes** depuis toujours. Ici, les femmes représentées sont des **glaneuses**, une catégorie très **défavorisée**.

 mémo ART

▶ Millet représente ici avec **réalisme** un moment précis de la **vie rurale** : le **glanage**. Avant le coucher du soleil, les pauvres, en particulier les femmes et les enfants, sont autorisés à ramasser les épis de blé oubliés dans les champs moissonnés.

▶ Millet a choisi de ne représenter que des **figures féminines** au premier plan.

▶ On retrouve le thème du glanage dans la **littérature du XIXᵉ siècle**, dans *Les Paysans* de Balzac, par exemple, mais aussi chez d'autres **peintres**.

QUESTIONS

Je présente et je décris l'œuvre

❶ Qui est l'auteur de ce tableau ? Quand l'a-t-il réalisé ?

❷ Décrivez chacun des plans du tableau : (personnages, action, paysages, couleurs).

J'analyse l'œuvre

❸ Que ressentez-vous face à ce tableau ?

❹ Qui sont les glaneuses ? Quelle image le peintre veut-il donner du travail de ces paysannes ?

❺ D'autres peintres ont travaillé sur le thème des glaneuses, du XIXᵉ siècle à nos jours. Recherchez sur Internet trois œuvres et comparez-les avec *Des Glaneuses* de Millet.

1 *Des Glaneuses*, Jean-François Millet, 1857
Huile sur toile, 83,5 x 110 cm, 1857, musée d'Orsay, Paris.

Et aujourd'hui ?

Dans ce documentaire, la réalisatrice Agnès Varda filme les populations contraintes de glaner, de grappiller dans les arbres, ou encore de ramasser les déchets des supermarchés pour survivre.
Elle s'inspire du titre du tableau de Millet.

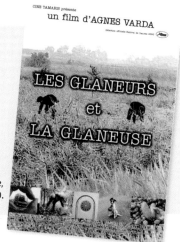

Les Glaneurs et la glaneuse,
Agnès Varda, 2000.

Conditions féminines au XIXᵉ siècle

→ **Comment les conditions de vie des femmes sont-elles transformées au XIXᵉ siècle ?**

Le savez-vous ?

Hubertine Auclert engage une grève de l'impôt à partir de 1880. Elle s'appuie sur l'idée que, puisque les femmes ne sont pas représentées en politique, elles ne doivent pas être imposables !

→ p.348-349

VOCABULAIRE

▶ **Domestique**
Employé-e de maison au service de la bourgeoisie. Un-e domestique s'occupe de tâches variées (ménage, linge, cuisine, etc.).

▶ **Émancipation**
Fait de se détacher d'une autorité ou d'une tutelle.

A Une infériorité définie par la loi

1. Le Code civil officialise l'infériorité des femmes

● En 1804, le **Code civil** ou « Code Napoléon » inscrit dans la loi l'**infériorité des femmes**. Elles sont condamnées à rester **mineures** toute leur vie, passant de la **tutelle de leur père à celle de leur mari**. Ce dernier a tous les droits sur leurs biens et l'autorité totale sur les enfants. Une femme ne peut pas **travailler** sans son autorisation. Contrairement à son mari, une femme ne peut pas demander le **divorce** entre 1816 et 1884.

2. Les femmes sont enfermées dans un rôle domestique

● L'idée de l'**infériorité** des femmes est justifiée dans les **discours scientifiques, politiques et religieux**. Les femmes doivent avant tout être préparées au **rôle d'épouse et de mère**.

● C'est pourquoi l'accès à l'**instruction scolaire** est longtemps limité. Les **lois Ferry** (1881-1882) rendent l'enseignement primaire obligatoire pour tous. Des lycées de jeunes filles sont aussi créés.

B Les femmes au travail

1. Une hausse de l'activité des femmes

● Les femmes ont toujours participé au **travail**, dans le cadre du **foyer**, dans les **champs** ou dans l'**atelier familial**. Mais au XIXᵉ siècle, dans le contexte de l'**industrialisation** (→ chap. 4 p. 80), ce travail est de plus en plus distinct des activités du foyer. Les femmes entrent dans les **usines**, majoritairement dans le secteur **textile**. De 1806 à 1856, leur part dans l'industrie passe de 18,1 à 26,6 %.

● Mais la majorité des femmes travaille à la **campagne** sur les **exploitations familiales**. Beaucoup de jeunes filles sont aussi **domestiques**. Peu à peu, de nouveaux métiers apparaissent, notamment dans le **commerce**, avec le développement des grands magasins, par exemple. Enfin, la **prostitution** est en forte croissance au cours du siècle.

2. Un débat, voire un problème de société

● Cette entrée des femmes dans le monde du travail peut apparaître comme le début d'une **émancipation**. Elle provoque de nombreux débats parmi les **hommes**. Certains y voient une **main-d'œuvre concurrente et déloyale** – les femmes étant payées moitié moins. C'est pourquoi la **législation** du travail féminin progresse à la fin du XIXᵉ siècle ; pour les **protéger**, mais aussi **limiter leur participation** sur le marché du travail.

C Des revendications sociales et politiques

1. Les femmes participent aux combats politiques

● Malgré cette situation d'**infériorité légale** par rapport aux hommes, les femmes participent aux **journées révolutionnaires** ou se joignent aux hommes dans les **manifestations et grèves ouvrières**. En 1830, elles participent activement aux « **Trois Glorieuses** » et en **1848**, elles sont à nouveau nombreuses sur les barricades (➜ chap. 6 p. 126).

● Néanmoins, alors que le **suffrage universel** est acquis pour les hommes en 1848, la **IIᵉ République** ne leur accorde pas le **droit de vote**.

2. L'organisation des revendications

● Les militantes **féministes** s'organisent et rédigent des **journaux** défendant leurs **revendications**. Elles attendent des **droits sociaux** et un accès plus large à l'**éducation**, mais souhaitent avant tout la **réforme du Code civil** et particulièrement de l'institution du **mariage**. Certaines d'entre elles, comme **Jeanne Deroin** ou plus tard **Hubertine Auclert**, revendiquent aussi l'ouverture du **suffrage universel** aux femmes. Elles ne sont pourtant pas entendues au cours du XIXᵉ siècle.

Je retiens autrement

Les femmes au XIXᵉ s.

Femmes du peuple OU Femmes bourgeoises

Statut...

● ... **politique**
Pas de droit de vote (exclusion du suffrage universel en 1848).

● ... **social**
Considérées avant tout comme des épouses et des mères.

● ... **juridique**
Définies par la loi comme d'éternelles mineures (Code civil ou « Code Napoléon » 1804).

Des évolutions ?

La Française doit VOTER

• Progressivement, les femmes multiplient les **revendications** dans tous ces domaines.

• Elles se heurtent encore aux **résistances** de la plupart des hommes.

• Les métiers de l'industrie et du commerce s'ouvrent de plus en plus aux femmes.

Apprendre à apprendre

Comment apprendre ma leçon ?

J'apprends en réalisant une infographie

L'infographie est un outil d'apprentissage créatif qui met en scène les connaissances du chapitre. Elle permet de synthétiser de manière visuelle les informations importantes du cours.

▶ **Étape 1**

- Pour créer votre infographie, des logiciels sont disponibles gratuitement sur Internet : Piktochart, Canva ou Infogram. Enregistrez-vous sur le site choisi selon votre niveau en informatique.

▶ **Étape 2**

- Choisissez le format de l'infographie (plusieurs modèles sont proposés). Placez vos formes, titres, images, textes, cartes, graphiques, nuage de mots, cartes mentales...

- La mise en page doit être aérée et agréable : attention au trop-plein d'informations.

 Votre infographie peut présenter l'ensemble du chapitre ou ne traiter que d'un thème.

Conditions féminines dans une société en mutation

Titre de l'œuvre, auteur, date

George Sand et la condition des femmes bourgeoises
....
....
....

Le mariage bourgeois

FRISE

Une infériorité définie par la loi

Les femmes au travail

Graphique sur les ouvrières

REVENDICATIONS SOCIALES ET POLITIQUES

Je révise *chez moi*

● **Je vérifie que je connais les principaux repères du chapitre.**

Je sais définir et utiliser dans une phrase :

- ▶ féminisme
- ▶ droits sociaux
- ▶ droits politiques

Je sais situer :

- ▶ le Code civil
- ▶ une loi qui protège les femmes au travail
- ▶ les lois qui permettent aux filles d'accéder à l'école

site élève
⬇ frise à compléter

Je sais expliquer :

- ▶ comment les femmes ont été exclues du droit de vote au XIXe siècle.
- ▶ comment la loi a fait des femmes d'éternelles mineures.
- ▶ les principales revendications des femmes au XIXe siècle.

Je vérifie mes connaissances

1 J'indique si les phrases sont vraies ou fausses.

1. Les femmes travaillent comme ouvrières au XIXᵉ siècle. ☐ Vrai ☐ Faux

2. Les femmes obtiennent le droit de vote en 1848. ☐ Vrai ☐ Faux

3. Les femmes sont considérées comme égales à leurs maris au sein du mariage. ☐ Vrai ☐ Faux

4. George Sand veut réformer les lois sur le mariage. ☐ Vrai ☐ Faux

5. Des femmes dirigent des journaux consacrés à la cause féministe. ☐ Vrai ☐ Faux

2 Je classe les éléments suivants sur une frise.

a. Suffrage universel masculin

b. Code civil ou « Code Napoléon »

c. Loi mettant en place le premier congé maternité

d. Lois de protection des enfants et des femmes au travail

e. Lois Ferry qui rendent l'école laïque, gratuite et obligatoire

3 Je relie chaque phrase à une femme du XIXᵉ siècle.

1. Hubertine Auclert   **2.** George Sand   **3.** Eugénie Niboyet   **4.** Jeanne Deroin

a. Elle est lingère avant de devenir institutrice.

b. Elle fait scandale par son mode de vie.

c. Elle est considérée comme la première suffragette française.

d. Elle fonde l'un des premiers journaux consacrés à la cause des femmes.

4 Je révise le vocabulaire avec des mots croisés.

1. Elles ont un statut économique confortable mais elles sont confinées dans l'univers domestique.

2. Elle travaille dans des conditions très difficiles pour un salaire très faible.

3. Il a rédigé le Code civil.

4. Les bourgeoises y passent l'essentiel de leur temps.

5. On désigne ainsi les femmes qui ont cherché à obtenir des droits égaux à ceux des hommes.

site élève
⬇ grille à imprimer

5 Retrouvez d'autres exercices sous forme interactive sur le site Nathan.

site élève
⬇ exercices interactifs

Exercices

1 Je confronte un document sur une militante féministe à mes connaissances

↳ Socle : Domaine 2

Certes depuis quinze ans, j'ai pris en main la cause des femmes, et j'ai fait revivre cette importante question ensevelie après la révolution de 1848.

J'ai en toutes circonstances demandé l'intégralité des droits féminins aussi bien politiques que civils. Dès lors le mouvement s'est généralisé, l'idée n'a cessé de marcher ; elle est même parvenue jusqu'aux chambres[1]. Mais comme rien n'est encore changé dans la loi, que le terme français employé dans les codes et les Constitutions n'implique toujours pas celui de française et qu'il l'exclut même en plus d'un cas ; qu'en conséquence, ma candidature ne peut être qu'une candidature de protestation, dont le résultat immanquable, même s'il y a succès, est l'invalidation, je refuse [de présenter ma candidature aux élections législatives d'octobre 1881]. Car cette vaine tentative n'amènerait que des retards.

■ Lettre de Maria Deraismes au journal *Le Rappel*, 1881.

1. L'Assemblée nationale et le Sénat, qui composent le Parlement où sont votées les lois.

BIOGRAPHIE

Maria Deraismes (1828-1894)
▶ Issue d'un milieu bourgeois, elle a reçu une éducation de haut niveau.
▶ Elle s'engage dans le combat pour les droits des femmes à la fin des années 1860. Elle est militante au parti républicain, mais ce parti ne soutient pas le droit de vote des femmes. En 1870, elle fonde l'Association pour le droit des femmes.

QUESTIONS

❶ Présentez le document et le contexte de sa rédaction.

❷ Comment l'auteure perçoit-elle l'évolution de la condition féminine au XIXᵉ siècle ?

❸ Quelles sont les revendications de Maria Deraismes ?

❹ D'après vos connaissances, ces revendications sont-elles partagées par d'autres ? Appuyez-vous sur des exemples précis.

❺ Pourquoi Maria Deraismes refuse-t-elle de se présenter aux élections législatives d'octobre 1881 ?

2 J'analyse une image : les femmes dans les revendications ouvrières

↳ Socle : Domaine 5

QUESTIONS

❶ Présentez le document.

❷ Dans quel type de lieu se situe cette scène ? Quels sont les éléments qui vous permettent de l'affirmer ?

❸ Décrivez précisément les personnages représentés. À quel milieu appartiennent-ils ?

❹ À partir de vos réponses aux questions précédentes, dressez un portrait des participants à cette grève.

La Grève au Creusot (ville industrielle), Jules Adler, 1899, Écomusée de la Communauté le Creusot Montceau.

Exercices

3 Maîtriser différents langages pour raisonner et se repérer (exercice 2)

↳ **SOCLE :** Domaine 1. Je réponds de façon développée et argumentée à un sujet.

CONSIGNE Sous la forme d'un développement construit d'une vingtaine de lignes, expliquez quelle est la place des femmes en France au XIXᵉ siècle dans les domaines social et politique.

MÉTHODE

Je réponds de façon développée et argumentée à un sujet

Étape 1. Je travaille au brouillon
- Commencez par analyser la consigne pour comprendre ce qui vous est demandé.
- Au brouillon, faites la liste des connaissances qui permettent de répondre au sujet.
- Organisez vos idées en différents paragraphes (chaque paragraphe est un élément de réponse à la consigne).

Étape 2. Je rédige mon développement
- Vous pouvez commencer par une ou deux phrases d'introduction pour expliquer ce que vous allez montrer.
- Organisez votre réponse en paragraphes selon le plan fait au brouillon.
- Vous pouvez finir par une phrase de conclusion pour faire le bilan de votre réponse au sujet.
- Écrivez au présent, soignez l'expression écrite, l'orthographe et l'écriture.
- Séparez vos parties en passant à la ligne.
- Pensez à vous relire.

COUP DE POUCE

- Le sujet porte sur le XIXᵉ siècle, une période de grandes transformations économiques et sociales, notamment pour les femmes (bourgeoises, ouvrières, paysannes...). Il faudra montrer leur statut d'infériorité, leur rôle dans le monde du travail et dans la vie politique, mais aussi expliquer comment leur place évolue durant la période étudiée et quelles sont leurs revendications.

- Pour organiser vos idées et donc votre développement, vous pouvez faire trois paragraphes :
  - une infériorité définie par la loi ;
  - la place des femmes dans le monde du travail et dans la vie politique ;
  - la multiplication des revendications sociales et politiques.

- Dans chacun de vos paragraphes, appuyez-vous sur des exemples, des dates, des noms de personnages importants...
  - *Exemple 1 :* dans la première partie, pensez à mentionner le Code civil qui, en 1804, inscrit l'infériorité des femmes dans la loi.
  - *Exemple 2 :* dans la troisième partie, citez des noms de femmes comme Hubertine Auclert, qui revendiquent le droit de vote.

MON BILAN DE COMPÉTENCES

Domaine du socle	Compétences travaillées	Pages du chapitre
D1 Les langages pour penser et communiquer	• Je sais m'exprimer à l'écrit de façon claire et organisée • Je sais argumenter à l'oral et écouter mes interlocuteurs • Je connais le langage des arts • Je maîtrise différents langages pour raisonner et me repérer	**Je découvre** p. 168-169 **J'enquête** p. 170-173 **Parcours Arts** p. 176-177 **Exercice 3** p. 183
D2 Méthodes et outils pour apprendre	• Je sais travailler en équipe dans un dialogue constructif • Je sais défendre mon point de vue dans un travail en équipe • Je sais organiser mon travail personnel • Je sais confronter un document à mes connaissances	**Je découvre** p. 168-169 **J'enquête** p. 170-173 **Apprendre à apprendre** p. 180 **Exercice 1** p. 182
D3 La formation de la personne et du citoyen	• Je comprends le sens de l'engagement pour l'égalité entre les femmes et les hommes	**J'enquête** p. 174-175
D5 Les représentations du monde et de l'activité humaine	• Je sais réaliser une production artistique • Je sais analyser une image	**J'enquête** p. 174-175 **Exercice 2** p. 182

Géographie

Vue de Marina Bay à Singapour, 2015.

Partie 1

L'urbanisation du monde,

➜ Comment l'urbanisation, à travers ses espaces et ses paysages, elle-t-elle révélatrice de la mondialisation et des inégalités qu'elle engendre ?

Une de l'hebdomadaire *Courrier international* n°1170, avril 2013.

Ouvrage d'Éric Hamelin et Olivier Razemin, Rue de l'Échiquier, 2012.

ENJEU 1 Les espaces et paysages de l'urbanisation

▶ Quels nouveaux paysages l'urbanisation du monde fait-elle apparaître ?

▶ Que nous disent ces paysages sur l'organisation de l'espace urbain entre centre et périphéries ?

fait majeur de la mondialisation

New York vue par un magazine français
Couverture de l'hebdomadaire *L'Express*,
n°3355, 21 au 27 octobre 2015.

ENJEU 2 Des villes inégalement
connectées au réseau de la mondialisation

▶ Quelles sont les caractéristiques d'une ville
bien intégrée dans la mondialisation ?

▶ Que deviennent les villes à l'écart de cette
mondialisation, voire qui « rétrécissent » ?

Dubaï, ville hôte de l'Exposition universelle de 2020
Couverture du magazine *TimeOut Dubai*, n°47,
27 novembre-3 décembre 2013.

9 Espaces et paysages de l'urbanisation

→ **Quels types d'espaces et de paysages sont créés par l'urbanisation du monde ?**

Au cycle 3, en 6ᵉ

J'ai découvert les différentes façons d'« habiter la ville » à l'échelle du monde.

Au cycle 4, en 5ᵉ

J'ai appris qu'en ville, la diversité des quartiers reflète les inégalités sociales des habitants et les rend plus visibles.

Ce que je vais découvrir

L'urbanisation met en place de nouveaux types d'espaces et de paysages.

1 Dubaï, la ville la plus peuplée des Émirats arabes unis, 2014

Située sur le Golfe persique, Dubaï est aussi la ville la plus connue du pays grâce à ses projets architecturaux spectaculaires : le Burj Khalifa **1** est l'immeuble le plus haut du monde (824 mètres).

La population urbaine dans le monde est estimée à 4 milliards d'habitants en 2015. En 2050, elle devrait atteindre 6,3 milliards, soit 100 fois la population française actuelle !

Milan
Italie

Dubaï
Émirats arabes unis

UniCredit

2 **Milan, centre industriel, commercial, financier et universitaire de l'Italie, 2014**

Dans cette métropole fondée dans l'Antiquité, tradition et modernité se côtoient.
À côté de la porte Garibaldi **1**, construite en 1828, un quartier des affaires très récent **2**.

Espaces et paysages urbains d'Istanbul

Question clé Que nous apprennent les paysages d'Istanbul sur son organisation urbaine ?

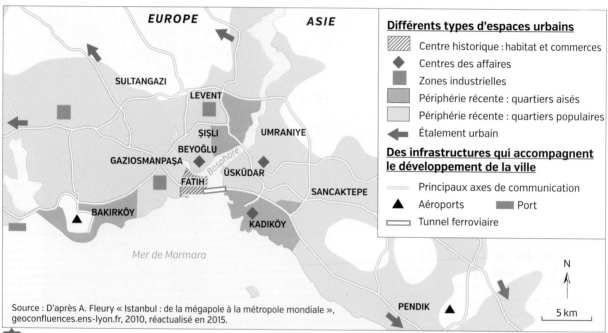

Source : D'après A. Fleury « Istanbul : de la mégapole à la métropole mondiale », geoconfluences.ens-lyon.fr, 2010, réactualisé en 2015.

1 Istanbul, une ville en expansion

2 Une ville fragmentée ?

Ville d'un million d'habitants en 1950, Istanbul en compte aujourd'hui quinze à vingt millions !

Cela s'est traduit par une extension massive de l'espace urbain. Des quartiers, à l'image de Levent, jadis inhabités sont devenus les emplacements d'usines.

Les nouveaux venus se sont installés dans des habitats précaires et illégaux, les *gecekondu*.

Le revenu moyen des ménages turcs ne s'élève qu'à 1 075 euros par mois, mais Istanbul accueille 28 milliardaires résidents.

◾ D'après *Aujourd'hui la Turquie*, août 2015.

3 Istanbul la moderne, 2014

Şişli est un quartier résidentiel et d'affaires, urbanisé au cours du XXe siècle.

5 **Gaziosmanpaşa,
un quartier périphérique populaire, 2014**

Dans la région d'Istanbul, s'est constituée une immense
périphérie urbaine qui mêle habitat collectif **1**
et constructions individuelles souvent illégales **2**.

4 **Le quartier de Fatih, 2014**

C'est le cœur historique d'Istanbul.
C'est un quartier commerçant
aujourd'hui très fréquenté par
les touristes.

Activités

Question clé **Que nous apprennent les paysages d'Istanbul sur son organisation urbaine ?**

ITINÉRAIRE 1

ou

ITINÉRAIRE 2

▸ **J'analyse et je comprends des documents**

1 **Doc 1.** Localisez Istanbul et identifiez
la particularité de sa situation géographique.

2 **Doc 2.** Citez deux nouveaux types de quartiers
nés de la croissance urbaine d'Istanbul depuis 1950.

3 **Doc 1, 3, 4 et 5.** Pour chacun des trois quartiers
présentés, précisez sa localisation (centre ou
périphérie), ses activités dominantes. Décrivez son
paysage en une phrase.

▸ **J'argumente à l'écrit**

4 À l'aide de vos réponses aux questions 1 à 3,
rédigez un texte en trois parties – une pour chaque
quartier – pour répondre à la question clé.

▸ **Je construis un schéma
d'organisation spatiale**

À l'aide des documents, réalisez
un schéma d'organisation spatiale
d'Istanbul pour répondre à la question clé.

MÉTHODE

1. À l'aide de la carte 1 p. 190, commencez
par décalquer le territoire de la ville (parties
européenne et asiatique, mer de Marmara et
Bosphore).

2. Délimitez, puis coloriez les différents types
d'espaces. Dessinez ensuite les principales
infrastructures de transports.

3. Construisez la légende.

Étude de cas

EN ÉQUIPES !

Espaces et paysages de Mexico, mégapole sud-américaine

CONSIGNE

Vous venez d'être recruté-e comme guide touristique pour l'été par une agence de voyage. Afin de préparer les visites de Mexico, vous êtes chargé-e, avec vos collègues guides, de réaliser une plaquette touristique.
Elle présentera les caractéristiques des différents quartiers de la capitale mexicaine ainsi qu'un schéma de la ville.

• **Mexico**
Mexique

Des outils pour tous

ÉQUIPES
1-2-3

Mexico est une mégapole gigantesque, composée d'espaces très différents.
Vous aurez besoin de quelques documents avant de commencer à travailler en équipes.

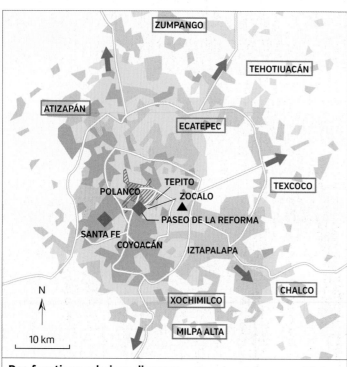

VOCABULAIRE

▶ **Fonctions urbaines**
Types d'activités dominantes dans une ville ou un quartier de cette ville (fonctions commerciale, industrielle...).

▶ **Mégapole**
Très grande ville de plus de 10 millions d'habitants.

CHIFFRES CLÉS

➡ **Croissance urbaine :**
5 millions d'habitants au **Mexique** en 1960,
12 millions en 1980,
119 millions en **2015**

➡ **21 millions** d'habitants à **Mexico** en **2015**

➡ **30 %** de la population de Mexico vit dans des quartiers **très pauvres**.

www.populationdata.net, 2015.

Des fonctions urbaines diverses

▨ Centre historique
◆ Centre des affaires
▲ Aéroport

Quartiers d'habitat :
▨ aisé
▨ intermédiaire
▨ populaire

Des dynamiques multiples

═══ Principaux axes de communication
◀ Étalement urbain
[CHALCO] Quartiers périphériques peu reliés au centre

1 Mexico, une mégapole gigantesque

À la découverte de quartiers typiques de Mexico

ÉQUIPE 1

Votre équipe doit préparer la visite des quartiers les plus anciens de la ville.
Décrivez les paysages et identifiez la ou les fonction(s) urbaine(s) dominante(s).

2 La place du Zocalo, cœur historique de la capitale mexicaine, 2015

À l'époque de l'Empire aztèque, la ville s'appelait Tenochtitlan. Se trouvaient sur cette place le temple majeur et le palais impérial. Aujourd'hui, on y trouve la cathédrale majeure ❶ et le palais national ❷, siège officiel du président de la République du Mexique.

4 Le quartier de Xochimilco

Fixées au fond du lac par les racines de saules, les *chinampas* sont des parcelles horticoles[1] flottantes uniques au monde. Ces 7 500 hectares de canaux et de jardins alimentent depuis des siècles Mexico en légumes et en fleurs. Ils sont menacés aujourd'hui par l'urbanisation sauvage et la surexploitation des ressources. Des dizaines de bicoques[2] poussent comme des champignons, déversant directement leurs eaux usées dans les canaux.

Les spéculateurs[3] profitent du boom immobilier que connaît ce havre paradisiaque à l'intérieur d'une ville surpeuplée et polluée.

◼ D'après Frédéric Saliba, « Au Mexique, bataille pour la survie de Xochimilco », *Le Monde*, 28 mars 2015.

1. Champs sur lesquels on fait pousser des fleurs. 2. Petites maisons de mauvaise qualité. 3. Personnes qui achètent des biens immobiliers pour les revendre à un prix plus élevé.

3 Le quartier de Coyoacán, 2015

Ancien village absorbé par l'étalement urbain, le quartier de Coyoacán se caractérise par son architecture coloniale (XVIe-XVIIIe siècles).
C'est aujourd'hui un quartier universitaire.

Étude de cas — EN ÉQUIPES !

ÉQUIPE 2

Une mégapole moderne et dynamique

Votre équipe doit préparer la visite des quartiers les plus riches de la ville.
Décrivez les paysages et identifiez la ou les fonction(s) urbaine(s) dominante(s).

5 Alexandre raconte...

Alexandre, 26 ans, a quitté la France pour le Mexique en 2011.

« Polanco est un des quartiers les plus riches de Mexico, situé à l'ouest de la ville, au nord du Bosque de Chapultepec[1]. On y trouve beaucoup d'ambassades et de consulats étrangers. C'est un quartier essentiellement résidentiel et banquier, très sécurisé. Vous pourrez y croiser les hommes et les femmes les plus riches du pays. »

■ D'après « Le blog des Français à Mexico », juillet 2013.

1. Grand parc boisé de Mexico.

6 Paseo de la Reforma, un quartier d'affaires dynamique, 2014

On y trouve des tours de bureaux, des logements pour très hauts revenus, un grand espace vert, quatre universités et un des plus grands centres commerciaux d'Amérique latine.

7 Le quartier de Santa Fe au sud-ouest du centre historique, 2015

Au premier plan, une résidence de luxe pour des habitants disposant de hauts revenus.
Au second plan, un bidonville.

À la découverte du Mexico populaire

Votre équipe doit préparer la visite des quartiers les plus pauvres de la ville.
Décrivez les paysages et identifiez la ou les fonction(s) urbaine(s) dominante(s).

8 **Tepito, un quartier de contrastes, 2013**

Tepito est un quartier pauvre de Mexico, où la plupart des habitations
sont insalubres et n'ont pas d'accès à l'eau courante ni à l'électricité.
Pourtant, le quartier est très dynamique sur le plan commercial.

9 **Iztapalapa, un quartier à la densité extrême**

La banlieue d'Iztapalapa est la plus densément
peuplée de Mexico. On estime qu'elle contient environ 1,8 million d'habitants sur une superficie de
117 km². La zone était totalement rurale jusqu'aux
années 1970 et sa transformation en une banlieue
étendue a été rapide et chaotique. De nouveaux habitants, de tout le pays, continuent de s'y déverser et
la banlieue grandit encore. Dans les rues étroites,
39 % des maisons entassées les unes sur les autres
n'ont qu'une seule chambre à coucher.

Plus d'un tiers de ses habitants vivent dans la
pauvreté et beaucoup manquent d'accès à une eau
véritablement potable. On estime qu'environ 18 %
des personnes emprisonnées à Mexico ont vécu à
Iztapalapa.

■ D'après « Iztapalapa, le quartier le plus densément peuplé
de la banlieue de Mexico », *Theguardian.com*,
novembre 2015.

10 **Les villages ultra-périphériques[1]
de la mégapole**

Le quartier le moins urbanisé reste
celui de Milpa Alta, situé au sud, sur les
flancs du massif de l'Ajusco. Quand on
se promène dans les champs de maïs
ou de figuiers de Barbarie qui couvrent
la plus grande partie de ce district[2], on
s'imagine mal que l'on se trouve encore
dans l'agglomération de l'une des plus
grandes villes du monde.

La population vit toujours dans des
villages mal reliés au centre de l'agglomération et la vie quotidienne reste
souvent rythmée par les contraintes
du calendrier agricole.

■ D'après Alain Musset, « Mexico, métropole
ambiguë », *TDC*, n° 1009, 2011.

1. Excentrés.
2. Division administrative d'une ville comme
un arrondissement ou un quartier.

SOCLE Compétence

▶ **Domaine 4** : Je formule des hypothèses et je les vérifie

Les principaux types d'espaces et de paysages urbains

MISE EN PERSPECTIVE

ÉTAPE 1 Je fais le point sur la ville que je viens d'étudier

A Vous venez d'étudier les espaces et paysages urbains d'Istanbul ou de Mexico. Recopiez, puis complétez le tableau ci-dessous :
- en identifiant, pour la ville étudiée, le ou les documents à utiliser ;
- en utilisant le plus possible de mots de la géographie.

site élève
⬇ tableau à imprimer

Types d'espaces	Villes étudiées	N° doc(s) et page	Description du paysage urbain	Fonctions
Centre historique	**Istanbul**	Doc 4 p. 191	Bâtiments anciens, ruelles...	Culturelle, religieuse, commerçante
	Mexico	Doc 2 p. 193	Bâtiments anciens (cathédrale, palais national)	Culturelle, religieuse, politique
Centre(s) des affaires	**Istanbul**			
	Mexico			
Périphérie récente (quartier aisé)	**Istanbul**			
	Mexico			
Périphérie récente (quartier populaire)	**Istanbul**			
	Mexico			
Périphérie récente (quartier intermédiaire)	**Istanbul**			
	Mexico			

ÉTAPE 2 Je formule des hypothèses générales

B Au regard de l'exemple que vous venez d'étudier (Istanbul ou Mexico) et des villes présentées pages 188-189 (Dubaï et Milan), choisissez ci-dessous les cinq hypothèses qui vous semblent le mieux compléter la phrase suivante.

De manière générale, une ville aujourd'hui présente...

1. Des espaces aux fonctions spécifiques (zones d'habitation, zones de commerce, etc.).
2. Un centre historique ancien.
3. Un paysage urbain unique : tous les quartiers se ressemblent.
4. Des quartiers qui se différencient par le niveau de richesse de leurs habitants.
5. Des paysages urbains différents par le type de constructions qui s'y trouvent.
6. Un centre des affaires moderne (gratte-ciel).
7. Des quartiers d'habitation en périphérie.
8. De nombreux jardins et espaces verts.
9. Des zones industrielles insérées dans le tissu urbain.
10. Une grande mixité sociale : habitants riches ou pauvres vivent dans les mêmes quartiers.

Je vérifie si mes hypothèses sont justes

C **Observez les documents 1 et 2 et lisez attentivement le texte 3.**
Pouvez-vous associer chacun des documents à une ou plusieurs des hypothèses
que vous avez choisies dans l'étape 2 ? Si oui, lesquelles ?

1 **Francfort, capitale économique de l'Allemagne, 2015**
Francfort-sur-le-Main abrite le siège de la Banque centrale
européenne et possède sa propre Bourse.

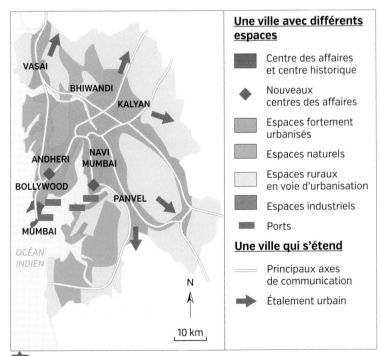

Une ville avec différents espaces

- Centre des affaires et centre historique
- ◆ Nouveaux centres des affaires
- Espaces fortement urbanisés
- Espaces naturels
- Espaces ruraux en voie d'urbanisation
- Espaces industriels
- Ports

Une ville qui s'étend

- Principaux axes de communication
- ➡ Étalement urbain

10 km

2 **Les différents quartiers de Mumbai**

3 **Des villes fragmentées**

Un peu partout sur la planète, des populations aisées se retranchent dans des résidences sécurisées cernées de hauts grillages ou même de barbelés. De l'autre côté de ces remparts, des ghettos[1] d'un autre genre abritent les plus défavorisés.

Au Brésil, Rio de Janeiro offre un exemple de cette opposition entre deux mondes. La classe moyenne, qui a vu ses revenus décoller, se réfugie dans des *condominios* – sortes de villages privés gardés par une police armée, et équipés de magasins, de bars, de piscines et de salons de beauté – tandis que les *favelas*[2], détériorées par le trafic de drogue s'étalent sur les hauteurs.

À Toulouse, des dizaines de résidences fermées sont sorties de terre à deux pas du Mirail, un quartier déserté par la police, où la sécurité repose sur une poignée de jeunes de la cité.

■ D'après le site de Arte TV, « *Une enquête efficace sur la ségrégation urbaine* », 2011.
1. Quartier dans lequel une communauté vit à l'écart du reste de la population.
2. Bidonvilles.

L'évolution de l'urbanisation dans le monde

QUESTIONS

▶ **Je situe dans l'espace**

1 Nommez les régions du monde qui concentrent le plus grand nombre de métropoles.

2 Nommez les régions les moins urbanisées.

3 Comparez l'urbanisation du monde entre 1950 et 2015. Quelles régions ont connu les bouleversements les plus importants ?

Les villes dans la mondialisation
→ chap. 10

Certaines villes sont bien intégrées à la mondialisation, d'autres moins. À l'aide de cette carte et de celle p. 218, répondez à la question suivante :

4 Comparez les villes mondiales connectées de la carte p. 218 aux métropoles ayant connu la plus forte croissance depuis 25 ans signalées sur cette carte. Que constatez-vous ?

Population urbaine
(en % de la population totale)

- Plus de 75 %
- De 50 à 75 %
- Moins de 50 %

2 L'urbanisation en 2015

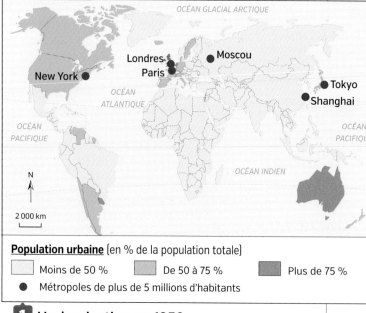

Population urbaine (en % de la population totale)

- Moins de 50 %
- De 50 à 75 %
- Plus de 75 %
- ● Métropoles de plus de 5 millions d'habitants

1 L'urbanisation en 1950

▸ **Métropole**
Grande ville concentrant population, activités et richesses. Elles exercent des fonctions de commandement politique, économique ou culturel à différentes échelles, y compris mondiale.

▸ **Urbanisation**
Phénomène de concentration d'une population dans des villes.

OCÉAN GLACIAL ARCTIQUE

Moscou

Londres
Paris

Istanbul

Beijing

Tokyo

Séoul

Nagoya

Tianjin

Osaka-Kobe

Delhi

Chongqing

Shanghai

Tropique
du Cancer

Le Caire

Karachi

Dhaka

Guangzhou

Shenzen

Mumbai

Calcutta

Manille

OCÉAN PACIFIQUE

Bangalore

Chennai

Bangkok

Équateur

Lagos

Kinshasa

OCÉAN INDIEN

Jakarta

Tropique
du Capricorne

Johannesburg

Source : ONU, Population reference Bureau, 2015 ; http://esa.un.org/unpd/wup/CD-ROM/

Principales métropoles mondiales

◯ Plus de 20 millions d'habitants

◯ 15 à 20 millions d'habitants

○ 10 à 15 millions d'habitants

Les dynamiques actuelles

◯ Métropoles ayant connu une très forte croissance depuis 25 ans (plus de 50 %)

◯ Métropoles ayant connu une croissance plus modérée depuis 25 ans (moins de 50 %)

Leçon

Espaces et paysages de l'urbanisation

➡️ **Quels types d'espaces et de paysages sont créés par l'urbanisation du monde ?**

CHIFFRES CLÉS

Plus de
1 être humain sur 2
habite en **ville** depuis 2007

Probablement
2 êtres humains sur 3
d'ici à **2050**

A Mondialisation et urbanisation du monde

1. Une planète de citadins

● Le monde compte plus de **3,5 milliards de citadins** : une personne sur deux vit en ville. Ils seront deux sur trois en 2050.

● Cette **croissance urbaine est inégale**. Dans les pays développés, la part de la population urbaine est stable (80 % des habitants). Dans les **pays en développement** (PED) et émergents, le taux d'**urbanisation** est plus faible (45 %), mais les villes connaissent une croissance accélérée.

2. Des villes dévoreuses d'espaces

● L'**étalement urbain** aux dépens de l'espace rural est un phénomène mondial mais il résulte de différentes causes.

● Dans les pays développés, les citadins quittent le centre-ville pour s'installer dans des **espaces périphériques proches**, dans des maisons individuelles. Dans les PED, l'exode rural est massif. Les plus pauvres s'entassent dans des quartiers d'habitat précaire : plus d'un milliard de personnes vit dans des **bidonvilles** (➡️ Istanbul, p. 191).

B Espaces de la ville et paysages urbains

1. Des centres

● Toutes les villes s'organisent autour d'un **centre**. C'est l'espace le plus fréquenté qui concentre **équipements et activités de service économiques** (banques, commerces, etc.) et culturels.

● En Europe, Asie ou Afrique où l'urbanisation est ancienne, le centre des villes est caractérisé par un **patrimoine ancien, riche en monuments** (➡️ Milan, p. 189). Dans les villes plus récentes (Amérique du Nord, Australie), le centre est le **quartier des affaires** reconnaissable à ses gratte-ciel. Aujourd'hui, la puissance d'une ville est symbolisée par l'architecture spectaculaire de son centre et sa verticalité (➡️ Dubaï, p. 188).

2. Des périphéries

● Les centres des villes sont entourés de **couronnes urbanisées : les banlieues**, et au-delà, les **espaces périurbains**. La densité des aménagements et de la population diminue au fur et à mesure que l'on s'**éloigne du centre**.

● Les **paysages y sont très divers selon le niveau de vie des habitants**, le type de constructions (maisons individuelles, grands ensembles, bidonvilles...) et les activités qui s'y implantent : zones industrielles, parcs technologiques, centres commerciaux ou nouveaux quartiers d'affaires.

VOCABULAIRE

▸ **Bidonville**
Ensemble d'habitations construites illégalement avec des matériaux de récupération.

▸ **Étalement urbain**
Processus de diffusion continue de la ville au détriment des espaces ruraux environnants.

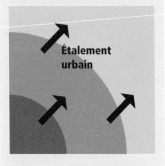

Étalement
urbain

▸ **Pays en développement (PED)**
Pays où les conditions de vie ne sont pas jugées satisfaisantes. Celles-ci progressent, mais à des rythmes différents selon les pays.

C Des villes fragmentées

1. Une ville ou des quartiers ?

● Dans les PED ou les pays émergents, d'immenses **bidonvilles** concentrant **pauvreté et insécurité** s'opposent aux **beaux quartiers sécurisés** des minorités aisées (→ Mexico, p. 194).

● Dans les pays riches, la **ségrégation sociale** s'accentue entre les centres rénovés qui attirent les plus riches et les classes moyennes qui migrent vers les périphéries pavillonnaires. Parfois, la politique urbaine favorise la **mixité sociale**.

2. Des conditions de vie très différentes

● Dans les villes des PED, les **services urbains sont très insuffisants**, ce qui cause de graves problèmes sanitaires et environnementaux. Dans les villes des pays riches, au contraire, les services urbains sont nombreux : ramassage des ordures, eau courante, électricité...

● Les habitants **périurbains** sont soumis à de longs déplacements quotidiens, dans les embouteillages et la pollution. Le développement des transports en commun n'est réel que dans les pays développés car il nécessite des investissements coûteux.

VOCABULAIRE

▸ **Ségrégation sociale**
Situation où des personnes vivent avec des gens issus du même milieu social et/ou culturel qu'elles.

▸ **Urbanisation**
Phénomène de concentration d'une population dans des villes.

▸ **Ville fragmentée**
Ville où les habitants vivent dans des quartiers séparés, selon leur richesse ou leur origine ethnique.

CHIFFRES CLÉS

Les 5 métropoles mondiales les plus peuplées

Métropole	Population [en millions]
1. **Tokyo** [Japon]	37,83
2. **Delhi** [Inde]	24,95
3. **Shanghai** [Chine]	22,99
4. **Mexico** [Mexique]	20,84
5. **São Paulo** [Brésil]	20,83

Source : ONU, 2014.

Je retiens autrement

<table>
<tr><th>Centre</th><th>Périphéries</th><th>Espaces ruraux</th></tr>
<tr>
<td></td>
<td></td>
<td></td>
</tr>
<tr>
<td>

• **Paysage urbain :** quartier historique ou très récent (gratte-ciel).

• **Activités, fonctions :** commerciale, touristique, résidentielle, économique.

</td>
<td>

• **Paysage urbain :** très divers, selon le niveau de vie des habitants (immeubles collectifs, bidonvilles).

• **Activités, fonctions :** résidentielle (quartiers aisés, intermédiaires, populaires), économique, commerciale (centres commerciaux).

</td>
<td>

• **Paysage :** villages, bourgs isolés.

• **Activités, fonctions :** économique (agricole, artisanale), résidentielle (maisons individuelles).

</td>
</tr>
</table>

 Densité des aménagements et de la population

Comment apprendre ma leçon ?

J'apprends à sélectionner les informations

Pour mémoriser la leçon, il faut d'abord apprendre à trier les informations
et savoir ce qu'il est important de retenir. Il ne s'agit pas de tout apprendre par cœur !

▶ **De quoi parle la leçon ?**

Je me souviens du thème principal de la leçon.

Espaces et paysages de l'urbanisation

▶ **Quelle question s'est-on posée pendant la leçon ?**

Je relis la question clé du chapitre.

Quels types d'espaces et de paysages sont créés par l'urbanisation du monde ?

▶ **Quels sont les repères géographiques importants ?**

*Je retrouve les grands repères dans
la double page « Cartes »* ➜ **p. 198-199.**

▶ **Quelles sont les grandes idées ?**

*Je recherche les thèmes importants abordés
dans le chapitre.*

Des villes organisées en quartiers

Des villes de plus en plus étalées

▶ **Quels sont les mots clés ?**

Je retrouve les mots importants du chapitre.

aire urbaine, mégalopole, fonction urbaine,

ville fragmentée, étalement urbain…

Je révise chez moi

● **Je vérifie que je connais les principaux repères du chapitre.**

Je sais définir
et utiliser dans
une phrase :

▶ bidonville
▶ étalement urbain
▶ urbanisation

Je sais situer
sur un planisphère :

▶ les 5 villes les plus
peuplées du monde
▶ Istanbul et/ou Mexico

site élève
⬇ fond de carte

Je sais expliquer :

▶ les différents quartiers
qui composent une ville.
▶ les différents paysages
d'une ville et leurs fonctions.
▶ l'évolution de l'urbanisation
depuis 1950.

Je vérifie mes connaissances

1 Je relie chaque mot à sa définition.

1. Étalement urbain

a. Phénomène de concentration d'une population dans des villes.

2. Urbanisation

b. Ville où les habitants vivent dans des quartiers séparés, selon leur richesse ou leur origine ethnique.

3. Ville fragmentée

c. Processus de diffusion continue de la ville au détriment des espaces ruraux environnants.

2 Vrai ou faux ? Je justifie ma réponse.

a. L'urbanisation se caractérise par une augmentation de la taille des villes. ☐ Vrai ☐ Faux

b. Un bidonville est un quartier moderne construit légalement. ☐ Vrai ☐ Faux

c. Les quartiers périphériques attirent les populations et les activités. ☐ Vrai ☐ Faux

3 J'identifie des photographies de différents quartiers.

Sur ces photographies, j'identifie la principale fonction de chacun des quartiers.
Je relève, pour chacun, deux éléments du paysage urbain qui justifient ma réponse.

a.

b.

c.

d.

4 Retrouvez d'autres exercices sous forme interactive sur le site Nathan.

site élève
⬇ exercices interactifs

Exercices

1 J'identifie différents types de périphéries urbaines

↳ **Socle** : Domaine 5

1 Banlieue pavillonnaire
de Los Angeles (États-Unis), 2012

2 Bidonville en périphérie de Manille
(Philippines), 2015

QUESTIONS

▸ Je décris des paysages

1 Observez les photographies des périphéries de Los Angeles et de Manille.
Recopiez puis complétez le tableau suivant.

	Pays	Type de quartier	Fonctions	Description
Doc 1				
Doc 2				

2 Quels sont les points communs et les différences des périphéries
de Los Angeles et de Manille ?

site élève
⬇ tableau à imprimer

2 J'identifie différents types de quartiers

↳ **Socle** : Domaine 5

Deux nouveaux centres s'imposent à Moscou. C'est d'abord Moskva City. Ce centre d'affaires est situé au bord de la Moskova, à l'ouest du centre historique. Il comprend un ensemble de gratte-ciel offrant des bureaux aux entreprises privées, des hôtels et des centres commerciaux, des lieux de divertissement et des appartements.

Le G.U.M est le centre commercial le plus prestigieux. Il est situé au pied du Kremlin[1] et l'une des façades débouche sur la place Rouge[2]. Il est composé de boutiques de luxe appartenant à de grandes marques occidentales.

◼ D'après Élisabeth Bonnet-Pineau et Aurélien Delpirou, « Moscou, la capitale de la Russie à l'ère de la compétition métropolitaine », *EchoGéo*, 2012.

1. Palais présidentiel en Russie.
2. Grande place dans le centre-ville de Moscou.

QUESTIONS

▸ Je formule des hypothèses

1 Quelles fonctions caractéristiques d'un centre-ville pouvez-vous retrouver dans ce texte ?

2 Que pouvez-vous en déduire sur le paysage du centre-ville de Moscou ?

③ J'utilise des outils numériques pour étudier le quartier de Lyon Confluence

EMI

↳ **SOCLE :** Domaine 2

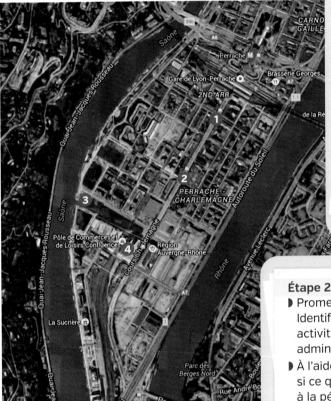

Quartier Lyon Confluence

Étape 1

▶ Allez sur Google Maps et recherchez « Lyon Confluence ».

▶ Cliquez sur l'icône satellite et obtenez une image du quartier.

▶ Utilisez la fonction Google Street View en déplaçant la figurine jusqu'à l'emplacement 1.

▶ Promenez-vous dans le quartier. Identifiez les éléments du paysage et indiquez les activités dominantes (commerciales, résidentielles, administratives, types d'infrastructures).

Étape 2 ▶ Visitez les lieux 2 à 4.

▶ Promenez-vous dans les différents quartiers. Identifiez les éléments du paysage et indiquez les activités dominantes (commerciales, résidentielles, administratives, types d'infrastructures).

▶ À l'aide des questions des étapes 1 et 2, indiquez si ce quartier peut être rattaché au centre ou à la périphérie de Lyon.

▶ Quels types de documents consultaient les géographes pour répondre aux questions précédentes quand Google Maps n'existait pas ?

MON BILAN DE COMPÉTENCES

Domaine du socle	Compétences travaillées	Pages du chapitre
D1 Les langages pour penser et communiquer	• Je sais me repérer sur des cartes et produire des schémas • Je comprends les langages scientifiques (cartes)	**Étude de cas** p. 190-191 **Cartes** p. 198-199
D2 Méthodes et outils pour apprendre	• Je sais coopérer et mutualiser • Je sais organiser mon travail personnel • Je sais utiliser des outils numériques pour étudier un quartier	**Étude de cas** p. 192-195 **Apprendre à apprendre** p. 202 **Exercice 3** p. 205
D4 Les systèmes naturels et les systèmes techniques	• Je sais formuler des hypothèses et les vérifier	**Des études de cas... au monde** p. 196-197
D5 Les représentations du monde et de l'activité humaine	• Je sais établir des liens entre l'espace et l'organisation des sociétés • Je comprends le monde • Je sais me repérer dans l'espace • Je sais identifier différents types de paysages • Je sais identifier différents types de quartiers	**Étude de cas** p. 190-191 **Étude de cas** p. 192-195 **Des études de cas... au monde** p. 196-197 **Cartes** p. 198-199 **Exercice 1** p. 204 **Exercice 2** p. 204

Les paysages urbains dans la science-fiction

Question clé Comment les écrivains et cinéastes imaginent-ils les villes de demain ?

PISTES
EPI
Français

> « Sous le prétexte de décrire des mondes imaginaires, [la science-fiction] illustre ou dénonce des situations qui font partie de notre univers quotidien. »
>
> Alain Musset (géographe français), 2005.

Gotham City dessine un paysage de ruelles désordonnées, de buildings noircis de poussières, de quartiers souterrains que rien ne vient menacer, si ce n'est l'irruption du Batman. Les buildings [...] ne parviennent pas à illuminer la ville : ils accentuent les coins sombres, multipliant les allées et les ruelles [...].

La verticalité de Gotham accentue l'obscurité et l'étroitesse de ses rues, la sensation d'être pris entre les murs, emprisonnés dans une ville dangereuse ; elle puise autant dans l'imaginaire d'une ville dégradée [...] que dans des villes réelles, dont les dessinateurs successifs et les scénaristes se sont inspirés, comme Chicago.

■ D'après Aymeric Landot, « De Métropolis à Gotham, quand la ville génère la bande dessinée », carnet de recherches *Sciences Dessinées*, 13 octobre 2013.

1 Gotham City (*Batman*)
The Dark Knight, film de Christopher Nolan, 2008.

Coruscant est à la fois un modèle et un contre-modèle. Les paysages urbains de cette planète entièrement recouverte par la ville sont une transposition des métropoles de la côte Atlantique.

Mais les divisions qui sont visibles dans les quartiers de Coruscant sont aussi l'expression des processus de fragmentation[1] de l'espace qui caractérisent l'ensemble des « villes mondiales » de notre XXIe siècle.

■ D'après Alain Musset, *De New York à Coruscant*, PUF, 2005.

1. Une ville fragmentée est une ville où les habitants vivent dans des quartiers séparés, selon leur richesse ou leur origine ethnique.

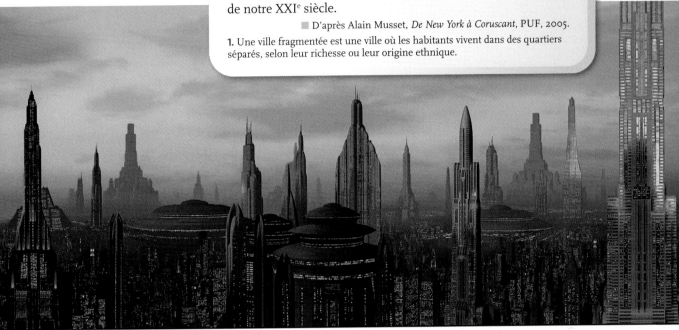

2 Coruscant (*Star Wars*)

Star Wars, épisode I : La Menace fantôme, film de George Lucas, 1999.

Présentation des œuvres

▶ ***Batman*** est à l'origine une **bande dessinée** créée en 1939. « Batman » est le personnage principal. Il combat le crime dans les rues de **Gotham City**. La bande dessinée a donné lieu à de nombreuses adaptations, dont **sept films**.

▶ ***Star Wars*** a été directement créé pour le **cinéma**. Deux trilogies ont vu le jour entre 1977 et 2005. Une nouvelle trilogie paraît au cinéma depuis 2015. La saga se déroule sur **plusieurs planètes** aux **paysages divers**.

Art et géographie

▶ La **ville** occupe une place importante dans la **science-fiction** car elle est le symbole de la **modernité**. Les artistes ont imaginé des **paysages très divers**, de la ville « idéale », écologique et harmonieuse, à la ville surpeuplée et polluée, en **s'inspirant de paysages urbains existants**.

QUESTIONS

J'analyse une œuvre et je la compare à un texte

❶ Quels types de quartiers pouvez-vous identifier sur les images et dans les textes ?

❷ Décrivez les paysages. Que remarquez-vous ?

❸ D'après les textes, quels problèmes se posent dans ces villes de science-fiction ?

Je mets en relation des documents avec ma connaissance d'un sujet

❹ Trouvez des points de comparaison et de différence avec une ville réelle. Vous pouvez vous appuyer sur les études de cas du manuel. Faites aussi appel à vos connaissances sur d'autres villes.

10 Les villes dans la mondialisation

→ **Quel rôle joue la mondialisation sur les villes et leur développement ?**

Au cycle 3, en 6e

J'ai découvert ce qu'est une métropole. J'ai également pris la mesure de la diversité de ses habitants et de leurs différentes façons d'habiter une même métropole.

Au cycle 4, en 5e

En histoire, j'ai étudié la « première mondialisation » (XV-XVIe siècles).
En géographie, j'ai vu le rôle des villes dans le développement des échanges.

Ce que je vais découvrir

Les villes sont inégalement connectées aux grands réseaux d'échanges mondiaux, ce qui a des conséquences sur leur évolution et leur poids dans la mondialisation.

Glasgow
Royaume-Uni

Shanghai
Chine

1 Les anciens quais de commerce et le nouveau centre des sciences à Glasgow (Écosse, Royaume-Uni, 2014)

Plus grande ville d'Écosse et 3e ville du Royaume-Uni, Glasgow connaît depuis les années 1980 un rebond économique et culturel après une longue période de déclin.

Le savez-vous ?

La hauteur des gratte-ciel est un symbole de puissance. Aujourd'hui, la tour la plus haute est la Burj Khalifa (824 mètres) à Dubaï.
Mais, en 2019, sera inaugurée la Kingdom Tower à Djeddah, en Arabie saoudite, qui mesurera plus d'1 km de haut !

2 **Pudong, le nouveau quartier des affaires de Shanghai (Chine, 2014)**

La tour de Shanghai **1**, inaugurée en 2015, qui s'élève à une hauteur de 632 mètres, est la 2e plus haute tour du monde.

Tokyo, une métropole au cœur de la mondialisation

Question clé Pourquoi Tokyo est-elle une métropole bien intégrée dans la mondialisation ?

Île de Honshu —
Tokyo •
Japon

A Une capitale aux commandes du Japon

1 Thibault raconte...

Thibault, 23 ans, étudiant français à Tokyo.

« Je suis parti au Japon en octobre 2011. J'étais très attiré par la culture japonaise. Ma première motivation était d'internationaliser mon parcours. Le Japon est le pays le plus avancé d'Asie et offre des formations de pointe dans de nombreux domaines. L'université de Tokyo est l'une des plus prestigieuses du monde. De plus, la barrière de la langue et l'éloignement culturel font qu'étudier au Japon est un challenge. [...] Tokyo est aussi une ville immense, très dynamique culturellement et artistiquement. Les endroits pour s'amuser et faire la fête ne manquent pas. »

■ D'après www.etudionsaletranger.fr, 2015.

CHIFFRES CLÉS

➡ Ville la plus riche du monde : elle produit **1 191 milliards** de dollars de richesses par an.

➡ **1 Japonais sur 4** (soit 35 millions de personnes) vit dans l'agglomération de **Tokyo**.

➡ Tokyo concentre **80 %** des **sièges sociaux des firmes étrangères** et **73 %** des **banques étrangères du Japon**.

VOCABULAIRE

▸ **Métropole**
Grande ville concentrant population, activités et richesses. Elles exercent des fonctions de commandement politique, économique ou culturel à différentes échelles, y compris mondiale.

▸ **Mondialisation**
Mise en relation des différentes parties du monde sous l'effet des échanges (humains, marchands, financiers et d'informations).

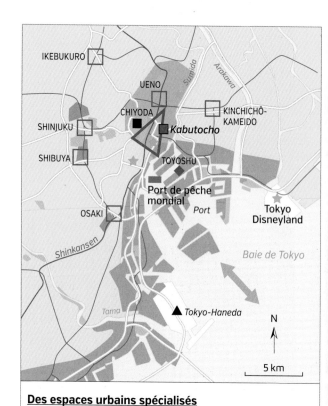

Des espaces urbains spécialisés
- Espaces à dominante industrielle
- Espaces à dominante résidentielle
- Espaces à dominante économique et financière
- Espaces de loisirs

Les lieux de commandement
- ■ Palais impérial
- ◁ Centre des affaires traditionnel
- □ Nouveaux centres des affaires
- ◆ Technopôle
- ■ 2e bourse mondiale

Une métropole ouverte sur le monde
- ▲ Aéroport
- Autoroutes
- ⬌ Échanges maritimes
- Réseau ferré

2 L'organisation de la métropole

3 Vue du palais impérial et du quartier des affaires de Shinjuku

Le palais impérial ❶, situé dans le quartier de la gare de Tokyo, est la résidence de l'empereur.
Il est le centre géographique de la capitale. Au second plan, on aperçoit le quartier des affaires de Shinjuku ❷.

4 Gratte-ciel de Tokyo, 2014

Les gratte-ciel de Tokyo illustrent
sa puissance économique.

Activités

Question clé **Pourquoi Tokyo est-elle une métropole bien intégrée dans la mondialisation ?**

ITINÉRAIRE 1

▶ **Je décris et j'explique des documents**

❶ **Doc 1 et 2.** Relevez les éléments qui démontrent l'influence culturelle de Tokyo.

❷ **Doc 2 à 4.** Quels lieux symbolisent la puissance économique et financière de Tokyo ?

❸ **Doc 2 et 3.** Quels lieux témoignent de la puissance politique de Tokyo ?

ou

ITINÉRAIRE 2

▶ **J'extrais et je hiérarchise des informations (étape 1)**

La mairie de Tokyo vous demande de réaliser une brochure montrant son rôle de commandement à l'échelle du Japon. Pour vous aider, reproduisez et complétez le tableau suivant.

site élève tableau à imprimer	À l'échelle du Japon	À l'échelle du monde
Commandement politique	→ Doc 2 et 3	
Commandement économique	→ Doc 2 à 4	→ À compléter page 213
Commandement culturel	→ Doc 1 et 2	

B Une métropole mondiale

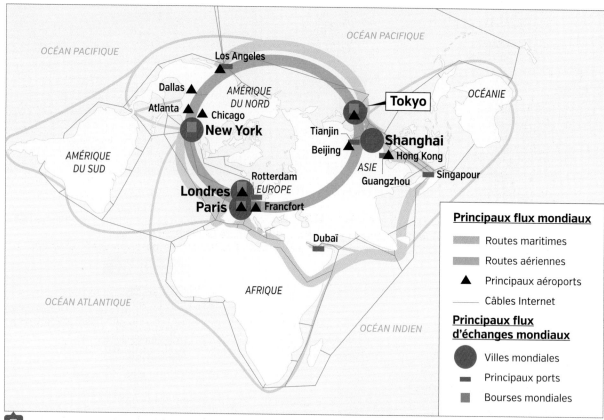

5 Tokyo, une ville bien intégrée dans les réseaux de la mondialisation

Légende de la carte :

Principaux flux mondiaux
- Routes maritimes
- Routes aériennes
- ▲ Principaux aéroports
- Câbles Internet

Principaux flux d'échanges mondiaux
- ● Villes mondiales
- ▬ Principaux ports
- ■ Bourses mondiales

6 Tokyo accueillera les Jeux olympiques en 2020

La Banque du Japon estime que les Jeux olympiques apporteront l'équivalent d'environ 227 milliards d'euros à l'économie japonaise. 33 millions de visiteurs étrangers sont attendus.

VOCABULAIRE

▶ **Firme transnationale (FTN)**
Entreprise dont l'activité s'exerce à l'échelle du monde. Son siège social est généralement implanté dans son pays d'origine.

▶ *Hub*
Plate-forme aérienne, portuaire ou ferroviaire vers laquelle se concentre le trafic de passagers ou de marchandises avant d'être redistribué.

▶ **Ville mondiale**
Ville qui concentre des fonctions économiques, de décision et souvent culturelles et/ou politiques. Une ville mondiale est un centre majeur de la mondialisation.

7 Le quartier Akihabara, cœur du « *cool Japan* », 2015

Ce quartier de Tokyo, mondialement connu, est le centre de la culture japonaise moderne (mangas, jeux vidéos, électronique, musique, mode vestimentaire) qui se diffuse massivement à l'étranger.

CHIFFRES CLÉS

➡ **1er port de commerce** mondial

➡ **2e salon automobile** mondial (nombre de visiteurs)

➡ **3e hub aéroportuaire** mondial

➡ **4e aéroport** mondial

8 Une place économique de rang mondial

Au cours des années 1990, la Bourse tokyoïte, le Kabutocho, a été consacrée comme place financière mondiale. De grandes firmes transnationales y ont installé leurs sièges sociaux : Toshiba, Sony, Canon, Mitsubishi...

Les services haut de gamme (assurances, finances, télécommunications...), qui nécessitent des emplois de très haut niveau, augmentent, en partenariat avec les universités.

La démesure de la capitale nippone[1] donne le vertige.

■ D'après Kazuhiko Yatabe, *Courrier international*, juillet 2015.

1. Japonaise.

Activités

Question clé Pourquoi Tokyo est-elle une métropole bien intégrée dans la mondialisation ?

ITINÉRAIRE 1

▶ **Je décris et j'explique des documents**

4 **Doc 5 et 8.** Relevez les éléments qui montrent que Tokyo joue un rôle économique mondial.

5 **Doc 5 à 7.** Tokyo joue un rôle culturel à l'échelle mondiale. Justifiez cette phrase en vous appuyant sur des exemples précis.

6 **Doc 5.** Pourquoi peut-on dire que Tokyo est bien intégrée aux réseaux de la mondialisation ?

▶ **J'argumente à l'écrit**

7 Écrivez un paragraphe d'une dizaine de lignes pour montrer que Tokyo rayonne sur le Japon et le monde.

ou

ITINÉRAIRE 2

▶ **J'extrais et je hiérarchise des informations (étape 2)**

Terminez la brochure commencée page 211 pour la mairie de Tokyo à l'aide du tableau suivant.

site élève ⤓ tableau à imprimer	À l'échelle du Japon	À l'échelle du monde
Commandement politique	→ À compléter page 211	–
Commandement économique		→ Doc 5 et 8
Commandement culturel		→ Doc 5 à 8

Étude de cas

SOCLE Compétences
- **Domaine 5** : Je pratique différents langages
- **Domaine 5** : J'étudie les caractéristiques des fonctionnements des sociétés humaines

Detroit, « la ville qui rétrécit »

Question clé Comment expliquer la crise, puis le renouveau de la ville de Detroit ?

● Detroit
États-Unis

A La capitale de l'industrie automobile mondiale en crise

1 « Motor city », ville symbole de l'automobile

La ville était le berceau de l'industrie automobile, on la surnommait « Motor City ». Dans les années 1920, Henry Ford lance le premier modèle automobile de masse produit à Detroit.

L'essor industriel de Detroit a entraîné son développement économique et démographique ; elle est rapidement devenue la quatrième ville la plus peuplée des États-Unis. L'afflux de population a entraîné la création de commerces et le développement d'activités économiques. Par conséquent, les revenus fiscaux de la ville ont augmenté, tout comme les besoins en infrastructures et en services publics. La municipalité a alors fortement investi et a lancé de grands et coûteux projets de développement urbain, parfois totalement abandonnés aujourd'hui, comme le Michigan Central Depot[1].

■ D'après Sylvain Fontan, « La faillite de la ville de Detroit aux États-Unis : triomphe et déclin », www.leconomiste.eu, juillet 2013.

1. Gare centrale de Detroit, aujourd'hui en ruines.

CHIFFRES CLÉS

➡ **2 millions** d'habitants dans les années 1960

➡ **700 000** habitants en 2015

➡ **Plus d' 1/3** de la population vit en dessous du seuil de pauvreté.

➡ **16 %** de chômeurs en 2015

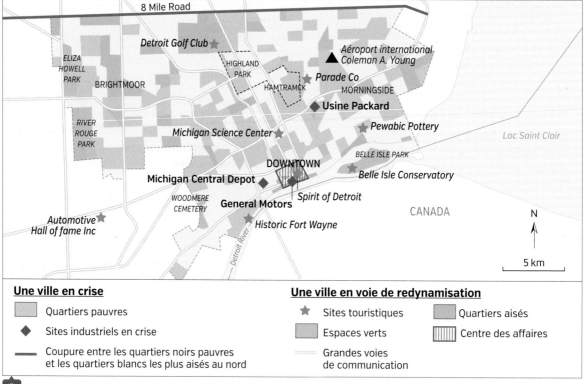

Une ville en crise

- ▢ Quartiers pauvres
- ◆ Sites industriels en crise
- ▬ Coupure entre les quartiers noirs pauvres et les quartiers blancs les plus aisés au nord

Une ville en voie de redynamisation

- ★ Sites touristiques
- ▢ Espaces verts
- ▢ Quartiers aisés
- ▦ Centre des affaires
- ┄ Grandes voies de communication

2 Detroit, une ville marquée par la crise

3 Le Packard Plant, une des plus grosses usines automobiles de Detroit, aujourd'hui en ruines

Friche industrielle de l'ancienne usine automobile Packard Plant à Detroit, octobre 2013.

4 Le cercle vicieux de la crise urbaine

La spirale infernale de l'endettement contracté par la ville a participé à la fuite massive des investisseurs, ce qui a mis Detroit à genoux. Plusieurs poches vides de population se sont ainsi créées en périphérie de la ville, et plus de 80 000 maisons ont été laissées vides.

L'exode des Blancs du centre-ville a explosé dans les années 1960, notamment après les émeutes des populations des ghettos noirs en 1967. Ce fut ensuite au tour des classes moyennes de fuir la criminalité.

La ville est fortement touchée par le chômage et le taux de pauvreté est très élevé.

La mauvaise image est renforcée par les médias, qui font état de services publics de plus en plus en retrait. Ceux-ci laissent des quartiers entiers sans éclairage public, faute de financement.

■ D'après Hugo Lauzy,
« Detroit, du chaos au renouveau »,
Le Journal international, mai 2015.

Activités

Question clé Comment expliquer la crise, puis le renouveau de la ville de Detroit ?

ITINÉRAIRE 1

▶ **Je localise et j'explique un phénomène géographique**

1 Doc 1 et 2. Localisez Detroit. Quelle était la principale activité de la ville ?

2 Doc 1. Relevez deux arguments qui démontrent que Detroit a tiré profit de cette activité.

3 Doc 2 et 4. Comment expliquer la crise que connaît la ville de Detroit ? Identifiez trois causes.

4 Doc 3. Comment cette crise se voit-elle dans l'espace urbain ?

 OU

ITINÉRAIRE 2   site élève
⬇ carte mentale interactive

▶ **Je pratique différents langages [étape 1]**

Commencez à construire la carte mentale que vous finirez p. 217, pour répondre à la question clé.

MÉTHODE

Au centre, placez le titre : « Detroit, la ville qui rétrécit ».
Tracez ensuite trois branches intitulées :
▶ Detroit a été une ville prospère (→ **Doc 1**)
▶ Detroit est en crise (pourquoi ?) (→ **Doc 2 à 4**)
▶ Les conséquences de la crise sur Detroit (→ **Doc 2 à 4**)

B Une renaissance grâce à la mondialisation ?

5 Eminem, le rappeur de Detroit

Eminem [...] lui-même pauvre Blanc se met en scène dans un film biographique [...].

Dans *8 mile*, on retrouve cette frontière, cette fameuse artère de Detroit qui sépare les Noirs et les Blancs. Eminem a voulu franchir cette barrière. Il est né du côté blanc et il l'a franchie en allant du côté noir. [...] Il a placé Detroit au cœur de son art et au cœur de sa vie. Il n'a jamais réussi à quitter Detroit. [...] Il a une relation d'amour/haine avec cette ville dont il ne peut pas se défaire. [...]

Il parle au nom des pauvres, des pauvres Blancs mais avec la langue et avec la voix des Africains américains, c'est-à-dire le rap. [...] Il est parvenu à être la voix de Detroit sur la scène musicale. Avant lui le rap n'existait pas à Detroit. [...] Eminem a d'une certaine façon incarné ce ralentissement du déclin de Detroit.

■ Interview de Sylvie Laurent par Thierry Leclère, www.telerama.fr, 22 mai 2009.

6 Une ferme urbaine à Detroit, 2014

BIOGRAPHIE

Eminem
17 octobre 1972

Eminem est l'artiste qui a vendu le plus d'albums entre 2000 et 2009. Il a gagné plus de 250 récompenses.

7 Publicité et renouveau économique

La campagne de marketing pour la transformation urbaine de Detroit lancée sous le slogan « *Made in Detroit* » est affichée sur les grandes façades de la ville. Elle encourage l'arrivée de nouveaux chefs d'entreprise qui pourraient devenir les nouveaux bâtisseurs de la ville, comme l'avaient fait les constructeurs automobiles dans le passé.

Ces nouvelles possibilités permettent à la municipalité de rénover le centre-ville historique par les rachats successifs de nombreux locaux disponibles et de maisons abandonnées, dont certains sont vendus pour un dollar symbolique à des entrepreneurs [...]. Plus récemment, le site *IAmYoungDetroit.com* incite par exemple les jeunes de moins de 40 ans à monter leur projet, en proposant une plateforme de financement collaboratif pour le développement de ces futures entreprises.

■ D'après Hugo Lauzy, « Detroit, du chaos au renouveau », *Le Journal international*, mai 2015.

8 **Les gratte-ciel de « Renaissance center », nouveau cœur économique de la ville, 2014**

Le « Renaissance center » est un ensemble de sept gratte-ciel construit à partir de 1977 pour redynamiser la ville. L'entreprise General Motors y a installé son siège social.

9 Un tourisme des ruines ?

Depuis que la ville s'est déclarée en faillite, en juillet 2013, les hôtels disent connaître un afflux de visiteurs intéressés par les ruines. Jesse Welter s'est mis à parcourir la ville, en prenant des clichés des immeubles abandonnés qu'il vendait sur un marché d'artistes. Il s'est dit que, si d'autres personnes avaient envie de voir les bâtiments, il pourrait leur servir de guide.

Les clients versent 45 dollars pour une visite de trois heures au cours de laquelle ils explorent certaines des structures délabrées les plus célèbres de Detroit. Les gens du coin voient d'un mauvais œil ces personnes qui viennent contempler la décomposition de la ville. Ils voudraient que les visiteurs voient les côtés positifs de Detroit, comme ces champs abandonnés que des agriculteurs entreprenants ont transformés en jardins urbains.

■ D'après Alana Samuels, « Detroit, ses ruines, ses touristes », *Los Angeles Times, Courrier international*, janvier 2014.

Activités

Question clé **Comment expliquer la crise, puis le renouveau de la ville de Detroit ?**

ITINÉRAIRE 1

▶ J'extrais des informations

5 Doc 6, 7 et 9. Quelles nouvelles activités trouve-t-on à Detroit ?

6 Doc 5 à 9. Qui essaie de changer l'image de la ville ? comment ?

▶ J'argumente à l'écrit

7 Rédigez un paragraphe pour répondre à la question clé.

OU

ITINÉRAIRE 2 site élève ↧ carte mentale interactive

▶ Je pratique différents langages (étape 2)

Complétez la carte mentale commencée page 215.

MÉTHODE

Tracez de nouvelles branches intitulées :
▶ De nouvelles activités (→ Doc 6, 7 et 9)
▶ Une volonté de redynamiser la ville (→ Doc 5 à 9)
▶ Une nouvelle image pour Detroit (→ Doc 6, 7 et 8)

Des études de cas...

SOCLE Compétences
- **Domaine 5** : Je comprends le monde
- **Domaine 4** : Je formule des hypothèses et je les vérifie

Des villes inégalement intégrées dans la mondialisation

MISE EN PERSPECTIVE

ÉTAPE 1 — Je fais le point sur les villes que je viens d'étudier

site élève
⬇ tableau à imprimer

A Vous venez d'étudier Tokyo et Detroit. Recopiez puis complétez le tableau suivant en indiquant dans chaque case « Oui » ou « Non ».
Justifiez votre réponse en précisant la référence du document qui vous permet de donner une réponse positive.

Niveau de puissance aujourd'hui	Échelle	Tokyo	Detroit
Commandement politique	À l'échelle du pays		
	À l'échelle mondiale		
Commandement économique	À l'échelle du pays		
	À l'échelle mondiale		
Commandement culturel	À l'échelle du pays	OUI → Doc 2 et 3 p. …	
	À l'échelle mondiale	OUI → Doc 7 p. …	OUI → Doc 5 p. …
Niveau d'intégration dans la mondialisation : Élevé ou faible ?			

ÉTAPE 2 — Je formule des hypothèses générales

B En vous appuyant sur les exemples étudiés, achevez la phrase ci-dessous en choisissant les trois hypothèses qui conviennent le mieux :

Une ville bien intégrée dans la mondialisation...

1. accueille de nombreux sièges sociaux de grandes entreprises multinationales.
2. compte plusieurs millions d'habitants.
3. abrite une population pauvre.
4. est obligatoirement une ville d'un pays développé.
5 attire de nombreux touristes.
6. a une influence limitée à l'échelle de son pays.
7. concentre des fonctions de commandement politique et culturel.
8. ne peut pas être une ville « qui rétrécit ».

ÉTAPE 3 — Je vérifie si mes hypothèses sont justes

C Observez attentivement les documents 1 à 3 ci-contre. Viennent-ils confirmer les trois hypothèses sélectionnées à l'étape 2 ? Justifiez vos réponses.

1 Londres, une place économique de premier plan, 2013

Le quartier de la City accueille la Bourse de Londres, la Banque d'Angleterre et environ 500 banques et compagnies d'assurance.

2 Johannesburg, capitale économique de l'Afrique du Sud, 2013

Le centre des affaires de Johannesburg et ses gratte-ciel témoignent du dynamisme de la ville.

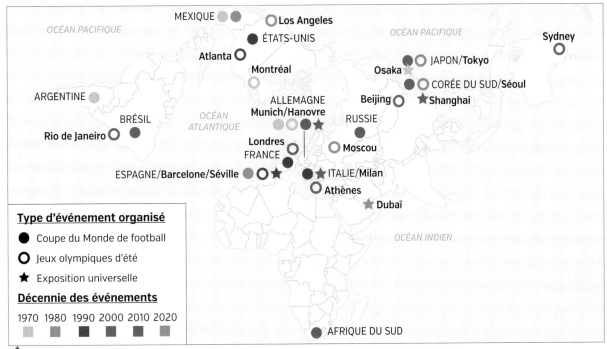

Type d'événement organisé

● Coupe du Monde de football

○ Jeux olympiques d'été

★ Exposition universelle

Décennie des événements

1970 1980 1990 2000 2010 2020

3 Villes et grands événements dans le monde

Carte

SOCLE Compétences
- ▶ **Domaine 1** : Je comprends les langages scientifiques (cartes)
- ▶ **Domaine 5** : Je me repère dans l'espace

Les villes dans la mondialisation

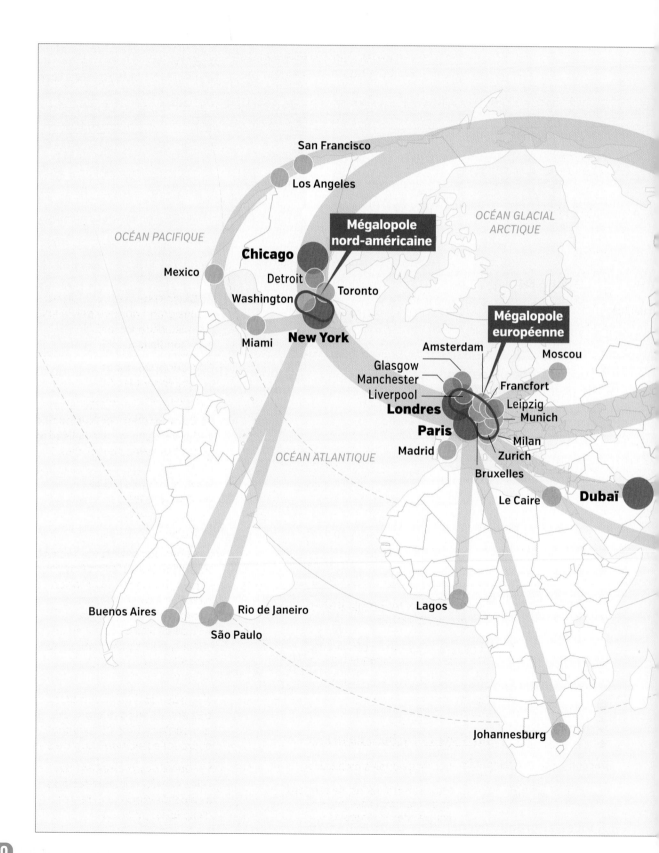

▶ **Mégalopole**
Région urbaine où plusieurs villes sont très connectées entre elles.

▶ **Mondialisation**
Mise en relation des différentes parties du monde sous l'effet des échanges (humains, marchands, financiers et d'information).

▶ **Ville connectée**
Ville bien intégrée aux réseaux de la mondialisation. Plus une ville est connectée, plus son poids et son influence sont importants à l'échelle mondiale.

▶ **Ville mondiale**
Ville qui concentre des fonctions économiques, de décision et souvent culturelles et/ou politiques. Une ville mondiale est un centre majeur de la mondialisation.

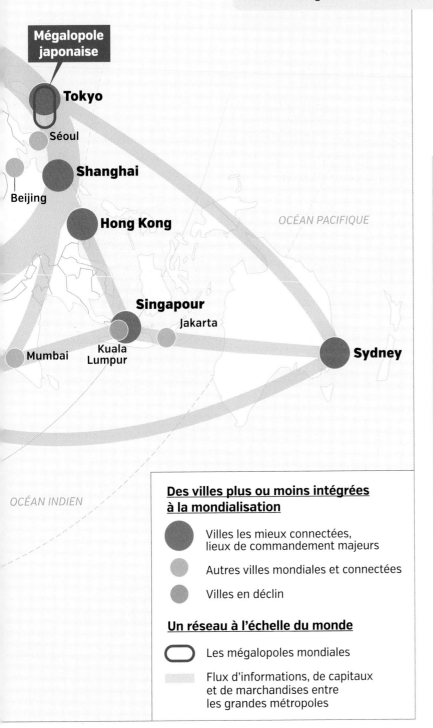

Mégalopole japonaise

Tokyo
Séoul
Shanghai
Beijing
Hong Kong
OCÉAN PACIFIQUE
Singapour
Jakarta
Mumbai
Kuala Lumpur
Sydney
OCÉAN INDIEN

Des villes plus ou moins intégrées à la mondialisation

● Villes les mieux connectées, lieux de commandement majeurs

● Autres villes mondiales et connectées

● Villes en déclin

Un réseau à l'échelle du monde

⬭ Les mégalopoles mondiales

▬ Flux d'informations, de capitaux et de marchandises entre les grandes métropoles

❶ Quels continents comptent le plus grand nombre des villes les mieux connectées à la mondialisation ?

❷ À quels continents appartiennent les trois mégalopoles mondiales ?

❸ Comment les villes les mieux intégrées dans la mondialisation sont-elles reliées entre elles ?

Espaces et paysages de l'urbanisation → chap. 9
La « révolution industrielle » → chap. 4

Les villes se sont profondément transformées au XIXe siècle ; aujourd'hui, la mondialisation continue à modifier leurs espaces et leurs paysages. À l'aide de vos connaissances historiques et géographiques, répondez aux questions suivantes.

❹ Quels continents comptent très peu de villes intégrées dans la mondialisation ? Expliquez pourquoi à l'aide du chapitre 9.

❺ Quels pays comptent des villes en déclin ? Citez-les puis, à l'aide du chapitre 4, tentez d'expliquer pourquoi.

Les villes dans la mondialisation

➡️ Quel rôle joue la mondialisation sur les villes et leur développement ?

VOCABULAIRE

▸ **Firme transnationale (FTN)**
Entreprise dont l'activité s'exerce à l'échelle du monde. Son siège social est généralement implanté dans son pays d'origine.

▸ **Mégalopole**
Région urbaine où plusieurs villes sont très connectées entre elles.

▸ **Métropole**
Grande ville concentrant population, activités et richesses. Elles exercent des fonctions de commandement politique, économique ou culturel à différentes échelles, y compris mondiale.

▸ **Métropolisation**
Processus de concentration des populations et des activités de haut niveau dans et autour des plus grandes villes ou métropoles.

A Les grandes métropoles, centres de commandement du monde

1. La puissance économique et financière

● Les grandes **métropoles** sont des **pôles économiques** majeurs dont le poids est mesuré par le **PUB** (produit urbain brut). Les **firmes transnationales** s'y installent.

● Elles sont aussi des **puissances financières** (présence de grandes banques et de places boursières d'influence mondiale) et des **centres technopolitains** grâce à leurs universités prestigieuses et leurs centres de recherche.

2. Le rayonnement politique et culturel

● **Capitales politiques** de leur pays, elles accueillent les **sièges de gouvernements nationaux**. Leur **rayonnement** international attire parfois des organismes internationaux (comme l'UNESCO à Paris).

● Cœur des **activités culturelles**, les grandes métropoles abritent les plus grands musées du monde (le Moma à New York par exemple) ; les **modes**, vestimentaires, musicales ou artistiques, y naissent.

B La domination des villes du Nord

1. Le bénéfice de la métropolisation

● Les **villes les mieux intégrées à la mondialisation** appartiennent le plus souvent aux pays les plus riches et développés du monde.

● Leur puissance et leur image les rendent de plus en plus **attractives** : les **populations** s'y installent en nombre et les **activités** s'y développent rapidement, renforçant ainsi leur puissance. C'est le phénomène de **métropolisation**.

2. L'archipel métropolitain mondial

● Ces villes s'ancrent, pour les plus importantes d'entre elles, dans de véritables **régions urbaines**, appelées **mégalopoles** : le corridor urbain de Tokyo à Osaka, la côte Est des États-Unis et la mégalopole européenne.

● De plus, elles entretiennent entre elles de **très fortes relations** fondées sur des échanges de marchandises, de capitaux et d'informations ; on parle d'**archipel métropolitain mondial** pour désigner l'ensemble qu'elles forment.

C Une intégration croissante mais inégale des villes dans la mondialisation

1. Une concurrence mondiale

● Si, aujourd'hui, plus aucune ville ne reste complètement à l'écart des échanges internationaux, la mondialisation les met en **concurrence**. Il devient essentiel de pouvoir accueillir tel événement sportif ou culturel de portée mondiale, d'être relié aux grandes routes commerciales.

● Les villes des pays moins avancés ou en développement ont des **difficultés pour se connecter** aux réseaux d'échanges mondiaux et ont pour la plupart d'entre elles un **rayonnement très faible** à l'échelle mondiale.

2. Des villes qui « rétrécissent »

● Dans les **pays développés**, certaines villes, comme Detroit aux États-Unis, rétrécissent ou entrent en **décroissance** : après une période de prospérité, elles connaissent un phénomène de rétrécissement urbain sur le plan démographique (perte de population), économique (perte d'activités, de fonctions, de revenus et d'emplois) et social (développement de la pauvreté urbaine, du chômage et de l'insécurité).

● Cependant, **une ville en déclin n'en reste pas moins insérée à la mondialisation**. Elle peut d'ailleurs **se redynamiser** en développant des activités plus compétitives et en améliorant son image grâce à d'ambitieux projets de rénovation urbaine.

Je retiens autrement

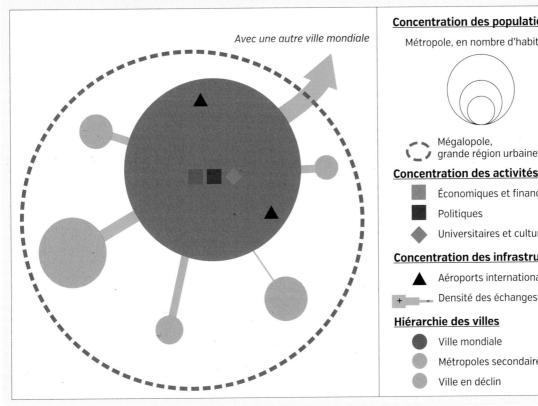

Avec une autre ville mondiale

Concentration des populations

Métropole, en nombre d'habitants

Mégalopole, grande région urbaine

Concentration des activités

■ Économiques et financières

■ Politiques

◆ Universitaires et culturelles

Concentration des infrastructures

▲ Aéroports internationaux

Densité des échanges

Hiérarchie des villes

● Ville mondiale

● Métropoles secondaires

● Ville en déclin

Apprendre à apprendre

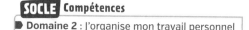

Comment apprendre ma leçon ?

J'apprends en réalisant une fiche de révision

La fiche de révision est un bon outil pour apprendre. Elle regroupe les idées principales, les repères ainsi que le vocabulaire important.

▶ **Étape 1**

site élève
⬇ fiche de révision

- Listez des idées : pas de phrases complètes ni de verbe.
Suivez le plan du cours, cela peut vous aider. Pas plus d'une page par leçon...
N'oubliez pas : il s'agit de trier les informations pour ne noter que l'essentiel.

▶ **Étape 2**

- Abrégez les mots et utilisez un code couleurs identique pour toutes vos fiches : titres, mots clés, dates...

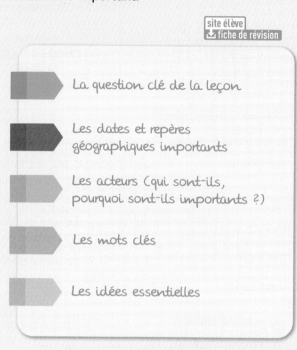

La question clé de la leçon

Les dates et repères géographiques importants

Les acteurs (qui sont-ils, pourquoi sont-ils importants ?)

Les mots clés

Les idées essentielles

💡 Appliquez vous pour que vos fiches soient agréables à lire !

Je révise chez moi

● **Je vérifie que je connais les principaux repères du chapitre.**

Je sais définir et utiliser dans une phrase :
- mondialisation
- mégalopole
- métropolisation

Je sais situer sur un planisphère :
- les villes les mieux connectées
- au moins deux villes qui « rétrécissent »
- les trois mégalopoles

site élève
⬇ fond de carte

Je sais expliquer :
- les caractéristiques d'une ville mondialisée.
- l'idée selon laquelle la mondialisation opère un processus de sélection en favorisant certains territoires.

Je vérifie mes connaissances

1 Vrai ou faux ? Je justifie ma réponse à l'aide d'exemples.

a. Toutes les capitales sont des villes bien intégrées à la mondialisation. ☐ Vrai ☐ Faux

b. La mondialisation met les villes en concurrence. ☐ Vrai ☐ Faux

c. Une ville qui s'intègre bien dans les flux mondiaux est une ville très peuplée. ☐ Vrai ☐ Faux

d. Les firmes transnationales s'implantent dans des villes bien connectées. ☐ Vrai ☐ Faux

2 Je révise le vocabulaire de ma leçon.

Je relie les mots à leur signification.

a. Mondialisation

b. *Hub*

c. Métropole

d. Mégalopole

e. Ville mondiale

1. Région urbaine où plusieurs villes sont très connectées entre elles.

2. Grande ville concentrant population, activités et richesses.

3. Plate-forme aérienne, portuaire ou ferroviaire vers laquelle se concentre le trafic de passagers ou de marchandises avant d'être redistribué.

4. Ville dont la taille et le rôle de commandement économique, financier et culturel lui donne une influence majeure sur le reste du monde.

5. Mise en relation des différentes parties du monde sous l'effet des échanges.

3 J'explique un phénomène géographique à partir d'images.

J'explique oralement ce que chaque document, issu du chapitre, m'a appris sur les villes dans la mondialisation et je lui donne un titre.

b.

a.

c.

d.

4 Retrouvez d'autres exercices sous forme interactive sur le site Nathan.

site élève
⬇ exercices interactifs

Exercices

1 Je compare des documents sur une ville connectée

↳ **Socle** : Domaine 1

1 Changi, un aéroport pour devenir une ville mondiale

Un jardin botanique ? Une galerie commerciale ? Un centre de thalassothérapie ?

L'aéroport de Changi, à Singapour, est tout cela à la fois, bien qu'il soit avant tout l'un des plus grands d'Asie. Connecté à 300 villes et plus de 70 pays, il est le centre du trafic aérien régional, jugé 480 fois « Meilleur aéroport » dans diverses catégories.

Depuis l'inauguration du premier terminal au début des années 1980, l'aéroport n'a cessé de s'agrandir et d'innover. Le terminal 4 ouvrira en 2017 et le terminal 5, en projet pour le milieu des années 2020, devrait accueillir à lui seul 50 millions de passagers.

■ Florence de Changy, « Transit en détente à l'aéroport de Singapour », *M le magazine du Monde*, août 2015.

2 Terminal 3 de l'aéroport de Changi, 2015

> **QUESTIONS**
>
> ❶ Décrivez l'aéroport de Singapour et ses activités.
>
> ❷ Singapour est-elle une ville bien connectée à la mondialisation ? pourquoi ?
>
> ❸ Pourquoi les agrandissements de l'aéroport sont-ils indispensables à Singapour pour accéder au statut de ville mondiale ?

2 Je comprends un document sur la ville décroissante de Leipzig

↳ **Socle** : Domaine 1

La ville de Leipzig (Saxe, Allemagne) est un exemple marquant d'un déclin de longue durée. La concurrence de l'Allemagne de l'Ouest puis des pays émergents ont entraîné le déclin industriel. Celui-ci a provoqué un chômage important, accompagné d'un départ des jeunes les plus mobiles et qualifiés. Aussi, les ressources fiscales[1] ont diminué, entraînant une baisse des services urbains de base. Ce déclin transforme les espaces urbains : réduction des services municipaux, du nombre de commerces, des infrastructures culturelles. Ville allemande la plus touchée (perte de 100 000 habitants en dix ans), Leipzig fut la première collectivité à reconnaître l'existence du déclin, pour mieux le gérer. [...]

Leipzig veut désormais devenir « a better Berlin », comme le vante une campagne publicitaire audacieuse menée par la ville.

■ Daniel Florentin et Flaminia Paddeu, « Le déclin au quotidien : crise perçue et espaces vécus à Leipzig et Detroit », *Urbanités 2*, novembre 2013.

1. Impôts collectés par la ville.

> **QUESTIONS**
>
> ❶ Pourquoi peut-on dire que Leipzig est une ville en déclin ?
>
> ❷ Comment ce déclin se manifeste-t-il dans la ville ?
>
> ❸ Qu'ont fait les acteurs politiques pour réagir à ce déclin ?

3 Analyser et comprendre des documents (exercice 1)

↳ **SOCLE** : Domaine 5. Je comprends un paysage urbain : les tours, symboles des métropoles

1 « Les tours du pouvoir »

À Dubaï, Burj Khalifa, la plus haute tour du monde, culmine à 828 mètres. Parmi les 55 tours d'au moins 300 mètres recensées dans le monde, 37 sont en Asie et 14 aux États-Unis.

À Londres, la tour Shard, du haut de ses 310 mètres, est la plus haute d'Europe. À La Défense, à Paris, on a inauguré la tour First dont les 228 mètres constituent le record de hauteur des tours de bureaux en France. Juste à côté, la tour Phare atteindra 300 mètres. Les projets sont toujours plus vertigineux : la pyramide TRY 2004 dans la baie de Tokyo, véritable ville dont le sommet atteindrait 2 004 mètres, pourrait abriter 750 000 habitants et 800 000 travailleurs...

Les tours affichent une richesse, une position dominante dans le monde. Les plus hautes sont des tours de bureaux, abritant des activités mondialisées.

■ D'après Jean-Marie Huriot, « Les tours du pouvoir », www.metropolitiques.eu, 24 octobre 2011.

2 La tour Triangle à Paris
En 2020, elle dominera de ses 180 mètres le parc des expositions de la porte de Versailles.

QUESTIONS

❶ Citez les métropoles, pays ou régions du monde dans lesquelles sont situées les plus grandes tours du monde recensées dans le texte.

❷ Quelles activités abritent-elles ?

❸ À l'aide de vos connaissances et des documents, expliquez pourquoi « les projets sont toujours plus vertigineux ».

MÉTHODE

Je confronte des documents à mes connaissances (→ Question ❸)

▶ Pour répondre de la meilleure manière possible à une question, vous devez être capable de confronter les informations que vous donnent les documents à vos connaissances du sujet.

▶ Vous devez donc comparer les informations que vous donnent le texte et l'image à ce que vous avez appris.

MON BILAN DE COMPÉTENCES

Partie 2

Les mobilités humaines

QUESTION CLÉ

→ Que révèle l'ampleur des migrations transnationales de populations sur les conséquences humaines et territoriales de la mondialisation ?

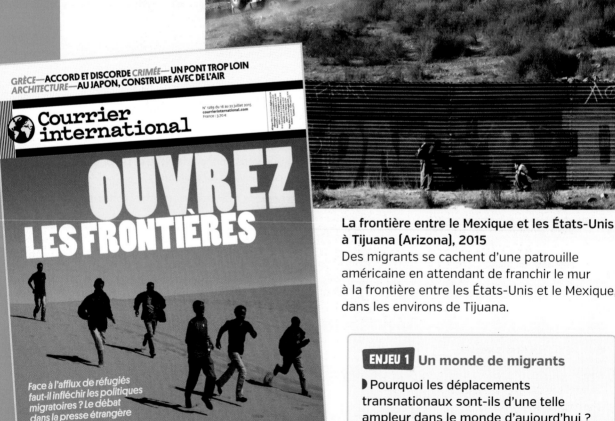

GRÈCE—ACCORD ET DISCORDE CRIMÉE—UN PONT TROP LOIN
ARCHITECTURE—AU JAPON, CONSTRUIRE AVEC DE L'AIR

Courrier international

N° 1289 du 16 au 22 juillet 2015
courrierinternational.com
France : 3,70 €

OUVREZ LES FRONTIÈRES

Face à l'afflux de réfugiés faut-il infléchir les politiques migratoires ? Le débat dans la presse étrangère

M 03183 - 1289 - F: 3,70 €

Une de l'hebdomadaire
Courrier international
n°1289, juillet 2015.

La frontière entre le Mexique et les États-Unis à Tijuana (Arizona), 2015
Des migrants se cachent d'une patrouille américaine en attendant de franchir le mur à la frontière entre les États-Unis et le Mexique, dans les environs de Tijuana.

ENJEU 1 Un monde de migrants

▶ Pourquoi les déplacements transnationaux sont-ils d'une telle ampleur dans le monde d'aujourd'hui ?

▶ Quelles sont les conséquences de ces mobilités sur les sociétés et les territoires ?

transnationales

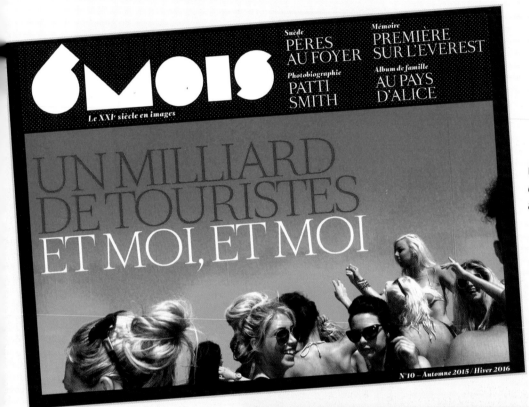

Une du semestriel
6 Mois n°10,
automne 2015.

Les investissements touristiques en Turquie
Page Internet de l'Agence pour la promotion et le soutien à l'investissement, http://www.invest.gov.tr/fr, janvier 2016.

ENJEU 2 Le tourisme et ses espaces

▶ Quelle est l'importance du tourisme à l'échelle mondiale ?

▶ Quels sont les effets économiques, sociaux et territoriaux du tourisme ?

11

Un monde de migrants

→ **Pourquoi la mobilité des êtres humains dans le monde d'aujourd'hui prend-elle une telle ampleur ?**

Au cycle 3, en 6ᵉ

J'ai appris que, dès le début de l'histoire de l'humanité, les êtres humains ont migré. Ces mouvements ont été plus ou moins importants selon les époques.

Au cycle 4, en 5ᵉ

J'ai vu que les différentes évolutions démographiques, l'inégale répartition des ressources et le changement global sont à l'origine de mobilités internationales.

Ce que je vais découvrir

Les migrations internationales sont variées ; elles ont des impacts sur les êtres humains, les sociétés, les économies et les territoires.

Arriaga
Mexique

Nouvelle–Zélande

1 **Des migrants entassés sur le toit d'un train, Arriaga, Mexique, 2013**

La frontière entre les États-Unis et le Mexique, vers laquelle se dirigent ces migrants, est une importante zone de migrations illégales.

1 255 000 demandes d'asile ont été enregistrées en Europe en 2015.
À l'échelle des migrations internationales, en 2014, la moitié des migrants étaient des femmes.

2 Publicités pour attirer des étudiants étrangers en Nouvelle-Zélande, 2015

L'Inde, au cœur des migrations internationales

Question clé Quels sont les enjeux des migrations internationales pour l'Inde ?

Inde

A L'Inde, un pays entre immigration et émigration

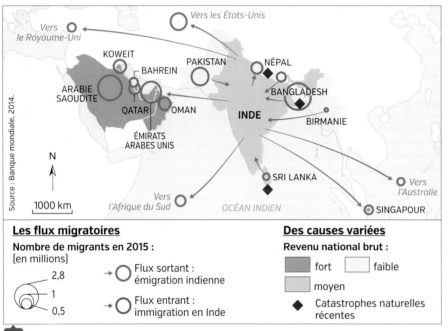

Source : Banque mondiale, 2014.

Les flux migratoires

Nombre de migrants en 2015 : (en millions)

2,8
1
0,5

→ ◯ Flux sortant : émigration indienne
→ ◯ Flux entrant : immigration en Inde

Des causes variées

Revenu national brut :

■ fort □ faible
▨ moyen
◆ Catastrophes naturelles récentes

CHIFFRES CLÉS

➡ **2015** : **1,2 milliard** **d'habitants**
➡ **Espérance de vie** à la naissance : **68 ans** (2015)
➡ **IDH** : **0,586**, 136e rang mondial
➡ **4 millions** d'Indiens ont quitté leur pays entre 2009 et 2015.

1 L'Inde, foyer migratoire régional et mondial

2 Une présence sur tous les continents

Le dernier rapport des Nations unies souligne que 16 millions d'Indiens vivent en dehors de l'Inde. Les travailleurs hautement qualifiés et les étudiants partent majoritairement dans les pays occidentaux, États-Unis et Angleterre en tête.

Parallèlement, de nombreux ouvriers quittent aussi l'Inde pour aller travailler dans les pays du Golfe ou en Malaisie. Ils y exercent des métiers souvent pénibles et leurs droits n'y sont pas toujours respectés.

L'Inde est aussi un pays d'immigration : elle compte officiellement 5,2 millions de travailleurs étrangers en 2015 [...].

■ Amanda Jacquel,
« Les Indiens, plus grande diaspora au monde ! »,
www.francetvinfos.fr, janvier 2016.

3 Migrer du Bangladesh pour l'Inde

Il y aurait plus de 30 millions de Bangladais vivant illégalement en Inde. Les raisons de cette immigration sont nombreuses : le Bangladesh reste l'un des pays les plus pauvres dans le monde et est touché chaque année par des catastrophes naturelles qui jettent sur les routes des millions de personnes par an.

Et une fois le mur frontalier franchi, l'intégration est facile en Inde : même langue, même religion, même culture et souvent des membres de la famille prêts à vous accueillir.

Mais aujourd'hui, une partie de la population indienne demande l'expulsion de ces immigrés.

■ D'après Joyeeta Bhattacharjee, « Inde : résoudre le problème de l'immigration bangladaise »,
www.thediplomat.com, mai 2014.

4 Pourquoi migrer de l'Inde vers le golfe Persique ?

Depuis les années 1970, l'essor de l'exploitation pétrolière a entraîné une forte croissance consommatrice de main-d'œuvre pas ou peu qualifiée vers les pays du Golfe. Mais le droit de résidence permanent[1], l'accès à la nationalité et le regroupement familial[2] y étant souvent interdits, ces migrants – des hommes seuls pour la plupart – retournent généralement en Inde à la fin de leur contrat.

La péninsule Arabique représente également la première destination des infirmières indiennes migrantes. Pour elles, devenir infirmière, c'est l'assurance de pouvoir migrer vers les pays du Golfe et peut-être vers l'Occident ensuite. C'est donc plus qu'un métier : c'est un passeport pour une vie plus indépendante et plus autonome. Loin du milieu familial très traditionnel, elles peuvent échapper à un futur trop conventionnel et trop prévisible[3].

■ D'après Philippe Venier, « L'émigration indienne vers le golfe Persique », *Géoconfluences*, 2015.

1. Autorisation de séjourner dans le pays, au-delà de la durée d'un séjour touristique.
2. Possibilité donnée à des membres d'une même famille, séparés, de se retrouver.
3. L'Inde est une société encore très traditionnelle dans laquelle les femmes sont souvent placées sous l'autorité de leur père, de leur mari ou de leur frère.

5 Sweta Kannan, étudiante indienne en Grande-Bretagne, 2011

L'Inde est, après la Chine, le pays qui envoie le plus d'étudiants à l'étranger. Certains rentrent en Inde, d'autres restent vivre dans leur pays d'études.

VOCABULAIRE

▸ **Émigration**
Fait de quitter définitivement son pays d'origine.

▸ **Immigration**
Fait de s'installer définitivement dans un pays autre que son pays d'origine.

Activités

Question clé | **Quels sont les enjeux des migrations internationales pour l'Inde ?**

ITINÉRAIRE 1 **ou** ITINÉRAIRE 2

site élève
⤓ tableau à imprimer

▸ Je prélève des informations, je compare

❶ **Doc 1 à 5.** En prenant des exemples précis, montrez que l'Inde est à la fois un pays d'émigration et d'immigration.

❷ **Doc 1, 2, 4 et 5.** Repérez les différentes destinations des migrants indiens, puis dites pour chacune d'entre elles quel type de migrants sont concernés : très qualifiés et étudiants ou peu qualifiés ?

❸ **Doc 1 à 5.** Pourquoi émigrer d'Inde ? pourquoi y immigrer ?

❹ **Doc 2 et 4.** Comparez les difficultés que rencontrent les migrants étrangers en Inde et les migrants indiens à l'étranger.

▸ Je compare des situations

❶ Remplissez le tableau suivant à partir des documents.

	Immigrer en Inde	Émigrer depuis l'Inde
Quels espaces ?	→ Doc 1, 2 et 3	→ Doc 1, 2, 4 et 5
Nombre de migrants concernés	→ Doc 1, 2 et 3	→ Doc 1 et 2
Motivations des migrants	→ Doc 1 et 3	→ Doc 1, 2, 4 et 5
Difficultés des migrants	→ Doc 3	→ Doc 2 et 4

❷ Entourez les éléments communs aux deux colonnes et tirez une conclusion de ce tableau.

❸ Ce tableau vous aidera à remplir le schéma de la page 235.

B Des conséquences multiples

6 Les remises, facteur de développement

Avec plus de 71 milliards de dollars de « remises » par an, l'Inde est le pays qui reçoit le plus d'argent de ses émigrés. Cet argent contribue à transformer les paysages et la société indienne. Ainsi, dans certaines régions, le nombre de maisons modernes, « en dur », augmente. Les voitures sont plus nombreuses et des centres commerciaux se sont construits : on peut y trouver magasins de vêtements dernier cri, pharmacies, agences de voyages, bijouteries…

L'émigration internationale a ainsi fait rentrer l'économie locale dans l'ère de la consommation et favorisé l'émergence[1] d'une classe moyenne toujours plus importante. Elle a aussi réduit les inégalités.

■ D'après Philippe Venier, « L'émigration indienne vers le golfe Persique », *Géoconfluences*, 2015.

1. Apparition et développement.

7 Des travailleurs indiens au Qatar, 2015

De nombreux migrants indiens travaillent sur les chantiers de la Coupe du monde de football au Qatar, qui aura lieu en 2022.

8 Patrouille militaire devant le mur anti-migrants indien, 2014

Pour lutter contre l'immigration clandestine, l'Inde vient d'achever la construction du plus long mur « anti-migrants » du monde : 3 200 km, le long de sa frontière avec le Bangladesh.
Entre 60 000 et 80 000 soldats y sont postés en permanence.

Inde
Bangladesh

9 **41ᵉ festival de l'Inde à Toronto, Canada, 2013**
Dans certaines villes, la diaspora indienne forme d'importantes communautés, comme à Toronto, où un festival de l'Inde est célébré chaque année. La ville comporte d'ailleurs un quartier indien, Little India.

10 **Sabeer Bhatia raconte...**

" Je m'appelle Sabeer Bhatia. Je suis né à Chandigarh, dans le nord de l'Inde, en 1968.

J'ai quitté mon pays pour la Californie à 19 ans avec 250 dollars en poche. Alors que j'étais étudiant à Stanford[1], avec un copain de fac on a fondé la société Hotmail. Cela a tellement bien marché qu'on l'a revendue à Bill Gates pour 400 millions de dollars.

J'ai consacré 150 millions à la scolarisation d'enfants et à l'aide d'étudiants indiens brillants dont j'ai financé les études. Puis je suis revenu en Inde, à Bangalore, où j'ai créé une nouvelle société de logiciels. "

■ D'après Sylvie Kauffman, « Boomtown Bangalore », www.lemonde.fr, 25 avril 2007.

1. Prestigieuse université des États-Unis.

Activités

Question clé **Quels sont les enjeux des migrations internationales pour l'Inde ?**

ITINÉRAIRE 1

▶ **Je prélève des informations**

5 **Doc 7, 9 et 10.** Pourquoi peut-on dire que les migrants indiens ont un rôle important dans leurs pays d'accueil ? Justifiez.

6 **Doc 8.** Comment l'Inde cherche-t-elle à limiter l'immigration clandestine ?

7 **Doc 6 et 10.** Montrez que les émigrés indiens jouent un rôle important dans le développement de l'Inde.

▶ **Je réalise un diaporama**

8 Grâce à vos réponses à aux questions 1 à 7, résumez en deux diapositives la réponse que vous apportez à la question clé.

OU

ITINÉRAIRE 2

▶ **J'extrais et je hiérarchise des informations**
À l'aide des documents des pages 232 à 235 et du tableau rempli page 233, recopiez et complétez le schéma.

Vers où ? → Doc 1, 2, 4, 5, 7 et 10

D'où ? → Doc 1, 3 et 8

Immigration et émigration en Inde

Pourquoi ? → Doc 1, 2, 3, 4, 5, 7 et 10

Conséquences

Sur les sociétés → Doc 6, 7, 9 et 10

Sur les territoires → Doc 6, 7, 8 et 9

Sur les économies → Doc 6, 7 et 10

Étude de cas

TÂCHE COMPLEXE

SOCLE Compétences

▶ **Domaine 3 :** Je fais preuve de réflexion et de discernement
▶ **Domaine 5 :** Je sais appréhender les problématiques mondiales concernant la mobilité des êtres humains

L'Europe : espace d'immigration et de migrations internes

CONSIGNE

Votre frère part 6 mois en Estonie avec le programme Erasmus. Il prépare ses valises, mais n'a pas fini son exposé sur les migrations en Europe. Il vous demande de l'aider.

Rédigez un paragraphe dans lequel vous montrerez que l'Europe est un grand foyer de migrations (internes et externes), et que celles-ci ont des conséquences sur les pays de départ et d'accueil. Les documents ci-dessous vous guideront dans votre réflexion.

VOCABULAIRE

▶ **Immigration**
Fait de s'installer définitivement dans un pays autre que son pays d'origine.

1 Un espace attractif

Facilement accessible, l'Europe attire par ses différences économique, politique et sociale par rapport à ses voisins. Le continent européen est aussi très présent sur les chaînes de télévision des pays proches et dans les langues que les voisins non européens maîtrisent souvent. De nombreux liens familiaux, tissés par la migration, relient l'Europe au reste de la planète, en particulier à l'espace euro-méditerranéen, parcouru par de nombreux flux migratoires.

Par ailleurs, l'Europe est aussi un espace de libre circulation intérieure : grâce au programme Erasmus, plus de 250 000 étudiants par an font une partie de leurs études dans un autre pays européen. Les membres de l'Union européenne peuvent aussi résider et travailler dans n'importe quel autre État membre.

■ D'après Catherine Wihtol de Wenden, *Atlas des migrations*, Éditions Autrement, 2014.

2 Manifestation anti-migrants, Autriche, 2015

Les guerres au Moyen-Orient, l'arrivée massive de migrants et la crise économique ont ravivé des mouvements anti-migrants dans de nombreux pays européens.

3 Des remises vitales

Selon le Fonds international de développement agricole, les remises[1] des émigrés africains, surtout présents en Europe, avoisinent 40 milliards de dollars par an. Si on ajoute à ce chiffre tous les transferts informels[2], c'est entre 120 milliards et 160 milliards de dollars qui arrivent sur le continent.

Cet argent est consacré à des dépenses de consommation courante mais pas seulement. Ainsi, en Érythrée, où environ un ménage sur trois dépend des remises, il a été montré qu'une partie de l'argent était consacrée à des dépenses d'éducation. Au Nigeria et au Kenya, plus de la moitié des remises est investie dans la construction résidentielle, les achats de terrains et la modernisation agricole. Les remises ont donc une incidence directe sur la croissance économique du pays.

■ D'après Mikolaj Radlicki, « Où va l'argent africain envoyé par la diaspora ? », *Mail & Guardian Africa*, juin 2015.

1. Sommes d'argent transférées par les migrants à leurs proches restés au pays. 2. Sommes d'argent transférées hors des circuits financiers officiels.

Migrer d'un pays européen à un autre

→ Principaux flux migratoires internes

`PAYS` Les 5 pays qui reçoivent le plus de migrants d'origine européenne ainsi que les étudiants européens du programme Erasmus

☐ Espace Schengen

Migrer vers l'Europe

IDH :

■ très élevé

▦ élevé

☐ moyen

⇀ Routes maritimes et terrestres

◆ Guerres ou troubles depuis 2010

— Murs anti-migrants

Source : PNUD, 2015 ; MissingMigrants.iom.int

500 km

4 Les migrations en Europe

L'espace Schengen est un espace de libre circulation au sein de l'Union européenne.

5 Un apport démographique et de main-d'œuvre

De nombreux métiers sont mal ou non pourvus dans les pays européens : bâtiment, restauration, nettoyage industriel et domestique, gardiennage, ramassage des fruits et légumes... Ces métiers sont en effet pénibles et exposés aux intempéries et aux risques, mal payés, sales et non délocalisables. Le vieillissement de la population lié à la baisse de la natalité et à l'allongement de l'espérance de vie rend les Européens dépendants de l'immigration : sans elle, la population active baisserait de 90 millions d'ici à 2050 et serait insuffisante pour répondre aux besoins de l'économie et de la société. L'Allemagne, un des pays d'Europe les plus touchés par le vieillissement, est celui qui a ouvert le plus ses portes aux migrants européens et non européens.

■ D'après Catherine Wihtol de Wenden, *Atlas des migrations*, Éditions Autrement, 2014.

BIOGRAPHIE

▸ Né en 1978 à Trappes (près de Paris) d'une mère femme de ménage mauritanienne et d'un père ouvrier sénégalais, il débute à la radio en 1996.
▸ Il se fait vraiment connaître par ses apparitions sur scène et à la télévision, puis tourne dans une vingtaine de films.
▸ César du meilleur acteur en 2012 pour *Intouchables*, il représente la France à la cérémonie des Oscars à Hollywood. Il a fait ses débuts internationaux en jouant dans *X-Men*, une production américano-britannique.
▸ En 2016, il a de nouveau été nommé 2e personnalité préférée des Français.

6 Omar Sy, comédien français

COUP DE POUCE

Organisez votre paragraphe en plusieurs temps.
▸ Montrez que l'Europe est un espace attractif (Doc 1 et 4).
▸ Précisez l'origine des principaux flux, qu'ils soient internes à l'Europe ou qu'ils proviennent d'autres régions du monde (Doc 1, 4 et 6).
▸ Précisez les motivations des migrants (Doc 1 à 5).
▸ Montrez les conséquences de ces migrations dans les pays de départ et d'arrivée (Doc 1 à 6).

SOCLE Compétences

▶ **Domaine 4** : Je formule des hypothèses et je les vérifie
▶ **Domaine 5** : Je comprends le monde

Les mobilités humaines

MISE EN PERSPECTIVE

ÉTAPE 1 ▶ Je fais le point sur l'espace que je viens d'étudier

A Complétez la colonne du tableau correspondant à votre étude de cas. Vous préciserez, pour chaque réponse, la référence du document utilisé.

site élève ⬇ tableau à imprimer

	Inde		**Europe**	
	Émigration	**Immigration**	**Migrations internes**	**Immigration**
Le départ				
Causes du départ	Faire des études (→ **Doc 4 p. 233**)...		Proximité culturelle (langue, religion identiques...) (→ **Doc 1 p. 236**)...	
Choix de la destination				
Risques				
Profil des migrants				
Les transformations liées aux migrations				
Économie				
Société				
Territoires				

ÉTAPE 2 ▶ J'en déduis des hypothèses

B À l'aide du tableau ci-dessus, choisissez 3 hypothèses qui vous semblent le mieux compléter la phrase suivante.

Les migrations transnationales...

1. peuvent se faire à l'échelle mondiale, mais se font surtout entre pays proches.
2. sont le fait de personnes qualifiées.
3. se font pour leur plus grande part des pays du Sud vers les pays du Nord.
4. sont toujours dues aux problèmes rencontrés par les habitants d'un pays (pauvreté, guerre...).
5. sont autorisées par les pays d'accueil.
6. concernent très majoritairement des hommes ; il n'y a que très peu de femmes migrantes.
7. transforment les sociétés et l'économie dans les pays de départ et d'arrivée.
8. n'ont pas de conséquences sur les paysages.

ÉTAPE 3 ▶ Je vérifie si mes hypothèses sont justes

C Analysez les documents ci-contre. Confirment-ils les hypothèses retenues à l'étape 2 ? Justifiez votre réponse pour chacun des documents.

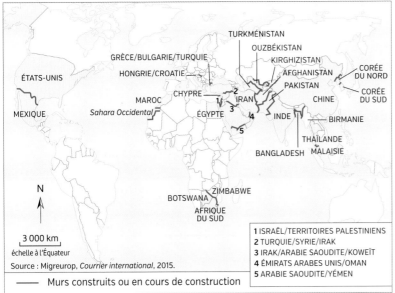

ÉTATS-UNIS
MEXIQUE
MAROC
Sahara Occidental
ÉGYPTE
CHYPRE
GRÈCE/BULGARIE/TURQUIE
HONGRIE/CROATIE
TURKMÉNISTAN
OUZBÉKISTAN
KIRGHIZISTAN
AFGHANISTAN
PAKISTAN
IRAN
INDE
CHINE
CORÉE DU NORD
CORÉE DU SUD
BIRMANIE
THAÏLANDE
MALAISIE
BANGLADESH
BOTSWANA
ZIMBABWE
AFRIQUE DU SUD

3 000 km
échelle à l'Équateur
Source : Migreurop, *Courrier international*, 2015.

1 ISRAËL/TERRITOIRES PALESTINIENS
2 TURQUIE/SYRIE/IRAK
3 IRAK/ARABIE SAOUDITE/KOWEÏT
4 ÉMIRATS ARABES UNIS/OMAN
5 ARABIE SAOUDITE/YÉMEN

—— Murs construits ou en cours de construction

1 Les murs anti-migrants dans le monde

2 Le rôle des émigrés dans le développement de leur pays d'origine

Les émigrés des pays en développement représentent aujourd'hui quelque 181 millions de personnes et ils se montrent de plus en plus généreux avec leurs pays d'origine. Selon le nouveau décompte annuel que publie la Banque mondiale, ils devraient avoir envoyé au total quelque 435 milliards de dollars à leurs pays d'origine.

Amélioration de la vie quotidienne, paiement des dépenses d'éducation et de santé, investissement dans l'économie locale : les remises jouent un véritable rôle dans le développement du pays d'origine.

■ D'après Jean-Pierre Robin, « Les émigrés envoient 435 milliards de dollars par an à leurs pays d'origine », *www.lefigaro.fr*, octobre 2014.

3 Des quartiers typiques

De nombreux Chinois ont émigré en Afrique pour travailler sur les chantiers de grands projets d'infrastructures.

Quartier chinois d'Antananarivo, Madagascar, 2014.

Somalie
Kenya
Antananarivo
Madagascar

4 Camp de réfugiés au Kenya, 2011

La sécheresse et la famine poussent des centaines de milliers de Somaliens à migrer vers le Kenya.

Carte

SOCLE Compétences
▶ **Domaine 5** : Je me repère dans l'espace
▶ **Domaine 1** : Je comprends les langages scientifiques (cartes)

Un monde de migrants

CHIFFRES CLÉS

➡ **2015** : **244 millions de migrants**
(3,3% de la population mondiale), soit 41 % de plus par rapport à l'année 2000.

➡ **48 %** des migrants sont des **femmes**.

➡ **Âge médian des migrants** : **39 ans**

➡ **15 %** des migrants ont moins de 20 ans.

VOCABULAIRE

▸ **Émigration**
Fait de quitter définitivement son pays d'origine.

▸ **Flux migratoire**
Ensemble des personnes en circulation.

▸ **Immigration**
Fait de s'installer définitivement dans un pays autre que son pays d'origine.

QUESTIONS

❶ Localisez l'espace migratoire que vous avez étudié. Identifiez le type d'espace migratoire auquel il appartient.

❷ Quelles sont les 3 principales régions d'arrivée de migrants ? Citez 3 autres pays d'accueil de migrants.

❸ Citez 3 grandes régions de départs des migrants vers d'autres continents.

❹ Illustrez, par des exemples précis pris sur la carte, l'affirmation « les migrations sont aujourd'hui mondialisées, mais beaucoup se font à l'échelle régionale ».

Le tourisme et ses espaces → chap. 12

Le tourisme est un mouvement de population encore plus massif que la migration. La route des touristes croise parfois celle des migrants (→ pp. 248-249).

❺ Comparez la carte sur les flux touristiques pp. 260-261 avec celle sur les mouvements migratoires. Que constatez-vous ?

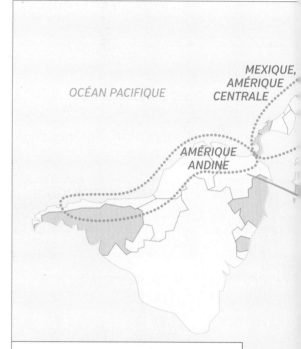

Les espaces migratoires

⬭ Principales régions d'arrivée

⬭ Autres pays d'arrivée

⬭ Principales régions de départ

Les flux migratoires

→ Flux migratoires majeurs

↻ Grandes zones de mobilité interne liée au travail

▢ Pays à immigration forte (3 à 15 % de la population totale)

▢ Pays à immigration massive (plus de 15% de la population totale)

◆ Pays les plus touchés par l'émigration climatique

◆ Pays les plus touchés par la montée des eaux

2 Des migrations mondialisées

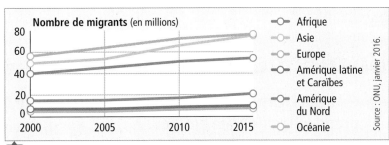

Nombre de migrants (en millions)

- Afrique
- Asie
- Europe
- Amérique latine et Caraïbes
- Amérique du Nord
- Océanie

Source : ONU, janvier 2016.

1 Des migrations en augmentation

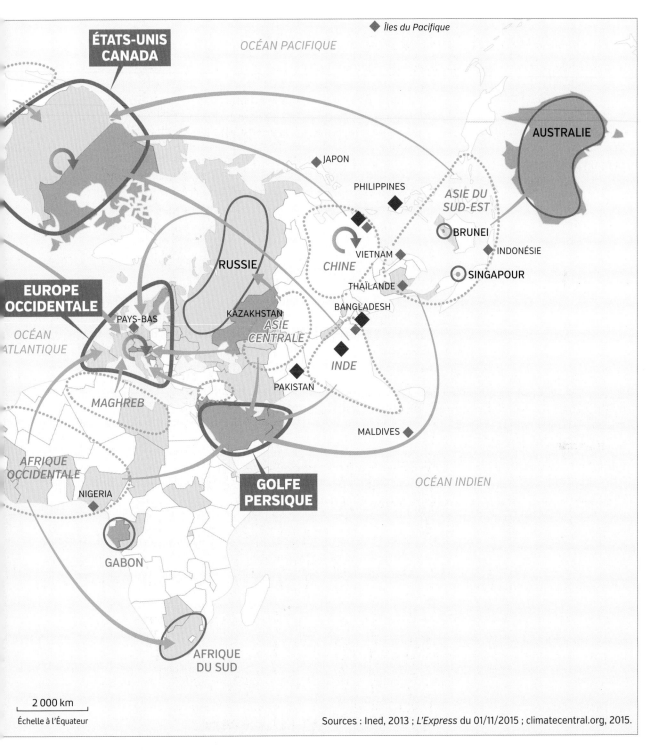

Îles du Pacifique

OCÉAN PACIFIQUE

ÉTATS-UNIS CANADA

AUSTRALIE

JAPON

PHILIPPINES

ASIE DU SUD-EST

BRUNEI

VIETNAM

INDONÉSIE

CHINE

SINGAPOUR

RUSSIE

THAÏLANDE

EUROPE OCCIDENTALE

KAZAKHSTAN

BANGLADESH

PAYS-BAS

ASIE CENTRALE

OCÉAN ATLANTIQUE

INDE

MAGHREB

PAKISTAN

MALDIVES

AFRIQUE OCCIDENTALE

OCÉAN INDIEN

NIGERIA

GOLFE PERSIQUE

GABON

AFRIQUE DU SUD

2 000 km

Échelle à l'Équateur

Sources : Ined, 2013 ; *L'Express* du 01/11/2015 ; climatecentral.org, 2015.

Un monde de migrants

➡️ **Pourquoi la mobilité des êtres humains dans le monde d'aujourd'hui prend-elle une telle ampleur ?**

A Une mobilité accrue

1. Un nombre croissant de migrants

● En 2015, 244 millions de personnes dans le monde sont des migrants, c'est-à-dire des personnes qui résident en dehors de leur pays d'origine, soit plus de 3 % de la population mondiale. Ils étaient 175 millions en 2000. S'y ajoutent les **clandestins**, difficiles à dénombrer, les migrants internes et **plus de 45 millions de réfugiés et déplacés** à cause des conflits.

● Un migrant peut **quitter son pays pour raison économique** à la recherche d'un emploi, mais aussi pour **fuir la guerre** (comme en Syrie) ou des **catastrophes environnementales** (comme au Bangladesh), ou encore pour poursuivre ses **études** à l'étranger. Les migrations sont donc en partie liées aux **grands déséquilibres du monde**.

2. De nouveaux migrants ?

● L'image du **migrant** comme un homme jeune, célibataire et peu qualifié venu chercher du travail dans le Nord ne correspond plus du tout à la réalité. Aujourd'hui, la moitié des migrants internationaux ont 40 ans ; 48 % sont des femmes. La **majorité des migrants** habite dans un pays du Nord ; **6 sur 10** sont originaires d'un pays du Sud. Femmes ou hommes, ils sont **de plus en plus qualifiés**.

B Une mobilité généralisée

1. Tous les espaces sont concernés

● Les flux migratoires du Sud vers le Nord sont moins nombreux (34 %) que les migrations entre pays du Sud (38 %). Quitter son pays pour une destination éloignée coûte très cher. Les **diasporas** fournissent une aide importante aux migrants dans leur pays d'accueil.

● L'**attractivité économique** (pays riche) et **politique** (liberté, démocratie), la **proximité géographique**, les **liens culturels**, ou la **connaissance de la langue** expliquent le choix du pays de résidence.

2. Des migrations plutôt régionales

● Les migrations se font principalement à l'échelle régionale. La route migratoire la plus fréquentée relie le Mexique aux États-Unis. Elle a été empruntée par 13 millions de personnes en 2015. Les **principaux pays d'émigration** sont l'Inde, le Mexique, la Russie, la Chine et le Bangladesh, alors que les pays qui accueillent le plus d'immigrés sont les États-Unis, l'Arabie saoudite, l'Allemagne, la Russie et les Émirats arabes unis. Les migrants nés dans un pays du Nord migrent majoritairement vers d'autres pays du Nord (25 %) et peu vers les pays du Sud (7 %).

C Des conséquences sur les sociétés et les territoires

1. Une aide au développement

● Dans les espaces d'arrivée, les **immigrants participent à la vie économique**. Ils pallient le déficit de main-d'œuvre mais aussi le vieillissement démographique. **Certaines économies** (comme au Qatar) sont même **complètement dépendantes des immigrants**, qui composent plus de 85 % de la population totale.

● Les **espaces de départ** profitent aussi des migrations grâce aux **remises**. Estimées à plus de 600 milliards de dollars par an, dont 440 milliards vers les pays en développement, ces sommes sont de véritables **leviers de développement local** : elles servent à **améliorer les logements**, à **financer des études** ou des **dépenses de santé**, à **améliorer le quotidien** ou à **investir** dans de petits commerces. Elles améliorent donc les conditions de vie des membres de la famille restés au pays.

2. Des politiques différentes face aux migrations

● Certains États, connaissant un manque de main-d'œuvre, cherchent à **attirer des migrants**. Ils recherchent souvent de **jeunes gens diplômés**. D'autres États, pour des raisons culturelles ou économiques, cherchent à **limiter** voire à **interdire** l'**immigration** : des **murs** sont construits, les clandestins sont **emprisonnés**.

CHIFFRES CLÉS

➡ **2015** : **244 millions de migrants**, soit plus de **3 %** de la population mondiale.

➡ Les migrations internationales ont été **multipliées par 3 depuis 1975**.

Je retiens autrement

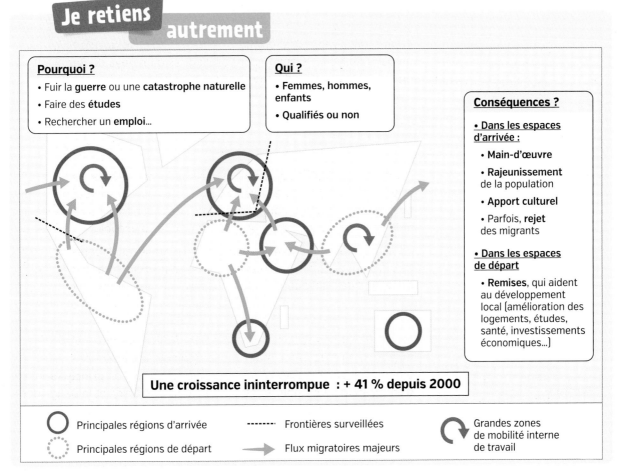

Pourquoi ?
- Fuir la **guerre** ou une **catastrophe naturelle**
- Faire des **études**
- Rechercher un **emploi**...

Qui ?
- Femmes, hommes, enfants
- Qualifiés ou non

Conséquences ?

- **Dans les espaces d'arrivée :**
  - **Main-d'œuvre**
  - **Rajeunissement** de la population
  - **Apport culturel**
  - Parfois, **rejet** des migrants

- **Dans les espaces de départ**
  - **Remises**, qui aident au développement local (amélioration des logements, études, santé, investissements économiques...)

Une croissance ininterrompue : + 41 % depuis 2000

⭕ Principales régions d'arrivée

⭕ Principales régions de départ (pointillé)

------ Frontières surveillées

➡ Flux migratoires majeurs

↻ Grandes zones de mobilité interne de travail

Comment apprendre ma leçon ?

J'apprends à réaliser une carte mentale numérique

Réaliser une carte mentale vous permet d'identifier les éléments importants de la leçon, d'ordonner et classifier vos idées.

▶ **Étape 1**
- Utilisez un logiciel en ligne comme Framindmap ou Simplemind, disponibles gratuitement sur Internet.

▶ **Étape 2**
- Organisez les principales idées à partir du thème de la leçon (un monde de migrants) .
- Pour noter vos idées, cliquez dans la bulle « Nouvelle idée » et saisissez votre texte.

Vous pouvez effectuer le même travail sur une feuille de papier.

BOÎTE À IDÉES

Pourquoi migrer ?

Réfugiés

Migrations régionales

Fuir la guerre

Fuir des catastrophes environnementales

Remises

Pays de départ

Je révise chez moi

● **Je vérifie que je connais les principaux repères du chapitre.**

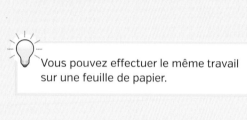

Je sais définir et utiliser dans une phrase :
- ▶ migration
- ▶ émigration
- ▶ immigration
- ▶ clandestin
- ▶ réfugié

Je sais situer sur un planisphère :
- ▶ les principales régions d'arrivée
- ▶ les principales régions de départ
- ▶ une grande zone de mobilité interne de travail
- ▶ un pays à immigration massive

site élève
⬇ fond de carte

Je sais expliquer :
- ▶ la diversité des flux migratoires.
- ▶ les motivations des migrants.
- ▶ les conséquences des migrations sur les territoires, l'économie et les sociétés.

Je vérifie mes connaissances

1 Je relie chaque mot à sa définition.

1. Émigration

2. Immigration

3. Réfugié

4. Clandestin

5. Remises

a. Fait de s'installer définitivement dans un autre pays que son pays d'origine.

b. Sommes d'argent transférées par les migrants à leurs proches restés au pays.

c. Fait de quitter définitivement son pays.

d. Immigré illégal.

e. Personne reconnue comme en danger dans son pays d'origine qui obtient le droit de s'installer dans un autre pays.

2 Vrai ou faux ?

1. Les migrants internationaux représentent environ 3 % de la population mondiale. ☐ Vrai ☐ Faux

2. Les migrations internationales sont toutes dirigées vers les pays riches. ☐ Vrai ☐ Faux

3. Le tourisme est une forme de migration. ☐ Vrai ☐ Faux

4. L'émigration appauvrit le pays d'origine. ☐ Vrai ☐ Faux

5. Les migrants sont sous-diplômés. ☐ Vrai ☐ Faux

3 Je maîtrise les repères du chapitre.

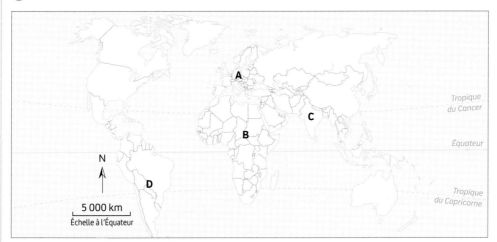

Je complète le tableau ci-dessous.

1. Dans la colonne « Espace », nommez l'espace correspondant à chaque lettre.

site élève
⤓ tableau interactif

2. Mettez une croix dans les colonnes si vous pensez que cela correspond à une caractéristique de l'espace.

	Espace	Principale région de départ	Principale région d'arrivée	Grande zone de mobilité interne liée au travail	Espace d'accueil de nombreux étudiants étrangers
A					
B					
C					
D					

4 Retrouvez d'autres exercices sous forme interactive sur le site Nathan.

site élève
⤓ exercices interactifs

1 Je cartographie le trajet d'une famille de migrants

↳ **Socle :** Domaine 5

Wassim et Maya sont un couple d'ingénieurs syriens de 35 ans. Ils ont deux jeunes enfants et ils ont décidé de fuir la guerre. Ils expliquent leur périple.

On a d'abord traversé la frontière entre la Syrie et la Turquie en courant, de peur de croiser les militaires. Puis nous avons pris le bus vers Izmir (soit 1 350 km en 16 heures), cité balnéaire turque qui fait face à la Grèce. Là, nous avons pris contact par téléphone avec un passeur qui nous a demandé 3 000 € pour la famille. Nous avons acheté des gilets de sauvetage et avons attendu 3 jours à l'hôtel de meilleures conditions de mer.

Bateau de migrants syriens arrivant à Chios (Grèce), 2015.

Une nuit, nous avons été transportés sur une plage. On s'est entassés à 50 sur un bateau prévu pour 10 personnes maximum.

À chaque fois que quelqu'un bougeait, cela menaçait de faire chavirer le bateau. On a aussi évité de peu un bateau de pêcheur qui fonçait droit sur nous, car nous n'étions pas éclairés. Après 2 heures de traversée, nous étions sur Chios, une île grecque.

Nous avons alors été transférés dans un camp de réfugiés où nous sommes restés 24 heures, le temps d'être enregistrés par la police grecque et d'obtenir un laisser-passer permettant de prendre un ferry. Après 8 heures de traversée, nous sommes arrivés au Pirée, le port d'Athènes. À peine arrivés, nous repartions en bus jusqu'en Macédoine. Puis nous avons pris un bus qui passe par la Croatie pour éviter le mur anti-migrants entre la Serbie et la Hongrie. Nous avons alors traversé la Hongrie sans avoir le droit de s'y arrêter. Arrivés à Vienne, on est ensuite partis vers la Suède, d'abord en train, puis en bateau.

■ D'après « 12 jours dans la vie d'un réfugié », www.franceinter.fr, 18 octobre 2015.

MÉTHODE

1. Préparez votre légende
❱ Regroupez les différents modes de transport en 4 grands types : à pied, sur route, en train, en bateau. Choisissez un figuré pour chacun de ces modes de déplacement.
❱ Choisissez un figuré pour cartographier :
– la cause du départ de la famille ;
– les dangers rencontrés ;
– le mur anti-migrants.

2. Réalisez le croquis
❱ Placez le nom des États traversés.
❱ Posez les signes choisis pour figurer le déplacement de la famille.
❱ Donnez un titre à votre croquis et vérifiez que tous les signes notés en légende y apparaissent.

QUESTIONS

❶ Quelles sont les différentes étapes du voyage (États traversés et destination finale) ?

❷ Quels modes de transport cette famille a-t-elle utilisés ?

❸ Quelles difficultés cette famille a-t-elle rencontrées ?

❹ Réalisez un croquis retraçant le voyage de la famille de Wassim et Maya.

2 Analyser et comprendre des documents (exercice 1)

↳ **SOCLE** : Domaine 1. J'analyse et je comprends des documents : les différents types de migrations

1

En Amérique centrale, les inondations meurtrières de l'été 2011 qui ont affecté une dizaine de pays, du Mexique à la Colombie, conjuguées à la pauvreté, ont créé la plus grave crise environnementale et sociale depuis vingt ans avec plus d'un million de déplacés. À l'exception du Costa Rica, l'Amérique centrale est constituée de pays pauvres ; nombreux sont les migrants attirés par les États-Unis. Le Mexique fait alors figure de pays sas, de transit où séjournent les nouveaux arrivants dans l'attente de pouvoir traverser la frontière états-unienne.

■ Catherine Wihtol de Wenden,
Atlas des migrations, Un équilibre mondial à inventer,
Éditions Autrement 2012, Paris.

2

Avec un volume d'entrée annuelle fixé chaque année à environ 250 000 étrangers permanents, le Canada est sans doute le pays dont la politique d'immigration affiche la meilleure adéquation entre les objectifs fixés et les résultats atteints. À côté de l'immigration familiale (61 %) figurent l'immigration aux fins d'emploi (25 %) et l'asile (14 %). Cette immigration d'installation est sélectionnée par le système des permis à points qui prend en compte notamment le niveau d'éducation, la connaissance et la langue anglaise ou française (Québec), l'expérience de travail, l'âge.

■ Catherine Wihtol de Wenden,
Atlas des migrations, Un équilibre mondial à inventer,
Éditions Autrement 2012, Paris.

QUESTIONS

1 Le tableau ci-dessous propose 3 titres ; associez à chaque titre le texte qui correspond. Attention : un des titres ne correspond à aucun des 2 textes.

Titres	Textes
Un riche voisin très attractif	
Une immigration sur mesure	
Un refuge pour les demandeurs d'asile	

2 Quelles sont les différentes formes de migrations internationales évoquées dans les textes ?

MÉTHODE

J'analyse et je comprends des documents (→ Question 1)

▶ Donner un titre à un document et être capable de justifier son choix est un très bon moyen de s'assurer qu'on l'a bien compris.
▶ Posez-vous des questions :
 1. Quels sont les pays ou régions impliqués ?
 2. Est-ce que ce sont des pays ou des régions d'immigration ou d'émigration ?
 3. De quel type de flux migratoires est-il question ?

MON BILAN DE COMPÉTENCES

Domaine du socle	Compétences travaillées	Pages du chapitre
D1 Les langages pour penser et communiquer	• Je comprends les langages scientifiques (cartes) • Je sais cartographier un trajet • Je sais analyser et je comprends des documents	**Cartes** .... p. 240-241 **Exercice 1** .... p. 246 **Exercice 2** .... p. 247
D2 Méthodes et outils pour apprendre	• Je sais organiser mon travail personnel	**Apprendre à apprendre** ... p. 244
D3 La formation de la personne et du citoyen	• Je sais faire preuve de réflexion et de discernement	**Étude de cas** .... p. 232-235 **Étude de cas** .... p. 236-237
D4 Les systèmes naturels et les systèmes techniques	• Je sais formuler des hypothèses et les vérifier	**Des études de cas...** **au monde** .... p. 238-239
D5 Les représentations du monde et de l'activité humaine	• Je suis capable d'appréhender les problématiques mondiales • Je comprends le monde • Je sais me repérer dans l'espace	**Étude de cas** .... p. 232-235 **Étude de cas** .... p. 236-237 **Des études de cas...** **au monde** .... p. 238-239 **Cartes** .... p. 240-241

Quand la route des migrants croise celle des touristes

Turquie

Grèce

Kos

1 **Kos, île de tourisme et de migration, 2015**

L'île de Kos est un lieu très touristique, mais elle est également un point de passage pour les migrants, notamment ceux qui fuient la guerre en Syrie.

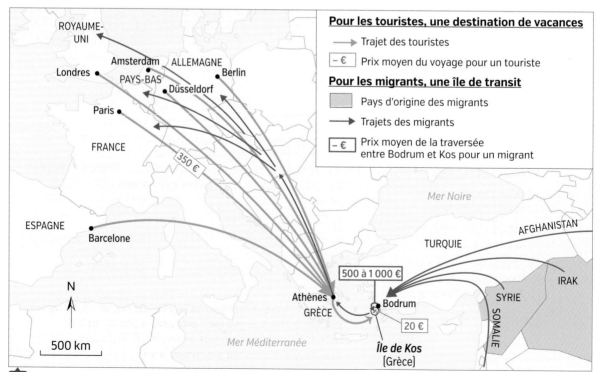

ROYAUME-UNI

Amsterdam ALLEMAGNE

Londres Berlin

PAYS-BAS Düsseldorf

Paris

FRANCE

350 €

ESPAGNE AFGHANISTAN

Barcelone

Mer Noire

TURQUIE

IRAK

500 à 1 000 €

N SYRIE

Athènes Bodrum

GRÈCE SOMALIE

20 €

500 km

Mer Méditerranée Île de Kos (Grèce)

Pour les touristes, une destination de vacances

→ Trajet des touristes

|– €| Prix moyen du voyage pour un touriste

Pour les migrants, une île de transit

▢ Pays d'origine des migrants

→ Trajets des migrants

|– €| Prix moyen de la traversée entre Bodrum et Kos pour un migrant

2 Kos, un territoire attractif pour les touristes, une étape pour les migrants

3 Jane : « Les migrants ont gâché nos vacances »

Jane, touriste sur l'île de Kos.

Nous venons ici depuis 10 ans pour nous relaxer : nous profitions de la mer, du soleil, de la plage. Mais cette année les migrants sont partout, ils nous ont gâché nos vacances : ils se lavent à même la rue, logent sur les bancs, sur la plage, attendent dans la rue qu'on leur donne du travail, des papiers. L'ambiance a changé, rien n'est plus pareil, c'est sale et il y a du désordre partout. Nous ne reviendrons plus tant que cela restera un camp de réfugiés.

■ D'après *Daily Mail*, mai 2015.

5 Mohamed : « Rejoindre l'Europe »

Mohamed, migrant ayant transité par Kos.

Pour moi, l'île de Kos n'est qu'une porte d'entrée vers l'Europe. Je suis désolé de venir dans ce pays en tant que réfugié. En arrivant à Kos dans notre bateau pneumatique, certains ont poussé un soupir de soulagement, d'autres un cri de joie : celui d'être arrivé en vie en Europe. J'aurais préféré venir comme touriste, mais je fuis la guerre dans mon pays et n'ai qu'un seul rêve : poursuivre mes études.

■ D'après « Grand choc en Grèce : des migrants heureux d'être en vie, des touristes incommodés par la misère », www.rtl.be, octobre 2015.

4 Robin : « Le luxe face à la pauvreté »

Robin, touriste sur l'île de Kos.

Nous visitons l'île avec ma famille et nous nous rendons compte que nous sommes baignés dans le luxe, et au même moment ces gens n'ont rien, vraiment rien. Ils fuient une guerre à 500 kilomètres d'ici, je trouve ça vraiment émouvant.

Tout le monde devrait venir ici pour voir ce que ces gens traversent.

■ D'après « Grand choc en Grèce : des migrants heureux d'être en vie, des touristes incommodés par la misère », www.rtl.be, octobre 2015.

6 Eva : « Continuer à travailler »

Eva, propriétaire du restaurant « Olympia ».

Mon restaurant devrait être bondé de touristes, mais maintenant beaucoup évitent le front de mer pour ne pas voir cet afflux de familles venues pour échapper à la guerre. J'ai fait de mon mieux pour m'adapter à cette nouvelle clientèle peu fortunée. J'ai d'abord cherché à vendre des sandwichs avec du thé et du café pas chers, mais la situation a commencé à nous échapper parce qu'il n'y a qu'un cabinet de toilette, qu'ils sont des milliers et que nous ne sommes que trois. C'est difficile pour nous tous : le restaurant voisin a lui aussi vu son chiffre d'affaires du mois d'août baisser de 70 à 75 % par rapport à l'an dernier.

■ D'après AFP, août 2015.

QUESTIONS

Je comprends un phénomène géographique

Voyager comme touriste ou comme migrant. Quelles différences ?

❶ Pourquoi touristes et migrants se rendent-ils sur l'île de Kos ?

❷ Comment touristes et migrants se rendent-ils sur l'île de Kos ?

❸ Qui, du touriste ou du migrant, paie le plus cher son voyage ? Comment pouvez-vous l'expliquer ?

Je débats et j'argumente

❹ La ville de Kos envisage l'ouverture d'un centre d'aide aux migrants et organise un débat. Elle invite les commerçants, une association de défense des droits des migrants et des touristes qui viennent à Kos chaque année.

a. Travail en groupes.
Chaque groupe remplit le tableau ci-dessous.

Arguments en faveur de l'installation du centre	Arguments contre l'installation du centre

b. Le professeur représente la ville de Kos et va attribuer un rôle à chaque groupe : préparez-vous au débat en relisant vos arguments et en imaginant ceux des groupes qui vont s'opposer à vous.

12 Le tourisme et ses espaces

→ Quelle est l'importance du tourisme international ? Quelles en sont les conséquences pour les pays d'accueil ?

Au cycle 3, en 6ᵉ
J'ai étudié les différentes façons dont les populations habitent les littoraux et leurs conséquences.

Au cycle 4, en 4ᵉ
Chapitre 11
Les migrations transnationales répondent à des motivations très différentes et concernent toutes les régions du monde.

Ce que je vais découvrir
Je vais découvrir que le tourisme international constitue le mouvement de population le plus massif que le monde ait jamais connu et qu'il a des nombreux impacts.

OCÉAN GLACIAL ARCTIQUE

Norvège

Saint-Martin
France / Pays-Bas

1 **Plage de Maho Beach, sur l'Île de Saint-Martin, 2013**
L'Île de Saint-Martin attire de nombreux touristes : plus de 2,4 millions par an pour une population totale de 75 000 habitants.

2 **Touristes en croisière dans le Spitzberg (Norvège), 2013**

L'Arctique est un espace de fortes contraintes où vivent peu d'habitants. Pourtant, il attire désormais de nombreuses personnes souhaitant pratiquer un tourisme différent, plus proche de la nature.

Le tourisme au Costa Rica

Question clé Quelles sont les conséquences du développement du tourisme international pour le Costa Rica et ses habitants ?

○ **Costa Rica**

A La première destination touristique d'Amérique centrale

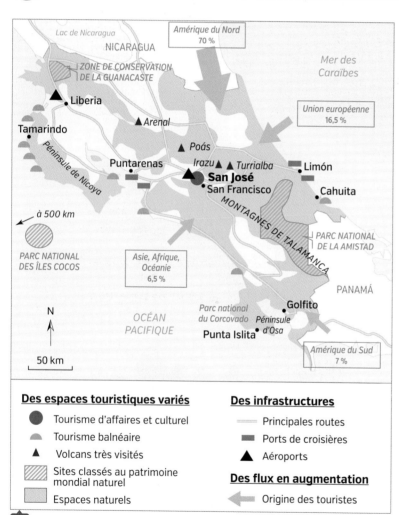

Lac de Nicaragua
NICARAGUA

ZONE DE CONSERVATION DE LA GUANACASTE

Amérique du Nord
70 %

Mer des Caraïbes

▲ • Liberia

• Tamarindo

Péninsule de Nicoya

Union européenne
16,5 %

▲ Arenal

▲ Poás

Puntarenas

Irazu ▲ ▲ Turrialba

▲ San José
San Francisco

• Limón

• Cahuita

MONTAGNES DE TALAMANCA

à 500 km

PARC NATIONAL DE LA AMISTAD

PARC NATIONAL DES ÎLES COCOS

Asie, Afrique, Océanie
6,5 %

PANAMÁ

N

OCÉAN PACIFIQUE

Parc national du Corcovado

Péninsule d'Osa

• Golfito

Punta Islita

Amérique du Sud
7 %

50 km

Des espaces touristiques variés

● Tourisme d'affaires et culturel
◗ Tourisme balnéaire
▲ Volcans très visités
▨ Sites classés au patrimoine mondial naturel
▦ Espaces naturels

Des infrastructures

═══ Principales routes
▬ Ports de croisières
▲ Aéroports

Des flux en augmentation

◀ Origine des touristes

1 Espaces et aménagements touristiques

VOCABULAIRE

▶ **Tourisme culturel**
Tourisme qui a pour objectif de découvrir le patrimoine culturel d'un espace (musées, monuments, gastronomie...).

▶ **Tourisme d'affaires**
Déplacement à but professionnel avec mise en œuvre de pratiques touristiques classiques (transport, hébergement, restauration).

2 Tom raconte...

Tom est parti au Costa Rica pour pratiquer un tourisme d'aventure.

« Plus qu'un voyage, ce trek[1] a été une véritable expédition sportive qui nous a permis de traverser le pays du Pacifique aux Caraïbes.

Notre guide nous a d'abord emmenés dans le parc national du Corcovado. Puis, après avoir longé plusieurs jours les magnifiques plages du Pacifique, nous sommes rentrés dans les terres : franchissement des montagnes de Talamanca puis traversée de la forêt primaire[2] où nous avons même rencontré des groupes amérindiens...

Tout cela en marchant 8 à 10 heures par jour en portant nos gros sacs à dos ! Mais au bout de l'effort, la mer des Caraïbes et ses plages... »

■ D'après une brochure touristique, « Costa Rica *Coast to Coast* », 2015.

1. Randonnée dans des régions montagneuses.

2. Forêt « naturelle », peu marquée par les activités humaines.

Océan Pacifique

3 Hôtels à Tamarindo, 2014

Plus de 3 hôtels différents sont installés sur cette plage de Tamarindo.

CHIFFRES CLÉS

Territoire de **51 000 km²**
(11 fois plus petit que la France)

➡ **25 %** du **territoire** est **protégé**.

➡ **2000** : **1,1 million** de **touristes**
2015 : **2,5 millions**

➡ **Le tourisme** est la **1ʳᵉ source de revenus** pour le pays : **5 %** du **PIB**.

➡ **26 %** de la **population active** travaille dans le tourisme.

Activités

Question clé | **Quelles sont les conséquences du développement du tourisme international pour le Costa Rica et ses habitants ?**

ou

ITINÉRAIRE 1

▸ **Je prélève des informations dans les documents**

❶ **Doc 1 et 2.** Localisez le Costa Rica puis situez-le.

❷ **Doc 1 à 3.** Identifiez les différents types de tourisme au Costa Rica. Associez chacun au type de lieu qui lui correspond : littoral, montagne ou ville.

❸ **Doc 3.** Identifiez sur cette photographie un atout naturel favorable au tourisme et un type d'aménagement.

❹ **Doc 1 à 3.** Expliquez, en trois phrases, pourquoi le Costa Rica est la première destination touristique d'Amérique latine.

ITINÉRAIRE 2

▸ **Je complète un schéma (étape 1)**

À l'aide des documents 1 à 3 et des chiffres clés, commencez à compléter le schéma ci-dessous.

Le développement du tourisme au Costa Rica est-il...

positif pour les habitants ?
➡ Chiffres clés

économiquement important pour le pays ?
➡ Chiffres clés, Doc 3

respectueux de l'environnement ?
➡ Doc 1 à 3

Étude de cas

B Le tourisme, un enjeu de développement durable

4 Alonso raconte...

Alonso travaille à l'hôtel depuis 14 ans.

L'hôtel Punta Islita a ouvert en 1994, en pleine crise économique et environnementale. Il a offert de nombreuses opportunités d'emplois aux résidents de la région d'Islita.

« J'ai grandi dans la ville voisine de San Francisco, à 25 km d'ici à peine. C'est un tout petit bourg, comme tous ceux de la région.

J'ai toujours rêvé d'avoir un meilleur emploi. Là où j'ai grandi, on ne peut travailler que dans l'élevage, l'agriculture ou la construction. Moi, j'ai toujours rêvé d'aller à l'école, d'être mieux préparé et d'avoir un meilleur emploi. Le secteur du tourisme nous a offert de bonnes opportunités.

Si je ne travaillais pas ici ? Je serais peut-être dans la construction ou l'élevage, avec un salaire très faible. Lorsque j'ai commencé à travailler dans cet hôtel, ça a été une révolution pour moi et pour ma famille. »

■ D'après « Un hôtel culturel, un paradis communautaire », www.unwto.org, 2014.

5 Une politique de tourisme responsable

Les aires protégées représentent environ 25 % de la superficie du pays, mais il existe d'autres preuves de la volonté politique de tourner le pays vers l'écotourisme. Ainsi, dès 1997, l'Institut costaricien du tourisme a adopté un label de certification pour la durabilité touristique, l'un des premiers au monde. Celui-ci incite les entreprises à adopter une démarche éco-responsable. Le Costa Rica s'est aussi doté d'un « Tribunal de l'environnement » qui a la possibilité de mettre fin sans délai à des projets suspectés de porter atteinte à l'environnement.

■ D'après Rémy Knafou et Sylviane Tabarly, « Le Costa Rica, un modèle pour l'écotourisme ? », géoconfluence.ens-lyon.fr, 2011 et www.visitcostarica.com, 2016.

VOCABULAIRE

▸ **Écotourisme**
Forme de tourisme centrée sur une découverte respectueuse des espaces naturels et des populations locales.

6 Jeunes femmes venues pratiquer l'écotourisme sur la péninsule d'Osa, 2012
Sur la pancarte, on peut lire « Projet de sauvetage et de conservation des tortues marines d'Osa, Costa Rica ». Chaque année, de nombreuses personnes se rendent au Costa Rica pour s'engager comme volontaires dans un projet écologique.

7 Aéroport international Juan-Santamaría de San José, 2015

17 compagnies aériennes desservent l'aéroport de San José, vers 70 destinations dans le monde.

❶ Terminaux

❷ Pistes d'arrivée

❸ Routes qui mènent à l'aéroport

8 Le tourisme nature, un « or vert » ?

La côte du Pacifique a profité d'un investissement touristique massif et est maintenant menacée par le béton. Après avoir énormément dégradé la faune et la flore, ces grandes sociétés hôtelières investissent dans la nature, « l'or vert ». Pour elles, le langage de l'écotourisme est un moyen d'attirer le client, leur préoccupation est la rentabilité et non la sauvegarde de l'environnement.

Le manque de système de traitement des eaux usées dans de nombreux lieux touristiques pose aussi problème : la plupart est déversée dans les rivières et la mer, de même pour les déchets car le recyclage est peu pratiqué. Ces exemples montrent que, s'il ne faut pas nier les progrès réalisés dans le domaine de la préservation de la nature par rapport aux autres pays d'Amérique latine, des progrès peuvent encore être accomplis au Costa Rica.

■ D'après Marilza de Melo Foucher, « Costa Rica, entre mythe et réalité », *Mediapart*, juin 2015.

Activités

Question clé Quelles sont les conséquences du développement du tourisme international pour le Costa Rica et ses habitants ?

ITINÉRAIRE 1

▶ **Je décris et j'explique**

❺ **Doc 5, 7 et 8.** Quelles sont les conséquences du développement du tourisme international sur les territoires du Costa Rica ?

❻ **Doc 4.** Le développement du tourisme profite-t-il aux habitants du pays ?

❼ **Doc 5 à 8.** Le développement touristique est-il respectueux de l'environnement ? Quelles mesures l'État a-t-il prises dans ce domaine ?

▶ **J'argumente à l'écrit**

❽ Le ministère du Tourisme vous demande d'effectuer un bilan du développement du tourisme au Costa Rica. Votre rapport devra aborder les impacts positifs et négatifs sur l'économie, le territoire et la société.

ou

ITINÉRAIRE 2

▶ **Je complète un schéma (étape 2)**

À l'aide des documents 4 à 8, terminez le schéma commencé p. 253.

Le développement du tourisme au Costa Rica est-il...

positif pour les habitants ? ➡ Doc 4

économiquement important pour le pays ? ➡ Doc 4 et 8

respectueux de l'environnement ? ➡ Doc 5 à 8

SOCLE Compétences
- **Domaine 1** : Je m'exprime à l'écrit pour décrire, expliquer ou argumenter
- **Domaine 5** : Je comprends les problématiques mondiales concernant les mobilités humaines

Barcelone face au tourisme

Espagne • Barcelone Catalogne

CONSIGNE

Une élue de la ville de Barcelone, avec qui vous travaillez, vous demande de l'aider à préparer une réunion avec les habitant-e-s de la vieille ville sur les avantages et les inconvénients du développement touristique. Vous préparez une note de synthèse en trois points et en une page maximum.

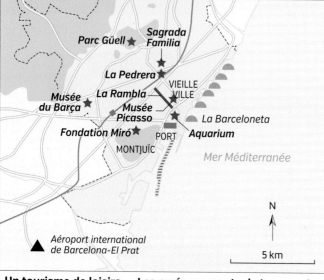

Un tourisme de loisirs et d'affaires

★ Les sites les plus visités de Barcelone

🌓 Plages

⬜ Espaces naturels protégés et parcs

Les aménagements de transports

▲ Aéroport

▬ Port de croisières

☰ Extension du port de croisières

═ Principaux axes de communication

■— Ligne à grande vitesse et gare

1 Espaces et activités touristiques de Barcelone

 INFOS

Les projets de Barcelone

Le **nouveau terminal de croisière** est destiné à accueillir des bateaux pouvant transporter jusqu'à 8 700 passagers ; les retombées économiques attendues sont de l'ordre de **17 millions d'euros** par an.

CHIFFRES CLÉS

➡ **2015** : **8 millions** de touristes, soit 5 fois la population de Barcelone

➡ **4e destination européenne**, derrière Londres, Paris et Rome

➡ **1er port de croisières d'Europe**

➡ **14 %** de l'activité économique de la ville sont consacrés au tourisme.

➡ Chaque jour, **20 millions d'euros** sont générés par le tourisme à Barcelone !

D'après www.professional.barcelonaturisme.com, 2015.

VOCABULAIRE

▶ **Tourisme balnéaire**
Tourisme de bord de mer basé sur le soleil, la plage et les bains de mer.

▶ **Tourisme d'affaires**
➡ p. 252.

▶ **Touriste**
Personne qui quitte son domicile, pour des raisons personnelles ou professionnelles, pour une durée supérieure à 24 heures.

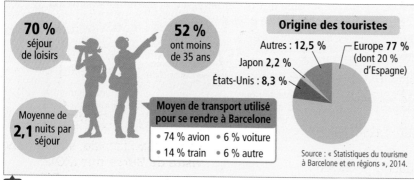

70 % séjour de loisirs

52 % ont moins de 35 ans

Moyenne de **2,1** nuits par séjour

Moyen de transport utilisé pour se rendre à Barcelone
- 74 % avion
- 6 % voiture
- 14 % train
- 6 % autre

Origine des touristes

Autres : 12,5 %
Japon 2,2 %
États-Unis : 8,3 %
Europe 77 % (dont 20 % d'Espagne)

Source : « Statistiques du tourisme à Barcelone et en régions », 2014.

2 Qui sont les touristes à Barcelone ?

3 Le littoral barcelonais, 2013

❶ Plage de Barceloneta

❷ Hôtel W Barcelona, où se tiennent des réunions de travail, des séminaires...

4 *« Tourists go home »*

« *Tourists go home* » : le slogan a fleuri sur les façades des quartiers les plus touristiques de la ville. Avec l'arrivée de l'été, les visiteurs se multiplient. L'avenue de La Rambla, prisée des Barcelonais, est à présent envahie de boutiques de souvenirs et de restauration rapide.

« Les clients traditionnels ont renoncé, car ils n'ont pas d'espace pour marcher ou déplacer leur chariot de courses », se plaint le commerçant Xavier Alonso.

Ada Colau, maire de Barcelone, veut rendre compatible la vie de ses concitoyens avec le tourisme, qui génère de nombreux emplois. Elle vient d'annoncer le gel pour un an de l'attribution de nouvelles licences hôtelières[1]. Cela ne suffira sans doute pas : de nombreux logements continueront à être loués illégalement *via* des sites comme Airbnb. Beaucoup y voient la cause principale de la saturation touristique.

■ D'après Pierre Magnon, « Barcelone victime de son succès touristique prend des mesures drastiques », www.francetvinfo.fr et AFP, août 2015.

1. Autorisation délivrée par les pouvoirs publics qui donne le droit d'ouvrir un hôtel.

COUP DE POUCE

Pour rédiger votre note, traitez les trois points suivants :

▸ les principaux types et lieux de tourisme (→ Doc 1 à 5) ;

▸ les conséquences positives pour l'économie de Barcelone (→ Chiffres clés) ;

▸ les conséquences négatives pour la population (→ Doc 4).

5 La Sagrada familia, site le plus visité de Barcelone, 2012

La cathédrale accueille plus de 2,5 millions de visiteurs par an.

SOCLE Compétences
► **Domaine 4** : Je formule des hypothèses
► **Domaine 5** : Je comprends le monde

L'essor du tourisme international et ses conséquences économiques, sociales et territoriales

MISE EN PERSPECTIVE

ÉTAPE 1 ▸ Je fais le point sur l'espace que je viens d'étudier

A Vous venez d'étudier un espace touristique : le Costa Rica ou Barcelone.
Recopiez puis complétez le tableau ci-dessous :
- en identifiant pour l'espace étudié le ou les documents à utiliser ;
- en utilisant le plus possible de mots de la géographie.

	N° doc et page	Costa Rica	Barcelone
Évolution du nombre de touristes			
Origine géographique des touristes			
Type de tourisme			
Conséquences du tourisme sur :			
– l'économie			
– la société			
– les territoires			

site élève
⬇ *tableau à imprimer*

ÉTAPE 2 ▸ Je formule des hypothèses

B Choisissez ci-dessous les trois hypothèses qui vous semblent le mieux compléter les phrases suivantes.

A. De manière générale, le tourisme international...

1. est en forte croissance.
2. est alimenté par les habitants des pays du Sud.
3. est en baisse régulière.
4. est essentiellement alimenté par les habitants des pays riches.
5. est uniquement lié aux loisirs.
6. se développe sous différentes formes (tourisme d'aventure, d'affaires, culturel...).

B. Le plus souvent, les conséquences de l'essor du tourisme dans les pays d'accueil sont...

1. la construction de nombreuses infrastructures de transports (aéroports, ports, gares...).
2. l'apparition de conflits entre les habitants et les touristes.
3. le respect de l'environnement et de la biodiversité.
4. la création de nombreux emplois (commerce, restauration, hôtellerie...).
5. l'augmentation de la pollution et des déchets.
6. la fuite des populations locales.

ÉTAPE 3

Je vérifie si mes hypothèses sont justes

Étudiez les documents ci-dessous et associez chacun d'entre eux à l'une des hypothèses que vous avez retenues à l'étape 2. Précisez si le document valide ou au contraire nuance l'hypothèse et justifiez votre réponse.

Clinique Kreativ Dental de Classe Internationale

Kreativ Dental était la première clinique de Budapest, Hongrie, à créer le service de tourisme dentaire classique en Europe.

14 fauteuils de chirurgie dentaire

12 spécialistes dentaires

45000+ patients

• Budapest
Hongrie

Vietnam

1 Publicité hongroise pour le tourisme dentaire à l'intention d'un public français, 2016

9 % du PIB mondial est généré par le tourisme

1 personne sur 11 exerce un emploi lié au tourisme

Les biens achetés par les touristes représentent 6 % du montant des exportations mondiales

1 500 milliards de dollars en exportations

2 Le poids économique du tourisme dans le monde, 2015

3 Le tourisme, un facteur de développement ?

Le tourisme étant lié à d'autres secteurs comme l'agriculture, la construction et l'artisanat, l'Organisation internationale du travail a eu pour idée de mettre en relation des populations pauvres et isolées du centre du Vietnam avec l'industrie touristique.

À Boo-Hong, la création d'hébergements, l'accueil, la restauration et la vente aux touristes de produits artisanaux ont changé la vie des habitants. Les familles concernées ont ainsi eu à se partager environ 5 000 $ par mois[1], une véritable fortune pour les populations de la province, où 1 ménage sur 4 vit encore sous ou près du seuil national de pauvreté.

« Le tourisme a apporté une bouffée d'oxygène dans nos vies », a déclaré Thin, qui travaille maintenant comme guide touristique locale.

« Quand le tourisme soutient le développement dans des régions "oubliées" du Vietnam », OIT Info, février 2015.

1. Environ 4 500 €.

La mondialisation du tourisme

CHIFFRES CLÉS

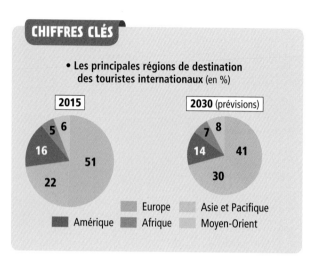

- Les principales régions de destination des touristes internationaux (en %)

2015
- 51
- 22
- 16
- 5
- 6

2030 (prévisions)
- 41
- 30
- 14
- 7
- 8

- Europe
- Amérique
- Afrique
- Asie et Pacifique
- Moyen-Orient

QUESTIONS

▶ **Je me repère dans l'espace**

❶ Quels sont les grands foyers émetteurs de touristes dans le monde ?

❷ Comparez les foyers émetteurs et les destinations principales. Que constatez-vous ?

❸ Observez les prévisions pour 2030 dans les chiffres clés. La carte du tourisme mondial sera-t-elle toujours la même ?
Donnez un ou deux exemples pour justifier votre réponse.

Les mobilités humaines transnationales
→ chap. 11

Le tourisme n'est qu'une des formes des mobilités humaines à l'échelle mondiale ; les êtres humains migrent aussi pour d'autres raisons.

À l'aide de la carte p. 240-241, répondez aux questions suivantes.

❹ Identifiez des espaces attractifs à la fois pour les migrants et pour les touristes internationaux.

❺ Les grands foyers émetteurs de migrants sont-ils les mêmes que les foyers émetteurs de touristes internationaux ?

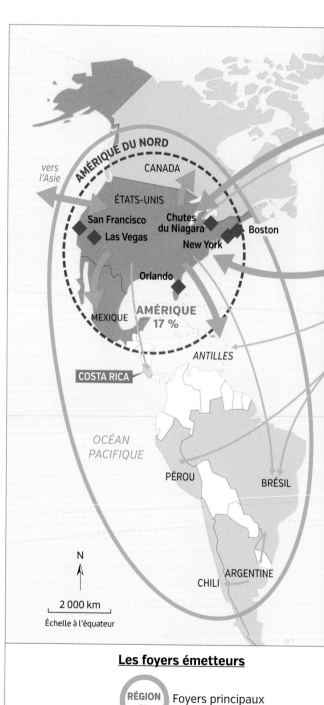

vers l'Asie

AMÉRIQUE DU NORD

CANADA

ÉTATS-UNIS

San Francisco
Las Vegas
Chutes du Niagara
New York
Boston

Orlando

MEXIQUE

**AMÉRIQUE
17 %**

ANTILLES

COSTA RICA

OCÉAN PACIFIQUE

PÉROU

BRÉSIL

CHILI
ARGENTINE

N

2 000 km
Échelle à l'équateur

Les foyers émetteurs

RÉGION % — Foyers principaux

Foyers secondaires

■ **Les espaces du tourisme**

- Motif des voyages internationaux en 2014

Non précisé

Visite professionnelle

Visite familiale, santé, religion

(en %)

6

14

27

53

Loisirs, vacances

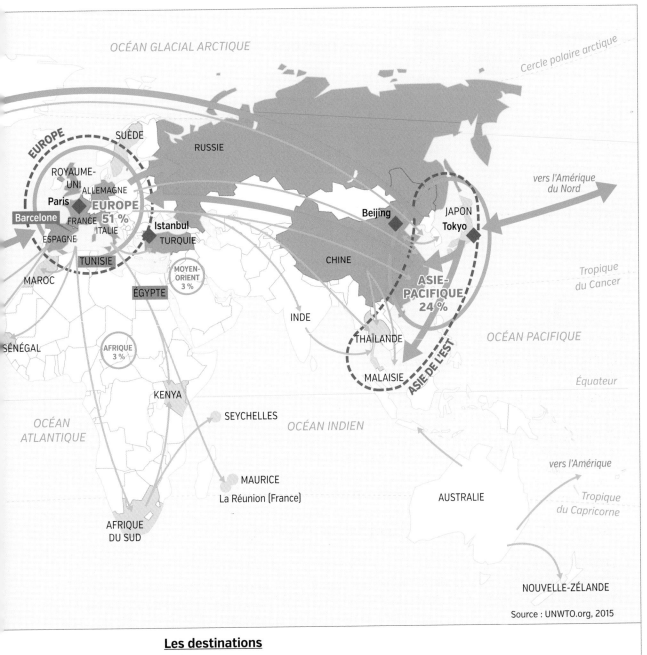

OCÉAN GLACIAL ARCTIQUE

Cercle polaire arctique

EUROPE

SUÈDE

RUSSIE

ROYAUME-UNI

ALLEMAGNE

Paris

EUROPE 51 %

Barcelone

FRANCE

ITALIE

ESPAGNE

Istanbul

TURQUIE

Beijing

JAPON

Tokyo

vers l'Amérique du Nord

TUNISIE

MOYEN-ORIENT 3 %

MAROC

ÉGYPTE

CHINE

ASIE-PACIFIQUE 24 %

Tropique du Cancer

SÉNÉGAL

AFRIQUE 3 %

INDE

THAÏLANDE

ASIE DE L'EST

OCÉAN PACIFIQUE

KENYA

MALAISIE

Équateur

SEYCHELLES

OCÉAN INDIEN

OCÉAN ATLANTIQUE

MAURICE

La Réunion (France)

AUSTRALIE

vers l'Amérique

Tropique du Capricorne

AFRIQUE DU SUD

NOUVELLE-ZÉLANDE

Source : UNWTO.org, 2015

Les destinations

➡ Flux touristiques majeurs

→ Flux touristiques secondaires

⬭ Les 3 principales régions d'accueil

◆ Les 10 sites les plus visités au monde

▮ Les 10 États les plus visités au monde

▮ Autres destinations importantes

PAYS Pays à forte tradition touristique, mais dont la fréquentation est en forte baisse

Le tourisme et ses espaces

Quelle est l'importance du tourisme international ? Quelles en sont les conséquences pour les pays d'accueil ?

VOCABULAIRE

▶ **Infrastructures**
Installations nécessaires pour la réalisation d'activités (transport, hébergement...), comme les aéroports, les hôtels...

▶ **Mondialisation**
Mise en relation des différentes parties du monde sous l'effet des échanges (humains, marchands, financiers et d'informations).

▶ **Touriste**
Personne qui quitte son domicile, pour des raisons personnelles ou professionnelles, pour une durée supérieure à 24 heures.

A. Toujours plus de touristes internationaux

1. Une croissance continue

● Le tourisme concerne **6 fois plus de personnes** que les autres types de migrations internationales : **1 sur 5** environ. Avec **plus de 1,2 milliard** de **touristes** internationaux par an, les flux touristiques constituent le **mouvement de population le plus massif** que le monde ait jamais connu. L'abaissement des coûts de transport et la hausse du niveau de vie expliquent cette croissance ininterrompue qui s'accélère : **+ 50 %** de touristes internationaux ces cinq dernières années !

2. Des réalités diverses

● Il suffit de passer **plus de 24 heures** dans un autre pays que le sien pour être considéré comme un **touriste international**. Dans plus de 50 % des cas, il s'agit d'un voyage à des fins de **détente**, mais cela peut aussi être un voyage **professionnel**, une **visite familiale**, ou encore un **déplacement** pour des raisons **religieuses** ou **médicales**.

B. Une diversification des espaces

1. Des destinations toujours plus nombreuses

● La grande majorité des voyages internationaux (80 %) se fait à l'intérieur de la région du voyageur. Ainsi les **Européens**, qui représentent **50 % des touristes mondiaux**, voyagent surtout en Europe. À l'échelle mondiale, ce sont les **grandes villes, espaces les mieux intégrés à la mondialisation**, qui **profitent** le plus de cette mobilité. Pourtant, de **nouvelles destinations** apparaissent ; aujourd'hui, **aucun espace ne reste à l'écart des flux touristiques**.

2. Des foyers émetteurs qui se diversifient

● **Les touristes sont surtout originaires des pays développés** (pays d'Europe, d'Amérique, Japon...). **Les pays émergents voient cependant le tourisme se développer** rapidement : ils reçoivent plus de touristes, mais en émettent également plus. Ainsi, la **Chine** est devenue la **première zone émettrice** : 100 millions de Chinois ont voyagé à l'étranger en 2014, contre 10 millions en 2003.

CHIFFRES CLÉS

➡ L'Europe est la 1ʳᵉ destination touristique mondiale : **609 millions** de touristes en 2015 !

C Des conséquences sur les territoires, l'économie et les sociétés

1. Des territoires aménagés

● Pour accueillir toujours plus de touristes, **États** et **entreprises** investissent dans l'**amélioration** des **infrastructures** de transport et d'hébergement, dont peuvent tirer profit les habitants. Les **complexes hôteliers** et les **aménagements liés aux loisirs** modifient les **paysages**, mais leurs **besoins en main-d'œuvre** permettent aux habitants de trouver un emploi sur place et d'améliorer leur niveau de vie.

2. Une économie dynamisée

● Les **recettes du tourisme international** sont passées de 2 milliards de dollars en 1950 à **plus de 1 250 milliards de dollars en 2015**. Le tourisme est devenu une **activité vitale** pour les pays concernés : **source d'emplois directs ou indirects**, il donne du travail à presque **10 % de la population active mondiale**.

3. Des sociétés transformées

● Le développement du tourisme permet de découvrir des **cultures différentes**. Mais la croissance touristique peut créer des **tensions entre la population locale et les touristes** : hausse des loyers, transformation des commerces au profit de ceux tournés vers les touristes (souvenirs...), nuisances sonores et environnementales...

Le savez-vous ?

2 millions de Chinois ont visité la France en 2015, où ils ont dépensé environ 5 400 € par séjour, dont 2 500 € en shopping !

Je retiens autrement

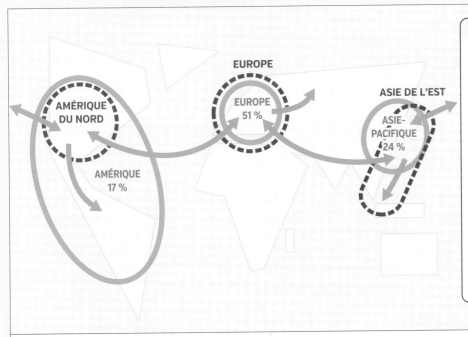

EUROPE

ASIE DE L'EST

AMÉRIQUE DU NORD

EUROPE 51 %

ASIE-PACIFIQUE 24 %

AMÉRIQUE 17 %

Des conséquences

• **Sur l'économie :**
  • 1 250 milliards de dollars par an
  • Presque 1 emploi sur 10

• **Sur les territoires :**
  • Développement
  • Parfois conflits entre touristes et habitants

• **Sur la société :**
  • Ouverture à d'autres cultures
  • Maintien des jeunes actifs

 Principaux foyers émetteurs   Flux touristiques majeurs   3 principales régions d'accueil

Apprendre à apprendre

Comment apprendre ma leçon ?

Je crée mes outils de révision : l'affiche

Quand on retient mieux lorsqu'on est en activité, on peut fabriquer des outils comme des affiches pour apprendre sa leçon.

▶ **Étape 1**

- Pour commencer, il faut vous assurer que vous avez bien compris votre leçon. Relevez le titre du chapitre, la question clé, le vocabulaire et les idées principales.
- Il est préférable d'utiliser un code couleurs pour organiser toujours de la même manière les informations importantes.

▶ **Étape 2**

- Vous pensez maintenant à réaliser votre affiche.

site élève
📥 affiche à imprimer

TITRE DE L'AFFICHE
Indiquez le titre de la leçon

La question clé de la leçon :

Quelle est l'importance du tourisme international ? Quelles en sont les conséquences pour les pays d'accueil ?

Illustrations :
Vous pouvez coller des documents illustrant la leçon

- Toujours plus de touristes internationaux
› 1,2 milliard de touristes internationaux par an
- Idée principale n° 2
› Exemple
- Idée principale n° 3
› Exemple

Les repères géographiques :

Utilisez les fonds de carte fournis sur le site Nathan pour coller ici un planisphère avec les repères du chapitre.

collegien.nathan.fr/hg4

Vocabulaire à retenir
- Touriste
- Infrastructures
- ...

Je révise chez moi

● **Je vérifie que je connais les principaux repères du chapitre.**

Je sais définir et utiliser dans une phrase :
▶ touriste
▶ écotourisme
▶ infrastructures

Je sais situer sur un planisphère :
▶ les principaux foyers émetteurs de touristes
▶ les principales destinations
▶ les principaux flux de touristes

site élève
📥 fond de carte

Je sais expliquer :
▶ les différentes formes de tourisme.
▶ les conséquences du tourisme sur les territoires, l'économie et la société.
▶ un exemple de concurrence entre habitants et touristes.

Je vérifie mes connaissances

1 Vrai ou faux ? Je justifie ma réponse.

a. Il y avait plus de touristes internationaux en 2000 qu'en 2015.

☐ Vrai   ☐ Faux

b. La Chine est le principal pays émetteur de touristes au monde.

☐ Vrai   ☐ Faux

c. Les voyages internationaux se font à 80 % dans des pays proches du pays de départ.

☐ Vrai   ☐ Faux

d. La majorité des sites les plus visités au monde se trouve en Europe.

☐ Vrai   ☐ Faux

2 Je me repère.

site élève ⭧ fond de carte

Je remplis la légende de la carte.

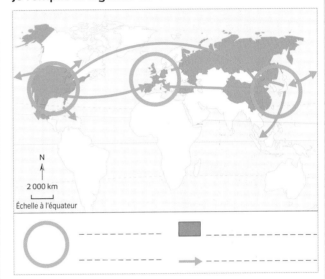

N
2 000 km
Échelle à l'équateur

3 J'identifie une photographie.

J'observe les photographies ci-dessous et je les rattache à un type de tourisme et à son impact sur les territoires.

4 Retrouvez d'autres exercices sous forme interactive sur le site Nathan.

site élève ⭧ exercices interactifs

Exercices

1 J'analyse un graphique sur les touristes internationaux

↳ **SOCLE** : Domaine 5

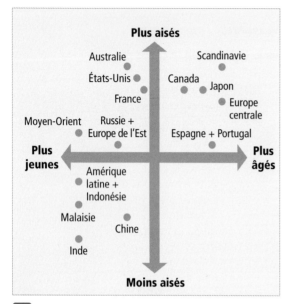

Qui sont les touristes internationaux ?

D'après « Tourism Outlook », publié dans « Comment se segmente la clientèle touristique mondiale ? », www.veilletourisme.ca., avril 2013.

PISTES **EPI** | Maths

QUESTIONS

▶ **Je comprends le document**

❶ Quelle information l'axe horizontal (abscisses) donne-t-il ? et l'axe vertical (ordonnées) ?

❷ D'où sont originaires les touristes les plus aisés ? les moins aisés ? les plus jeunes ?

❸ Vérifiez que vous avez compris le document :
a. Les touristes australiens sont aisés et plutôt jeunes. ☐ vrai ☐ faux
b. Les touristes scandinaves sont à la fois les plus âgés et les plus aisés. ☐ vrai ☐ faux

▶ **Je teste ma compréhension et celle de mes camarades**

❹ Faites des phrases du même type que celles de la question 3 et testez vos camarades.

▶ **J'analyse un graphique**

❺ Quels sont les points communs des touristes français, états-uniens et australiens ?

❻ L'Inde, la Chine, l'Indonésie et certains États d'Amérique latine sont des pays émergents. Qu'apprend-on sur les touristes de ces pays ?

2 J'analyse un texte sur le tourisme

↳ **SOCLE** : Domaine 5

Avec l'essor des classes moyennes, le tourisme est en train d'exploser en Chine. Sans expertise dans le domaine, les groupes chinois viennent en Europe racheter ou s'associer avec les leaders du secteur, souvent en difficulté. [...]

L'opération la plus médiatisée en 2015 a sans doute été le rachat du Club Méditerranée par Fosun, pour 1 milliard d'euros [...]. Peu de temps après, le conglomérat[1] chinois annonçait avoir acquis 5 % de l'anglais Thomas Cook, numéro 2 européen du tourisme [...].

« L'énorme potentiel du tourisme national reste sous développé », rappelle le PDG de HNA Tourism. Ainsi, les investisseurs chinois ne cherchent plus seulement à racheter des entreprises du secteur mais à signer des "partenariats stratégiques" afin de développer le tourisme au sein même de la Chine, qui pourrait devenir le premier marché du monde. [...]

■ Jonathan Chelet, « Tourisme : comment la Chine se crée une industrie depuis la France », novembre 2015.

1. Ensemble d'entreprises.

QUESTIONS

❶ Relevez l'expression qui explique pourquoi le tourisme se développe en Chine. Expliquez-la.

❷ Comment les investisseurs chinois cherchent-ils à développer cette activité, en Chine comme à l'étranger ?

❸ Montrez que le tourisme est un marché mondialisé.

3 Maîtriser différents langages pour raisonner et se repérer (exercice 2)

↳ **SOCLE :** Domaine 1. Je réponds de façon claire et argumentée à une question et je réalise une tâche cartographique

CONSIGNE

1 Sous la forme d'un développement construit d'une vingtaine de lignes et en vous appuyant sur la (ou les) étude(s) de cas étudiée(s) en classe, montrez que le tourisme international constitue le mouvement de population le plus massif que le monde ait jamais connu.

2 Localisez et nommez sur le fond de carte les trois principales régions émettrices et les trois principales régions réceptrices de touristes dans le monde.

MÉTHODE

J'écris pour argumenter

▶ La rédaction de votre développement doit montrer comment vous avez construit votre réponse.

▶ Commencez par une phrase introductive qui présente le sujet.

▶ Organisez votre développement en parties : chacune d'elle correspond à un type d'espace, à une idée, qui apportent une partie de la réponse à la question. Ces informations doivent être précises et comporter au moins un lieu, un chiffre, un acteur...

▶ Allez à la ligne entre chaque partie.

▶ Rédigez une phrase de conclusion en rappelant les idées utilisées dans le développement.

site élève
⬇ fond de carte

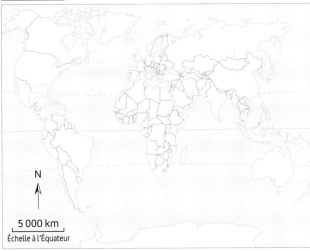

N

5 000 km
Échelle à l'Équateur

MON BILAN DE COMPÉTENCES

Domaine du socle	Compétences travaillées	Pages du chapitre
D1 Les langages pour penser et communiquer	• Je sais m'exprimer à l'écrit pour décrire et argumenter	**Étude de cas** .... p. 252-255 **Étude de cas** .... p. 256-257
	• Je comprends les langages scientifiques (cartes) • Je maîtrise différents langages pour raisonner et me repérer	**Cartes** .... p. 260-261 **Exercice 3** .... p. 267
D2 Méthodes et outils pour apprendre	• Je sais organiser mon travail personnel	**Apprendre à apprendre** .. p. 264
D4 Les systèmes naturels et les systèmes techniques	• Je sais formuler des hypothèses et les vérifier	**Des études de cas... au monde** .... p. 258-259
D5 Les représentations du monde et de l'activité humaine	• Je comprends les problématiques mondiales concernant les mobilités humaines • Je comprends le monde	**Étude de cas** .... p. 252-255 **Étude de cas** .... p. 256-257 **Des études de cas... au monde** .... p. 258-259
	• Je sais me repérer dans l'espace • Je sais analyser un graphique • Je sais analyser un texte	**Cartes** .... p. 260-261 **Exercice 1** .... p. 266 **Exercice 2** .... p. 266

Partie 3

Des espaces transformés

→ **Quels sont les effets de la mondialisation sur l'organisation des territoires maritimes et continentaux ?**

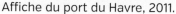

Affiche du port du Havre, 2011.

Une de l'hebdomadaire *Courrier international* n°1190, août 2013.

ENJEU 1 Mers et océans : un monde maritimisé

▶ Pourquoi les mers et les océans sont-ils des espaces emblématiques de la mondialisation ?

▶ Comment exploiter durablement et équitablement les ressources de l'océan ?

par la mondialisation

Une de *Challenges* n°408, novembre 2014.

ENJEU 2 Les États-Unis, un territoire dans la mondialisation

▶ L'organisation du territoire américain est-elle le reflet de son intégration dans la mondialisation ?

▶ Comment la puissance américaine s'adapte-t-elle aux nouvelles conditions de cette mondialisation ?

ENJEU 3 Les dynamiques des territoires africains dans la mondialisation

▶ Comment les sociétés et les territoires se transforment-ils sous l'effet de leur intégration dans la mondialisation ?

▶ Quelles fragilités freinent l'intégration de ces territoires dans la mondialisation ?

Une de l'hebdomadaire *Courrier International* n°1193, septembre 2013.

13 Mers et océans : un monde maritimisé

→ Pourquoi les mers et les océans sont-ils des espaces au cœur de la mondialisation ?

Au cycle 3, en 6e
J'ai appris que les littoraux, qu'ils soient touristiques ou industrialo-portuaires, sont des espaces très aménagés, mais aussi vulnérables. Ils concentrent de plus en plus d'habitants.

Au cycle 4, en 5e
J'ai compris que les effets du changement climatique touchent les mers et les océans, mais aussi les espaces littoraux.

Ce que je vais découvrir
Essentiels au fonctionnement économique du monde, régulateurs climatiques, les mers et les océans sont au centre de nombreux conflits d'intérêts.

1 **Chargement d'un porte-conteneurs dans le port de Southampton, 2013**
Les littoraux sont des espaces souvent très aménagés qui concentrent les populations et les activités, notamment commerciales. Les grandes compagnies de transport maritime y font escale.

OCÉAN ATLANTIQUE • Southampton Royaume-Uni

L'espace maritime est parfois appelé le « poumon bleu » de la planète. Les océans absorbent près de 30 % du CO_2 produit par l'être humain !

2 **Chalutier industriel en période de pêche dans l'océan Atlantique, 2012**

De nombreuses personnes vivent de la pêche, mais les stocks de poissons sont souvent surexploités.

Les espaces maritimes au cœur de la mondialisation

Question clé **Pourquoi les mers et les océans sont-ils les espaces moteurs de la mondialisation ?**

A Le transport maritime domine l'économie mondiale

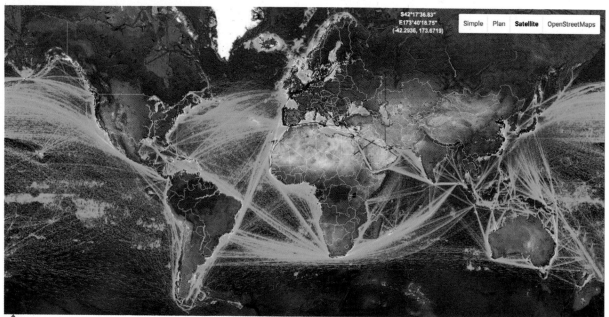

1 **Image satellite du trafic maritime mondial (NASA, 2016)**

L'espace maritime mondial est parcouru par de nombreuses routes maritimes (ici en vert).
Les façades maritimes (ici en jaune et en rouge), zones de très forte intensité du trafic maritime, concentrent les principaux ports.

2 **Les transports maritimes au cœur de la mondialisation**

Jamais autant de marchandises n'ont été acheminées par voie maritime : un peu plus de 9 milliards de tonnes en 2012 !

La spécialisation des navires – pétroliers et vraquiers pour les matières premières, porte-conteneurs pour les autres marchandises – a pour conséquence une très forte productivité des opérations de chargement et de déchargement dans des terminaux portuaires eux-mêmes conçus en fonction des navires à recevoir. Les faibles coûts, la régularité et la fiabilité caractérisent ce transport maritime.

En assurant plus de 80 % des échanges mondiaux en volume, ils constituent aujourd'hui, par le biais de la conteneurisation, l'épine dorsale de la mondialisation. Elle se joue principalement à trois, entre l'Asie orientale, l'Amérique du Nord et l'Europe, ce qui confère aux routes maritimes qui les relient une importance capitale.

■ D'après Antoine Frémont et Anne Frémont-Vanacore, « Géographie des espaces maritimes », *Documentation photographique* n° 8104, mars-avril 2015.

CHIFFRES CLÉS

⟹ Le transport maritime assure plus de **80 %** **des échanges de marchandises**.

➔ **48 200 navires de commerce** naviguent dans le monde, dont **38 %** **de pétroliers**.

➔ **9 milliards de tonnes** de marchandises sont transportées par an.

VOCABULAIRE

▶ **Canal**
Voie navigable artificielle.

▶ **Conteneur**
Caisse métallique de dimensions standardisées pour le transport de marchandises.

▶ **Conteneurisation**
Fait de transporter des marchandises dans des conteneurs.

▶ **Détroit**
Bras de mer entre deux terres.

▶ **Façade maritime**
Région littorale formée de plusieurs grands ports proches.

3 **Porte-conteneurs à l'entrée du port de Hongkong, 2011**
Des remorqueurs aident le porte-conteneurs à manœuvrer pour entrer dans le port.

4 Canaux et détroits, un enjeu majeur

Les détroits et les canaux représentent des espaces bien particuliers au sein de l'immensité maritime. Ces zones de resserrement des routes maritimes s'imposent à la navigation, sous peine d'un allongement considérable des distances à parcourir, et deviennent dès lors des endroits où se concentrent navires et cargaisons. En nombre limité, essentiels à la fluidité des échanges, ils sont chargés d'un potentiel géostratégique considérable et concentrent les enjeux qui se posent au commerce international par voie de mer. La mise en service d'un nombre toujours plus grand de navires et l'augmentation rapide de la taille des porte-conteneurs ne vont pas sans poser des interrogations.

Le système de navigation apparaît en effet globalement saturé et devient un frein au développement des échanges mondiaux. De plus, l'accroissement de la circulation maritime dans ces espaces limités génère des risques supplémentaires.

■ Romuald Lacoste, « Détroits et canaux, un enjeu stratégique majeur », *TDC*, n° 954, « Le commerce maritime », CNDP, avril 2008.

Activités

Question clé **Pourquoi les mers et les océans sont-ils les espaces moteurs de la mondialisation ?**

ITINÉRAIRE 1

▶ **Je caractérise l'importance du commerce maritime mondial**

❶ Doc 2. Quelle part du commerce mondial se fait par voie maritime ?

❷ Doc 1 et 2. Quelles sont les principales routes et façades maritimes dans le monde ?

❸ Doc 2 à 4. Citez au moins trois raisons de la domination du transport maritime sur le commerce mondial.

❹ Doc 1 et 4. Pourquoi les détroits et canaux sont-ils des lieux stratégiques pour les échanges maritimes ?

OU

ITINÉRAIRE 2

▶ **Je complète un schéma (étape 1)**
À l'aide des documents 1 à 4, commencez à compléter le schéma ci-dessous que vous terminerez p. 275, pour répondre à la question clé.

Acteurs du transport maritime → Doc 2		Des échanges commerciaux en augmentation → Doc 1 à 4
	Des espaces de circulation à l'échelle mondiale	
Des routes maritimes importantes → Doc 1 et 2		Des territoires transformés → Doc 4

B Les conséquences sur terre : des aménagements considérables

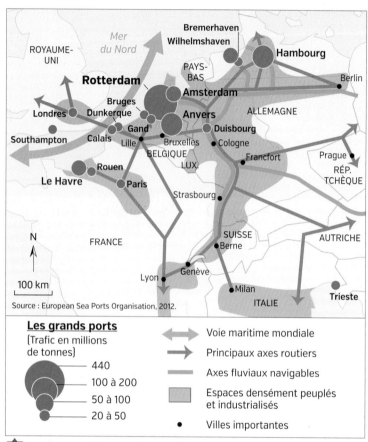

Source : European Sea Ports Organisation, 2012.

Les grands ports
(Trafic en millions de tonnes)

- 440
- 100 à 200
- 50 à 100
- 20 à 50

→ Voie maritime mondiale

→ Principaux axes routiers

Axes fluviaux navigables

Espaces densément peuplés et industrialisés

• Villes importantes

5 **Rotterdam : entre la façade maritime de l'Europe du Nord-Ouest et l'arrière-pays**

Rotterdam sert un arrière-pays de 500 millions de consommateurs.

6 Les ports doivent s'adapter

La taille des porte-conteneurs augmentant, les ports doivent s'adapter. Les nouveaux porte-conteneurs ont besoin de chenaux d'accès[1] plus profonds. Se pose ensuite le problème de la hauteur des navires pour les portiques[2] mais aussi pour les ponts sous lesquels ces navires doivent passer. La largeur des navires et des portiques est un autre facteur à prendre en compte. La largeur des plus grands porte-conteneurs est actuellement de 59 mètres. Aujourd'hui les très grands porte-conteneurs ne peuvent donc faire escale que dans une poignée de ports transformés en hub, ce qui implique une réorganisation du trafic avec des navires de taille moyenne vers les ports secondaires.

■ D'après *L'Atlas économique de la mer*, Hors série, Éditions Le Marin, 2016.

1. Voie d'accès au port dans laquelle un navire dispose d'une plus grande profondeur d'eau.
2. Grue spécialisée dans le chargement et le déchargement des conteneurs.

7 Yangshan, nouveau port de conteneurs à Shanghai, 2013
❶ Conteneurs ❷ Pont de 32,5 km qui relie le port au continent ❸ Portiques

VOCABULAIRE

▸ **Hub**
Plate-forme aérienne, portuaire ou ferroviaire vers laquelle se concentre le trafic de passagers ou de marchandises avant d'être redistribué.

▸ **EVP**
« Équivalent vingt pieds », soit 6,05 mètres. C'est la longueur d'un conteneur.

Travaux du canal de Panamá, 2013 8

Chaque année, 5 % du trafic maritime mondial passe par le canal de Panamá. Les travaux ont pour but de laisser passer des porte-conteneurs environ 3 fois plus gros qu'à l'heure actuelle.

De la géographie à l'histoire

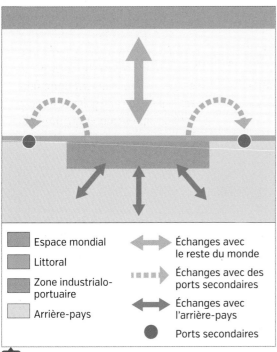

- Espace mondial
- Littoral
- Zone industrialo-portuaire
- Arrière-pays
- ←→ Échanges avec le reste du monde
- ⇠⇢ Échanges avec des ports secondaires
- ←→ Échanges avec l'arrière-pays
- ● Ports secondaires

9 Ports et littoraux, de vastes zones de production et d'échanges

CHIFFRES CLÉS

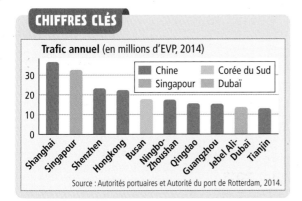

Trafic annuel (en millions d'EVP, 2014)

- Chine
- Singapour
- Corée du Sud
- Dubaï

Shanghai, Singapour, Shenzhen, Hongkong, Busan, Ningbo-Zhoushan, Qingdao, Guangzhou, Jebel Ali-Dubaï, Tianjin

Source : Autorités portuaires et Autorité du port de Rotterdam, 2014.

Activités

Question clé Pourquoi les mers et les océans sont-ils les espaces moteurs de la mondialisation ?

ITINÉRAIRE 1

▶ **Je décris les conséquences sur les territoires**

5 Doc 5 à 8. Citez les différents types d'espaces dont l'aménagement est lié au commerce maritime.

6 Doc 6 et 8. Quelles sont les conséquences de l'augmentation de la taille des navires pour les aménagements portuaires ?

7 Doc 5, 6 et 9. Expliquez pourquoi la présence d'un grand port mondial nécessite des aménagements dans toute sa région.

▶ **J'argumente à l'écrit en utilisant des documents**

8 Répondez en 10 lignes à la question clé. Vous prendrez soin d'illustrer chaque idée par un document du chapitre dont vous donnerez la référence.

OU

ITINÉRAIRE 2

▶ **Je complète un schéma (étape 2)**

À l'aide des documents 5 à 9, terminez de compléter le schéma ci-dessous ; il répondra à la question clé.

Acteurs du transport maritime → Doc 5 et 6

Des espaces de circulation à l'échelle mondiale

Des routes maritimes importantes → Doc 5, 6 et 9

Des échanges commerciaux en augmentation → Doc 5 à 8

Des territoires transformés → Doc 5 à 9

Les espaces maritimes, des espaces aux multiples enjeux

CONSIGNE

Le mois prochain, le magazine *Géo Ados* sort un dossier spécial intitulé « Mers et océans : les enjeux de la mondialisation ». Votre classe a été sélectionnée pour le réaliser.

Vous travaillez en équipes. Chacune prend en charge un thème différent pour en faire une présentation, sous la forme d'un diaporama, devant la classe constituée en comité de rédaction.

VOCABULAIRE

▶ **ZEE (Zone économique exclusive)**
Espace maritime sur lequel un État possède des droits d'exploitation et d'usage des ressources.
Une ZEE s'étend jusqu'à 370 km d'un littoral, voire 648 km en cas d'extension.

Des enjeux géopolitiques

Quelle est la situation en mer de Chine ?

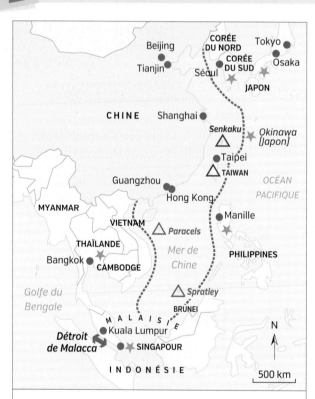

- ● Métropoles de plus de 5 millions d'habitants
- △ Territoires revendiqués par la Chine
- △ Archipels revendiqués par plusieurs pays riverains
- ┄┄ Limite des revendications maritimes de la Chine
- ✶ Bases militaires américaines
- ↔ Point de passage stratégique du commerce mondial

1 Les tensions en mer de Chine méridionale

2 Tensions en mer de Chine

La mer de Chine méridionale est devenue en ce début du XXIe siècle un foyer de tensions militaires. En effet, selon le droit de la mer, chaque pays dispose d'une zone économique exclusive (ZEE) de 200 milles marins au-delà de ses côtes. À l'intérieur de cette zone, la navigation internationale est autorisée mais l'exploitation des ressources halieutiques, minérales et énergétiques est exclusivement réservée au pays qui la possède.

Or, en mer de Chine méridionale, ces ZEE sont d'autant plus convoitées qu'elles contiennent de riches gisements de pétrole et de gaz, plus particulièrement aux environs des îles Spratleys, et se situent sur des voies maritimes parmi les plus fréquentées du monde.

■ Cécilia Nantier, « Tensions belliqueuses en mer de Chine », www.herodote.net, octobre 2015.

VOCABULAIRE

▶ **Géopolitique**
Science qui étudie les rapports entre la géographie des États et leur politique.

▶ **Ressources halieutiques**
Ressources de la pêche.

Des enjeux énergétiques

Pourquoi les hydrocarbures de l'Arctique suscitent-ils autant de tensions ?

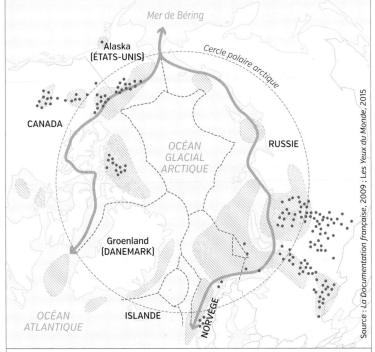

D'importantes ressources

- Gisements d'hydrocarbures (gaz, pétrole)

- Zones de recherche d'hydrocarbures

Un territoire convoité

→ Nouvelles routes maritimes

----- Zones économiques exclusives (ZEE)

Source : *La Documentation française, 2009 ; Les Yeux du Monde, 2015*

3 Les hydrocarbures en Arctique

4 **Des contestations contre l'exploitation**

L'ONG (→ p. 310) Greenpeace s'oppose à l'exploitation des hydrocarbures dans l'Arctique en 2011.

5 L'Arctique, un nouvel espace maritime à exploiter

Les compagnies pétrolières ne devraient pas forer dans les eaux de l'Arctique : le risque d'une marée noire dans cet environnement sensible est bien trop élevé. Ce n'est pas une association écologiste qui le dit, mais Christophe de Margerie, le PDG de Total, en 2012.

« Du pétrole sur le Groenland, ce serait un désastre. Une fuite causerait trop de dommages à l'image de la compagnie », a-t-il expliqué.

L'Arctique pourrait renfermer 20% des réserves de pétrole et de gaz non encore découvertes. Et la fonte accrue de la banquise rend la région de plus en plus accessible.

■ D'après « Le PDG de Total alerte sur les risques des forages en Arctique », www.lemonde.fr, 26 septembre 2012.

Plateforme offshore de Prirazlomnaya, 2015.

J'enquête EN ÉQUIPES !

ÉQUIPE 3

Des enjeux économiques

Quel est le poids des ressources maritimes pour les populations et l'économie africaines ?

Joal
Sénégal
Tanzanie
Madagascar

6 **Port de Joal, Sénégal, 2013**
Au Sénégal, la pêche représente 25 % des exportations et 600 000 emplois.

7 **Deux femmes cultivant des algues, Tanzanie, 2014**
L'aquaculture (élevage ou culture des animaux ou plantes aquatiques) permet de nourrir de nombreuses personnes et de créer des emplois.

8 **Ces navires étrangers qui pillent les eaux malgaches**

Il y a 10 ans, Maicon Ratsiraka et ses deux frères pêchaient 60 kilos de sardines par semaine, ce qui pouvait leur rapporter jusqu'à 370 $.

Aujourd'hui, il ne peut plus s'aventurer à plus de 3 kilomètres au large des côtes, là où se concentrent d'importants bancs de sardines et de crevettes. S'il le fait, son bateau risque d'être arraisonné[1], voire attaqué par les navires de pêche chinois, thaïlandais et sud-coréens qui braconnent[2] autour de Madagascar.

Depuis janvier 2015, sa prise hebdomadaire lui rapporte à peine 57 $.

La pêche illégale à laquelle se livrent les chalutiers étrangers menacerait les moyens d'existence d'environ 100 000 personnes.

■ D'après Wonder Chinhuru, « L'industrie de la pêche malgache ravagée par le pillage étranger », www.equaltimes.org, 23 mars 2015.

1. Arrêter un bateau pour le contrôler.
2. Pêchent illégalement.

Des enjeux environnementaux

Comment les milieux océaniques sont-ils menacés par les activités humaines ?

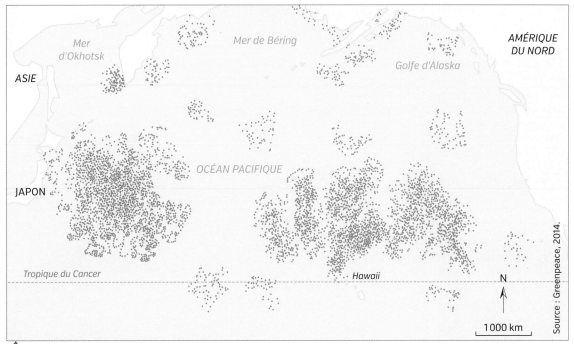

Mer d'Okhotsk

Mer de Béring

Golfe d'Alaska

AMÉRIQUE DU NORD

ASIE

OCÉAN PACIFIQUE

JAPON

Tropique du Cancer

Hawaii

N

1000 km

Source : Greenpeace, 2014.

9 **La concentration des déchets dans le Pacifique Nord**

Les points orange représentent les déchets qui forment un « septième continent », dont la taille atteint près de 3,5 millions de km².

10 **Les océans, espace de régulation climatique**

Les courants marins jouent un rôle majeur dans la régulation thermique de la planète. Ils opèrent des transferts d'énergie des hautes latitudes vers les basses latitudes et inversement. On perçoit le rôle climatique des océans en comparant des régions de même latitude bordées par des courants de températures différentes, comme c'est le cas de part et d'autre de l'Atlantique, entre le Nord-Est américain (courant froid) et l'Europe occidentale (courant chaud).

Le changement climatique semble avoir un impact sur la circulation océanique. Ainsi, la libération d'eaux froides dans l'Atlantique Nord, consécutive à la fonte de la banquise arctique, entraîne un affaiblissement des effets adoucissants du Gulf Stream sur le climat de l'Europe occidentale… qui pourrait se refroidir dans un contexte de réchauffement du climat de la planète.

■ D'après Antoine Frémont et Anne Frémont-Vanacore, « Géographie des espaces maritimes », *Documentation photographique* n° 8104, mars-avril 2015.

11 **La pollution maritime**

D'après une étude récente, 90 % des oiseaux marins auraient déjà avalé des résidus de plastique.

Oiseau de mer sur l'île Christmas, océan Indien, 2013.

Carte

SOCLE Compétences
▶ **Domaine 1** : Je comprends les langages scientifiques (cartes)
▶ **Domaine 5** : Je sais identifier les liens entre espaces et organisation des sociétés

Les espaces maritimes à l'échelle mondiale

VOCABULAIRE

▸ **ZEE (Zone économique exclusive)**
Espace maritime sur lequel un État possède des droits d'exploitation et d'usage des ressources.
Une ZEE s'étend jusqu'à 370 km d'un littoral, voire 648 km en cas d'extension.

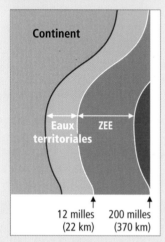

QUESTIONS

▶ **Je me repère dans l'espace**

❶ Citez les quatre régions du monde qui concentrent les principaux ports mondiaux.

❷ Citez deux types de ressources océaniques exploitées par les êtres humains.

❸ Pourquoi les passages transocéaniques jouent-ils un rôle essentiel pour la circulation maritime ?

Les dynamiques des espaces africains dans la mondialisation → chap. 15

Les espaces maritimes jouent un rôle important dans la mondialisation, mais tous les continents n'y sont pas connectés de la même façon.

❹ Quel continent n'abrite aucun des ports mondiaux ?

❺ Que peut-on déduire quant à l'intégration de ce continent dans la mondialisation ?

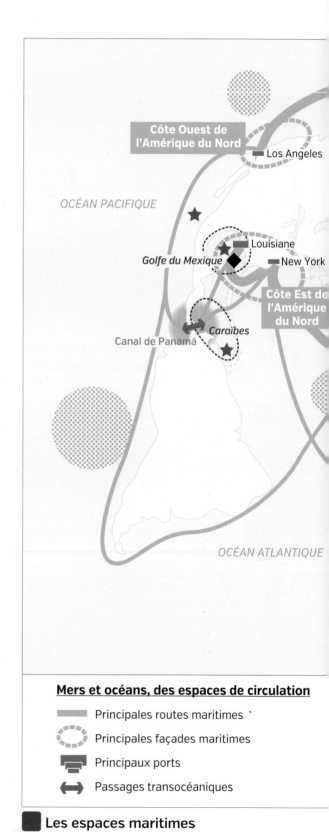

Mers et océans, des espaces de circulation

▬ Principales routes maritimes `
⬭ Principales façades maritimes
🖶 Principaux ports
⬌ Passages transocéaniques

Les espaces maritimes

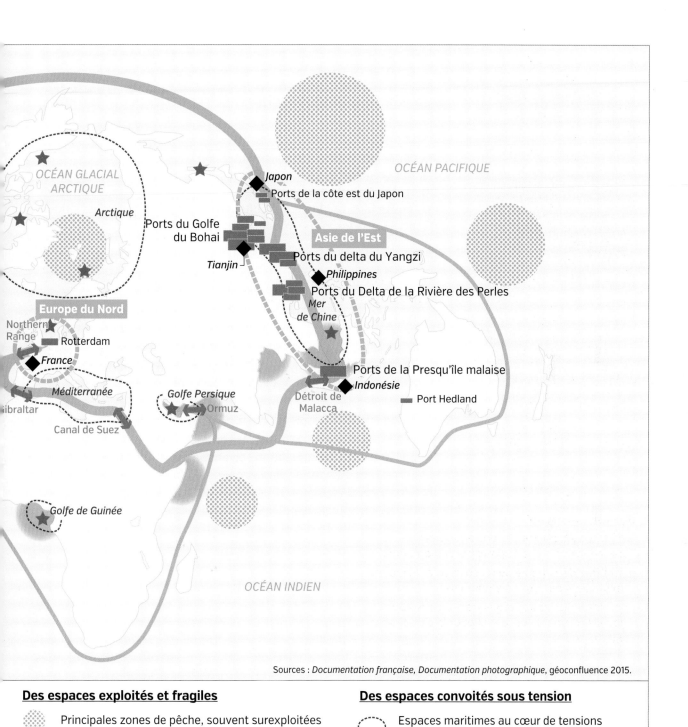

OCÉAN GLACIAL ARCTIQUE

OCÉAN PACIFIQUE

Arctique

Japon

Ports de la côte est du Japon

Ports du Golfe du Bohai

Asie de l'Est

Tianjin

Ports du delta du Yangzi

Philippines

Ports du Delta de la Rivière des Perles

Mer de Chine

Europe du Nord

Northern Range

Rotterdam

France

Méditerranée

Golfe Persique

Ports de la Presqu'île malaise

ibraltar

Ormuz

Indonésie

Détroit de Malacca

Port Hedland

Canal de Suez

Golfe de Guinée

OCÉAN INDIEN

Sources : *Documentation française, Documentation photographique*, géoconfluence 2015.

Des espaces exploités et fragiles

Principales zones de pêche, souvent surexploitées

★ Gisements d'hydrocarbures offshores exploités

◆ Principales marées noires

Des espaces convoités sous tension

Espaces maritimes au cœur de tensions (conflits liés à des ZEE et/ou des ressources importantes)

Zones majeures de piraterie

Chapitre 13 Mers et océans : un monde maritimisé **281**

Mers et océans : un monde maritimisé

→ **Pourquoi les mers et les océans sont-ils des espaces au cœur de la mondialisation ?**

CHIFFRES CLÉS

→ **80 %** de la **pollution marine** ont une origine terrestre.

→ **75 %** des stocks de poissons sont **surexploités** ou exploités au maximum.

→ **35 %** de la surface de l'océan sont couverts par des **ZEE**.

VOCABULAIRE

▸ **Biodiversité**
Diversité du vivant.

▸ **Conteneurisation**
Fait de transporter des marchandises dans des conteneurs.

▸ **Énergie renouvelable**
Énergie tirée de ressources naturelles inépuisables (vent, soleil, chaleur de la terre), ou encore de végétaux.

▸ **Façade maritime**
Région littorale formée de plusieurs grands ports proches.

A Des espaces majeurs de circulation et d'échanges

1. L'essor du commerce maritime

● **L'espace maritime** mondial est un **espace de circulation** essentiel pour le **commerce**. Le transport maritime assure aujourd'hui plus de **80 % des flux de marchandises**. Il offre de plus grosses **capacités**, des **coûts plus faibles** et une **plus grande régularité** sur les longues distances que les autres modes de transport.

2. Un réseau mondial

● Les **flux de marchandises** suivent des **routes maritimes** organisées et sécurisées qui relient les **3 pôles majeurs de l'économie mondiale** : l'Europe, l'Amérique du Nord et l'Asie orientale. **75 %** des échanges se font entre ces **façades maritimes**, qui concentrent les **infrastructures portuaires** les plus performantes et accueillent les grandes **compagnies maritimes**. Néanmoins, les routes maritimes Nord-Sud et Sud-Sud ne cessent de progresser.

3. Des évolutions permanentes

● Depuis les années 1950, les **flottes commerciales**, les **ports**, mais aussi les **passages transocéaniques** doivent se transformer pour répondre à la croissance continue des échanges maritimes. La « révolution de la **conteneurisation** » et la course au gigantisme nécessitent des investissements considérables.

B Des espaces sous tension

1. Des ressources convoitées

● Aujourd'hui, **10 % à 12 %** de la population mondiale dépendent de la pêche et de l'aquaculture pour leur subsistance. L'augmentation de la demande de produits de la mer est mondiale. Menacées de **disparition** à cause de leur **surexploitation**, les **ressources halieutiques** deviennent des objets de conflits entre pays en développement et pays développés ou émergents. Parmi les 10 premiers pays producteurs, certains – comme la Chine, le Japon ou le Pérou – n'hésitent pas à envoyer très loin de véritables usines flottantes, fragilisant par ailleurs la pêche traditionnelle locale.

● Les océans offrent un formidable **potentiel énergétique**. Les **hydrocarbures offshore** constituent près de **1/3** de la production mondiale de pétrole et de gaz. Les océans offrent de véritables promesses en matière d'**énergies renouvelables**.

2. Conflits territoriaux et sécurité en mer

● Des règles internationales permettent de définir les espaces maritimes territoriaux, mais les délimitations des **ZEE** sont contestées dans de nombreuses régions. Les conflits maritimes sont souvent la prolongation de conflits terrestres entre États, associés à une volonté d'accéder à de nouvelles ressources.

C Des espaces riches mais menacés

1. Des océans vitaux pour l'humanité...

● Les espaces marins couvrent plus de **70 %** de la surface du globe. Ce sont des **régulateurs climatiques** et des **réservoirs de biodiversité** essentiels pour notre planète. Ils sont également complémentaires des espaces terrestres pour les ressources énergétiques et alimentaires qu'ils procurent aux populations.

2. ... mais dégradés par la surexploitation

● Cependant, ils sont menacés par les activités humaines : **80 %** de la pollution et de la dégradation des mers et des côtes proviennent de sources et d'activités terrestres, les **20 %** restant des bateaux et plate-formes offshore. À cette pollution chronique s'ajoutent des pollutions accidentelles majeures comme l'explosion de plateforme pétrolière Deep Water Horizon dans le golfe du Mexique en 2010.

VOCABULAIRE

▸ **Hydrocarbures offshore**
Pétrole ou gaz sous-marins.

▸ **Ressources halieutiques**
Ressources de la pêche.

▸ **ZEE (Zone économique exclusive)**
Espace maritime sur lequel un État possède des droits d'exploitation et d'usage des ressources.
Une ZEE s'étend jusqu'à 370 km d'un littoral, voire 648 km en cas d'extension.

Je retiens autrement

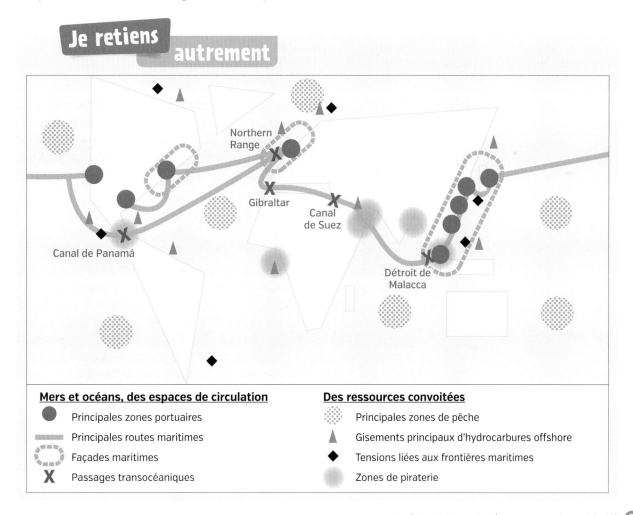

Mers et océans, des espaces de circulation	Des ressources convoitées
● Principales zones portuaires	⬚ Principales zones de pêche
▬ Principales routes maritimes	▲ Gisements principaux d'hydrocarbures offshore
⬭ Façades maritimes	◆ Tensions liées aux frontières maritimes
X Passages transocéaniques	Zones de piraterie

Apprendre à apprendre

Comment apprendre ma leçon ?

J'apprends grâce à des images

Pour mémoriser la leçon, on peut visualiser des images et les lier aux informations importantes du chapitre.

▶ Étape 1

- Choisissez une ou deux images qui correspondent à une partie de la leçon, puis associez les mots importants, les chiffres clés, les acteurs et les lieux à ces images.

Des espaces majeurs de circulation et d'échange

- Essor du commerce maritime
- 80 % des marchandises mondiales
- Conteneur : caisse métallique de dimensions standardisées pour le transport de marchandises.

▶ Étape 2

- Expliquez à l'oral ce que chaque image vous a appris sur le chapitre. Faites des phrases complètes et cohérentes, comme si vous récitiez votre leçon.

 En visualisant les images, vous vous souviendrez des notions liées à chacune d'elle.

Je révise chez moi

- Je vérifie que je connais les principaux repères du chapitre.

Je sais définir et utiliser dans une phrase :
- conteneur
- façade maritime
- ZEE (zone économique exclusive)

Je sais situer sur un planisphère :
- les océans
- les principales façades maritimes
- les principaux ports
- les grandes routes maritimes
- un espace de fortes tensions

site élève ⬇ fond de carte

Je sais expliquer :
- l'importance du trafic maritime mondial.
- l'importance des ressources maritimes.
- pourquoi les espaces maritimes sont des lieux de tensions.

Je vérifie mes connaissances

1 Je révise le vocabulaire.

Je recopie le paragraphe en remplaçant les expressions soulignées par le mot de vocabulaire ou l'expression géographique qui lui correspond. Je donne ensuite un titre à mon texte.

....

Les chemins suivis par les navires relient <u>trois grandes régions de l'économie mondiale</u>. Ces dernières sont à l'origine des 2/3 du commerce mondial. Elles concentrent aussi de <u>grandes régions littorales formées de plusieurs ports connectés entre eux</u>.

2 Je classe les mots importants de la leçon.

Dans les encadrés, je place les étiquettes qui correspondent à des éléments importants de la leçon.

Réservoirs de biodiversité   Conteneurisation   Aménagements portuaires

Façades maritimes   Routes maritimes   Surexploitation   Régulateurs climatiques

Pollution maritime   Conflits géopolitiques   Ressources halieutiques   Énergies offshore

Des espaces majeurs de circulation	Des espaces convoités	Des espaces menacés

3 Vrai ou faux ? Justifiez.

a. Les routes maritimes relient en priorité les plus grands ports et donc les principales façades maritimes.   ☐ Vrai   ☐ Faux

b. Le commerce mondial est assuré à 90 % par voie terrestre.   ☐ Vrai   ☐ Faux

c. Pour les compagnies de transport maritime, les très gros porte-conteneurs sont un moyen de faire face à la croissance des échanges dans le monde.   ☐ Vrai   ☐ Faux

d. Les plus gros navires peuvent faire escale où ils le veulent malgré leur taille imposante.   ☐ Vrai   ☐ Faux

e. Les ressources des océans sont illimitées.   ☐ Vrai   ☐ Faux

4 Retrouvez d'autres exercices sous forme interactive sur le site Nathan.

site élève
↓ exercices interactifs

Exercices

1 Je comprends et j'analyse un document sur les territoires maritimes

↳ **SOCLE** : Domaine 1

C'est une question complètement inconnue du grand public et pourtant stratégique : l'extension du plateau continental[1] français, qui doit permettre à la France d'accroître ses ressources pétrolières, minières et minérales issues du sol sous-marin.

En vertu de la Convention des Nations unies sur le droit de la mer (Convention de Montego Bay, 1982), les États côtiers peuvent revendiquer le contrôle et l'exploitation des ressources naturelles du sol et du sous-sol de la haute mer.

La France dispose du deuxième espace maritime au monde. Elle voudrait étendre ses droits souverains sur 2 millions de km² supplémentaires.

En jeu : l'exploration et l'exploitation d'hydrocarbures (en Guyane ou en Nouvelle-Calédonie), ou de métaux, pour certains très rares (en Polynésie française ou à Wallis-et-Futuna).

■ D'après Audrey Garric, « Les fonds marins, une opportunité pour lutter contre la crise ? », www.lemonde.fr, 9 octobre 2013.

1. Dans cette zone, les États disposent de droits dits souverains – que l'on ne peut leur retirer en tant qu'États. Elle constitue la limite maximale de la ZEE.

QUESTIONS

❶ Quel droit accordé par la Convention de Montego Bay la France veut-elle faire valoir ?

❷ Quelles ressources la France espère-t-elle pouvoir exploiter dans le futur ?

❸ Expliquez, à l'aide de vos connaissances et des informations du texte, pourquoi les espaces maritimes sont l'objet de convoitises et de tensions.

❹ Justifiez le titre de l'article en utilisant les informations prélevées.

2 J'analyse un document sur la fragilité des milieux maritimes

↳ **SOCLE** : Domaine 1

■ **Explosion de la plateforme pétrolière Deepwater Horizon, (Golfe du Mexique), 2010**
L'explosion a provoqué un incendie et une importante coulée de pétrole.

QUESTIONS

❶ Quelle activité était pratiquée sur la plateforme Deepwater Horizon ?

❷ Quel risque est illustré par cette photographie ?

❸ À l'aide de vos connaissances, expliquez en quoi les océans sont des espaces fragiles et menacés.

③ Maîtriser différents langages pour raisonner et se repérer (exercice 2)

↳ **SOCLE :** Domaine 1. Je réalise une tâche cartographique sur l'organisation du transport maritime

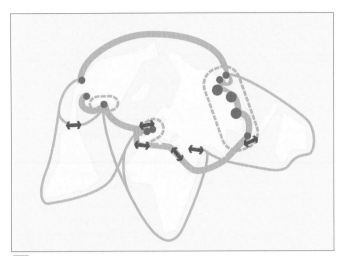

■ **Le transport maritime à l'échelle mondiale**

site élève
⬇ fond de carte à imprimer

QUESTIONS

❶ Complétez la légende en donnant la signification des figurés.

❷ Nommez les lieux et les espaces qui vous semblent importants pour ce croquis. Attention à ne pas surcharger le croquis, au risque de le rendre illisible.

❸ Que nous apprend ce croquis sur l'organisation du transport maritime à l'échelle mondiale ? Répondez en rédigeant une réponse développée d'une dizaine de lignes.

MÉTHODE

Je complète la légende d'un croquis (→ Question ❶)

▸ Pour identifier la signification des figurés, il faut tenir compte ici de deux éléments : le titre du croquis et les types de figurés utilisés.

1. Le titre indique le sujet du croquis et permet de sélectionner les informations dont vous aurez besoin. Dans ce cas, les informations attendues sont liées au transport maritime.

2. Les types de figurés doivent aussi vous aider à identifier les informations attendues.

● ● •	Figuré ponctuel qui désigne un lieu précis.
◯ (dashed)	Figuré de surface qui désigne un espace plus vaste.
▬▬	Figuré linéaire pouvant désigner des axes ou des limites.
↔	Figuré linéaire désignant des déplacements, des flux à double sens. Ici, ce figuré désigne aussi des lieux précis jouant un rôle dans les flux de marchandises.

MON BILAN DE COMPÉTENCES

Domaine du socle	Compétences travaillées	Pages du chapitre
D1 Les langages pour penser et communiquer	• Je sais m'exprimer à l'écrit pour décrire, expliquer ou argumenter • Je comprends les langages scientifiques (cartes) • Je comprends et je sais analyser un document • Je maîtrise différents langages pour raisonner et me repérer	**Je découvre** .... p. 272-275 **Cartes** .... p. 280-281 **Exercice 1** .... p. 286 **Exercice 2** .... p. 286 **Exercice 3** .... p. 287
D2 Méthodes et outils pour apprendre	• Je sais coopérer et travailler en équipe • Je sais organiser mon travail personnel	**J'enquête** .... p. 276-279 **Apprendre à apprendre** .. p. 284
D5 Les représentations du monde et de l'activité humaine	• Je comprends les problématiques mondiales concernant les ressources et les échanges • Je sais identifier les liens entre espaces et organisation des sociétés	**Je découvre** .... p. 272-275 **J'enquête** .... p. 276-279 **Cartes** .... p. 280-281

14 Les États-Unis, un territoire dans la mondialisation

→ **Comment le territoire des États-Unis s'adapte-t-il à la mondialisation ?**

Au cycle 3, en 6ᵉ

J'ai vu que les métropoles et les littoraux sont au cœur de nombreux échanges car ils concentrent les êtres humains et leurs activités.

Au cycle 4, en 4ᵉ

Chapitres 9, 10 et 15
Certains territoires, comme les métropoles, sont déjà très puissants et au cœur des échanges mondiaux. D'autres, comme le continent africain, profitent de la mondialisation pour se développer.

Ce que je vais découvrir

Les espaces des États-Unis participent inégalement aux échanges de la mondialisation.

1 Aéroport international d'Atlanta, 2015

L'aéroport Hartsfield-Jackson est le plus grand aéroport des États-Unis et du monde en termes de trafic passagers : près de 100 millions en 2014, soit environ 1 330 décollages par jour.

Les États-Unis représentent 4,5 % de la population mondiale, mais 25 % de la consommation mondiale d'électricité. Parmi les 30 aéroports mondiaux qui accueillent le plus de passagers, 12 sont aux États-Unis.

États-Unis
Atlanta
New York

2 **Manhattan à New York, cœur de la mondialisation, 2015**

Manhattan est le cœur économique, financier et culturel de la ville. Le One World Trade Center, surnommé « Freedom Tower », est plus haut gratte-ciel du continent américain.

Chicago, une métropole dans la mondialisation

Question clé Comment Chicago s'est-elle adaptée à la mondialisation ?

Grands lacs
Chicago •
États-Unis

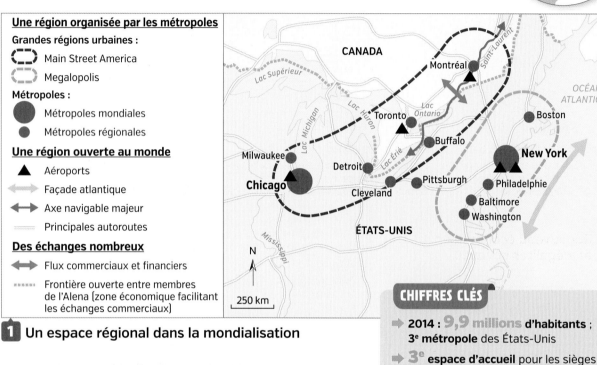

Une région organisée par les métropoles

Grandes régions urbaines :
- Main Street America
- Megalopolis

Métropoles :
- Métropoles mondiales
- Métropoles régionales

Une région ouverte au monde
- ▲ Aéroports
- Façade atlantique
- Axe navigable majeur
- Principales autoroutes

Des échanges nombreux
- Flux commerciaux et financiers
- Frontière ouverte entre membres de l'Alena (zone économique facilitant les échanges commerciaux)

1 Un espace régional dans la mondialisation

CHIFFRES CLÉS

→ **2014** : **9,9 millions** d'habitants ; **3ᵉ métropole** des États-Unis

→ **3ᵉ espace d'accueil** pour les sièges sociaux de firmes transnationales

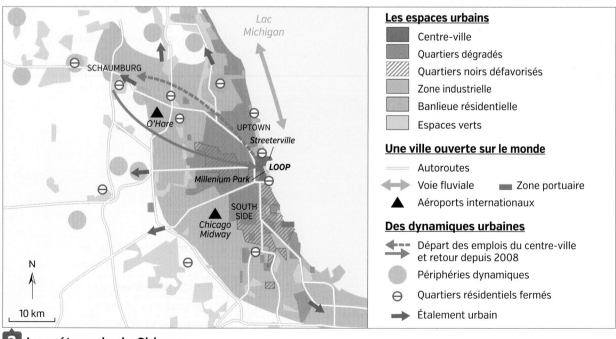

Les espaces urbains
- Centre-ville
- Quartiers dégradés
- Quartiers noirs défavorisés
- Zone industrielle
- Banlieue résidentielle
- Espaces verts

Une ville ouverte sur le monde
- Autoroutes
- Voie fluviale ■ Zone portuaire
- ▲ Aéroports internationaux

Des dynamiques urbaines
- Départ des emplois du centre-ville et retour depuis 2008
- Périphéries dynamiques
- Quartiers résidentiels fermés
- → Étalement urbain

2 La métropole de Chicago

3 La Crown Foutain dans Millenium Park, 2014

Le Millennium Park comprend de nombreux aménagements publics (patinoire, théâtre, promenades...).
Des artistes et architectes célèbres ont participé à sa construction.
À l'arrière-plan, le Loop, le quartier des affaires, avec la Willis Tower, siège social d'United Airlines.

4 Renouveau économique et inégalités sociales

Ce qui distingue vraiment Chicago, c'est l'intensité de la souffrance qui règne dans les rues des quartiers ouvriers noirs et latinos. Pourtant, la ville se situe en général dans les dix premières places pour la plupart des indices mesurant la puissance économique globale des centres urbains.

En ville, les politiques publiques ont été de plus en plus orientées vers les profits issus du développement immobilier. Comme le montrent les énormes subventions offertes à Boeing et United Airlines, le maintien de l'image de Chicago comme ville mondiale haut de gamme était une priorité bien plus importante pour l'administration que la création d'emplois pour les habitants des quartiers les plus démunis. Les emplois, pour la plupart qualifiés, apportés par ces entreprises n'étaient pas accessibles à la vaste majorité de Noirs et de Latinos des classes ouvrières qui en avaient le plus besoin.

■ D'après Andrew J. Diamond, « Chicago : une ville au bord du gouffre », *La Vie des idées*, 29 mai 2012.

Activités

Question clé Comment Chicago s'est-elle adaptée à la mondialisation ?

ITINÉRAIRE 1

▶ **Je comprends le sens général des documents**

❶ **Doc 1 à 4.** Relevez dans chaque document de ce dossier un élément qui définit le rôle de Chicago à l'échelle du continent américain et à l'échelle mondiale.

❷ **Doc 3 et 4.** Quelles transformations ont rendu Chicago plus attractive ?

❸ **Doc 2 et 4.** Tous les espaces et les habitants profitent-ils de ces transformations ? Expliquez.

▶ **J'argumente à l'écrit**

❹ Rédigez quelques lignes de synthèse pour répondre à la question clé.

ITINÉRAIRE 2

▶ **Je prends des notes**

Sans faire de phrases, complétez le tableau ci-dessous.

Chicago, un espace dans la mondialisation	Doc 1 à 4
Des adaptations et des transformations	Doc 3 et 4
Des inégalités et des espaces à l'écart	Doc 2 et 4

SOCLE Compétences
- Domaine 1 : Je possède des connaissances sur le contexte culturel anglo-américain
- Domaine 5 : J'établis des liens entre l'espace et l'organisation des sociétés

La Californie, une région dans la mondialisation

Question clé Comment la Californie s'est-elle adaptée à la mondialisation ?

A La mondialisation renforce la puissance de la Californie

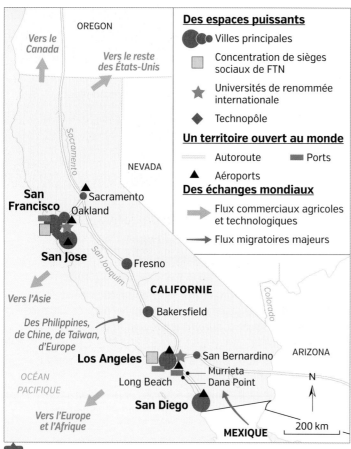

1 L'organisation du territoire de la Californie

2 Une agriculture ouverte sur le monde

La puissance du vignoble californien repose non seulement sur une capacité à émerger sur le marché viticole mondial, mais aussi à devenir un centre d'innovations diffusées dans le reste du monde. Les États-Unis étant devenus le premier consommateur mondial de vin, on comprendra que leur influence soit déterminante pour les autres acteurs du monde du vin. Il s'agit du 4e vignoble mondial. Les surfaces en vignes augmentent, les territoires viticoles se multiplient, le nombre de *wineries*[1] ne cesse de s'accroître et les exportations se développent.

Certaines d'entre elles sont de petites entreprises familiales, d'autres appartiennent à de puissants groupes américains, français, japonais ou encore australiens.

■ D'après Raphaël Schirmer, « Le vignoble californien, vignoble de la mondialisation », www.geoconfluences.fr, 7 juillet 2015.

1. Entreprise agricole qui réunit des vignobles, un centre de production de vin et un service commercial pour sa vente.

CHIFFRES CLÉS

- **38,8 millions d'habitants**, **13 %** **de la population** des États-Unis
- Le **PIB** de la Californie est égal à celui de l'Inde ou de l'Espagne.
- **26 %** des Californiens sont nés hors de la Californie.
- Los Angeles : **17 millions d'habitants**, **2e métropole** du pays

VOCABULAIRE

▶ **Firme transnationale (FTN)**
Entreprise dont l'activité s'exerce à l'échelle du monde. Son siège social est généralement implanté dans son pays d'origine.

▶ **Technopôle**
Espace consacré aux nouvelles technologies regroupant des entreprises, des universités et des laboratoires de recherche.

La Silicon Valley, territoire de l'innovation

- Cœur de la Silicon Valley
- Zone urbanisée
- Secteur résidentiel
- Axe autoroutier
- ▲ Aéroports
- ■ Centre bancaire et financier de la côte Pacifique
- ★ Universités
- ◆ Grandes entreprises des technologies de l'information et de la communication

3 La Silicon Valley, territoire de l'innovation

La Silicon Valley produit à elle seule 40 % des innovations technologiques annuelles mondiales.

4 Los Angeles, 1re métropole de Californie, 2014

Deuxième ville des États-Unis après New York, Los Angeles est une métropole attractive et mondialement connue grâce à Hollywood.

Activités

Question clé Comment la Californie s'est-elle adaptée à la mondialisation ?

ITINÉRAIRE 1

ou

ITINÉRAIRE 2
site élève
🖵 carte mentale interactive

▶ **Je comprends le sens général des documents**

❶ Doc 1. Relevez les éléments qui prouvent que la Californie est un territoire ouvert sur le monde.

❷ Doc 1. La Californie s'intègre-t-elle dans les échanges mondiaux ? Justifiez votre réponse.

❸ Doc 1, 3 et 4. Montrez que les métropoles californiennes sont dynamiques et attractives.

❹ Doc 1 à 4. Citez les activités sur lesquelles est construite la puissance de la Californie, à l'échelle des États-Unis et du monde.

▶ **Je complète une carte mentale (étape 1)**

À partir des documents, commencez à compléter la carte mentale ci-dessous que vous terminerez p. 295.

> Un territoire puissant et intégré aux échanges mondiaux → Doc 1 à 4
>
> **La Californie dans la mondialisation**
>
> Des conséquences inégales pour les populations et leurs territoires → à remplir p. 295

B La mondialisation renforce les inégalités et les difficultés

5 L'eau, source de conflits

L'aqueduc de Californie traverse la propriété de Bill Diedrich, un agriculteur, mais cette eau-là n'est pas destinée aux fermiers. Elle est réservée aux habitants de Los Angeles. Cette année, Bill Diedrich a laissé tomber le coton. Faute d'irrigation, il a mis 80 hectares en jachère[1], sur les 610 hectares de son exploitation. La *California Farm Water Coalition*[2] estime que 3 200 km², soit près de 10 % des terres cultivées, pourraient être laissées en jachère, si la pénurie d'eau devait durer.

Or, la Californie assure 60 % de la production nationale de fruits et de noix et 51 % de ses légumes. L'irrigation est devenue tellement chère que les exploitants se sont reconvertis dans des cultures plus rentables. La production d'amandes a doublé depuis 2006 dans la vallée. Quelque 20 000 emplois de travailleurs agricoles sont menacés. Les fermiers ne décolèrent pas. Ils veulent de l'eau.

◼ D'après Corine Lesnes, « Pour les fermiers de Californie, la sécheresse est artificielle », *Le Monde*, 2 mai 2014.

1. Se dit d'une terre cultivable qu'on laisse au repos un an pour ne pas l'épuiser.
2. Organisation créée en 1989 pour informer la population californienne des usages que les agriculteurs font de l'eau.

6 Une immigration rejetée
Manifestation anti-immigration à Murrieta, 2014.

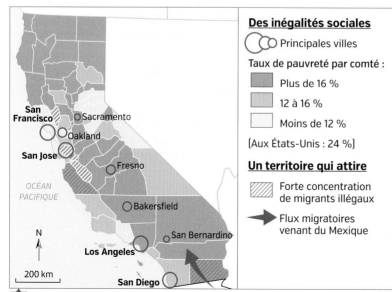

Des inégalités sociales

◯◯ Principales villes

Taux de pauvreté par comté :

▨ Plus de 16 %

▨ 12 à 16 %

□ Moins de 12 %

(Aux États-Unis : 24 %)

Un territoire qui attire

▨ Forte concentration de migrants illégaux

➔ Flux migratoires venant du Mexique

CHIFFRES CLÉS

➡ Les migrants illégaux : **10 %** **de la main-d'œuvre** et **30 %** **des richesses produites**.

➡ Dans certains comtés, les **migrants illégaux** représentent **plus de 10 %** **de la population**.

7 Des inégalités à toutes les échelles

8 Des espaces socialement marqués

a. Lantern Bay, un quartier résidentiel fermé à Dana Point, 2014

La ville est une station balnéaire très fréquentée.

b. Boyle Heights, un quartier hispanique à Los Angeles, 2014

Le quartier accueille traditionnellement de nombreux migrants, dont une majorité de Mexicains.

Activités

Question clé Comment la Californie s'est-elle adaptée à la mondialisation ?

ITINÉRAIRE 1 ou ITINÉRAIRE 2

site élève
↓ carte mentale interactive

ITINÉRAIRE 1

▶ **Je comprends le sens général des documents**

❺ **Doc 5.** Montrez que la mondialisation provoque des conflits d'intérêts entre les différents habitants de la Californie.

❻ **Doc 6 et Chiffres clés.** Montrez que les migrants sont un atout pour l'économie californienne mais qu'ils sont aussi une source de tensions sociales.

❼ **Doc 7 et 8.** Quelles inégalités peut-on observer entre les territoires de Californie ?

▶ **Je m'exprime à l'oral pour penser et communiquer**

❽ Vous réaliserez deux interviews :
▶ Celle d'un ingénieur employé par Google qui présentera les points forts de la Californie ;
▶ Celle d'un travailleur agricole, migrant mexicain, qui présentera les difficultés et les fragilités de la Californie.
Vous mènerez ces interviews à deux.

ITINÉRAIRE 2

▶ **Je complète une carte mentale (étape 2)**

À partir des documents, terminez la carte mentale commencée p. 293.

> Un territoire puissant et intégré aux échanges mondiaux → à remplir p. 293
>
> **La Californie dans la mondialisation**
>
> Des conséquences inégales pour les populations et leurs territoires → Doc 5 à 8

SOCLE Compétences

▶ **Domaine 4** : Je formule des hypothèses et je les vérifie
▶ **Domaine 5** : Je comprends le monde

Comment le territoire des États–Unis s'adapte–t–il à la mondialisation ?

MISE EN PERSPECTIVE

ÉTAPE 1 ▶ Je fais le point sur le territoire étudié

A Recopiez puis complétez le tableau ci-dessous à partir de l'exemple du territoire que vous venez d'étudier :
- en identifiant les documents à utiliser ;
- en utilisant un vocabulaire précis.

site élève
⬇ tableau à imprimer

	N° doc et page	Chicago	Californie
Un territoire attractif			
Un territoire transformé			
Limites et inégalités socio-spatiales			

ÉTAPE 2 ▶ J'en déduis des hypothèses

B À l'aide du tableau, choisissez ci-dessous les quatre hypothèses qui vous semblent le mieux compléter la phrase suivante.

> **D'une manière générale, l'adaptation du territoire des États-Unis à la mondialisation est caractérisée par...**
>
> 1. la place et le rôle grandissant des métropoles.
> 2. sa puissance économique et financière.
> 3. d'importants aménagements liés aux transports internationaux.
> 4. une place importante de l'innovation et des FTN.
> 5. une faible participation aux échanges économiques mondiaux.
> 6. le développement d'inégalités entre les populations qui y vivent.
> 7. un partage équitable des richesses issues de la mondialisation entre les habitants.
> 8. une exploitation raisonnée des ressources du territoire.

ÉTAPE 3 ▶ Je vérifie si mes hypothèses sont justes

C Étudiez les documents 1 à 3 ci-contre.
Indiquez à quelle(s) hypothèse(s) retenue(s) dans l'étape 2 vous pouvez associer chacun d'eux. Justifiez vos réponses.

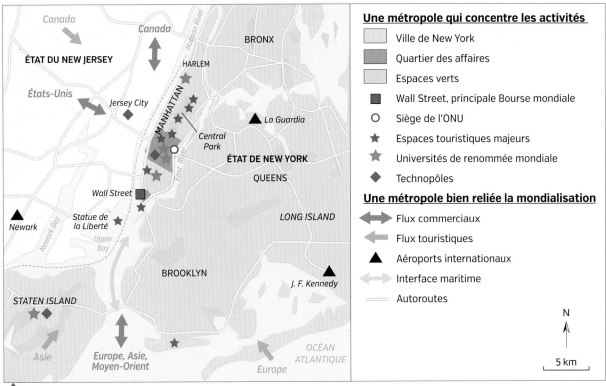

1 New York, une ville mondiale

Une métropole qui concentre les activités
- Ville de New York
- Quartier des affaires
- Espaces verts
- Wall Street, principale Bourse mondiale
- ○ Siège de l'ONU
- ★ Espaces touristiques majeurs
- ★ Universités de renommée mondiale
- ◆ Technopôles

Une métropole bien reliée la mondialisation
- ⬌ Flux commerciaux
- ⬅ Flux touristiques
- ▲ Aéroports internationaux
- ⬌ Interface maritime
- ⸺ Autoroutes

N

5 km

2 L'industrie du cinéma américain au cœur de la mondialisation

Les *majors*[1] du cinéma américain ont trouvé la formule magique : moins de films, mais des mastodontes souvent basés sur des licences ayant déjà fait leurs preuves. Entre 2006 et 2013, les films produits par les studios membres de la MPAA (Motion Picture Association of America) – Walt Disney, Paramount, Sony Pictures, 21th Century Fox, Universal et Warner Bros – ont quasiment été divisés par deux, passant de 204 à 114. [...]

Les États-Unis continuent aussi à dominer le cinéma mondial. Le box-office[2] des films sortis aux États-Unis a atteint 10,9 milliards de dollars, soit 30 % des recettes mondiales générées par le 7e art dans le monde. [...]

◼ Grégoire Poussielgue, « Le cinéma américain affiche une santé insolente », *Les Échos*, 27 mars 2014.

1. Entreprises les plus puissantes de leur secteur.
2. Mesure du nombre d'entrées.

3 Manifestation des « indignés » devant la Bourse de New York, 2011

Les « indignés » protestent contre le modèle de développement imposé par la mondialisation et les inégalités qu'il accentue.

Un territoire des États-Unis organisé pour et par la mondialisation

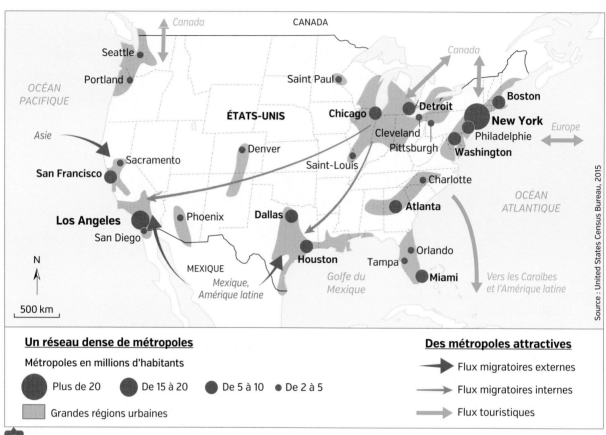

Un réseau dense de métropoles

Métropoles en millions d'habitants
- Plus de 20
- De 15 à 20
- De 5 à 10
- De 2 à 5

Grandes régions urbaines

Des métropoles attractives

→ Flux migratoires externes
→ Flux migratoires internes
→ Flux touristiques

Source : United States Census Bureau, 2015

1 Les métropoles, espaces privilégiés de la mondialisation

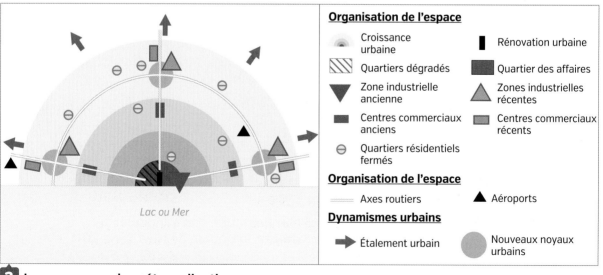

Organisation de l'espace

- Croissance urbaine
- Quartiers dégradés
- Zone industrielle ancienne
- Centres commerciaux anciens
- Quartiers résidentiels fermés
- Rénovation urbaine
- Quartier des affaires
- Zones industrielles récentes
- Centres commerciaux récents

Organisation de l'espace

- Axes routiers
- Aéroports

Dynamismes urbains

- Étalement urbain
- Nouveaux noyaux urbains

2 Le processus de métropolisation

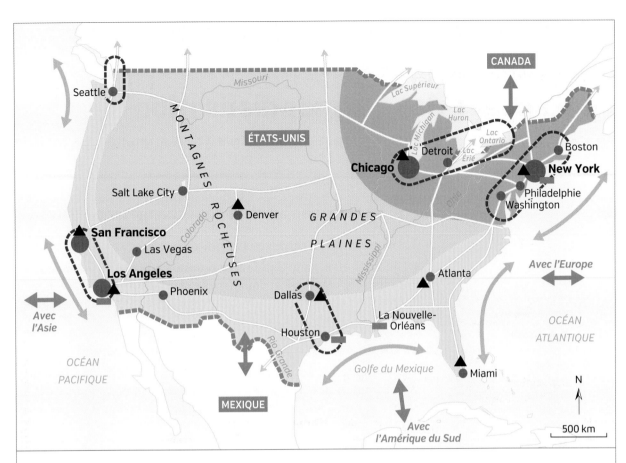

Des territoires contrastés

▮ Le Nord-Est, ancienne région industrielle et cœur de la puissance des États-Unis

▯ La Sun Belt, territoire de l'innovation, attractif et dynamique

▯ Régions agricoles et espaces peu peuplés

Des dynamiques en lien avec la mondialisation

⬤ Métropoles mondiales   ● Autres grandes métropoles

⬭ Régions mégalopolitaines

▰▰▰▰ Des régions frontalières dynamiques

PAYS Membres de l'Alena

Une ouverture sur le monde

▲ Principaux aéroports internationaux

▰ Ports

◀▶ Principales façades maritimes

◀▶ Des flux commerciaux avec le reste du monde

══ Principales autoroutes

3   Organisation et dynamiques du territoire des États-Unis

QUESTIONS

▶ **Je me repère dans l'espace**

❶ Quelles sont les quatre principales métropoles des États-Unis ?

❷ Localisez et nommez deux grandes régions industrielles et dynamiques.

❸ Identifiez un autre espace attractif.

Les dynamiques des espaces africains dans la mondialisation → chap. 15

Comme les États-Unis, l'Afrique est transformée par la mondialisation. Comparez ces cartes avec celles de l'Afrique p. 320-321.

❹ Quels types de flux sont communs aux territoires africains et à ceux des États-Unis ?

VOCABULAIRE

▶ **Alena**
Accord commercial qui unit les États-Unis, le Canada et le Mexique. Il met en place une zone économique facilitant les échanges commerciaux.

▶ **Façade maritime**
Région littorale formée par plusieurs grands ports proches.

▶ **Métropolisation**
Processus de concentration des populations et des activités de haut niveau dans et autour des plus grandes villes ou métropoles.

Les États-Unis, un territoire dans la mondialisation

→ Comment le territoire des États-Unis s'adapte-t-il à la mondialisation ?

VOCABULAIRE

▸ Alena
Accord commercial qui unit les États-Unis, le Canada et le Mexique. Il met en place une zone économique facilitant les échanges commerciaux.

▸ Megalopolis
Espace moteur de l'intégration des États-Unis dans la mondialisation. Il regroupe de nombreuses villes connectées entre elles, des entreprises puissantes et des universités de réputation mondiale.

▸ Façade maritime
Région littorale formée par plusieurs grands ports proches.

▸ Firme transnationale (FTN)
Entreprise dont l'activité s'exerce à l'échelle du monde. Son siège social est généralement implanté dans son pays d'origine.

▸ Métropole
Grande ville concentrant population, activités et richesses. Elles exercent des fonctions de commandement politique, économique ou culturel à différentes échelles, y compris mondiale.

A Un territoire au cœur des échanges mondiaux

1. Un pôle du commerce mondial

● Les États-Unis sont la **première puissance économique mondiale**. **Premiers importateurs** et **deuxièmes exportateurs** mondiaux, ils sont le **carrefour du commerce** mondial grâce à leurs puissantes **firmes transnationales** : Disney, McDonald's, Coca Cola...

2. Un territoire au centre des flux d'informations

● Le territoire des États-Unis est à l'origine de flux financiers majeurs : **Wall Street, à New York, est la première Bourse du monde**. Il est au cœur des **flux d'information** : sites Internet, productions télévisuelles internationales comme CNN...

3. Un espace migratoire majeur

● Le **développement** et les **activités économiques** attirent de **nombreux migrants**. Ils sont une source importante de **main-d'œuvre** venue notamment d'Amérique latine. Les États-Unis sont le **2ᵉ pays touristique** avec 75 millions d'arrivées de touristes internationaux.

B La mondialisation renforce certains territoires

1. Des façades maritimes très puissantes

● Les populations et les activités se concentrent dans des lieux **privilégiés**. La puissante **façade maritime atlantique nord-est** est un espace majeur de la mondialisation. Elle s'appuie sur la première région industrielle du pays. Sur les littoraux de la **Sun Belt**, les régions de la Californie, du Texas et de la Floride s'affirment. Ces **régions dynamiques** attirent des entreprises de **nouvelles technologies** (Apple, Microsoft, Google ou Facebook).

2. Des espaces frontaliers dynamiques

● L'accroissement des échanges au sein de l'**Alena** favorise les **régions frontalières** de plus en plus intégrées aux échanges mondiaux : « **Main Street** », ou « **Mexamérique** » avec le Canada.

3. Le poids renforcé des métropoles

● La population des États-Unis se concentre dans des **métropoles** qui **s'étalent**. Elles forment de **vastes régions urbaines**, anciennes telle la **Megalopolis**, ou en construction comme en Californie. Les métropoles concentrent les **populations**, les **activités** et les **pouvoirs de commandement**. Leur **quartier des affaires** symbolise cette puissance.

C Des inégalités sociales et spatiales

1. Des inégalités sociales grandissantes

● Cependant, les métropoles des États-Unis sont **inégalitaires**. Elles doivent faire face à l'augmentation d'une **pauvreté importante** pour les classes les moins favorisées et d'origine afro-américaine et/ou hispanique.

2. Des inégalités spatiales plus marquées

● Les **inégalités** se traduisent par une **séparation spatiale** de plus en plus marquée entre les catégories sociales : **quartiers résidentiels fermés** pour classes moyennes et aisées, **centres-villes** de plus en plus investis par des **populations favorisées**. La **concurrence mondiale** pousse les métropoles à **rénover certains espaces**, délaissant certains quartiers pourtant prioritaires.

3. Mondialisation et développement durable

● Les **entreprises** des États-Unis sont inscrites dans une forte **concurrence internationale**, et sont guidées par la recherche du **profit**. Elles utilisent à leur avantage les différences entre les territoires, entre les populations et parfois au détriment d'un développement durable.

Je retiens autrement

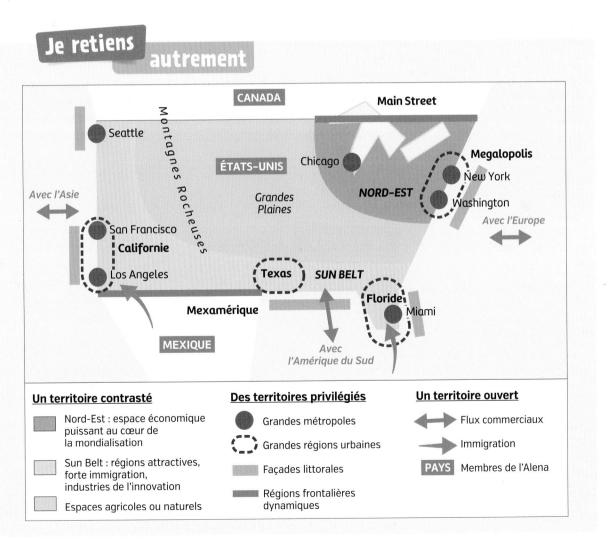

Un territoire contrasté

- Nord-Est : espace économique puissant au cœur de la mondialisation
- Sun Belt : régions attractives, forte immigration, industries de l'innovation
- Espaces agricoles ou naturels

Des territoires privilégiés

- Grandes métropoles
- Grandes régions urbaines
- Façades littorales
- Régions frontalières dynamiques

Un territoire ouvert

- Flux commerciaux
- Immigration
- PAYS Membres de l'Alena

Apprendre à apprendre

Comment apprendre ma leçon ?

Je révise en équipe

Travailler en équipe, c'est pouvoir s'encourager les uns les autres
et s'entraîner en se posant des questions.

▸ **Étape 1**

- Ensemble, révisez la leçon et dégagez ce qu'il faut retenir.

▸ **Étape 2**

- **Organisez des défis**

  Faites deux groupes. Chaque groupe prépare des questions sur le thème du chapitre
  et les pose au groupe adverse. Chaque question rapporte des points en fonction de la
  qualité des réponses.

- Reproduisez le tableau ci-contre, puis à vous de jouer !

site élève
⬇ tableau à imprimer

Niveau de difficulté	Exemples de question	Aïe ! 😞 0 point	À revoir 😐 1 point	Bien 🙂 2 points	Bravo 😄 3 points
NIVEAU 1 Questions sur des connaissances précises	• Qu'est ce qu'une métropole ? • Localisez la Sun Belt.				
NIVEAU 2 Questions de synthèse **(Les points comptent double)**	• Expliquez le rôle des façades maritimes, des métropoles et des régions frontalières.				

Je révise chez moi

● **Je vérifie que je connais les principaux repères du chapitre.**

Je sais définir et utiliser dans une phrase :

▸ Alena
▸ Megalopolis
▸ façade maritime
▸ métropole
▸ métropolisation
▸ firme transnationale (FTN)

Je sais situer sur une carte des États-Unis :

▸ la Megalopolis
▸ les principales métropoles des États-Unis
▸ la Sun Belt

site élève
⬇ fond de carte

Je sais expliquer :

▸ l'importance des échanges sur le territoire des États-Unis.
▸ le rôle des façades maritimes, des métropoles et des régions frontalières.
▸ les inégalités et les difficultés renforcées par la mondialisation.

Je vérifie mes connaissances

1 Je relie chaque mot à sa définition.

1. Métropolisation

2. Métropole

3. Firme transnationale

4. Megalopolis

5. Alena

a. Espace moteur majeur du Nord-Est des États-Unis, qui s'appuie sur des industries puissantes, des villes nombreuses et connectées entre elles, des universités de renom.

b. Accord commercial qui unit les États-Unis, le Canada et le Mexique et qui met en place une zone économique au sein de laquelle les échanges sont facilités.

c. Concentration des populations et des activités dans les villes.

d. Ville qui exerce des fonctions de commandement politique, économique ou culturel à une échelle régionale, nationale ou mondiale.

e. Entreprise dont l'activité s'exerce à l'echelle du monde. Son siège social est généralement implanté dans son pays d'origine.

2 J'utilise mes connaissances.

À quel type d'activités appartiennent ces logos d'entreprises américaines ? Comment appelle-t-on ces entreprises très intégrées à la mondialisation ?

3 Je me repère sur une carte des États-Unis.

site élève
📥 carte à imprimer

Je localise sur la carte les espaces des États-Unis les plus intégrés à la mondialisation et je construis la légende.

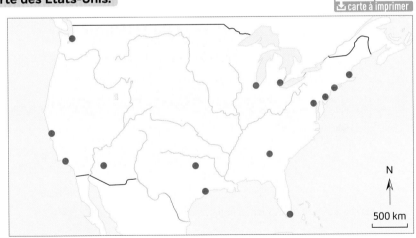

N

500 km

4 J'argumente en complétant l'idée générale.

Je rédige la fin des quatre phrases en apportant un exemple concret à chaque idée proposée.

1. Les États-Unis sont au cœur des échanges mondiaux, parce que...

2. La mondialisation renforce certains territoires, comme...

3. Les métropoles concentrent les activités, par exemple...

4. La mondialisation augmente les inégalités, puisque...

5 Retrouvez d'autres exercices sous forme interactive sur le site Nathan.

site élève
📥 exercices interactifs

Exercices

1 Je décris et j'explique le paysage de Seattle

↳ **Socle :** Domaine 1

Vue de Seattle, 3ᵉ port de conteneurs d'Amérique du Nord, 2015

● Seattle
États-Unis

QUESTIONS

❶ Décrivez le premier plan du paysage, puis le deuxième.

❷ D'après la photographie, pourquoi peut-on penser que Seattle est un espace bien intégré à la mondialisation ?

2 Je localise les 10 premières firmes transnationales des États-Unis

↳ **Socle :** Domaine 1

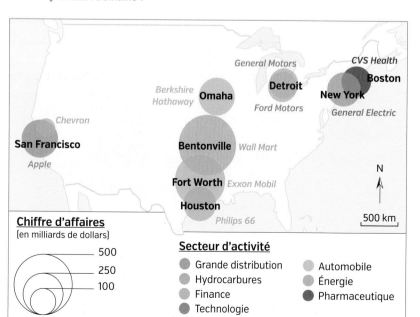

CVS Health

General Motors

Detroit

Berkshire Hathaway
Omaha

Boston

New York

Ford Motors

General Electric

Chevron

San Francisco

Apple

Bentonville *Wall Mart*

N

Fort Worth *Exxon Mobil*

Houston

Philips 66

500 km

Chiffre d'affaires
(en milliards de dollars)

500
250
100

Secteur d'activité

● Grande distribution
● Hydrocarbures
● Finance
● Technologie

● Automobile
● Énergie
● Pharmaceutique

QUESTIONS

❶ Quel est le domaine d'activité de la première firme transnationale (FTN) ?

❷ Quel domaine d'activité est dominant parmi les premières firmes représentées ?

❸ D'après la carte et à l'aide de vos connaissances, comment expliquez-vous la localisation de ces entreprises sur le territoire des États-Unis ?

3 Analyser et comprendre des documents (exercice 1)

↳ SOCLE : Domaine 1. Je croise des documents

1 Le Mid-West et l'agriculture mondialisée

L'Iowa, petit État peuplé d'à peine 3 millions d'habitants, est le premier producteur de maïs, de soja, de porc et d'œufs des États-Unis.

« En incluant l'industrie du machinisme agricole, l'agro-alimentaire et les biotechnologies[1], près du tiers de l'économie locale dépend de la bonne santé des fermiers », explique Chad Hart, économiste et spécialiste de l'agriculture. « À lui seul, l'État de l'Iowa fournit pratiquement le quart de la production de bioéthanol[2] des États-Unis. [...] Les O.G.M.[3] nous permettent de limiter les risques », explique Shawn Adams, propriétaire avec ses frères d'une exploitation de 3 000 hectares.

◼ D'après B. Mathieu « Trading et biotechs font décoller le Midwest rural », *L'Expansion*, mars 2011.

1. Ensembles des techniques visant à transformer les êtres vivants (animaux, plantes...) pour améliorer par exemple la production agricole.
2. Carburant produit notamment à partir de céréales.
3. Organisme génétiquement modifié : organisme dont les gênes ont été modifiées par l'intervention humaine.

2 Les principales productions agricoles des États-Unis

2014	Production (en millions de tonnes)	% de la production mondiale et rang mondial	% des exportations mondiales et rang mondial	Superficie cultivée (en millions d'hectares)
Maïs	361	36,5 % – 1er	38,7 % – 1er	33,6
Soja	108	34,3 % – 1er	39,7 % – 1er	33,6
Blé	55,1	7,6 % – 4e	16 % – 1er	18,7
Coton	3,5	13 % – 3e	29 % – 1er	3,9

◼ Source : USDA, NASS & FAS, 2015.

QUESTIONS

❶ Relevez dans le texte deux informations indiquant que l'Iowa est un producteur agricole important à l'échelle des États-Unis.

❷ Croisez ces informations avec le document 2 et expliquez pourquoi on peut affirmer que l'Iowa occupe une position privilégiée en matière agricole à l'échelle mondiale.

❸ Quels sont les facteurs qui expliquent la domination américaine sur les productions de maïs et de soja ?

MÉTHODE

site élève
⤓ coup de pouce

Je croise des documents de natures diverses
(→ Questions ❷ et ❸)

▶ Il faut comparer des informations comparables. Toutes les informations données par le tableau ne sont pas utiles ici.

▶ Il faut arriver à articuler les différentes informations relevées à deux échelles emboîtées.

MON BILAN DE COMPÉTENCES

Domaine du socle	Compétences travaillées	Pages du chapitre
D1 Les langages pour penser et communiquer	• Je possède des connaissances sur un contexte culturel • Je comprends les langages scientifiques (cartes) • Je sais décrire et expliquer un paysage • Je sais localiser des éléments sur une carte • Je sais croiser des documents	**Je découvre** .... p. 290-291 **Je découvre** .... p. 292-295 **Cartes** .... p. 289-299 **Exercice 1** .... p. 304 **Exercice 2** .... p. 304 **Exercice 3** .... p. 305
D2 Méthodes et outils pour apprendre	• Je sais organiser mon travail personnel	**Apprendre à apprendre** ... p. 302
D4 Les systèmes naturels et les systèmes techniques	• Je sais formuler des hypothèses et les vérifier	**Des exemples... au monde** .... p. 296-297
D5 Les représentations du monde et de l'activité humaine	• Je sais établir des liens entre l'espace et l'organisation des sociétés • Je comprends le monde	**Je découvre** .... p. 290-291 **Je découvre** .... p. 292-295 **Cartes** .... p. 289-299 **Des exemples... au monde** .... p. 296-297

→ **Quels sont les effets de la mondialisation sur les territoires africains ?**

Au cycle 4, en 5ᵉ

L'Afrique est un continent jeune, en forte croissance démographique, mais confrontée à des difficultés de développement.

Au cycle 4, en 4ᵉ

Chapitre 14

Les espaces maritimes et continentaux, à l'exemple des États-Unis, sont inégalement transformés par la mondialisation en fonction de leur degré d'intégration dans les échanges mondiaux.

Ce que je vais découvrir

Malgré de réelles et nombreuses fragilités, le continent africain s'ancre de plus en plus dans les flux de la mondialisation.

1 Nairobi, une ville en pleine mutation, 2015

Du haut du Kenyatta International Conference Center, des collégiens observent le cœur économique de la capitale du Kenya. La ville connaît une croissance économique et démographique importante. Elle est aujourd'hui la 2ᵉ place financière d'Afrique.

Le savez-vous ?

1/3 des réserves minières mondiales se trouvent en Afrique. Pourtant, 20 % de la population africaine vit dans une situation d'extrême pauvreté.

2 **Mineurs artisanaux en République démocratique du Congo, 2011**

Le Congo, réserve de minerais à l'échelle mondiale, contient de nombreuses mines de cuivre et de coltan, que des entreprises exploitent pour fabriquer des objets revendus dans le monde entier, comme les téléphones portables.

L'Afrique de l'Ouest dans la mondialisation

Question clé Quelles dynamiques la mondialisation crée-t-elle dans les territoires d'Afrique de l'Ouest ?

Afrique de l'Ouest

A   Un espace transformé par la mondialisation

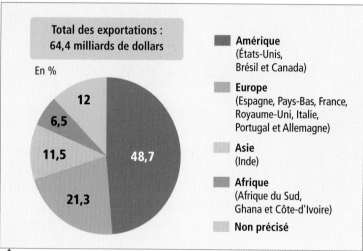

Total des exportations :
64,4 milliards de dollars

En %

12
6,5
11,5
21,3
48,7

■ **Amérique**
(États-Unis, Brésil et Canada)

■ **Europe**
(Espagne, Pays-Bas, France, Royaume-Uni, Italie, Portugal et Allemagne)

■ **Asie**
(Inde)

■ **Afrique**
(Afrique du Sud, Ghana et Côte-d'Ivoire)

■ **Non précisé**

1 Les exportations d'hydrocarbures du Nigeria par continent, 2010

Le Nigeria représente 79 % du PIB de la région ouest-africaine.

VOCABULAIRE

▶ **Flux**
Ensemble des marchandises, personnes, informations et capitaux en circulation.

▶ **Indice de développement humain (IDH)**
Compris entre 0 et 1. Il est calculé à partir de l'espérance de vie, du taux de scolarisation et du revenu par habitant.

▶ **Investissements directs étrangers (IDE)**
Investissements réalisés par une entreprise dans un pays étranger ; plus ils sont élevés, plus le pays est intégré à la mondialisation.

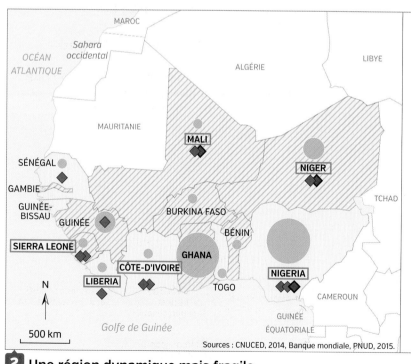

Une région en forte croissance et attractive

[PAYS] Forte croissance économique

Investissements directs étrangers (en millions de $, 2014)

plus de 1 000
500 à 1 000
200 à 500

▨ Pays dont l'IDH progresse rapidement

Des difficultés persistantes

☐ IDH faible (moins de 0,65)

◆ États connaissant des problèmes politiques

◆ États connaissant des difficultés liées au terrorisme

◆ États connaissant des troubles sanitaires

Sources : CNUCED, 2014, Banque mondiale, PNUD, 2015.

2 Une région dynamique mais fragile

3 Le Lamantin, hôtel de luxe à Saly au Sénégal, 2014

Saly est la destination privilégiée des Européens au Sénégal.

BIOGRAPHIE

Herman Chinery-Hesse

▸ Ghanéen né en Irlande
en 1965, Herman Chinery-
Hesse a étudié aux États-Unis
et a travaillé en Angleterre.

▸ Il décide en 1990 de fonder
son entreprise de programmes
informatiques en Afrique.

▸ Aujourd'hui, il est surnommé
le «Bill Gates[1] du Ghana».

▸ Sa société SOFTtribe est en tête
dans le domaine de la programmation
informatique. Elle gère les systèmes
informatiques d'une douzaine
d'entreprises internationales.

▸ Optimiste pour l'avenir, il déclare
« les gens ont des téléphones,
s'éduquent, font du commerce
sur Internet, c'est le futur ».

■ D'après « Ghana : comment
un entrepreneur est-il devenu le nouveau
Bill Gates ? », David Smith, *The Guardian*,
2012.

1. Le fondateur de l'entreprise Microsoft.

4 Un symbole de réussite
au Ghana

Activités

Question clé Quelles dynamiques la mondialisation
crée-t-elle dans les territoires d'Afrique de l'Ouest ?

ITINÉRAIRE 1

▸ **Je prélève des informations dans les documents**

1 Doc 2. Localisez et situez l'Afrique de l'Ouest.

2 Doc 1 et 3. Pourquoi peut-on dire que
le Nigeria et le Sénégal sont intégrés aux flux
de la mondialisation ?

3 Doc 4. Pourquoi Herman Chinery-Hesse est-il
un symbole de réussite ?

4 Doc 1 à 4. Quels éléments montrent que l'Afrique
de l'Ouest profite de la mondialisation ?
Quelles difficultés persistent dans la région ?

ITINÉRAIRE 2

▸ **J'extrais, j'organise et je hiérarchise
des informations (étape 1)**

À l'aide des documents, reproduisez et commencez
à compléter ce schéma.

Une région avec
un fort potentiel
de développement
➜ Doc 1 à 4

L'Afrique
de l'Ouest dans
la mondialisation

Les effets positifs
de la mondialisation
➜ Doc 1 à 4

Une région qui connaît encore
des difficultés ➜ Doc 2

B Des difficultés persistantes

a. Centre-ville de Lomé, 2013

b. Quartier de Nykonakwe, 2012

5 Lomé, capitale du Togo, concentre les inégalités

La grande pauvreté touche 2 des 7 millions d'habitants que compte le Togo.

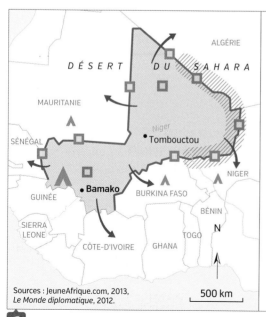

Zones de tensions

—— Zones de tensions liées au terrorisme islamiste

▨ Zones de tensions liées au trafic de drogue

Mouvements migratoires

← Migrations liées aux problèmes politiques et économiques

▲▲ Camps de réfugiés

Déploiement de forces militaires

☐ Forces régionales

☐ Forces internationales

Sources : JeuneAfrique.com, 2013,
Le Monde diplomatique, 2012.

500 km

6 De graves conflits régionaux au Mali

▶ **Islamisme**
Idéologie politique se revendiquant de l'islam et qui souhaite réorganiser la société selon sa propre interprétation du Coran.

▶ **ONG (Organisation non gouvernementale)**
Organisation qui intervient dans son pays ou à l'étranger pour apporter une aide (soin, scolarisation, etc.).

7 Les difficultés du Nigeria

Le Nigeria est le 8ᵉ exportateur mondial de pétrole. Pourtant, 70 % de sa population vit avec moins de 1 € par jour.

La corruption n'est pas un mythe au Nigeria. Il est régulièrement placé par les rapports des organismes internationaux parmi les pays les plus touchés au monde par ce fléau. Le gouvernement du président Muhammadu Buhari estime à 6,7 milliards de dollars l'argent qui aurait mystérieusement disparu entre 2006 et 2013, détourné par 55 individus.

Des ministres, une vingtaine d'anciens gouverneurs d'État, des patrons d'entreprise, des cadres de la fonction publique et des banquiers seraient les auteurs de ce délit. Le président Buhari s'est fixé comme objectif la suppression de la corruption dans le pays qui, malgré les recettes qu'il tire de l'exploitation pétrolière, n'arrive pas à éliminer la pauvreté et le sous-développement.

■ D'après « Nigeria – corruption : 6,7 milliards de dollars siphonnés en 7 ans », www.jeuneafrique.com et AFP, janvier 2016.

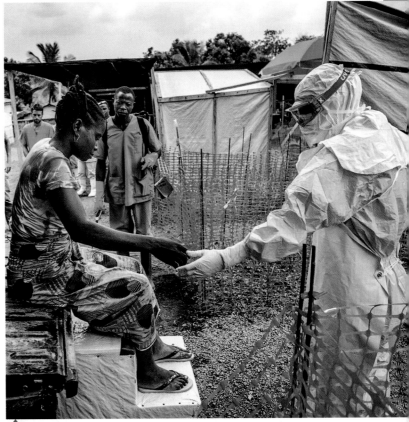

8 Intervention de l'ONG Médecins sans frontières en Guinée, 2014

Entre 2013 et 2015, le virus Ebola a tué plus de 10 000 personnes en Afrique de l'Ouest.

Activités

Question clé | Quelles dynamiques la mondialisation crée-t-elle dans les territoires d'Afrique de l'Ouest ?

ITINÉRAIRE 1

ou

ITINÉRAIRE 2

▶ **Je décris et j'explique**

5 Doc 5 et 7. Quelles inégalités se manifestent dans l'espace ouest-africain ?

6 Doc 6. À quelles tensions est confrontée la région ? Quelles en sont les conséquences pour les populations ?

7 Doc 7 et 8. À quelles autres difficultés est confrontée l'Afrique de l'Ouest ?

▶ **Je rédige en mettant en relation différentes informations**

8 À l'aide des réponses aux questions, rédigez un texte d'une dizaine de lignes pour répondre à la question clé.

▶ **J'extrais, j'organise et je hiérarchise des informations (étape 2)**

À l'aide des différents documents, terminez le schéma commencé p. 309.

Une région avec un fort potentiel de développement → Doc 5 et 7

L'Afrique de l'Ouest dans la mondialisation

Les effets positifs de la mondialisation → Doc 5

Une région qui connaît encore des difficultés → Doc 5 à 8

L'Afrique de l'Est dans la mondialisation

Question clé Quelles dynamiques de développement la mondialisation crée-t-elle en Afrique de l'Est ?

CONSIGNE

L'Assemblée générale de l'Organisation des Nations unies vous charge d'écrire un rapport sur les conséquences de la mondialisation sur les sociétés et les territoires de l'Afrique de l'Est.

Votre rapport doit présenter les flux qui traversent les territoires, leurs retombées positives, mais aussi négatives, sur les habitants et les régions.

Afrique de l'Est

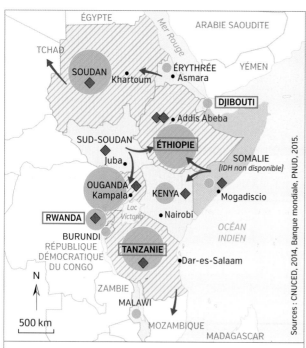

Sources : CNUCED, 2014, Banque mondiale, PNUD, 2015.

Une dynamique en croissance

| PAYS | Forte croissance économique

Investissements directs étrangers (en millions de $, 2014)
- plus de 1 000
- 500 à 1 000
- 200 à 500

Pays dont l'IDH progresse rapidement

Des difficultés encore présentes

IDH faible (moins de 0,65)

◆ États en guerre ou connaissant des problèmes politiques

◆ Graves problèmes alimentaires

← Migrations liées aux problèmes économiques et politiques

1 Une région dynamique mais fragile

2 Des ateliers de lecture en Éthiopie

Pour aider les enfants à apprendre à lire et à écrire, l'ONG Vision du Monde a mis en place des ateliers de lecture depuis 2012.

Dans l'école primaire de Wonchi en Éthiopie, plus de 60 % des élèves sont incapables de lire des paragraphes, des mots ou d'identifier des lettres. Dawit Shumeme, élève en CM2, témoigne : « Avant de rejoindre l'atelier de lecture, je ne connaissais que les lettres et je ne pouvais pas lire de phrases ».

180 chefs d'atelier de lecture et animateurs, 130 professeurs et 8 directeurs d'école ont pu être formés, et plus de 2 800 parents ont été sensibilisés au problème de l'analphabétisme.

■ D'après « Les ateliers de lecture en Éthiopie », www.visiondumonde.fr, 2014.

VOCABULAIRE

▸ **Indice de développement humain (IDH)**
Compris entre 0 et 1.
Il est calculé à partir de l'espérance de vie, du taux de scolarisation et du revenu par habitant.

▸ **Investissements directs étrangers (IDE)**
Investissements réalisés par une entreprise dans un pays étranger ; plus ils sont élevés, plus le pays est intégré à la mondialisation.

▸ **ONG (Organisation non gouvernementale)**
Organisation qui intervient dans son pays ou à l'étranger pour apporter une aide (soin, scolarisation, etc.).

3 Des inégalités marquées à Kampala, capitale de l'Ouganda

a. Centre-ville de Kampala, 2012

Le centre de Kampala concentre de grands magasins, le Parlement ougandais, l'université Makerere, des galeries d'art et le musée de l'Ouganda.

b. Bidonville de Kampala, 2012

Dans un bidonville, les habitants n'ont pas accès aux infrastructures les plus élémentaires (routes, commerces, écoles…).

4 Les relations entre l'Éthiopie et la Chine

La Chine et l'Éthiopie viennent de poser la première pierre d'une nouvelle zone économique spéciale (ZES)[1] dans la banlieue d'Addis Abeba. Un kilomètre et demi d'usines, de bureaux et de logements qui devraient voir le jour d'ici 5 ans et, à terme, créer 50 000 emplois. Quarante-cinq entreprises devraient s'installer à 18 kilomètres de la capitale.

[…] En 2020, le parc industriel […] de Dong Guan sera la plus importante zone économique spéciale du pays. […]

« Cette combinaison de main-d'œuvre peu chère et abondante, cette pénurie[2] d'infrastructures et d'électricité et la volonté politique d'attirer les capitaux étrangers font de l'Éthiopie l'un des pays les plus attractifs d'Afrique pour Pékin », commente Déborah Brautigam, professeur à l'université de Washington.

■ Sébastien Le Belzic, « L'Éthiopie, la bonne élève de la Chinafrique », www.lemonde.fr, 18 mai 2015.

1. Zone qui bénéficie d'un allégement de taxes pour attirer les entreprises.
2. Manque.

COUP DE POUCE

En introduction de votre rapport, localisez la région et situez-la, puis rédigez deux parties pour couvrir le sujet.

1. L'intégration de l'Afrique de l'Est à la mondialisation
▶ Des investissements (➜ Doc 1 et 4)
▶ Des retombées positives pour ses habitants et territoires (➜ Doc 2 à 4)

2. Les difficultés rencontrées en Afrique de l'Est
▶ Une extrême pauvreté (➜ Doc 1 et 3)
▶ Des problèmes sanitaires et sociaux (➜ Doc 1, 2 et 3)
▶ Des problèmes politiques (➜ Doc 1)

Étude de cas
EN ÉQUIPES !

SOCLE Compétences
▸ **Domaine 2** : Je coopère et je travaille en équipe
▸ **Domaine 5** : J'appréhende les conséquences de la mondialisation sur les territoires

L'Afrique australe dans la mondialisation

Question clé Comment l'Afrique australe s'impose-t-elle en tant qu'espace moteur de l'Afrique dans la mondialisation ?

CONSIGNE

Chaque équipe étudiera un pays et son intégration dans la mondialisation : l'Afrique du Sud, la Namibie ou le Mozambique.

Vous disposerez de 5 minutes pour présenter vos conclusions aux autres. Toute la classe réalisera ensuite un tableau de synthèse qui donnera une vision d'ensemble du niveau d'intégration de l'Afrique australe dans la mondialisation.

Afrique australe

Des outils pour tous : un ensemble dynamique

ÉQUIPES 1-2-3

L'Afrique australe est composée de 7 pays, aux caractéristiques bien différentes. Vous aurez besoin de quelques éléments avant de commencer à travailler en équipes.

CHIFFRES CLÉS

➡ **100 millions** d'habitants, soit **10 %** de la population africaine.

➡ PIB de la région : **414 milliards de dollars**, soit **16 %** du PIB de l'Afrique.

VOCABULAIRE

▸ **Indice de développement humain (IDH)**
Compris entre 0 et 1. Il est calculé à partir de l'espérance de vie, du taux de scolarisation et du revenu par habitant.

▸ **Investissements directs étrangers (IDE)**
Investissements réalisés par une entreprise dans un pays étranger ; plus ils sont élevés, plus le pays est intégré à la mondialisation.

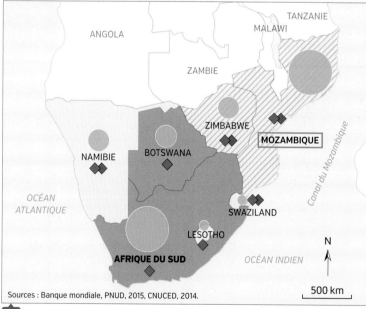

1 Une région dynamique qui connaît encore des difficultés

L'Afrique du Sud dans la mondialisation

ÉQUIPE 1

Comment l'intégration de l'Afrique du Sud dans la mondialisation progresse-t-elle ?
Quels sont les atouts du pays dans la mondialisation ?
À quelles difficultés doit-il encore faire face ?

CHIFFRES CLÉS

➡ **54 millions d'habitants**

➡ **PIB : 350 milliards de dollars**

➡ **Revenu national/hab. : 6 800 $**
[en France : 42 960 $]

➡ **64 % des habitants** vivent en ville

Sources : Banque mondiale et www.jeuneafrique.com, 2014.

2 Une réussite africaine

L'Afrique du Sud a été invitée par la Chine à rejoindre les BRICS[1] pour une raison claire : l'ouverture sur les marchés africains et l'accès aux matières premières.

Mais les enjeux sont aussi géopolitiques : être un BRICS, c'est se donner un rôle de leader en Afrique, être parmi les nouvelles puissances mondiales.

L'Afrique du Sud espère ainsi obtenir un siège permanent au Conseil de sécurité des Nations unies[2]. Cette démarche répond à une double logique. Celle d'un pays émergent pour contrebalancer le poids des pays du Nord. Celle d'un pays africain pour la représentation du continent dans cette instance. De ce point de vue, l'Afrique du Sud est en concurrence avec le Nigeria.

◼ D'après « L'Afrique du Sud, un pays leader en Afrique », *La Documentation française*, 2012.

1. Groupe de pays émergents : Brésil, Russie, Inde, Chine et Afrique du Sud.

2. Groupe de décision des Nations unies. Seuls 5 membres siègent en permanence (États-Unis, France, Royaume-Uni, Russie, Chine).

Océan Indien

3 Durban, premier port de marchandises d'Afrique du Sud, 2015

① Aménagements touristiques
② Aménagements portuaires
③ Centre-ville de Durban

4 L'équipe de rugby d'Afrique du Sud, 2015

L'équipe nationale de rugby n'est pas représentative de la société sud-africaine, composée à 80 % de personnes noires.

ÉQUIPE
2

La Namibie dans la mondialisation

Comment l'intégration de la Namibie dans la mondialisation progresse-t-elle ?
Quels sont les atouts du pays dans la mondialisation ?
À quelles difficultés doit-il encore faire face ?

5 Un safari dans le parc national Etosha, 2014
Etosha est un parc national de 22 275 km².

CHIFFRES CLÉS
- ⇒ **2,2 millions** d'habitants
- ⇒ PIB : **13 milliards** de dollars
- ⇒ Revenu national/hab. :
  5 630 $
  (en France : 42 960 $)
  Source : Banque mondiale, 2014.

---

6 Les ressources naturelles en Namibie, un atout dans la mondialisation

(Carte)

En provenance
d'Europe et
d'Amérique

•Okongo
•Oshakati
*Etosha
National Park*

Zambèze

En provenance
d'Asie

Walvis Bay •

•Windhoek

NAMIBIE

BOTSWANA

OCÉAN
ATLANTIQUE

•Lüderitz

N

AFRIQUE
DU SUD

Orange   200 km

Un pays qui possède de nombreuses ressources

- ◇ Mines de diamant
- ◇ Mines d'or
- ◆ Mines de cuivre
- ◆ Mine de fer
- ◆ Mine de plomb
- ◆ Mine d'uranium

Une attractivité pour les puissances mondiales

- ⬭ Territoires captant l'essentiel des IDE
- → Flux d'IDE pour la production minière

---

7 Un accès aux soins difficile

Il y a 2 ans, sur un terrain proche de l'hôpital d'Okongo, dans le nord de la Namibie, 20 à 30 tentes abritaient des femmes enceintes dans l'attente d'accoucher. En cause, les mauvaises routes, le manque de transports et des distances pouvant atteindre 100 kilomètres pour certaines zones rurales.

« Les conditions dans les camps étaient vraiment difficiles. Les femmes n'étaient pas en sécurité et les cochons allaient et venaient librement dans le camp. Quand il pleuvait, on ne pouvait pas faire la cuisine. », se rappelle une mère ayant vécu dans le camp. Néanmoins, elle appréciait la possibilité d'accoucher dans un hôpital, un sentiment partagé par de nombreuses femmes.

■ D'après « Des maisons de maternité en Namibie pour protéger les nouveau-nés et leur mère », *Jeune Afrique*, janvier 2016.

Le Mozambique dans la mondialisation

Comment l'intégration du Mozambique dans la mondialisation progresse-t-elle ?
Quels sont les atouts du pays dans la mondialisation ?
À quelles difficultés doit-il encore faire face ?

9 Des atouts importants

Le Mozambique se classait en 2013 au second rang des pays récepteurs d'investissements directs à l'étranger parmi les pays africains, derrière l'Afrique du Sud. Ses atouts économiques sont nombreux mais encore sous-exploités : énergie, mines, agriculture, sylviculture[1], pêche, tourisme. La valorisation des ressources extractives[2] exige en effet des investissements massifs.

L'agriculture reste un secteur important de l'économie (environ 80 % de la population active, 29 % du PIB) mais sa croissance est faible.

Le développement de la production agricole est une des priorités du gouvernement afin d'atteindre l'autosuffisance alimentaire[3].

■ D'après « Présentation du Mozambique », www.diplomatie.gouv.fr, novembre 2015.

1. Exploitation durable des forêts.
2. Que l'on peut extraire du sol.
3. Capacité pour un pays à subvenir aux besoins alimentaires de sa population par sa seule production.

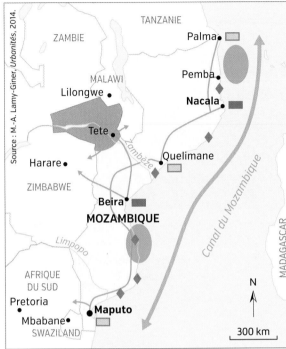

Source : M.-A. Lamy-Giner, *Urbanités*, 2014.

Des ressources exploitées

Principaux gisements de :

- ▢ Charbon
- ▢ Gaz naturel
- ◆ Minéraux lourds

Des échanges nombreux

- ▮ Ports
- ▢ Ports en projet
- ⬌ Route commerciale
- ⟷ Voies de communication

8 Le Mozambique, nouvel eldorado de l'Afrique australe

10 L'action de l'UNICEF au Mozambique, 2015

Le programme « Écoles Amies des Enfants » a permis l'installation dans les locaux scolaires de points de collecte d'eau de pluie pour faciliter l'accès à l'eau potable.

CHIFFRES CLÉS

➡ **25 millions** d'habitants

➡ **PIB** : **16 milliards** de dollars

➡ **Revenu national/hab.** : **600 $**
[en France : 42 960 $]

➡ **Espérance de vie** à la naissance : **55 ans**

Des études de cas...

SOCLE Compétences
- ▶ **Domaine 4** : Je formule des hypothèses et je les vérifie
- ▶ **Domaine 5** : Je comprends le monde

Comment les grands ensembles régionaux africains s'insèrent-ils dans la mondialisation ?

ÉTAPE 1 — Je fais le point sur l'espace que je viens d'étudier

A Vous venez d'étudier un ensemble régional africain.

Recopiez puis complétez le tableau ci-dessous :

- en identifiant pour l'ensemble régional étudié le ou les documents à utiliser ;
- en utilisant le plus possible de mots de la géographie.

site élève
⤓ tableau à imprimer

	N° doc et page	Afrique de l'Ouest	Afrique de l'Est	Afrique australe
Des atouts pour s'intégrer dans la mondialisation	Doc 1 à 4 p. 308-309 Doc 5 p. 310			Des villes qui ont des pouvoirs de commandement (ex. : Durban)
Une intégration dans la mondialisation qui progresse	Doc 3 et 4 p. 309 Doc 1 à 4 p. 312-313 Doc 1 p. 314			
Un développement freiné par des fragilités				

ÉTAPE 2 — J'en déduis des hypothèses

B À l'aide du tableau, choisissez ci-dessous les quatre hypothèses qui vous semblent le mieux compléter la phrase suivante.

L'Afrique dans la mondialisation, c'est...

1. un continent qui dispose de ressources minières importantes.
2. un continent qui n'attire pas les États développés ni les grandes entreprises internationales.
3. un continent qui reçoit des IDE seulement dans certains domaines (exploitation de ressources minières, par exemple).
4. un continent qui pourra à l'avenir compter sur plusieurs puissances régionales.
5. un continent qui doit encore faire face à de nombreux problèmes.
6. un continent dont la population profite très inégalement des richesses et de leur commerce dans le monde.
7. un continent qui ne possède aucune puissance pouvant jouer un rôle dans la mondialisation.
8. un continent qui connaît un ralentissement très net de son économie.
9. un continent qui fait aujourd'hui face à très peu de difficultés.

ÉTAPE 3 Je vérifie si mes hypothèses sont justes

C Étudiez les documents ci-dessous. Indiquez à quelles hypothèses retenues dans l'étape 2 vous pouvez associer chacun des documents suivants.

1 Le port Tanger Med, un *hub* méditerranéen, 2012
Le port de Tanger Med est connecté à plus de 120 ports dans 50 pays au monde.

2 L'Afrique manque de médecins

La migration des médecins depuis l'Afrique vers les États-Unis s'est accentuée au cours de la dernière décennie, malgré une relative croissance économique et le recul de l'instabilité politique dans de nombreux pays.

L'Afrique, tout en supportant un quart du fardeau mondial de maladies, ne compte que 2 % des médecins du monde.

Des chercheurs basés aux États-Unis ont examiné la migration de médecins de 28 pays d'Afrique subsaharienne [...]. Leurs résultats montrent une aggravation de la situation en Afrique subsaharienne en termes de nombre de médecins par habitant.

■ D'après www.scidev.net, novembre 2013.

3 Usine chinoise à Brazzaville (Congo), 2015
Des ouvriers congolais travaillent dans l'usine chinoise de téléphonie VMK.

Les territoires africains dans la mondialisation

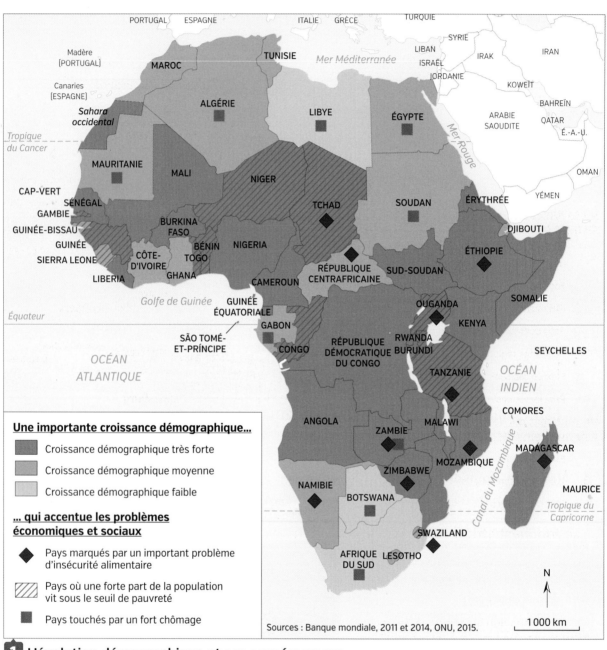

Une importante croissance démographique...

- Croissance démographique très forte
- Croissance démographique moyenne
- Croissance démographique faible

... qui accentue les problèmes économiques et sociaux

- ◆ Pays marqués par un important problème d'insécurité alimentaire
- ▨ Pays où une forte part de la population vit sous le seuil de pauvreté
- ■ Pays touchés par un fort chômage

Sources : Banque mondiale, 2011 et 2014, ONU, 2015.

1 000 km

1 L'évolution démographique et ses conséquences

VOCABULAIRE

▸ **Insécurité alimentaire**
Situation où une population n'a pas accès chaque jour à la nourriture en quantité et en qualité suffisantes.

▸ **Puissance émergente**
Puissance connaissant une croissance économique forte depuis les années 1990 et qui souhaite jouer un rôle à l'échelle mondiale face aux grandes puissances.

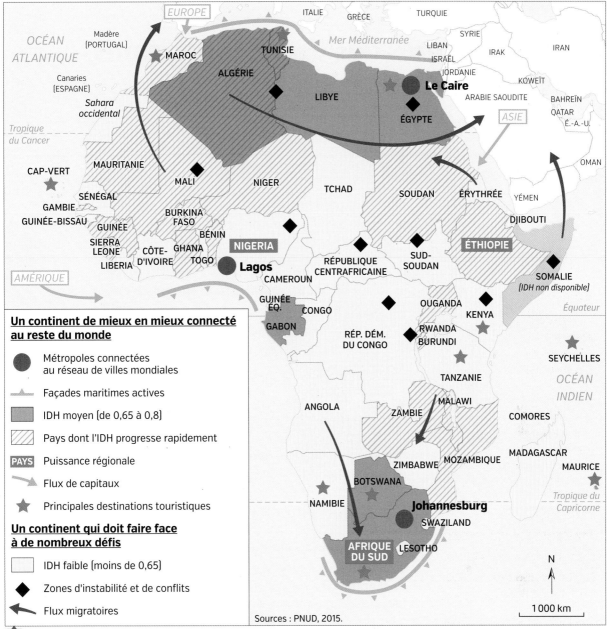

Un continent de mieux en mieux connecté au reste du monde

- ● Métropoles connectées au réseau de villes mondiales
- ⌣ Façades maritimes actives
- ▨ IDH moyen (de 0,65 à 0,8)
- ▨ Pays dont l'IDH progresse rapidement
- **PAYS** Puissance régionale
- ➤ Flux de capitaux
- ★ Principales destinations touristiques

Un continent qui doit faire face à de nombreux défis

- ☐ IDH faible (moins de 0,65)
- ◆ Zones d'instabilité et de conflits
- ← Flux migratoires

Sources : PNUD, 2015.

2 **Le continent africain dans la mondialisation**

QUESTIONS

▶ Je situe dans l'espace

❶ **Doc 1.** Dans quelles régions la croissance démographique est-elle la plus forte ?

❷ **Doc 1.** Quelles inégalités économiques et sociales doit encore affronter l'Afrique ? Quels espaces sont les plus touchés ?

❸ **Doc 2.** Quels espaces africains sont les mieux intégrés à la mondialisation ? Pourquoi ?

❹ **Doc 1 et 2.** Quelles régions semblent concentrer la majorité des défis à relever ?

Les États–Unis, un territoire dans la mondialisation
→ chap. 14

Même si les États-Unis et l'Afrique sont des espaces très différents, leurs territoires, leurs économies et leurs cultures sont transformés par la mondialisation.

❺ Comparez ces cartes avec la carte des États-Unis p. 298-299. Quels types d'échanges sont communs aux territoires de l'Afrique et des États-Unis ?

Les dynamiques des espaces africains dans la mondialisation

→ **Quels sont les effets de la mondialisation en Afrique ?**

 A Des territoires attractifs

1. Un continent en développement

● La part des pays africains dans le **marché mondial** augmente de façon continue. Les **taux de croissance élevés** encouragent les **firmes transnationales** et des **États** comme la Chine à y investir massivement.

2. Un rôle nouveau dans la mondialisation

● L'**Afrique du Sud** est représentative de ces mutations. Première puissance économique africaine, membre du **G20** et des **BRICS**, elle devient une **puissance à l'influence mondiale**.

3. Une Afrique de plus en plus connectée

● Le nombre d'utilisateurs d'**Internet** et de **téléphones portables** explose, même s'il reste encore faible par rapport aux autres continents : **20 %** de la population en 2015 avait accès à Internet contre 10 % en 2010. Cela permet à la population de contourner un faible équipement en infrastructures électriques.

B Un fort potentiel de développement

1. Une population jeune et mieux formée

● Dans tous les territoires, la qualité de vie des habitants s'améliore. L'**espérance de vie** s'allonge, les **taux de scolarisation** et d'**alphabétisation** progressent. Avec plus d'un milliard d'habitants, l'Afrique peut compter sur une **population jeune** dont environ 40 % a moins de 15 ans. Cette future main-d'œuvre est un atout important pour son développement.

2. Des atouts dans la mondialisation

● Les États africains possèdent un **sous-sol riche** et de **nombreuses ressources naturelles** (minerais rares, pétrole, diamants…). Leur exploitation permet une intégration progressive des pays africains sur le marché mondial.

3. Une Afrique qui s'urbanise

● L'urbanisation est moindre que dans le reste du monde : l'Afrique compte **40 % d'urbains**. Cependant, les villes se développent. Cette **densification urbaine**, qui nécessite des **investissements importants** pour la mise aux normes des infrastructures et des réseaux (routes, eau…), est synonyme de développement. Quelques métropoles ont une **influence** régionale voire continentale (Johannesburg, Le Cap…).

VOCABULAIRE

▶ **BRICS**
Groupe de pays émergents – le Brésil, la Russie, l'Inde, la Chine et l'Afrique du Sud – qui sont des puissances économiques montantes.

▶ **Firme transnationale (FTN)**
Entreprise implantée dans plusieurs pays, mais dont le siège social se trouve dans le pays d'origine.

▶ **G20**
Groupe des 20 États les plus influents de la planète qui se retrouvent régulièrement lors de sommets pour parler des affaires mondiales.

▶ **Malnutrition**
État causé par le manque ou l'excès d'un ou de plusieurs types d'aliments.

▶ **Mondialisation**
Mise en relation des différentes parties du monde sous l'effet des échanges (humains, marchands, financiers et d'informations).

▶ **Ressource naturelle**
Élément naturel qui, par sa production et son exploitation, devient un atout pour un territoire et ses habitants.

C — Des espaces confrontés à de nombreux problèmes

1. Des inégalités très fortes

● Même si certains États s'enrichissent grâce à l'exploitation des ressources naturelles, **les habitants ne bénéficient pas tous des effets positifs de la mondialisation**. Les écarts entre les plus riches et les plus pauvres se creusent.

2. Des problèmes alimentaires et sanitaires

● L'**insécurité alimentaire** et les problèmes sanitaires concernent presque tous les États. Environ **1 Africain sur 4** souffre toujours de **malnutrition**. Le continent reste marqué par le SIDA et connaît de nouvelles pandémies, comme le virus Ebola.

3. Des troubles politiques et terroristes

● Les **problèmes politiques** sont omniprésents et récurrents : coups d'État, guerres, terrorisme. Les répercussions mondiales de cette instabilité conduisent les États occidentaux à intervenir militairement. Elle pousse également une partie des Africains à fuir.

CHIFFRES CLÉS

➡ En **2050**, 1 personne sur 4 vivra en Afrique.

➡ **1/3** des ressources minières mondiales se trouvent en Afrique.

➡ **40 %** des Africains vivent en **ville** ; en 2050, ils seront 60 % (1,2 milliard).

➡ **20 %** de la population a accès à **Internet**.

Je retiens autrement

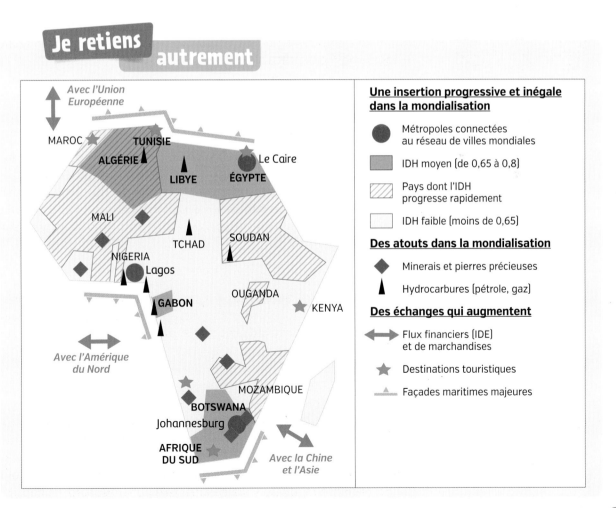

Une insertion progressive et inégale dans la mondialisation

● Métropoles connectées au réseau de villes mondiales

▨ IDH moyen (de 0,65 à 0,8)

▨ Pays dont l'IDH progresse rapidement

☐ IDH faible (moins de 0,65)

Des atouts dans la mondialisation

◆ Minerais et pierres précieuses

▲ Hydrocarbures (pétrole, gaz)

Des échanges qui augmentent

⬌ Flux financiers (IDE) et de marchandises

★ Destinations touristiques

⏢ Façades maritimes majeures

Apprendre à apprendre

Comment apprendre ma leçon ?

J'apprends en créant des jeux

Préparer des jeux vous permettra de mobiliser du vocabulaire, des notions importantes de la leçon.

▶ **Étape 1**

• Listez les éléments essentiels à retenir.

▶ **Étape 2**

• Préparez des quiz, des pendus, des exercices avec intrus, des cartes pour les repères géographiques...

Des sites internet (2Reply, Quizworks...) permettent de créer rapidement des quiz. Créez des jeux interactifs pour les envoyer à des camarades.

2Reply **Quizworks**

BOÎTE À IDÉES

Chassez l'intrus !
• Qui sont les BRICS ?
  a. Brésil
  b. Roumanie
  c. Inde
  d. Chine
  e. Afrique du Sud

Je coche la bonne réponse
• En 2050 :
  ☐ 3 personnes sur 4 vivront en Afrique
  ☐ 2 personnes sur 4 vivront en Afrique
  ☐ 1 personne sur 4 vivra en Afrique

Je révise chez moi

● Je vérifie que je connais les principaux repères du chapitre.

Je sais définir et utiliser dans une phrase :
▶ puissance émergente
▶ mondialisation
▶ BRICS

Je sais situer sur une carte d'Afrique :
▶ l'espace africain étudié dans le chapitre
▶ l'Afrique du Sud
▶ un pays de mon étude de cas : le Sénégal, l'Éthiopie ou le Mozambique
▶ 2 métropoles connectées au reste du monde : Le Caire et Johannesburg

site élève
↳ fond de carte

Je sais expliquer :
▶ comment l'Afrique s'intègre dans la mondialisation.
▶ pourquoi l'Afrique est attractive.
▶ à quels problèmes l'Afrique doit encore faire face.

1 **J'associe chaque mot à sa définition.**

1. BRICS

a. Entreprise implantée dans plusieurs pays mais dont le siège se trouve dans le pays d'origine.

2. Ressource naturelle

b. Groupe de pays émergents – le Brésil, la Russie, l'Inde, la Chine et l'Afrique du Sud – qui sont des puissances économiques montantes.

3. Firme transnationale

c. Puissance connaissant une croissance économique forte depuis les années 1990 et qui souhaite jouer un rôle à l'échelle mondiale face aux grandes puissances.

4. Puissance émergente

d. Élément naturel qui par sa production et son exploitation devient un atout pour un territoire.

2 **Je complète un organigramme pour réviser ma leçon.**

site élève
⬇ schéma à imprimer

Je place les mots manquants sur les branches vides de cet organigramme.

Ressources naturelles

Instabilité politique

Croissance économique

Problèmes sanitaires et alimentaires

Population jeune

Amélioration des conditions de vie

Des puissances qui commencent à s'imposer

Des moyens pour se développer ⬌ **L'Afrique dans la mondialisation** ⬌ Effets positifs

Des problèmes qui persistent

3 **Je révise les repères géographiques.**

site élève
⬇ fond de carte

Replacez sur une carte d'Afrique les repères suivants :
• l'espace africain étudié ;
• une puissance émergente ;
• la puissance régionale de l'espace que vous avez étudié ;
• trois pays à l'IDH faible.

4 **Vrai ou faux ?**

a. L'Afrique n'est pas du tout intégrée à la mondialisation. ☐ Vrai ☐ Faux

b. Le continent africain connaît une très forte croissance démographique. ☐ Vrai ☐ Faux

c. On ne trouve qu'une seule puissance émergente en Afrique pouvant jouer un rôle à l'échelle internationale. ☐ Vrai ☐ Faux

d. Européens et Asiatiques investissent massivement en Afrique. ☐ Vrai ☐ Faux

e. Le continent africain peut s'appuyer sur un bon réseau de villes intégrées à la mondialisation et connectées aux autres grandes villes mondiales. ☐ Vrai ☐ Faux

5 Retrouvez d'autres exercices sous forme interactive sur le site Nathan.

site élève
⬇ exercices interactifs

Exercices

1 J'analyse l'évolution du paysage d'une ville d'Afrique

↳ SOCLE : Domaine 5

1 Le site de Gizeh en 1960

2 Le site de Gizeh au Caire aujourd'hui

QUESTIONS

▶ Je situe dans l'espace

❶ Localisez la ville du Caire grâce aux cartes pp. 320-321.

▶ Je décris et j'explique les évolutions du paysage

❷ Quelle évolution peut-on observer entre 1960 et aujourd'hui ? Pourquoi ?

❸ Repérez les deux parties qui composent l'image du paysage de Gizeh aujourd'hui.

▶ Je réalise un croquis de paysage

site élève
coup de pouce

❹ À l'aide de vos réponses, construisez le croquis de paysage de la ville du Caire aujourd'hui.

2 Je complète le croquis d'une ville africaine dans la mondialisation

↳ SOCLE : Domaine 1

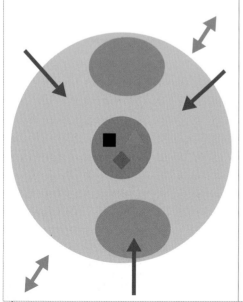

Une ville qui concentre des activités

◆ Fonctions économiques

■ Fonctions politiques

▲ Fonctions culturelles

Une ville qui attire

------ Flux migratoires régionaux

------ Flux d'investissements venus d'autres continents

Une ville marquée par de fortes inégalités

⌐ ⌐ Quartiers riches

⌐ ⌐ Bidonvilles

■ Une ville africaine dans la mondialisation

CONSIGNE

Complétez la légende en plaçant les figurés utilisés sur le croquis au bon endroit.

MÉTHODE

1. Observez le croquis ci-contre.
2. Mettez en relation ce que vous voyez dans la légende et ce que vous avez appris dans le chapitre.
3. Complétez la légende en indiquant à quel figuré est lié chaque intitulé.

3 Analyser et comprendre des documents (exercice 1)

↳ SOCLE : Domaine 1. J'analyse un tableau statistique

▪ L'évolution du PIB en Afrique de l'Ouest

	2000	2005	2012
Exemples de pays d'Afrique de l'Ouest :			
Ghana	3,8 %	5,9 %	**11 %**
Niger	-2,6 %	7,2 %	11,5 %
Nigeria	6,3 %	6,5 %	6,7 %
Afrique de l'Ouest	4 %	5,9 %	6,8 %
Afrique	4,3 %	5,9 %	6,8 %

▪ « Document de stratégie d'intégration régionale pour l'Afrique de l'Ouest 2011-2015 », Banque africaine de développement et Fonds africain de développement, mars 2011.

QUESTIONS

❶ Comment évoluent les PIB du Ghana, du Niger et du Nigeria ?

❷ L'évolution des PIB dans ces pays correspond-elle à ce qui en passe en Afrique de l'Ouest ?

❸ L'évolution du PIB en Afrique de l'Ouest correspond-il à ce qui se passe sur le continent africain ?

❹ Quel lien peut-on faire les données de ce tableau et les effets mondialisation en Afrique ?

MÉTHODE

J'extrais des informations pertinentes pour répondre à une question portant sur un document statistique (→ Questions ❶ à ❸)

▶ Pour répondre aux questions 1 à 3, il faut dégager une évolution dans le temps (c'est-à-dire une croissance, une stagnation ou une diminution), en comparant les chiffres sur les 3 années.

▶ Attention, ne cherchez pas ici à quantifier les évolutions en faisant des calculs : cela n'aurait aucun sens avec ces données.

Pour lire et analyser les données de ce tableau, il faut vous assurer de comprendre l'indicateur utilisé et la logique du tableau :

▶ PIB (Produit Intérieur Brut), indicateur utilisé pour mesurer la production de richesse.

▶ Pour la donnée chiffrée en gras, rédigez une phrase reformulant ce que dit ce tableau. Exemple : *en 2012, le Ghana a connu une croissance de sa richesse de 11 %.* ou : *en 2012, le Ghana a produit 11 % de richesses supplémentaires.*

MON BILAN DE COMPÉTENCES

Domaine du socle	Compétences travaillées	Pages du chapitre
D1 Les langages pour penser et communiquer	• Je sais pratiquer différents langages • Je comprends les domaines scientifiques (cartes) • Je sais compléter le croquis d'une ville • Je sais analyser un tableau statistique	**Étude de cas** p. 308-311 **Cartes** p. 320-321 **Exercice 2** p. 326 **Exercice 3** p. 327
D2 Méthodes et outils pour apprendre	• Je sais organiser mon travail (démarche de résolution de problème) • Je sais coopérer et travailler en équipe • Je sais organiser mon travail personnel	**Étude de cas** p. 312-313 **Étude de cas** p. 314-317 **Apprendre à apprendre** p. 324
D4 Les systèmes naturels et les systèmes techniques	• Je sais formuler des hypothèses et les vérifier	**Des études de cas... au monde** p. 318-319
D5 Les représentations du monde et de l'activité humaine	• Je suis capable d'appréhender les conséquences de la mondialisation sur les territoires • Je comprends le monde • Je sais me repérer dans l'espace • Je sais analyser l'évolution d'un paysage	**Étude de cas** p. 308-311 **Étude de cas** p. 312-313 **Étude de cas** p. 314-317 **Des études de cas... au monde** p. 318-319 **Cartes** p. 320-321 **Exercice 1** p. 326

L'Afrique des idées reçues

Question clé Comment lutter contre les préjugés sur l'Afrique ?

1 Des idées fausses éloignées de la réalité

L'ouvrage L'Afrique des idées reçues *a pour but de lutter contre toutes les erreurs courantes que l'on peut entendre sur le continent africain.*

L'Afrique reçoit plus d'argent qu'elle n'en rembourse. Ce sont les Africains les plus pauvres qui migrent vers l'Europe. L'Afrique n'est pas prête pour la démocratie. L'agriculture africaine est archaïque[1] et figée.

Qui n'a pas entendu toutes ces idées reçues sur l'Afrique subsaharienne ? Si elles cherchent à expliquer le « naufrage » du sous-continent, elles traduisent aussi souvent peurs, arrogance ou mépris et désespérance. [...]

En utilisant les savoirs acquis et en identifiant la part de vérité et d'erreur que les idées reçues peuvent receler, cet ouvrage donne à voir une Afrique complexe et plurielle qui ne peut se réduire à des représentations schématiques.

■ Georges Courade, *L'Afrique des idées reçues*, Éditions Belin, 2006.

1. Dépassée.

2 « Il n'y a pas de chefs d'entreprises »

Y a-t-il des chefs d'entreprises en Afrique ? Ne posez jamais cette question aux étudiants de l'Institut africain du management de Dakar, vous risqueriez de les fâcher. Et si les futurs *businessmen* du continent sont désormais formés en Afrique, leurs aînés sont déjà devenus de véritables patrons.

En Afrique du Sud, Patrice Motsepe, qui préside la compagnie minière Harmony, Cyril Ramaphosa, qui tient la barre de Shanduka Group, et Tokyo Sexwale, qui dirige Mvelaphanda Holding, sont présents dans tous les secteurs d'activité (mines, finance, commerce, médias...) et pèsent plusieurs milliards de dollars.

Au-delà de ces réussites exemplaires, force est de constater que chaque pays compte un certain nombre d'hommes d'affaires qui, avec un capital de départ parfois modeste, sont parvenus à s'imposer dans leur catégorie. En Afrique de l'Ouest, on trouve leur origine dans les réseaux marchands qui ont su se développer en marge de l'économie coloniale. Cette classe de commerçants a ensuite évolué avec des fortunes parfois surprenantes.

■ D'après « 10 idées reçues sur l'Afrique », www.jeuneafrique.com, août 2007.

QUESTIONS

Je comprends les documents

❶ **Doc 1.** D'après vous pourquoi ces idées reçues sur l'Afrique existent-elles ?

❷ **Doc 1.** Quel est le but du livre *L'Afrique des idées reçues* ?

❸ **Doc 1 à 3.** Reproduisez, puis complétez le tableau suivant.

	Idée reçue sur l'Afrique	Réalité de l'Afrique
Doc 1		
Doc 2		
Doc 3		

J'exerce mon esprit critique

❹ À partir de cet exemple sur l'Afrique, expliquez en quelques mots pourquoi il est important pour un citoyen de dépasser les simples idées reçues.

❺ Par quel moyen peut-on changer son regard ?

3 Un autre regard sur l'Afrique

En 2014, dans une campagne intitulée « The Real Africa : Fight The Stereotype » (« La vraie Afrique : combattez les stéréotypes »), une association souhaite montrer ce qu'est réellement l'Afrique.

❶ L'Afrique n'est pas sans espoir.

Dans les faits

❷ L'économie africaine progresse plus vite que celle de n'importe quel autre continent dans le monde.

❶ "AFRICA IS NOT HOPELESS."

❷ **Fact:** Africa's economy is growing faster than any other continent in the world.

❸ "I DON'T SPEAK 'AFRICAN' BECAUSE 'AFRICAN' IS NOT A LANGUAGE."

❹ **Fact:** There are an estimated 2000 languages spoken in Africa.

❸ Je ne parle pas « africain » car l'« africain » n'est pas une langue.

Dans les faits

❹ On estime qu'il y a 2 000 langues parlées en Afrique.

Enseignement moral et civique

Volontaires nettoyant
les abords d'une rivière.

1 | La France est **une République indivisible, laïque, démocratique et sociale**. Elle assure l'égalité devant la loi, sur l'ensemble de son territoire, de tous les citoyens. Elle respecte toutes les croyances.

2 | La République laïque organise **la séparation des religions et de l'État**. L'État est neutre à l'égard des convictions religieuses ou spirituelles. Il n'y a pas de religion d'État.

• • LA RÉPUBLIQUE EST LAÏQUE • •

3 | La laïcité garantit **la liberté de conscience** à tous. **Chacun est libre de croire ou de ne pas croire**. Elle permet la libre expression de ses convictions, dans le respect de celles d'autrui et dans les limites de l'ordre public.

4 | La laïcité permet l'exercice de la citoyenneté, en conciliant **la liberté de chacun** avec **l'égalité et la fraternité de tous** dans le souci de l'intérêt général.

5 | La République assure dans les établissements scolaires le respect de chacun de ces principes.

CHARTE DE LA LAÏCITÉ À L'ÉCOLE

La Nation confie à l'École la mission de faire partager aux élèves les valeurs de la République.

6 | La laïcité de l'École offre aux élèves les conditions pour forger leur personnalité, exercer leur libre arbitre et faire l'apprentissage de la citoyenneté. **Elle les protège de tout prosélytisme et de toute pression** qui les empêcheraient de faire leurs propres choix.

7 | La laïcité assure aux élèves l'accès à **une culture commune et partagée**.

8 | La laïcité permet l'exercice de **la liberté d'expression** des élèves dans la limite du bon fonctionnement de l'École comme du respect des valeurs républicaines et du pluralisme des convictions.

9 | La laïcité implique **le rejet de toutes les violences et de toutes les discriminations**, garantit **l'égalité entre les filles et les garçons** et repose sur une culture du **respect** et de la compréhension de l'autre.

10 | Il appartient à tous les personnels de transmettre aux élèves le sens et la valeur **de la laïcité**, ainsi que des autres principes fondamentaux de la République. Ils veillent à leur application dans le cadre scolaire. Il leur revient de porter la présente charte à la connaissance des parents d'élèves.

11 | Les personnels ont un **devoir de stricte neutralité** : ils ne doivent pas manifester leurs convictions politiques ou religieuses dans l'exercice de leurs fonctions.

• • L'ÉCOLE EST LAÏQUE • •

12 | **Les enseignements sont laïques.** Afin de garantir aux élèves l'ouverture la plus objective possible à la diversité des visions du monde ainsi qu'à l'étendue et à la précision des savoirs, **aucun sujet n'est a priori exclu du questionnement scientifique et pédagogique.** Aucun élève ne peut invoquer une conviction religieuse ou politique pour contester à un enseignant le droit de traiter une question au programme.

13 | Nul ne peut se prévaloir de son appartenance religieuse pour refuser de se conformer aux règles applicables dans l'École de la République.

15 | Par leurs réflexions et leurs activités, **les élèves contribuent à faire vivre la laïcité** au sein de leur établissement.

14 | Dans les établissements scolaires publics, les règles de vie des différents espaces, précisées dans le règlement intérieur, sont respectueuses de la laïcité. **Le port de signes ou tenues par lesquels les élèves manifestent ostensiblement une appartenance religieuse est interdit.**

Liberté • Égalité • Fraternité
RÉPUBLIQUE FRANÇAISE

ministère éducation nationale É

→ **Comment agir pour bien vivre ensemble au collège ?**

Au cycle 4, en 5ᵉ

J'ai appris que pour faire vivre l'égalité, je pouvais m'engager dans des actions solidaires et dans la lutte contre les discriminations.

Ce que je vais découvrir

En tant qu'élève responsable, je peux m'engager comme médiateur pour résoudre les conflits entre mes camarades. J'ai aussi un rôle à jouer pour agir contre le harcèlement et les addictions dont tout adolescent peut être victime.

1 Faire vivre la laïcité au collège

Affiches lauréates du concours « C'est quoi pour toi la laïcité ? » organisé au collège Le-Plantaurel de Cazères (Haute-Garonne), 2013.

2 La Journée de la laïcité dans un collège des Landes

9 décembre 2014.

site élève
⬇ lien vers la vidéo

« L'enfant a droit à la liberté d'expression. Ce droit comprend la liberté de rechercher, de recevoir et de répandre des informations et des idées [...] sous une forme orale, écrite, imprimée ou artistique, ou par tout autre moyen du choix de l'enfant. »

Extrait de l'article 13 de la Convention internationale des droits de l'enfant, 1989.

3 **S'engager dans une action humanitaire : la course contre la faim**
Chaque année, l'association Action contre la faim propose aux collégiens de participer à une course solidaire pour lutter contre la faim dans le monde.
Paris, 2008.

Régler les conflits grâce aux élèves médiateurs

Question clé Qu'est-ce qu'un élève médiateur ?

1 Un conflit entre Mathilde et Andréa

2 Des témoignages d'élèves médiateurs

site élève
⬇ lien vers la vidéo

Les élèves de la 5e à la 3e qui souhaitent devenir médiateurs sont formés dans leur collège à la communication non violente.

> En devenant médiateur, j'ai découvert que je pouvais être utile aux autres.
>
> Quentin, 4e

> On leur demande leurs sentiments, comment ils ont vécu leur conflit : furieux, content, triste... Il faut que l'élève comprenne comment l'autre a vécu la situation.
>
> Cédric, 4e

> Au début de la médiation, on propose des règles aux élèves médiés : respecter le droit de parole de chacun, ne pas se bagarrer, dire la vérité.
>
> Lucile, 5e

> Un élève m'embêtait sans cesse. Je suis allé voir un professeur qui m'a proposé d'aller en médiation avec cet élève.
>
> Sarane, 6e

> Par la médiation, les élèves apprennent à se débarrasser de tous les conflits qui les perturbent, et ils peuvent ensuite apprendre sereinement en classe.
>
> La professeure à l'origine de la médiation entre pairs

> La médiation, c'est ce qui mène vers le chemin de la réconciliation.
>
> Yanis, 3e

Propos recueillis au collège Victor-Hugo de Sarcelles (Val-d'Oise), 2014.

VOCABULAIRE

▸ **Médiation entre élèves**
Médiation de certains conflits (petites violences quotidiennes, incivilités), par des élèves extérieurs aux désaccords et formés pour trouver une solution.

3 Ce que dit le règlement intérieur

Devoirs

Les élèves respectent l'ensemble des membres de la communauté éducative tant dans leur personne que dans leurs biens.

■ Extrait du règlement intérieur du collège Victor-Hugo de Sarcelles (Val-d'Oise), 2010.

Activités

Question clé Qu'est-ce qu'un élève médiateur ?

ITINÉRAIRE 1

ou

ITINÉRAIRE 2

site élève
⬇ coup de pouce

▶ **Je prélève des informations dans les documents**

❶ **Doc 1.** Quel conflit est à régler ? Qui intervient ?

❷ **Doc 1 et 2.** Comment se déroule une médiation effectuée par des élèves ?

❸ **Doc 3.** À quel objectif du règlement intérieur doit correspondre la solution du conflit ?

▶ **J'argumente à l'écrit**

❹ Quelles doivent être les qualités du médiateur ? Que lui apporte son engagement ?

❺ Quels sont les avantages de la médiation pour les élèves en conflit ? et pour le collège ?

▶ **J'élabore une charte du médiateur**

Seul(e) ou en groupe, rédigez la charte du médiateur. Cette charte comporte des articles qui indiquent comment doit se comporter le médiateur au cours des étapes de la médiation.

MÉTHODE

▸ Présentez votre mission.
▸ Détaillez vos devoirs en tant que médiateur (neutralité, écoute, responsabilité...).

Le harcèlement au collège

Question clé Comment s'engager contre le harcèlement au collège ?

1 Blanche, victime de harcèlement en 4e

Blanche raconte son histoire dans un livre, Et il me dit : « Pourquoi tu rigoles jamais, Blanche ? », *paru en janvier 2015. Aujourd'hui âgée de 19 ans, elle sensibilise les collégiens et lycéens au harcèlement au sein de l'association « Plus fort à Marseille ».*

J'étais une cible facile. Tous mes amis avaient déménagé et changé de collège. Une bande de filles a très vite commencé à me critiquer, sans relâche, tout le temps. Elles me disaient que j'étais une « extraterrestre », que j'étais « bizarre ». Tellement bizarre que, plus tard, je deviendrais sans doute « une meurtrière, une folle… ». Elles critiquaient mon apparence. À ces violences verbales, se sont ajoutées des violences physiques. Des coups derrière la tête, des croche-pieds…

Je n'ai pas perçu tout de suite l'ampleur de la violence, jusqu'où cela pouvait aller. Je ne me suis pas défendue. Et cela a duré une grande partie de l'année, jusqu'au moment où je n'en pouvais plus. Je souffrais d'insomnies, l'idée d'aller à l'école m'était insupportable, comme si chaque jour au collège était une nouvelle rentrée. J'ai développé une véritable phobie scolaire. J'ai alors refusé de retourner au collège et j'ai fini mon année scolaire, ainsi que la suivante, grâce au CNED[1]. Au lycée, mes horaires étaient aménagés car je n'arrivais pas à me rendre à toutes les heures de cours. Aujourd'hui encore, cela reste compliqué pour moi. Ce que j'ai vécu continue d'avoir d'assez lourdes conséquences.

■ Interview parue dans *Psychologies magazine*, février 2015.
1. Centre national d'enseignement à distance.

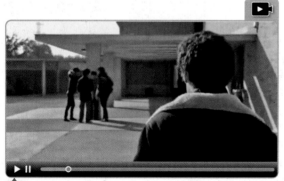

2 Dénoncer les cas de harcèlement

« Les claques », janvier 2012, © www.education.gouv.fr.

site élève
⤓ lien vers la vidéo

▶ **Cyber-harcèlement**
Forme de harcèlement qui passe par les nouvelles technologies de la communication (téléphone portable, mails, réseaux sociaux, forums…).

▶ **Harcèlement**
Violences répétées (physiques ou verbales), qui sont le fait d'une ou de plusieurs personnes sur une victime isolée, qui ne peut se défendre.

INFOS

Ce numéro vous permet de dialoguer avec des spécialistes de l'association l'« École des parents » et des éducateurs. Ils vous écouteront et vous donneront des conseils.

AGIR CONTRE LE HARCÈLEMENT À L'ÉCOLE.GOUV.FR

Numéro d'appel national

" STOP HARCÈLEMENT "
0808 807 010

3 Le cyber-harcèlement

De plus en plus, les téléphones portables permettent de se connecter et de prolonger le cyber-harcèlement.

L'agresseur peut encore plus facilement faire souffrir sa victime tout en étant loin d'elle. […]

Les harceleurs utilisent les moqueries en ligne, la propagation de rumeurs par téléphone mobile ou sur Internet, la création d'une page ou d'un faux profil sur un réseau social, l'envoi de photographies dénudées ou humiliantes, la publication de vidéos de la victime en mauvaise posture ou encore l'envoi de messages injurieux ou menaçants par SMS ou courrier électronique.

■ *Citoyen junior*, n° 23, éditions Faton, septembre 2012.

4 Briser la loi du silence

STOP AU HARCÈLEMENT !

↳ Si je suis victime de harcèlement, je ne dois pas avoir peur de me confier à ma famille ou à mes amis. Il ne faut pas rester seul(e), ils sauront m'aider.

STOP AU HARCÈLEMENT !

↳ Si je suis témoin d'un cas de harcèlement, je dois en parler à un adulte ou au délégué de ma classe. Il est aussi important de soutenir la victime. Ne rentrons pas dans le jeu des agresseurs !

AU COLLÈGE, IL N'Y A PAS QUE LE POIDS DU CARTABLE...

HARCÈLEMENT
NE RESTEZ PAS INDIFFÉRENTS

5 Participer au concours national « Mobilisons-nous contre le harcèlement »

Affiche lauréate du concours 2015, catégorie 6e/5e, collège du Château à Morlaix (académie de Rennes).

www.agircontreleharcelementalecole.gouv.fr

Activités

Question clé **Comment s'engager contre le harcèlement au collège ?**

ITINÉRAIRE 1

ou

ITINÉRAIRE 2

⬇ coup de pouce

▶ **Je prélève des informations dans les documents**

❶ **Doc 1.** Quelles sont les humiliations subies par Blanche ? Quelles en sont les conséquences ?

❷ **Doc 3.** Quelle nouvelle forme de harcèlement est née avec les nouvelles technologies ?

❸ **Doc 2, 4 et 5.** Face au harcèlement, comment réagir si vous êtes victime ? et si vous êtes témoin ?

▶ **J'argumente à l'écrit**

❹ Présentez les différentes formes de harcèlement qui existent au collège.

Expliquez ensuite comment et pourquoi agir contre le harcèlement.

▶ **J'agis contre le harcèlement**

Dans votre collège, un concours contre le harcèlement est organisé. Avec votre classe, vous y participez en réalisant, au choix, une affiche, une vidéo, un poème, un blog...

MÉTHODE

Pour préparer votre travail, réfléchissez à :
▶ des idées clés
▶ des images (verbales et visuelles)
▶ des slogans

SOCLE Compétences
▶ **Domaine 3** : Je connais les dangers des addictions
▶ **Domaine 1** : Je sais argumenter à l'oral et être à l'écoute de mes interlocuteurs

S'engager contre les addictions

CONSIGNE

Avec votre classe, vous décidez de sensibiliser vos camarades de 4ᵉ aux dangers des addictions. À l'aide des documents et de recherches personnelles, vous leur expliquez pourquoi et comment il faut lutter contre ces pratiques dans le cadre d'ateliers que l'infirmier (ou l'infirmière) et le (ou la) CPE vous aideront à organiser et à animer.

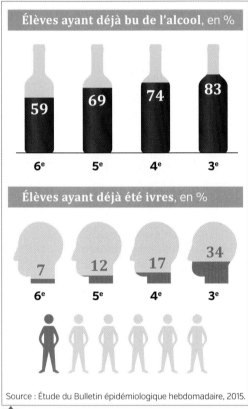

Élèves ayant déjà bu de l'alcool, en %

6ᵉ	5ᵉ	4ᵉ	3ᵉ
59	69	74	83

Élèves ayant déjà été ivres, en %

6ᵉ	5ᵉ	4ᵉ	3ᵉ
7	12	17	34

Source : Étude du Bulletin épidémiologique hebdomadaire, 2015.

1 Alcool : les jeunes en boivent dès le collège

INFOS

Chaque année, la consommation de drogue et d'alcool est responsable, en France, de plus de **100 000 décès évitables**, par accidents et par maladies.

L'**addiction** se caractérise par l'impossibilité, répétée, de contrôler un comportement, et la poursuite de ce comportement en dépit de la connaissance des conséquences négatives.
www.sante.gouv.fr/addictions.html, août 2014.

Tabac

Effets recherchés
• Stimulation physique et intellectuelle passagère
• Détente

Dangers
• Bronchites chroniques
• Accidents cardio-vasculaires
• Cancers

Alcool

Effets recherchés
• Diminution de l'anxiété
• Détente
• Disparition des complexes

Dangers
• **Immédiats :** risques d'accidents sur la voie publique, coma éthylique en cas de forte absorption
• **À long terme :** complications hépatiques (cirrhose du foie), complications psychiatriques et neurologiques

Cannabis

Effets recherchés
• Euphorie
• Détente
• **Durée :** 2 à 4 h

Dangers
• Baisse de concentration, oublis, anxiété, risques d'accidents de voiture, fringales, crises de panique, maux de tête, états dépressifs, somnolence
• Pour le cannabis fumé, mêmes risques que pour le tabac

2 Effets passagers et dangers des drogues légales et illégales

3 Des témoignages sur l'addiction

a. Ce matin-là, Romane, alors âgée de 14 ans, a cours à 9 heures. C'est l'anniversaire d'une copine. « Pour le fêter, on est allés dans le bois derrière le collège avec quatre bouteilles, on était trois », raconte cette jolie jeune fille, qui vient de fêter ses 16 ans. Vodka, whisky, rhum... elle a beaucoup bu. À jeun. Elle a aussi fumé du cannabis. Appelée par le collège, sa mère l'amène aux urgences : coma éthylique. Romane se réveille 6 heures plus tard.

D'après S. Cabut et P. Santi, « *Génération "biture express"* », *Le Monde*, 27 mai 2013.

b. *J'ai 17 ans. En novembre dernier, j'ai connu une rupture amoureuse, ce qui m'a fait complètement sombrer dans le cannabis. Le cannabis me faisait oublier mes problèmes, j'étais dans mon petit monde. J'ai donc continué, continué jusqu'à ce que je me rende compte que je ne fumais plus un joint par semaine comme au départ, mais plus d'un joint quotidiennement. Toute ma vie ne tourne plus qu'autour de ça et cette question qui revient sans arrêt : « Comment je vais pouvoir m'en racheter ? »*

D'après www.drogues-info-service.fr, 2014.

4 Ce que dit la loi

L'usage illicite de l'une des substances ou plantes classées comme stupéfiants est puni d'un an d'emprisonnement et de 3 750 € d'amende.

Art. L. 3421-1 du Code de la santé publique.

Il est interdit de vendre, dans les débits de tabac et tous commerces ou lieux publics, aux mineurs de moins de 18 ans des produits du tabac ou leurs ingrédients, y compris, notamment le papier et le filtre.

Art. L. 3511-2-1 du Code de la santé publique.

La vente des boissons alcooliques à des mineurs est interdite. L'offre de ces boissons à titre gratuit à des mineurs est également interdite dans les débits de boissons et tous commerces ou lieux publics. La personne qui délivre la boisson peut exiger du client qu'il établisse la preuve de sa majorité.

Art. L. 3342-1 du Code de la santé publique.

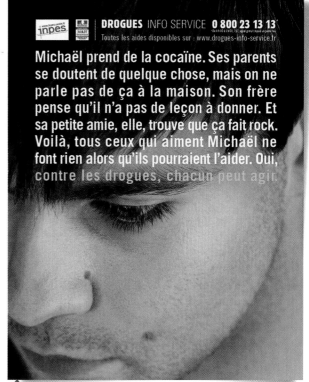

DROGUES INFO SERVICE 0 800 23 13 13
De 8 h à 2 h, 7j/7, appel gratuit depuis un poste fixe
Toutes les aides disponibles sur : www.drogues-info-service.fr

Michaël prend de la cocaïne. Ses parents se doutent de quelque chose, mais on ne parle pas de ça à la maison. Son frère pense qu'il n'a pas de leçon à donner. Et sa petite amie, elle, trouve que ça fait rock. Voilà, tous ceux qui aiment Michaël ne font rien alors qu'ils pourraient l'aider. Oui, contre les drogues, chacun peut agir.

5 « Chacun peut agir »
Campagne de l'INPES, 2011.

COUP DE POUCE

site élève
↧ coup de pouce

Pour vous aider à préparer votre intervention orale, reproduisez et complétez le tableau suivant.

	Doc 1	Doc 2	Doc 3	Doc 4	Doc 5
Les différents types d'addiction				–	
Les effets immédiats des addictions				–	–
Les dangers des addictions, pour soi et pour les autres	–			–	
Les mesures pénales contre les addictions	–				
Comment s'engager ?	–	–	–	–	

S'engager au collège

→ **Comment agir pour bien vivre ensemble au collège ?**

A S'engager individuellement au collège

1. Pour bien vivre ensemble au collège, vous devez agir individuellement de manière **responsable**. Vous devez **obéir au règlement intérieur** qui définit vos droits et vos obligations, **appliquer la Charte de la laïcité** qui vous rend libre et égal aux autres élèves, et **respecter les consignes de sécurité** car elles vous protègent.

2. Vous pouvez faire preuve d'une **conscience citoyenne** en vous faisant élire **délégué des élèves**, ou en devenant **médiateur** pour régler les incivilités entre élèves et résoudre les conflits par la discussion. Vous pouvez aussi devenir **tuteur d'un élève** qui a besoin d'aide pour réussir.

B S'engager collectivement au collège

1. Être responsable pour bien vivre ensemble au collège, c'est aussi s'engager dans des **actions collectives**, au nom de la **solidarité** (courses contre la faim, kermesses...).

2. Vous devez aussi **agir contre le harcèlement** et le **cyber-harcèlement** en le dénonçant, car il porte atteinte à la dignité de la personne. Vous pouvez également vous engager pour sensibiliser vos camarades aux dangers des addictions.

VOCABULAIRE

▶ **Cyber-harcèlement**
Forme de harcèlement qui passe par les nouvelles technologies de la communication (téléphone portable, mails, réseaux sociaux, forums...).

▶ **Harcèlement**
Violences répétées (physiques ou verbales), qui sont le fait d'une ou de plusieurs personnes sur une victime isolée, qui ne peut se défendre.

▶ **Médiateur**
Personne qui sert d'intermédiaire entre deux personnes, ou deux groupes, pour régler un désaccord.

Les valeurs de la République

▶ **Fraternité**
Elle est l'une des trois composantes de la **devise de la République**. Elle se manifeste par l'**entraide** et l'**engagement**, (article 1er de la Déclaration universelle des droits de l'homme de 1948).

▶ **Solidarité**
Elle désigne la **volonté de rétablir l'égalité entre les êtres humains**.

Je révise chez moi

● **Je vérifie que je connais les principaux repères du chapitre.**

Je sais définir et utiliser dans une phrase :
▶ harcèlement
▶ médiateur
▶ addiction

Je sais expliquer :
▶ comment lutter contre le harcèlement.
▶ ce qu'est le cyber-harcèlement
▶ quels sont les dangers des addictions.

site élève
⬇ mon bilan de compétences

1 Je m'engage contre le harcèlement

↳ Socle : Domaine 3

Si tu es victime

10 CONSEILS contre le harcèlement

1 **Se confier**

N'aie pas honte ou peur des représailles! Ose te confier à un adulte du collège mais aussi à tes parents, à ton grand frère ou ta grande sœur. Ne laisse jamais la situation s'installer dans le temps.

2 **Se protéger**

Pour éviter tout problème sur Internet, ne donne jamais de détails sur ta vie privée et réfléchis avant de diffuser des photos. Ne donne jamais tes mots de passe, ce sont des informations très personnelles.

3 **Signaler un abus**

Sur Facebook, tu peux signaler un contenu abusif et «bloquer» les amis qui n'en sont pas. Les comptes des agresseurs peuvent eux aussi être bloqués. Va faire un tour sur ce centre d'aide : www.facebook.com/safety/

4 **Téléphoner**

Si tu es victime de harcèlement à l'École, tu peux appeler le numéro gratuit «Stop Harcèlement» 08 08 80 70 10.

Si tu es témoin

6 **Soutenir**

Bien souvent, les élèves victimes de harcèlement sont mis à l'écart de la classe. Ne participe pas à cet isolement forcé et n'hésite pas à aller leur parler.

5 **Porter plainte**

Dans les cas les plus graves, il est possible de porter plainte contre l'auteur du harcèlement. C'est à tes parents, qui sont tes représentants légaux, d'effectuer cette démarche.

7 **Ne pas rire**

S'il cesse d'avoir une «majorité silencieuse», ou pire, un public hilare face à lui, l'agresseur arrêtera sans doute ses brimades. Les témoins ont un grand rôle à jouer contre le harcèlement à l'école.

8 **En parler**

Adresse-toi à un délégué de classe ou à un adulte du collège si tu es témoin d'un cas de harcèlement. S'il existe des médiateurs, ils peuvent aider à dénouer la situation.

9 **Ne pas participer**

Si tu reçois un message ou une photo humiliante «à faire tourner», supprime le message plutôt que de le transférer à tes amis. Tu pourras ainsi briser la chaîne du harcèlement.

10 **Convaincre**

Si le harceleur fait partie de ton groupe d'amis, essaie de le raisonner et de comprendre pourquoi il agit ainsi. Vouloir faire du mal aux autres est aussi un signe de mal-être.

Retrouve conseils et outils pratiques sur AGIR CONTRE LE HARCÈLEMENT À L'ÉCOLE .GOUV.FR

QUESTIONS

❶ Quelle est la fonction de cette affiche ? À qui s'adresse-t-elle ?

❷ Quel type de harcèlement l'affiche aborde-t-elle en particulier ?

❸ Que doit faire un élève victime de harcèlement ?

❹ Que doit faire un élève témoin de harcèlement ? Pourquoi ?

2 J'assume des responsabilités au collège

↳ Socle : Domaine 3

S'engager dans une mission tutorat au collège

Au collège Lenain-de-Tillemont à Montreuil (93), les élèves de 3ᵉ sont tuteurs des élèves de 6ᵉ. Ils les accueillent le jour de la rentrée et les accompagnent tout au long de l'année scolaire. Par exemple, le jeune tuteur aide l'élève de 6ᵉ à rattraper ses cours après une absence. Il le protège contre les violences, échange avec ses parents et avec ses professeurs. L'objectif est de responsabiliser les plus grands. Le projet développe leur esprit d'initiative et change leur regard sur les adultes du collège. Pour les plus jeunes, l'accompagnement et la régulation des conflits par de plus âgés qu'eux sont aussi d'un grand secours. Le dispositif développe la solidarité et favorise l'exercice de la citoyenneté.

■ D'après OZP (Observatoire des zones prioritaires), www.ozp.fr, 26 décembre 2014.

QUESTIONS

❶ Quelle est la mission des élèves tuteurs ?

❷ Qu'est-ce que le tutorat a apporté aux élèves de 6ᵉ ? aux élèves de 3ᵉ ?

❸ D'après vous, quel est l'intérêt d'un tel projet ?

17 La liberté, pour vivre ensemble

→ **Pourquoi, pour être libre, faut-il respecter la liberté des autres ?**

Au cycle 4, en 5e

J'ai appris que les êtres humains pouvaient être privés de leurs libertés à cause des discriminations et que la laïcité était une garantie pour la liberté de tous.

Ce que je vais découvrir

Au cours des siècles, les citoyens se sont battus pour la conquête des libertés. Aujourd'hui, dans un monde menacé par l'intolérance et le terrorisme, chacun doit s'engager pour faire respecter les libertés.

Art1 - Les hommes naissent et demeurent libres et égaux en droits.
Art4 - La liberté consiste à pouvoir faire tout ce qui ne nuit pas à autrui.
DDHC, 1789

1 La liberté, un droit de l'homme

Réalisation de *street art* (technique du pochoir) dans le cadre d'un atelier, sur les murs d'un collège de Belfort, 2014.

Une image pour 2 défendre les libertés

« Une image française », Denis Décode, 2015.

site élève
⭳ lien vers la vidéo

« Tout citoyen peut parler, écrire, imprimer librement, sauf à répondre de cette liberté dans les cas déterminés par la loi. »

Article 11 de la Déclaration des droits de l'homme et du citoyen, 1789.

3 **Défendre les libertés aujourd'hui**

Le 11 janvier 2015, après les attentats contre *Charlie Hebdo* et l'Hyper cacher de Vincennes, la France se mobilise pour la liberté.

Place de la Nation, janvier 2015.

J'enquête *EN ÉQUIPES !*

SOCLE Compétences
- **Domaine 3** : Je suis capable d'exprimer mes émotions et mes sentiments en les contrôlant
- **Domaine 1** : J'apprends à travailler en équipe

Les libertés, pourquoi ?

CONSIGNE

Le respect des libertés permet l'exercice des droits de l'homme.

Chaque équipe doit discuter des différents aspects des libertés et de leur importance au quotidien, avant d'exposer ses arguments à l'oral.

À partir de ces présentations, vous réaliserez un diaporama illustré à mettre en ligne sur le site du collège qui aura pour titre : « Quelles libertés ? Pourquoi ? Comment les respecter ? »

Définir la liberté

ÉQUIPE 1

Les définitions ci-dessous sont toutes différentes. Essayez de donner un nom à chaque type de liberté évoqué (ex. : liberté de s'instruire). Expliquez quels sont les obstacles aux libertés et ce qui les protège. Vous pourrez illustrer votre présentation avec des exemples pris en France ou dans le monde, dans l'histoire ou de nos jours.

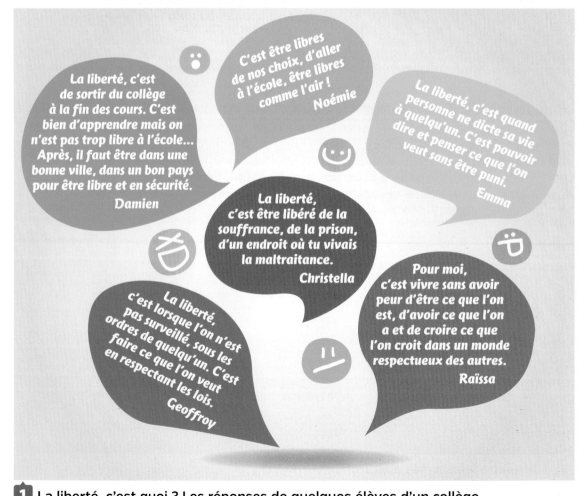

1 La liberté, c'est quoi ? Les réponses de quelques élèves d'un collège

Les nouvelles technologies : progrès ou menace pour les libertés ?

Vous avez sans doute l'habitude d'aller sur Internet et sur les réseaux sociaux. Quelles libertés ces nouvelles technologies permettent-elles ? Quels sont les risques ?

2 *Smartphone* et géolocalisation

Julien, 13 ans, a un nouveau mobile équipé d'une application qui transmet à ses amis l'endroit où il se trouve en direct ! Alors quand il rencontre Arthur dans une boutique, ce n'est pas vraiment un hasard... Arthur a en effet reçu la localisation de Julien sur son portable et a voulu lui faire la surprise ! Là, ils se sont pris en photo tous les deux avec le portable de Julien, qui a ensuite mis l'image en ligne sur Facebook. Sonia, la petite copine d'Arthur, connectée sur Facebook, voit l'image. Arthur a été tagué, pas de doute, c'est bien lui. « Il exagère, il m'avait dit qu'on ne pouvait pas se voir car il avait des devoirs à faire... », se dit-elle. Arthur va passer un mauvais quart d'heure...

■ Extrait du numéro spécial *Mon Quotidien* réalisé avec la CNIL, 2010.

3 Réseaux sociaux et vie privée
Dessin de Yacine paru dans *L'Actu*, numéro spécial réalisé avec la CNIL, édition 2011.

ÉQUIPE
3

Pourquoi faire vivre la liberté de parole en classe ?

À partir de ce document, votre équipe doit expliquer pourquoi la liberté de parole est fondamentale dans une classe et à quelles conditions elle peut s'exercer pleinement pour garantir le droit de tous à l'éducation.

4 Une scène quotidienne dans une classe de collège

SOCLE Compétences
- Domaine 3 : Je comprends les valeurs d'une société humaniste et démocratique
- Domaine 5 : Je construis des repères historiques sur la conquête des libertés

Les libertés, une conquête

Question clé Comment les libertés se sont-elles étendues depuis 1789 ?

PRÉAMBULE - Les représentants du peuple français, constitués en Assemblée nationale [...], ont résolu d'exposer, dans une déclaration solennelle, les droits naturels, inaliénables et sacrés de l'homme [...].
Art. 1er - Les hommes naissent et demeurent libres et égaux en droits. [...]
Art. 4 - La liberté consiste à pouvoir faire tout ce qui ne nuit pas à autrui : ainsi, l'exercice des droits naturels de chaque homme n'a de bornes que celles qui assurent aux autres membres de la société la jouissance de ces mêmes droits. Ces bornes ne peuvent être déterminées que par la loi. [...]
Art. 10 - Nul ne doit être inquiété pour ses opinions, même religieuses, pourvu que leur manifestation ne trouble pas l'ordre public établi par la loi.
Art. 11 - La libre communication des pensées et des opinions est un des droits les plus précieux de l'homme : tout citoyen peut donc parler, écrire, imprimer librement, sauf à répondre de l'abus de cette liberté dans les cas déterminés par la loi. [...]

1 Extraits de la Déclaration des droits de l'homme et du citoyen, 26 août 1789
Peinture sur bois, musée Carnavalet, Paris. (Texte recomposé)

2 Extraits de la Déclaration universelle des droits de l'homme, 10 décembre 1948

Art. 1er – Tous les êtres humains naissent libres et égaux en dignité et en droits. Ils sont doués de raison et de conscience et doivent agir les uns envers les autres dans un esprit de fraternité. [...]

Art. 3 – Tout individu a droit à la vie, à la liberté et à la sûreté de sa personne. [...]

Art. 18 – Toute personne a droit à la liberté de pensée, de conscience et de religion [...].

Art. 19 – Tout individu a droit à la liberté d'opinion et d'expression [...].

Art. 25-1 – Toute personne a droit à un niveau de vie suffisant pour assurer sa santé, son bien-être et ceux de sa famille, notamment pour l'alimentation, l'habillement, le logement, les soins médicaux ainsi que pour les services sociaux nécessaires [...].

VOCABULAIRE

Droits sociaux
Droits qui permettent de garantir une justice sociale (droit au travail, à la protection de la santé...).

Liberté syndicale
Elle reconnaît l'existence des syndicats qui ont pour fonction de protéger les travailleurs.

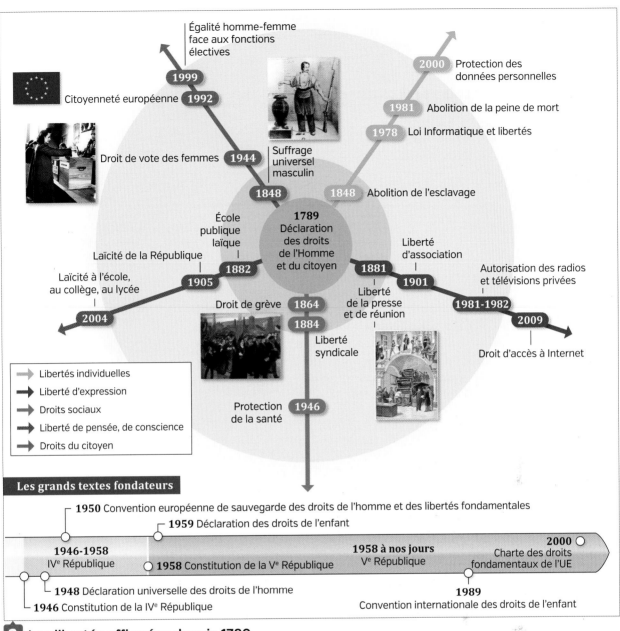

Égalité homme-femme face aux fonctions électives — 1999

Citoyenneté européenne — 1992

Droit de vote des femmes — 1944

1848 **Suffrage universel masculin**

2000 Protection des données personnelles

1981 Abolition de la peine de mort

1978 Loi Informatique et libertés

1848 **Abolition de l'esclavage**

1789 Déclaration des droits de l'Homme et du citoyen

École publique laïque — 1882

Laïcité de la République — 1905

Laïcité à l'école, au collège, au lycée — 2004

Liberté d'association — 1901

Autorisation des radios et télévisions privées — 1981-1982

Liberté de la presse et de réunion — 1881

Droit d'accès à Internet — 2009

Droit de grève — 1864

Liberté syndicale — 1884

Protection de la santé — 1946

→ Libertés individuelles
→ Liberté d'expression
→ Droits sociaux
→ Liberté de pensée, de conscience
→ Droits du citoyen

Les grands textes fondateurs

— **1950** Convention européenne de sauvegarde des droits de l'homme et des libertés fondamentales

— **1959** Déclaration des droits de l'enfant

1946-1958 IVe République

1958 à nos jours Ve République

2000 Charte des droits fondamentaux de l'UE

○ **1958** Constitution de la Ve République

— **1948** Déclaration universelle des droits de l'homme

— **1946** Constitution de la IVe République

1989 Convention internationale des droits de l'enfant

3 Les libertés affirmées depuis 1789

Activités

Question clé — Comment les libertés se sont-elles étendues depuis 1789 ?

ITINÉRAIRE 1

ou

ITINÉRAIRE 2
site élève
↓ coup de pouce

▶ Je prélève des informations dans les documents

1 **Doc 1.** Quelles libertés sont affirmées dans la Déclaration de 1789 ? Pourquoi peut-on dire qu'elles sont « fondamentales » ?

2 **Doc 3.** Quelles sont les cinq grandes catégories de libertés qui se sont développées depuis 1789 ?

3 **Doc 2 et 3.** Que sont les droits sociaux ? Pourquoi font-ils partie des libertés ?

▶ J'argumente à l'écrit

4 Expliquez en quoi la reconnaissance des libertés depuis 1789 a suivi les évolutions de la société.

▶ Je réalise un quiz

Sur le sujet : « Connaissez-vous vos libertés ? », élaborez un quiz sur les grandes dates de la conquête des libertés en France et les grandes déclarations. Vous poserez ensuite les questions à vos camarades.

Hubertine Auclert et son combat pour le droit de vote des femmes

Pourquoi Hubertine Auclert s'est-elle battue pour que les femmes deviennent des citoyennes ?

> **Hubertine Auclert**
> (1848–1914)
> Militante des droits des femmes.

Née en 1848, Hubertine Auclert se bat toute sa vie pour que les femmes puissent voter et soient éligibles. Elle s'installe à Paris en 1870 quand la IIIe République ouvre la voie à la démocratie. Devenue journaliste, elle fonde, en 1876, le groupe « Le droit des femmes » et profite de la liberté de la presse pour lancer, en 1881, le journal *La Citoyenne*. On lui doit le sens moderne du mot « féminisme ». Elle a réussi à placer le droit de vote des femmes au cœur du débat public.

1 S'engager pour l'égalité femmes-hommes

Si vous, prolétaires, vous voulez aussi conserver des privilèges, les privilèges de sexe, je vous le demande, quelle autorité avez-vous pour protester contre les privilèges de classes ? Que pouvez-vous reprocher aux gouvernants qui vous dominent, qui vous exploitent, si vous êtes partisans de laisser subsister dans l'espèce humaine des catégories de supérieurs et d'inférieurs ?

■ Discours prononcé au congrès socialiste ouvrier de Marseille, octobre 1879.

Dans les fêtes multiples du Centenaire[1] célébrant successivement les journées mémorables qui ont donné le droit et la liberté aux hommes, les femmes sont obligées d'avoir une singulière attitude. Peuvent-elles [...] s'associer de cœur aux manifestations publiques faites pour honorer une Révolution qui est loin d'avoir, comme on le proclame, aboli les privilèges, rompu les chaînes, investi chacun de pouvoirs souverains, puisque la moitié de la nation – les femmes – est esclave et destituée de tous droits et avantages sociaux ?

Les femmes n'ont pas à fêter le 89 masculin ; elles ont à faire un 89 féminin.

■ Article paru dans *La Citoyenne*, n° 145, juin 1889.
1. Celui de la Révolution française de 1789.

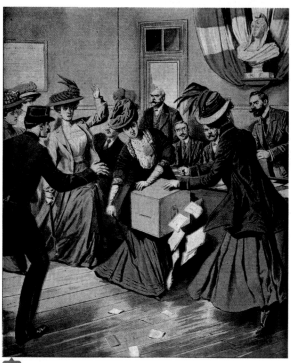

2 Des actions spectaculaires

Lors des élections législatives de 1908, Hubertine Auclert renverse une urne « illégale » selon elle, puisqu'elle ne peut recevoir les bulletins de « tous les Français ». Pour cela, elle se retrouve devant le tribunal correctionnel. C'est une tribune toute trouvée pour exposer ses idées !

Supplément illustré du *Petit Journal*, 17 mai 1908.

3 1944, les femmes enfin citoyennes !

site élève
⤓ lien vers la vidéo

Il y a 70 ans, les femmes obtenaient le droit de vote.

« Télézapping », *Le Monde*, 2014.

INFOS

Le **Centre Hubertine-Auclert**, centre francilien de ressources pour l'**égalité femmes-hommes**, est une association fondée en 2009. Il a pour principaux objectifs la sensibilisation de différents publics à la nécessité de **lutter contre les inégalités** et les **discriminations** fondées sur le sexe, et la promotion d'une culture de l'égalité entre les femmes et les hommes.

HUBERTINE AUCLERT
1848-1914
PIONNIÈRE DES DROITS POLITIQUES DES FEMMES

C'ÉTAIT SON COMBAT. C'EST LE NÔTRE

AUJOURD'HUI EN FRANCE, 14% SEULEMENT DES MAIRES SONT DES FEMMES

www.centre-hubertine-auclert.fr

centre hubertine auclert

❀ IledeFrance

Centre francilien de ressources pour l'égalité femmes-hommes

4 Aujourd'hui encore, le combat continue

Affiche du Centre Hubertine-Auclert pour la campagne « Féministes d'hier, combats d'aujourd'hui », 2014.

QUESTIONS

site élève
⤓ schéma à imprimer

▶ Je découvre l'action d'Hubertine Auclert

1 Doc 1 et 2. Qui est Hubertine Auclert ? Quel est son combat ?

2 Doc 1. Expliquez la phrase : « Les femmes n'ont pas à fêter le 89 masculin ; elles ont à faire un 89 féminin. »

3 Doc 3. Pourquoi le droit de vote est-il accordé aux Françaises en 1944 ?

4 Doc 1 à 4. Pourquoi des actions militantes comme celles d'Hubertine Auclert sont-elles importantes aujourd'hui encore ?

▶ Je fais le portrait d'une féministe, Hubertine Auclert

5 À l'aide des documents et des réponses aux questions, construisez la biographie d'Hubertine Auclert en utilisant le modèle ci-dessous.

> **Son époque :**
> Quel est le régime politique ? Quelle est la situation de la femme ?

> **Son métier :**
> Quel métier exerce-t-elle ?

Hubertine Auclert
Née en …
Morte en …

> **Ses combats :**
> Quels sont-ils ? Dans son engagement, comment s'exprime son tempérament ?

> **Son action :**
> Comment fait-elle connaître ses idées ?

6 Présentez ensuite la vie et les combats d'Hubertine Auclert à l'oral.

J'enquête — TÂCHE COMPLEXE

SOCLE Compétences
- ▶ **Domaine 3** : Je comprends le sens d'une liberté fondamentale
- ▶ **Domaine 5** : J'exprime mes sentiments sur des supports variés

Défendre la liberté d'expression

CONSIGNE

Vous souhaitez vous exprimer au sujet de la liberté d'expression à laquelle l'attentat contre l'hebdomadaire *Charlie Hebdo*, le 7 janvier 2015, a porté atteinte.

Pour cela, vous devez définir la notion de liberté d'expression, puis, en vous inspirant des dessins réalisés en hommage aux journalistes assassinés, réaliser vos propres dessins en faveur de la liberté d'expression.

INFOS

La liberté d'expression est garantie en France, mais **cela ne signifie pas qu'on peut dire ou écrire n'importe quoi**.
Aujourd'hui, **sont punies par la loi** : l'apologie du meurtre, de la haine, de la discrimination ; l'injure et la diffamation ; l'atteinte à la vie privée.

1 C'est quoi, la liberté d'expression ?
Des débats citoyens à l'école,
Le 12/13, France 3, 21 janvier 2015.

site élève
⬇ lien vers la vidéo

2 Ce que dit la loi

a. Déclaration des droits de l'homme et du citoyen (1789)

Art. 11 – La libre communication des pensées et des opinions est un des droits les plus précieux de l'homme : tout citoyen peut donc parler, écrire, imprimer librement, sauf à répondre de l'abus de cette liberté dans les cas déterminés par la loi.

b. Loi sur la liberté de la presse (29 juillet 1881)

Art. 1er – L'imprimerie et la librairie sont libres.

Art. 5 – Tout journal [...] peut être publié, sans autorisation préalable [...].

JE SUIS CHARLIE

Le 7 janvier 2015, des terroristes armés pénètrent dans les locaux du journal satirique *Charlie Hebdo* auquel ils reprochent de manquer de respect à l'islam. Ils tuent douze personnes, parmi lesquelles sept journalistes-dessinateurs. Considéré comme une atteinte aux libertés de la presse et d'expression, cet attentat a provoqué des manifestations partout en France et dans le monde. Le mouvement « Je suis Charlie » est né.

3 L'attentat contre *Charlie Hebdo*

4 Un hommage à *Charlie Hebdo*
Dessin de Kichka, réalisé en 2007 et republié sur son blog le 10 janvier 2015, en hommage aux victimes de *Charlie Hebdo*.

5 « La liberté sera toujours la plus forte »
Dessin de Plantu publié sur son blog, 9 janvier 2015.

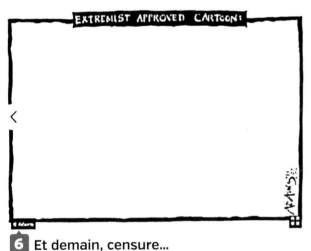

6 Et demain, censure...
« Dessin approuvé par un extrémiste »,
par Adams, 7 janvier 2015.

7 ... ou liberté ?
Lucille Clerc, 7 janvier 2015.

COUP DE POUCE

Pour vous inspirer des dessins réalisés, vous devez les comprendre et les analyser en créant une fiche par document sur le modèle ci-contre.

site élève
⬇ tableau à imprimer

Dessin n° ......
– Mon ressenti face au dessin :
....
– Le message du dessinateur en faveur de la liberté d'expression :
....
– Les valeurs défendues dans le dessin :
....

Je découvre

SOCLE Compétences
- **Domaine 3** : Je comprends les principes et les valeurs de la République française
- **Domaine 2** : J'apprends à communiquer par les arts

La laïcité au quotidien

Question clé Comment la laïcité nous permet-elle de vivre tous ensemble ?

1 La République et les religions

Dessin d'Arnaud Tracol, « Laïcité es-tu là ? », *Le Nouvel Observateur*, n° 2632, 16-22 avril 2015.

2 Ce que dit la loi

a. Constitution de la Vᵉ République (1958)
Art. 1er – La France est une République indivisible, laïque, démocratique et sociale [...].

b. Déclaration des droits de l'homme et du citoyen (1789)
Art. 10 – Nul ne doit être inquiété pour ses opinions, mêmes religieuses, pourvu que leur manifestation ne trouble pas l'ordre public établi par la loi.

c. Loi de séparation des Églises et de l'État (9 décembre 1905)
Art. 1er – La République assure la liberté de conscience. Elle garantit le libre exercice des cultes sous les seules restrictions édictées ci-après dans l'intérêt de l'ordre public.
Art. 2 – La République ne reconnaît, ne salarie ni ne subventionne aucun culte.

3 « Liberté, égalité, fraternité »

Depuis la grande loi républicaine du 9 décembre 1905, le contexte a évolué. Sous l'effet de l'immigration, la France est devenue plurielle sur le plan religieux. Il s'agit, dans le respect de la diversité de notre société, de forger l'unité. Si, au nom du principe de la laïcité, la France doit accepter d'accueillir les nouvelles religions, celles-ci doivent aussi respecter les valeurs républicaines.

La laïcité, c'est la liberté, mais c'est aussi l'égalité entre les citoyens, quelles que soient leurs croyances. C'est donc à l'État de veiller, dans les relations avec les cultes, à ce que tous puissent s'exprimer [...]. La laïcité est donc à l'avant-garde du combat contre les discriminations. Mais la laïcité, c'est surtout la fraternité. Parce qu'elle reconnaît et respecte les différences culturelles, spirituelles, religieuses, elle a aussi pour mission de créer les conditions permettant à tous de vivre ensemble dans le respect réciproque et l'attachement commun à un certain nombre de valeurs.

■ Bernard Stasi, président de la Commission de réflexion sur l'application du principe de laïcité dans la République, *Rapport sur la laïcité en France*, 2003.

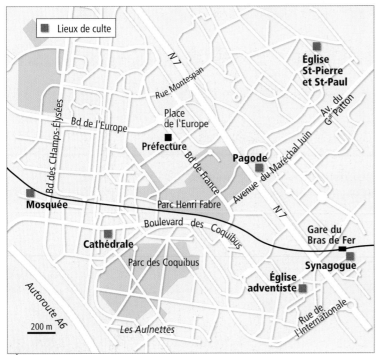

4 La reconnaissance de la liberté de culte

Les lieux de culte dans la commune d'Évry (Essonne, 2015).

5 La laïcité,
un symbole de liberté

Affiche éditée par l'Union des familles laïques dans le cadre de la Semaine de la laïcité en 2012.

INFOS

Avant la Révolution de 1789, les naissances, les mariages et les décès étaient enregistrés par les prêtres. Seuls les catholiques avaient une identité officielle.
Depuis 1789, les municipalités enregistrent l'état civil de tous. La République est laïque.

VOCABULAIRE

▶ **Laïcité**
Du grec ancien *laikos* dérivé du mot *laos* : « peuple uni autour de valeurs partagées ». Principe selon lequel l'État ne favorise aucune religion.

Activités

Question clé | **Comment la laïcité nous permet-elle de vivre tous ensemble ?**

ITINÉRAIRE 1

▶ **Je prélève des informations dans les documents**

1 Doc 1. Décrivez ce dessin et expliquez comment vous comprennez son message.

2 Doc 2 et Infos. Comment la loi s'est-elle adaptée depuis 1789 pour permettre l'exercice de la laïcité ?

3 Doc 3 à 5. Comment et pourquoi la laïcité permet-elle de combattre les discriminations ? En quoi est-ce une liberté ?

▶ **J'argumente à l'écrit**

4 Pourquoi la laïcité est-elle une valeur de la République française ?

5 Pourquoi peut-on affirmer que la laïcité, c'est « vivre libre, ensemble » ?

ITINÉRAIRE 2

site élève
⤓ coup de pouce

▶ **Je fais vivre la Charte de la laïcité**

Avec quelques camarades, reportez-vous au texte de la Charte de la laïcité p. 331 et illustrez les articles qui vous intéressent le plus par des photos, des dessins, une vidéo... afin de les expliquer aux autres élèves du collège.

MÉTHODE

▶ Choisissez un article qui vous semble très important.
▶ Réfléchissez à comment l'illustrer.

J'enquête TÂCHE COMPLEXE

SOCLE Compétences

▶ **Domaine 5** : Je comprends que la liberté et l'égalité peuvent entrer en tension
▶ **Domaine 1** : J'argumente à l'oral pour construire ma pensée

Pourquoi toute liberté a-t-elle des limites ?

CONSIGNE

Vous organisez en classe un débat : pourquoi n'a-t-on pas le droit de tout faire et de tout dire ? Pourquoi les libertés doivent-elles avoir des limites ?

Pour préparer le débat, analysez les documents pour relever quelles sont les libertés énoncées et quelles limites leur sont fixées.

1 Ce que dit la loi

Art. 4 – La liberté consiste à pouvoir faire tout ce qui ne nuit pas à autrui : ainsi, l'exercice des droits naturels de chaque homme n'a de bornes que celles qui assurent aux autres membres de la société la jouissance de ces mêmes droits. Ces bornes ne peuvent être déterminées que par la loi.

■ Déclaration des droits de l'homme et du citoyen, 1789.

2 A-t-on le droit de tout dire ?

a. Mme T. a été condamnée [...] à verser 3 000 € d'amende pour des propos injurieux contre l'islam. Le parquet [...], estimant que ces mots étaient « de nature à susciter le rejet des musulmans en les désignant comme un danger pour la France », avait requis contre elle trois mois de prison avec sursis et 3 000 € d'amende.

■ D'après www.rtl.fr/actu, août 2014.

b. Un blogueur français a été condamné à une peine [...] de 5 000 € d'amende [...] pour provocation à la haine en raison de propos antisémites tenus sur son site [...]. Cette peine a été prononcée par le tribunal correctionnel de Paris.

■ D'après AFP, octobre 2014.

3 Respecter les autres

Affiche réalisée par le conseil municipal des enfants de Bellerive-sur-Allier (Allier), 2012.

4 Pour garantir la liberté, faut-il imposer des limites ?

La liberté, loin d'exclure les limites, les impose au contraire. Pour la sécurité de tous, je dois respecter le Code de la route et le gendarme y veille, mais moi seul décide où je peux aller, quand et avec qui. Selon l'article 4 de la Déclaration de 1789, « la liberté consiste à pouvoir faire tout ce qui ne nuit pas à autrui ». Elle se révèle alors indissociable de l'égalité : c'est parce que les autres ont des droits égaux aux miens que ma liberté est limitée par le respect de la leur et leur liberté par le respect de la mienne.

■ Guy Carcassonne, *Guide républicain*, SCEREN/CNDP et Delagrave, 2004.

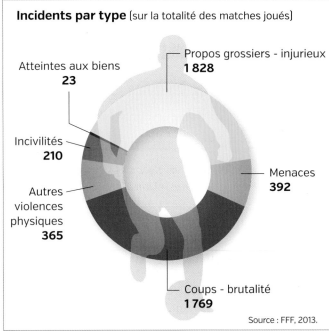

Incidents par type (sur la totalité des matches joués)

Atteintes aux biens **23**

Propos grossiers - injurieux **1 828**

Incivilités **210**

Menaces **392**

Autres violences physiques **365**

Coups - brutalité **1 769**

Source : FFF, 2013.

5 Les supporters ont-ils tous les droits ?

Ville de Valenciennes

Ville placée sous vidéosurveillance

Loi n° 95-73 du 21 Janvier 1995
Décret du 17 Octobre 1996

Pour toute question relative à la vidéosurveillance s'adresser à : la Direction de la Sécurité Urbaine 10, rue de Mons à Valenciennes Tél : 03 27 22 58 38

a. Dans les villes, au nom de la sécurité

De nombreuses villes de France, comme ici Valenciennes (Nord), mettent en place une vidéosurveillance.

6 La vidéosurveillance

b. La CNIL[1] dénonce l'usage abusif de la vidéosurveillance

La CNIL a ordonné l'interruption d'un dispositif de vidéosurveillance d'une société de transport routier, installé par la direction pour « lutter contre les dégradations matérielles et protéger les salariés ».

À la suite d'une plainte d'un salarié, la CNIL a réalisé un contrôle. Elle a constaté que plusieurs salariés étaient filmés de manière permanente par deux caméras.

Avec cette décision, la CNIL rappelle que, « si elle n'a aucune opposition de principe à l'encontre de dispositifs ayant vocation à protéger les personnes et les biens, la CNIL ne saurait tolérer la surveillance généralisée et permanente des salariés, quelles que soient la nature de leurs tâches et leur fonction ».

■ www.cnil.fr, 20 mai 2010.

1. CNIL : Commission nationale de l'informatique et des libertés.

COUP DE POUCE

site élève
↧ tableau à imprimer

Recopiez puis complétez le tableau ci-dessous en indiquant votre point de vue pour chaque document : pourquoi faut-il fixer des limites aux libertés ?
Pendant le débat, notez les arguments des autres élèves.
Après le débat, entourez dans le tableau les arguments qui vous paraissent les plus justes pour répondre à la question du débat.

	Doc 1	Doc 2	Doc 3	Doc 4	Doc 5	Doc 6
Mes arguments						
Les arguments des autres élèves						

SOCLE Compétences

▶ **Domaine 5** : Je comprends que les valeurs de la République peuvent entrer en tension
▶ **Domaine 3** : J'exerce mon esprit critique

Je découvre

Face à la menace terroriste, limiter les libertés pour assurer la sécurité

Question clé Le droit à la sécurité peut-il justifier de limiter les libertés ?

1 **Tous protégés, tous surveillés ?**

Extrait de l'émission *Mots croisés*, France 2, 13 avril 2015.

site élève
⬇ lien vers la vidéo

2 **Les missions des services de renseignement**

Les services spécialisés de renseignement peuvent recourir aux techniques [de renseignement] pour le recueil des renseignements relatifs à la défense des intérêts fondamentaux de la nation suivants :
• l'indépendance nationale, l'intégrité du territoire et la défense nationale ;
• les intérêts majeurs de la politique étrangère, l'exécution des engagements européens et internationaux de la France [...] ;
• les intérêts économiques, industriels et scientifiques majeurs de la France ;
• la prévention du terrorisme ;
• la prévention des atteintes à la forme républicaine des institutions, des violences collectives de nature à porter gravement atteinte à la paix publique ;
• la prévention de la criminalité et de la délinquance organisées ;
• la prévention de la prolifération des armes de destruction massive.

■ D'après l'article 2 du projet de loi adopté par l'Assemblée nationale, 24 juin 2015.

3 **Différents points de vue sur la loi sur le renseignement**

« Notre pays ne sera bientôt plus la seule démocratie à ne pas disposer d'un texte encadrant les services de renseignement. »

■ Le député Jean-Jacques Urvoas, rapporteur du projet de loi, 24 juin 2015.

« Ce projet [légalise], dans de vastes domaines de la vie sociale, des méthodes de surveillance lourdement intrusives. »

■ Ligue des droits de l'homme, 4 mai 2015.

« Le renseignement permet de connaître et de prévenir les risques et les menaces pesant sur notre pays et sa population.
Par là même, il participe de la garantie des droits des citoyens, qui dépend notamment de l'ordre public. »

■ Exposé des motifs du projet de loi relatif au renseignement, 19 mars 2015.

« [Cette loi peut être] une arme redoutable si elle est mise entre de mauvaises mains. »

■ Marc Trévidic, juge antiterroriste, 7 avril 2015.

INFOS

▶ La **loi sur le renseignement** a été votée le 24 juin 2015.
▶ Elle fixe notamment **la durée de conservation des renseignements recueillis** : par exemple 30 jours pour les emails et 120 jours pour la captation d'images ou de données informatiques.

Ce que permet l'état d'urgence

Assigner

certaines personnes à résidence

Perquisitionner

à domicile de jour comme de nuit

Interdire

l'accès à un département

la circulation de personnes ou de véhicules

des réunions ou dissoudre des associations

Ordonner

la fermeture provisoire de certains lieux de réunion

la remise des armes par leurs propriétaires

4 L'état d'urgence

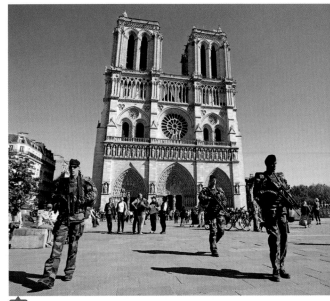

5 Des soldats patrouillent devant Notre-Dame de Paris, avril 2015

6 L'opération Sentinelle

Après les attentats de janvier 2015, une mobilisation sans précédent de l'armée sur le territoire national est décrétée.

J'ai décidé ce matin que cette opération, qui prendra le nom d'opération Sentinelle, serait prolongée, ce qui conduira à mettre dans les effectifs prévus 7 000 militaires de façon durable.

La sécurité, la protection, l'indépendance, sont des principes qui ne se négocient pas, car il en va de la force de nos idées et de nos valeurs, et de la capacité de la France à les défendre. Et, également, je suis convaincu que cette mobilisation exceptionnelle que nous engageons avec le gouvernement, sera vécue par les Français comme un moyen de s'engager eux-mêmes pour la cohésion nationale.

■ Déclaration de François Hollande, président de la République française, sur la politique de défense de la France, 29 avril 2015.

Activités

Question clé | Le droit à la sécurité peut-il justifier de limiter les libertés ?

ITINÉRAIRE 1

▶ **Je prélève des informations dans les documents**

1 Doc 4 à 6. Quelles mesures ont été prises par le gouvernement face à la menace terroriste en France ? Comment assurent-elles la sécurité ?

2 Doc 1, 3, 4, 5 et 6. Comment ces mesures de sécurité permettent-elles l'exercice des libertés ?

3 Infos, doc 2, 3 et 4. Comment ces mesures peuvent-elles porter atteinte aux libertés ?

▶ **J'argumente à l'écrit**

4 Selon vous, les mesures de sécurité durant l'état d'urgence sont-elle destinées à limiter les libertés ?

ITINÉRAIRE 2

site élève
⬇ coup de pouce

▶ **J'organise un débat**

Avec votre professeur(e), vous organisez un débat dans votre classe sur la relation entre sécurité et libertés. Proposez des arguments sur les thèmes suivants :
– les mesures de sécurité protègent-elles les libertés ?
– les mesures de sécurité mettent-elles fin aux libertés ?

MÉTHODE

▶ En groupe, en vous appuyant sur les documents, faites la liste des arguments répondant aux questions posées.
▶ Quels arguments allez-vous défendre personnellement ?

La liberté, pour vivre ensemble

➡ **Pourquoi, pour être libre, faut-il respecter la liberté des autres ?**

A La conquête des libertés

1. De longs **combats** ont été menés en France pour la reconnaissance des libertés, par exemple le droit de vote obtenu par les hommes en 1848 et par les femmes en 1944. La Déclaration universelle des droits de l'homme (1948) proclame les libertés. Des **conventions** comme la **Convention européenne des droits de l'homme** (1950), les garantissent.

2. On parle de **libertés fondamentales** : **individuelles** (liberté de la personne, de pensée, d'expression) et **collectives** (liberté d'association). Avec l'évolution de la société, de nouvelles libertés ont été reconnues pour mieux les protéger comme le **droit au respect de sa vie privée, le droit d'accès à Internet**...

B Démocratie et libertés

1. Les **libertés** font vivre la **démocratie**. Elles sont inscrites dans la Constitution comme la **laïcité**, principe d'égalité, de liberté et de respect de l'autre. Depuis la loi de séparation des Églises et de l'État (1905), la **République est laïque**. L'usage des libertés ne doit porter atteinte ni à la liberté d'autrui, ni à **l'ordre public**.

2. La **sécurité** est un **droit**. L'État a le devoir de **protéger les personnes et les biens** par la lutte contre la délinquance et le terrorisme. Si la sécurité garantit les libertés, elle peut aussi les **limiter** par l'usage de technologies qui portent atteinte au **respect de la vie privée**, par exemple la vidéosurveillance.

chez moi

● **Je vérifie que je connais les principaux repères du chapitre.**

Je sais définir et utiliser dans une phrase :
▸ liberté d'expression
▸ laïcité
▸ sécurité

Je sais expliquer :
▸ pourquoi la laïcité garantit les libertés.
▸ que les libertés se sont construites par le combat des citoyens.
▸ pourquoi la sécurité est un droit.

VOCABULAIRE

▸ **Démocratie**
Régime politique dans lequel le peuple exerce le pouvoir. Les opinions peuvent s'y exprimer librement et les gouvernants sont désignés par le peuple lors d'élections libres. La République française est une démocratie.

▸ **Sécurité**
Mesures décidées par l'État, pour protéger la société contre les dangers et agressions qui porteraient atteinte à la liberté de chacun, au quotidien.

Les valeurs de la République

▸ **Laïcité**
L'État, en ne favorisant aucune religion, permet à tous l'exercice de la liberté de conscience, la liberté de pratiquer ou non une religion. La laïcité symbolise les valeurs de liberté, d'égalité et de respect.

▸ **Liberté**
Après 1789, les libertés fondamentales sont reconnues à tous les êtres humains. Des limites leur sont apportées pour permettre à chacun de les exercer, dans le respect de celles des autres.

site élève
⬇ mon bilan de compétences

1 Je mets en relation liberté d'expression et démocratie

↳ SOCLE : Domaine 5

La liberté de la presse et des médias dans le monde

D'après le Comité pour la protection des journalistes, 220 journalistes sont actuellement sous les verrous « pour l'exercice de leur profession ». La Chine détient le record mondial de journalistes incarcérés. Le verrouillage de la parole critique est toujours un problème d'actualité en Iran. Du haut de ses 17 prisonniers, l'Éthiopie occupe le quatrième rang, suivie, dans l'ordre, par le Vietnam, la Syrie, l'Égypte, la Birmanie... La Turquie est régulièrement pointée du doigt pour ses atteintes à la démocratie. Les motifs des arrestations sont invariablement les mêmes : « subversion », « terrorisme », mais aussi « diffamation » et « offense ». Ce qui n'a pas empêché 20 % des reporters d'être poursuivis sans même qu'un chef d'accusation n'ait été « formulé publiquement ».

Les menaces pèsent aussi bien sur les professionnels que sur les blogueurs et les activistes des réseaux sociaux. Les journalistes en ligne représentent plus de la moitié des journalistes emprisonnés. 83 travaillaient pour des organes de presse écrite, 15 à la radio et 14 à la télévision.

■ D'après www.lesinrocks.com, 18 décembre 2014.

QUESTIONS

❶ Que dénonce le Comité pour la protection des journalistes ? Quels pays sont particulièrement concernés ?

❷ Qui sont les journalistes emprisonnés ?

❸ Pourquoi peut-on affirmer que leur emprisonnement est dû à l'absence de liberté dans les pays dans lesquels ils exercent ?

2 Je connais les caractéristiques d'un État démocratique

↳ SOCLE : Domaine 3

1 Trois femmes au gouvernement en 1936

Suzanne Lacore

Institutrice et militante socialiste, nommée à la Santé publique et à la Protection de l'enfance.

Cécile Brunschvicg

Présidente de l'Union française pour le suffrage des femmes, nommée à l'Éducation nationale.

Irène Joliot-Curie

Prix Nobel de chimie 1935, nommée à la Recherche scientifique.

2 La reconnaissance des droits politiques des femmes, 1944

Ordonnance du 21 avril 1944 relative à l'organisation des pouvoirs publics en France après la Libération.

Art. 17 – Les femmes sont électrices et éligibles dans les mêmes conditions que les hommes.

QUESTIONS

❶ **Doc 1.** Pour quelles compétences ces femmes participent-elles au gouvernement en 1936 ?

❷ **Doc 2.** D'après vos connaissances, quels sont les droits politiques des femmes en 1936 ?

❸ **Doc 1 et 2.** Quels peuvent être les arguments du combat féministe dans les années 1930 ?

❹ Quelle est votre réaction face à la situation en 1936 ?

18 Le droit et la justice, au service de tous

→ Quel est le rôle du droit et de la justice dans le règlement des conflits ?

Au cycle 4, en 5ᵉ

J'ai appris que nous sommes tous égaux en droit et que la loi est là pour faire respecter les droits de chacun.

Ce que je vais découvrir

Je vais réfléchir à ce que serait une société sans droit ni justice et je vais découvrir comment et selon quels principes fonctionnent le droit et la justice dans la République française.

1 La maison de la justice et du droit (MJD)

Ses missions : informations juridiques par des professionnels du droit (avocats, juristes) ; aide aux victimes ; solutions à l'amiable pour de petits désaccords ; protection judiciaire de la jeunesse.

Ville de Saint-Denis (Seine-Saint-Denis), 2015.

Pierre RAMAT
Délégué du procureur de la République

2 Présentation d'une MJD
Saint-Quentin-en-Yvelines (Yvelines), 2009.

site élève
⬇ lien vers la vidéo

« La loi est l'expression de la volonté générale. […] Elle doit être la même pour tous, soit qu'elle protège, soit qu'elle punisse. »

Art. 6 de la Déclaration des droits de l'homme et du citoyen, 1789.

3 Un procès en cour d'assises

La cour d'assises juge les crimes. Des jurés siègent avec les magistrats.

Dessin de Noëlle Herrenschmidt.

Ils rendent le verdict.

Président et assesseurs + 6 jurés

4 La cour rend son verdict

site élève
lien vers la vidéo

Le droit, pour vivre ensemble

Question clé Pourquoi ne peut-on pas vivre ensemble sans le droit ?

PISTES EPI Français

1 Le Loup et l'Agneau

La raison du plus fort est toujours la meilleure :
Nous l'allons montrer tout à l'heure.

Un Agneau se désaltérait
Dans le courant d'une onde pure.
5 Un Loup survient à jeun qui cherchait aventure,
Et que la faim en ces lieux attirait.
« Qui te rend si hardi de troubler mon breuvage ?
Dit cet animal plein de rage :
Tu seras châtié de ta témérité.
10 — Sire, répond l'Agneau, que Votre Majesté
Ne se mette pas en colère ;
Mais plutôt qu'elle considère
Que je me vas désaltérant
Dans le courant,
15 Plus de vingt pas au-dessous d'Elle ;
Et que par conséquent, en aucune façon,
Je ne puis troubler sa boisson.
— Tu la troubles, reprit cette bête cruelle,
Et je sais que de moi tu médis l'an passé.
20 — Comment l'aurais-je fait si je n'étais pas né ?
Reprit l'Agneau, je tette encor ma mère.
— Si ce n'est toi, c'est donc ton frère.
— Je n'en ai point. — C'est donc quelqu'un des tiens ;
Car vous ne m'épargnez guère,
Vous, vos bergers et vos chiens.
25

On me l'a dit : il faut que je me venge. »
Là-dessus, au fond des forêts
Le Loup l'emporte et puis le mange,
Sans autre forme de procès.

■ Jean de La Fontaine, *Fables*, Livre 1, fable 10, 1668.

Illustration de Marc Chagall, 1926-1927.

2 Aujourd'hui, que serait un monde sans droit ?

Si les droits de chacun par rapport aux autres ne sont pas déterminés, c'est le chaos, le chacun pour soi, la guerre entre nous... [...] Si le football pouvait se jouer sans règles et sans arbitre, marquer un but n'aurait aucun sens. Si la loi ne précisait pas que ta maison ou que ce qui t'appartient t'est réservé, tout le monde pourrait venir y habiter ou prendre tes affaires sans te demander ton avis.

■ http://www.initiadroit.com/le-droit.php, 2015.

Le droit, on en a besoin pour que la vie ait des limites.

Le droit nous apprend à nous respecter les uns les autres.

On ne savait pas que le droit est applicable à la vie de tous les jours.

3 Paroles de jeunes
www.initiadroit.com/le-droit.php, 2015.

4 Le droit au quotidien

Art. R. 412-28 du Code de la route

→ Le fait, pour tout conducteur, de circuler en sens interdit est puni de l'amende prévue pour les contraventions de la quatrième classe (750 €).

Art. 312.2 du Code pénal

→ L'extorsion est punie de 10 ans d'emprisonnement et de 150 000 € d'amende.

Art. 11 de la Déclaration des droits de l'homme et du citoyen (1789)

→ Tout citoyen peut parler, écrire, imprimer librement, sauf à répondre de l'abus de cette liberté dans les cas déterminés par la loi.

Art. 213 du Code civil

→ Les époux assurent ensemble la direction morale et matérielle de la famille. Ils pourvoient à l'éducation des enfants et préparent leur avenir.

5 J'ai le droit !

Cette expression signifie : « j'applique la loi qui crée les droits de chacun ».

La loi pose aussi une limite aux droits de chacun, celle de respecter les droits des autres. Sans cette obligation commune, les droits des uns et des autres n'existeraient plus.

Notre liberté a pour limite le respect des droits des autres. La loi prévoit des sanctions contre ceux qui ne respectent pas cette loi fondamentale.

 www.initiadroit.com/ le-droit.php, 2015.

Activités

Question clé — Pourquoi ne peut-on pas vivre ensemble sans le droit ?

ITINÉRAIRE 1

ou

ITINÉRAIRE 2

site élève
📥 coup de pouce

▶ **Je prélève des informations dans les documents**

❶ **Doc 1.** Relevez les traits de caractère et le comportement des deux personnages de la fable. De quelle manière le conflit est-il résolu ?

❷ **Doc 1 et 2.** Expliquez la morale de la fable. Que signifierait aujourd'hui une société où régnerait la loi du plus fort ?

❸ **Doc 3, 4 et 5.** Avoir le droit, est-ce avoir tous les droits ?

▶ **J'argumente à l'écrit**

❹ Pourquoi peut-on affirmer que le droit est présent à tout moment dans notre société et qu'il permet de vivre ensemble ?

▶ **Je m'exprime à l'oral**

Avec l'aide de votre professeur(e), vous organisez un débat dans votre classe sur la nécessité du règlement intérieur du collège. Partez d'une scène que vous aurez imaginée et lancez le débat : « Pourquoi un règlement intérieur au collège ? »

MÉTHODE

▶ En équipe, imaginez la scène qui pose problème.
▶ Réfléchissez : que se serait-il passé sans le règlement ?
▶ Formulez des arguments qui montrent que le règlement est nécessaire au collège.

SOCLE Compétences

▶ **Domaine 3** : Je comprends les grands principes de la justice en France
▶ **Domaine 2** : J'apprends à travailler en équipe

La justice, pourquoi ?

CONSIGNE

Comment la justice est-elle rendue en France ?

À partir des documents proposés, vous allez devoir vous interroger sur différentes façons de rendre la justice pour comprendre de quelle manière et selon quels principes la justice est rendue aujourd'hui en France.

À partir des présentations orales de chaque équipe, vous rédigerez un bilan qui mettra en évidence les avantages et les moyens d'une justice équitable et impartiale face à une justice privée ou dépendant de la volonté d'un seul individu.

ÉQUIPE 1

Le duel : rendre sa propre justice

Vous allez présenter à vos camarades la situation qui a provoqué le duel, le dilemme devant lequel se retrouve Don Rodrigue et les conséquences du duel. Vous donnerez les différents points de vue de votre équipe sur cette forme de justice.

1 La cause du duel

Rodrigue, fils de Don Diègue, et Chimène, fille de Don Gomès, sont amoureux. Mais Don Gomès et Don Diègue sont rivaux, car le roi vient de charger Don Diègue de l'éducation de son fils.

Acte I, scène 3

LE COMTE [DON GOMÈS]
Enfin vous l'emportez, et la faveur du Roi
Vous élève en un rang qui n'était dû qu'à moi[1] :
DON DIÈGUE
Qui n'a pu l'obtenir ne le méritait pas.
LE COMTE [DON GOMÈS]
Ne le méritait pas ! moi ?
DON DIÈGUE
                              Vous.
LE COMTE [DON GOMÈS]
                              Ton impudence,
Téméraire vieillard, aura sa récompense.
(Il lui donne un soufflet[2].)
DON DIÈGUE, *mettant l'épée à la main.*
Achève, et prends ma vie après un tel affront,
Le premier dont ma race ait vu rougir son front.

■ Corneille, *Le Cid*, 1637.

1. Don Diègue a obtenu la charge de l'éducation du prince.
2. Gifle.
3. J'ai des devoirs envers ma bien-aimée.

2 Le duel

Don Diègue a demandé à son fils Rodrigue de le remplacer dans le duel avec Don Gomès, le père de Chimène.

Acte I, scène 5

DON DIÈGUE
Enfin tu sais l'affront, et tu tiens la vengeance :
Je ne te dis plus rien. Venge-moi, venge-toi ; [...]

Acte I, scène 6

DON RODRIGUE
            [...] Il vaut mieux courir au trépas.
Je dois à ma maîtresse[3] aussi bien qu'à mon père :
J'attire en me vengeant sa haine et sa colère ;
J'attire ses mépris en ne me vengeant pas. [...]
    Allons, mon bras, sauvons du moins l'honneur,
    Puisqu'après tout il faut perdre Chimène. [...]

Lors du duel, Rodrigue tue Don Gomès.

■ Corneille, *Le Cid*, 1637.

Un juge tout-puissant

ÉQUIPE 2

Présentez à vos camarades la scène de justice décrite ici et expliquez comment Azdak procède pour juger l'affaire ainsi que la décision qu'il prend. Vous présenterez les différents points de vue de votre équipe sur cette forme de justice.

3 L'épreuve du cercle de craie

Groucha, jeune paysanne, se sacrifie pour sauver l'enfant d'un gouverneur assassiné dont la mère s'est enfuie. Elle s'attache à lui. Quand tout danger est écarté, la mère revient et demande à la justice de lui rendre son enfant.

Azdak : [...] En tant que juge, j'ai le devoir de choisir une mère pour l'enfant. Je vais organiser une épreuve. Chauva, prends un morceau de craie. Trace un cercle sur le sol. Place l'enfant à l'intérieur. Plaignante et accusée, placez-vous à côté du cercle toutes les deux ! Prenez l'enfant par la main, la vraie mère aura la force d'attirer l'enfant hors du cercle. [...] Tirez ! [...]

(La femme du gouverneur tire l'enfant jusqu'à elle, hors du cercle. Groucha l'a lâché et reste pétrifiée.)

Azdak, *à Groucha* : Qu'est-ce qui te prend ? Tu n'as pas tiré.

Groucha : Je ne le tenais pas bien. *(Elle court vers Azdak.)* Votre Grâce, si seulement je pouvais le garder jusqu'à ce qu'il connaisse tous ses mots. Il n'en connaît que quelques-uns.

Azdak : N'influence pas la cour ! Je parie que toi-même tu n'en connais que vingt. Bon, j'organise l'épreuve encore une fois, pour trancher définitivement.

(Les deux femmes se mettent en place encore une fois.) Tirez !

Mise en scène de Fabian Chappuis au Théâtre 13/Seine, Paris, 17 janvier-3 mars 2013.

Groucha, *désespérée* : Je l'ai élevé ! Est-ce que je dois le déchirer ? Je ne le peux pas.

Azdak *se lève* : Et ainsi la cour a constaté qui était la vraie mère. *(À Groucha.)* Prends ton enfant et emmène-le loin d'ici.

■ Extrait de la pièce *Le Cercle de craie caucasien* de Bertolt Brecht, 1945, traduit de l'allemand par Georges Proser, © L'Arche Éditeur, Paris, 1983.

Au tribunal correctionnel, aujourd'hui

ÉQUIPE 3

Présentez à vos camarades les raisons du conflit évoqué ici. Expliquez par qui et comment ce conflit a été réglé. Vous présenterez les différents points de vue de votre équipe sur cette forme de justice.

4 Un procès au tribunal correctionnel de Rennes

Ce jour-là, peu avant 18 heures, [un] supporter veut aller aux toilettes. Le stadier refuse : « À la 85e minute, on est en plein dispositif de fin de match, il va falloir attendre cinq minutes. » Le supporter s'emporte de ce refus et gifle violemment le stadier. [...]

L'homme de 23 ans s'expliquait, jeudi à Rennes, en audience correctionnelle : « Je regrette. Je connais cet agent, je suis les matchs au stade depuis 7 ans. J'avais bu de la vodka. » [...]

Le prévenu a été condamné à deux mois de prison avec sursis. Il doit 150 € au stadier.

■ *Ouest-France*, 7 mars 2015.

Un tribunal correctionnel (Montpellier, 2015).

SOCLE Compétences
▶ **Domaine 3** : Je comprends le fonctionnement de la justice
▶ **Domaine 3** : Je comprends les principes de la justice

L'organisation de la justice en France

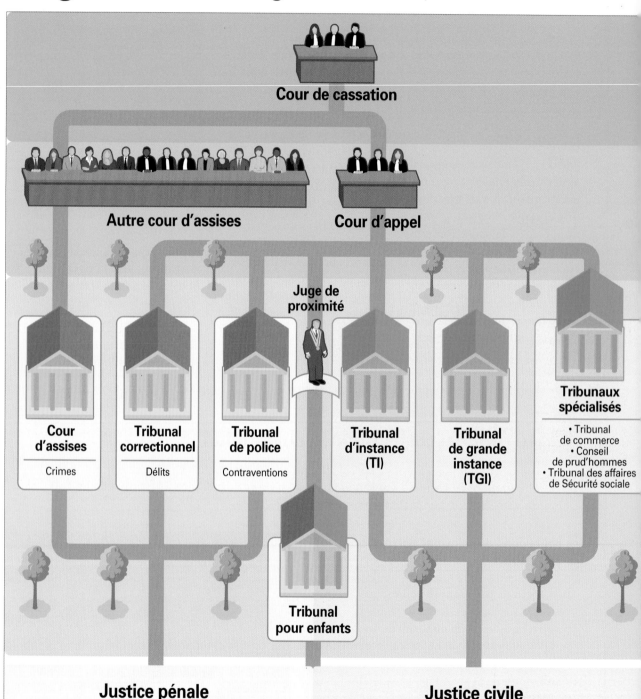

Cour de cassation

Autre cour d'assises

Cour d'appel

Juge de proximité

Cour d'assises	Tribunal correctionnel	Tribunal de police	Tribunal d'instance (TI)	Tribunal de grande instance (TGI)	Tribunaux spécialisés
Crimes	Délits	Contraventions			• Tribunal de commerce • Conseil de prud'hommes • Tribunal des affaires de Sécurité sociale

Tribunal pour enfants

Justice pénale
Punir les auteurs d'infractions

Justice civile
Juger les litiges entre personnes privées

ORDRE JUDICIAIRE

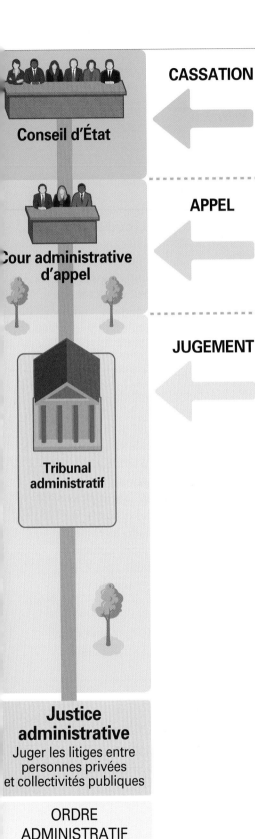

CASSATION

Conseil d'État

APPEL

Cour administrative d'appel

JUGEMENT

Tribunal administratif

Justice administrative
Juger les litiges entre personnes privées et collectivités publiques

ORDRE ADMINISTRATIF

QUESTIONS

❶ Quels sont les trois types de justice qui existent en France ?

❷ De quelles affaires s'occupe chaque type de justice ? Quels sont les tribunaux qui correspondent à chacune de ces missions ?

❸ Un jugement peut-il être modifié ? Justifiez votre réponse.

❹ Les enfants dépendent-ils des mêmes tribunaux que les adultes ?

VOCABULAIRE

▸ **Conseil de prud'hommes**
Juridiction civile qui règle les différends entre salariés et employeurs.

▸ **Infraction**
Acte, parole, comportement puni par la loi. Elle peut être une contravention, un délit, un crime.

▸ **Juge de proximité**
Magistrat non professionnel, en activité ou retraité (avocat, enseignant, chef d'entreprise…). Il est compétent pour juger des conflits civils de la vie courante n'excédant pas 4 000 € (le juge de proximité ne juge pas au pénal).

▸ **Tribunal correctionnel**
Juridiction pénale qui juge les délits (vols, violences, infractions de la circulation routière…), passibles d'amendes et, pour la plupart, de peines d'emprisonnement.

▸ **Tribunal d'instance**
Il règle les litiges de la vie quotidienne (loyers impayés…) pour lesquels la demande porte sur des sommes comprises entre 4 000 et 10 000 €. Les affaires sont jugées par un juge unique, assisté d'un greffier (chargé de retranscrire les débats).

▸ **Tribunal de grande instance**
Il statue sur ce qui concerne l'identité des personnes, le droit des familles (adoption, divorce, héritage, etc.) et a la charge des affaires dont les montants sont supérieurs à 10 000 €.

SOCLE Compétences
- **Domaine 3** : J'exprime mes sentiments et je suis capable d'écoute
- **Domaine 2** : Je sais planifier les étapes de mon travail

La justice civile : un procès au tribunal d'instance

CONSIGNE

Lors d'une audience au tribunal d'instance au sujet d'un litige entre particuliers, les professionnels du droit s'expriment : le juge d'instance, les avocats des parties en conflit. Avec votre classe, participez à un jeu de rôles en reconstituant le débat qui a pu avoir lieu lors de cette audience en vous mettant à la place du juge et des deux avocats.

1 Le litige

Mme P., divorcée et mère de deux enfants, ne peut plus payer son loyer depuis plusieurs mois. Le propriétaire de son appartement, M. B., a besoin de cet argent pour vivre : son avocat a donc assigné la locataire en justice. Cette dernière, en difficulté financière, demande un délai de paiement. Elle risque l'expulsion. Le tribunal d'instance doit trancher.

2 Qu'est-ce qu'un tribunal d'instance ?

Justirama, ministère de la Justice.

> site élève
> ⤓ lien vers la vidéo

3 Le début et la fin de l'audience

Le juge d'instance

> Maître, vous représentez M. B. en vue d'obtenir une clause résolutoire[1] concernant Mme P.

À vous de jouer !

Reconstituez le débat contradictoire qui a pu avoir lieu lors de l'audience.

Le juge d'instance

> Madame, le tribunal n'a pas encore rendu son jugement mais vous êtes bien consciente que s'il vous accorde des délais de paiement, il faudra les respecter sinon le propriétaire sera en droit de vous faire expulser sans repasser devant le tribunal.

Le jugement sera rendu le 21 juin (2 mois après).

1. Annulation d'un bail de location qui peut entraîner l'expulsion du locataire.

INFOS

Le **tribunal d'instance** règle les **petits litiges de la vie quotidienne** (loyers impayés, contestation de limites de propriétés, crédits à la consommation...), pour lesquels la demande porte sur des sommes comprises entre 4 000 et 10 000 €. Les affaires sont jugées par un **juge unique**, assisté d'un **greffier** chargé de retranscrire les débats.

VOCABULAIRE

▸ **Débat contradictoire**
Lors d'une audience, chaque partie peut s'exprimer pour donner ses arguments.

▸ **Litige**
Désaccord sur l'application du droit, donnant lieu à un arbitrage ou à un procès.

4 La salle d'audience

5 Les acteurs de l'audience

Le juge d'instance

C'est le juge. Il présente le dossier, pose des questions aux deux parties pour avoir des éléments qui pourront fonder sa décision et écoute leurs arguments.
Il prononce son jugement à la fin de l'audience ou annonce la date à laquelle il sera rendu.

L'avocate de Mme P.

Elle défend sa cliente, la locataire. Elle la conseille et effectue pour elle des démarches pour récupérer la pension alimentaire non payée, demander un logement social auprès de la mairie. Elle met en avant que l'on ne peut pas moralement expulser une mère de deux enfants et demande des délais de paiement pour la dette de la locataire.

La locataire

Elle vit seule avec ses deux enfants de 6 et 9 ans depuis son divorce, il y a 2 ans. Son loyer s'élève à 1 200 € et son salaire est de 1 600 €. Elle compte sur la pension alimentaire, mais son ex-mari ne lui en a pas versée depuis des mois, et sur les allocations familiales. Elle a demandé une aide financière au logement.

L'avocat de M. B.

Il représente son client, le propriétaire. Celui-ci a besoin du loyer pour vivre. C'est son seul revenu. Il met en avant, avec un peu d'emportement, que ce n'est pas à son client de subir les conséquences de la situation familiale et financière de sa locataire. Il réclame le paiement de la dette et le respect du paiement du loyer à bonne date.

COUP DE POUCE

Pour effectuer ce jeu de rôles, vous devez respecter plusieurs étapes.

▶ **Étape 1**
Doc 1 à 5. Prenez connaissance du déroulement de l'audience et des différents personnages qui prennent la parole.

▶ **Étape 2**
Doc 3. Entre les deux interventions du juge d'instance, que s'est-il passé ? Appuyez-vous sur la présentation des différents personnages (**doc 5**) et sur le dessin de l'audience (**doc 4**) pour reconstituer le débat. Les autres élèves de la classe constituent le public, silencieux et attentif.

▶ **Étape 3**
À la fin de l'audience, chaque élève du public fait part de ses impressions :
– sur les arguments des avocats ;
– sur le jugement final ;
– sur le jeu des acteurs...

▶ **Étape 4**
Rédigez quelques lignes sur les dilemmes auxquels doivent faire face les juges et sur l'importance du débat contradictoire et du droit à la défense pour un procès équitable.

SOCLE Compétences
- **Domaine 3** : Je comprends les raisons de l'obéissance à la loi
- **Domaine 1** : J'explique les grands principes de la justice : procès équitable, droit de la défense

La justice pénale : une audience au tribunal correctionnel

CONSIGNE

Vous avez pour tâche de réaliser un exposé qui présente le rôle et le fonctionnement d'un tribunal correctionnel. Grâce aux documents proposés et au schéma sur la justice p. 366-367, vous présenterez ses missions, son fonctionnement, les acteurs en présence et le respect des principes de la justice.

1 Une affaire de conduite en état d'ivresse

Le président du tribunal. – M. B., le 16 septembre dernier, vous avez été contrôlé conduisant un scooter sans assurance avec un taux d'alcoolémie de 0,61 mg/l. Vous avez outragé par parole les deux fonctionnaires de police qui vous ont contrôlé. Vous avez déjà été condamné à de nombreuses peines, pour vol, conduite en état d'ivresse...

Le prévenu. – Cela fait 15 mois que je suis sorti de prison. Depuis, je n'ai pas commis une seule infraction. Mais j'ai perdu mon travail, je dois m'occuper de mon petit frère et de ma mère. Et je crois que j'ai un problème avec l'alcool.

Le président. – Je comprends que la situation soit difficile pour vous en ce moment.

Le prévenu. – Si je dois être incarcéré, je préférerais que ce soit en psychiatrie, qu'on puisse m'aider à me soigner.

Le procureur. – M. B. a besoin d'avoir peur de la justice. Je demande pour M. B. 12 mois de prison avec sursis et mise à l'épreuve. C'est une peine utile pour la société, et aussi pour M. B.

L'avocat de la défense. – C'est le pousser dans le gouffre ! Il a reconnu les faits et il faut prendre en compte sa situation. Je demande une peine d'injonction de soins et un suivi en cure de désintoxication.

Le tribunal se retire pour délibérer.

Le président. – M. B., Le tribunal vous a reconnu coupable des faits qui vous sont reprochés. Il vous condamne à 9 mois de réclusion avec sursis et mise à l'épreuve et 18 mois d'obligation de soins et de suivi professionnel. Il vous condamne à payer à chacun des deux fonctionnaires de police la somme de 150 €. Il faut maintenant renoncer à ce genre de comportement.

■ Extraits de l'affaire « Conduite sans permis », une audience devant le tribunal correctionnel de Marseille, justimemo.justice.gouv.fr/, 2010.

2 La vidéo de l'audience
« Comparution immédiate : conduite sans permis ».

Prévenu

3 Qu'est-ce que le tribunal correctionnel ? site élève / lien vers la vidéo
Justirama, ministère de la Justice.

INFOS

Le tribunal correctionnel est une juridiction pénale qui juge les délits (vols, violences, infractions de la circulation routière. .). Ils sont passibles d'amende et, pour la plupart, de peines d'emprisonnement.

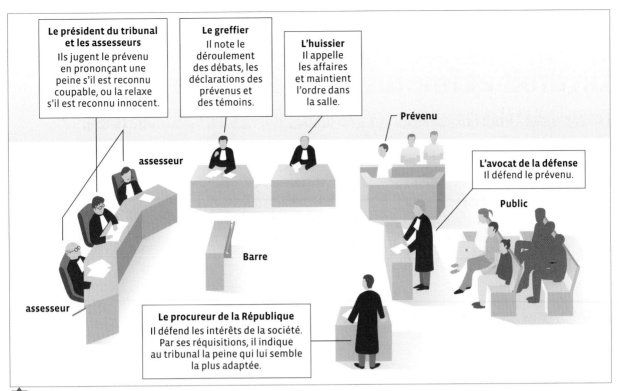

Le président du tribunal et les assesseurs
Ils jugent le prévenu en prononçant une peine s'il est reconnu coupable, ou la relaxe s'il est reconnu innocent.

Le greffier
Il note le déroulement des débats, les déclarations des prévenus et des témoins.

L'huissier
Il appelle les affaires et maintient l'ordre dans la salle.

Prévenu

L'avocat de la défense
Il défend le prévenu.

Public

assesseur

Barre

assesseur

Le procureur de la République
Il défend les intérêts de la société. Par ses réquisitions, il indique au tribunal la peine qui lui semble la plus adaptée.

4 La salle d'audience du tribunal correctionnel

▸ **Comparution immédiate**
Jugement d'une personne le jour même où elle a commis un délit passible d'une peine d'emprisonnement.

▸ **Peine avec sursis**
Sanction que le condamné est dispensé d'exécuter à condition qu'il se soumette à certaines obligations (ne pas récidiver, travail d'intérêt général...).

▸ **Prévenu**
Personne poursuivie pour un délit, qui n'a pas encore été jugée.

5 Ce que dit la loi

a. Déclaration des droits de l'homme et du citoyen (1789)

Art. 7 – Nul ne peut être accusé, arrêté ou détenu que dans les cas déterminés par la loi [...].

Art. 8 – La loi ne doit établir que des peines strictement et évidemment nécessaires, et nul ne peut être puni qu'en vertu d'une loi [...] légalement appliquée.

Art. 9 – Tout homme [est] présumé innocent jusqu'à ce qu'il ait été déclaré coupable.

b. Convention européenne de sauvegarde des droits de l'homme et des libertés fondamentales (1950)

Art. 6 – Toute personne a droit à ce que sa cause soit entendue équitablement, publiquement et dans un délai raisonnable, par un tribunal indépendant et impartial.

site élève
⤓ tableau à imprimer

Pour vous aider à réaliser votre exposé, reproduisez et complétez le tableau suivant.

Principes de la justice	Application de ces principes au cours de l'audience
Un tribunal impartial	
Les droits de la défense	
La présomption d'innocence	Elle n'est prise en compte que lorsque le prévenu n'a pas été pris en flagrant délit, ce qui le rendrait coupable.
Un jugement équitable, en application de la loi	
Le respect des victimes	

▸ Votre professeur(e) a peut-être pris rendez-vous auprès du tribunal de grande instance de votre département afin que votre classe assiste à une audience au tribunal correctionnel. Dans ce cas, illustrez votre exposé par votre propre témoignage sur les affaires auxquelles vous aurez assisté.

SOCLE Compétences
▶ **Domaine 3** : Je connais le statut juridique de l'enfant
▶ **Domaine 1** : J'apprends à communiquer avec les adultes

Un droit et une justice pour les mineurs

Question clé Pourquoi un droit et une justice particuliers pour les mineurs ?

1 Le saviez-vous ?

> J'ai envie d'un tatouage. Mes parents ne sont pas tout à fait d'accord, mais je vais le faire quand même.

Émilie, 15 ans

> Mes parents divorcent. Je voudrais choisir avec lequel je veux vivre.

Bilel, 13 ans

→ Les tatouages et les piercings sont interdits sur les mineurs sans l'autorisation écrite des parents ou du représentant légal.

→ Le mineur peut donner son avis, mais c'est aux parents de décider ce qui est le mieux pour l'enfant. S'ils ne sont pas d'accord, le juge aux affaires familiales prendra la décision.

> Mes parents m'interdisent de surfer sur Internet après 23 heures. Est-ce normal ?

Fatimatou, 13 ans

→ Se coucher tard est source de fatigue. Or, la loi oblige les parents à assurer la protection de leur enfant, son éducation et son développement. C'est « **l'autorité parentale** ».

> J'ai commis un vol. Que peut-il m'arriver ?

Maïa, 14 ans

→ Le mineur peut être interpellé par les services de police. S'il a plus de 13 ans, il peut être placé en garde à vue. Il a droit à un avocat et à un médecin. Ses parents sont prévenus. Si son infraction est reconnue par le procureur de la République, il sera jugé par un tribunal pour enfants.

2 Des droits qui s'acquièrent avec l'âge

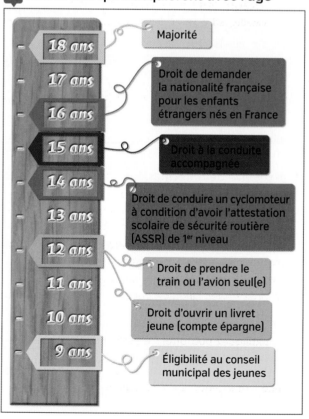

18 ans — Majorité

17 ans

16 ans — Droit de demander la nationalité française pour les enfants étrangers nés en France

15 ans — Droit à la conduite accompagnée

14 ans — Droit de conduire un cyclomoteur à condition d'avoir l'attestation scolaire de sécurité routière (ASSR) de 1er niveau

13 ans

12 ans — Droit de prendre le train ou l'avion seul(e)

11 ans

10 ans — Droit d'ouvrir un livret jeune (compte épargne)

9 ans — Éligibilité au conseil municipal des jeunes

Le signalement

En danger | **Aide sociale** | **Signalement** | **Protection judiciaire**

*Avant que la justice n'intervienne, de nombreuses personnes sont là pour protéger les enfants des mauvais traitements. C'est la mission de l'**aide sociale à l'enfance**. Mais la situation peut être plus grave.*

→ Face aux situations plus graves, ou quand la prévention n'est pas possible, la justice intervient. Cette protection judiciaire s'appelle l'**assistance éducative**. Il faut prévenir le procureur qui va saisir le **juge des enfants** ; généralement, le procureur est contacté par les services de l'aide sociale à l'enfance, les forces de l'ordre, les médecins ou des particuliers.

→ Le **Code civil** explique qu'il faut qu'un aspect de la vie du mineur soit en danger :
• sa santé (maladie non soignée) ;
• sa sécurité ;
• sa moralité.

→ Ou que sa situation soit gravement compromise :
• son éducation ;
• son développement physique, affectif, intellectuel et social.

→ Le **procureur** va examiner le dossier et l'orienter. Certains dossiers ne nécessitent pas vraiment l'intervention de la justice. Tous les autres sont transmis au juge des enfants, parfois en demandant une mesure spéciale (enquête sociale, placement, etc.).

3 **Protéger les mineurs en danger**

www.ado.justice.gouv.fr/index.php?page=enfance_en_danger.

JUGE DES ENFANTS

4 **Le juge des enfants : au service des mineurs**

site élève
lien vers la vidéo

INFOS

L'ordonnance du 2 février 1945 crée une justice particulière pour les mineurs, considérant que la justice des adultes ne leur est pas adaptée. **Son rôle : éduquer et prévenir.** Elle crée le **juge des enfants** assisté des éducateurs de la protection judiciaire de la jeunesse (PJJ) qui, en application des décisions du juge, suivent les mineurs délinquants afin de les **réinsérer dans la société**.

Activités

Question clé **Pourquoi un droit et une justice particuliers pour les mineurs ?**

ITINÉRAIRE 1

ou

ITINÉRAIRE 2

site élève
coup de pouce

▶ **Je prélève des informations dans les documents**

❶ Doc 1 et 2. Montrez qu'il y a un droit spécifique pour les mineurs en relevant les exemples qui vous concernent et expliquez vos choix.

❷ Doc 3 et 4. Pour quelles raisons un mineur peut-il croiser le chemin de la justice ?

❸ Doc 4. Quelles sont les missions du juge des enfants ? Avec l'aide de qui peut-il les mener à bien ?

▶ **J'argumente à l'écrit**

❹ Expliquez pourquoi il existe des droits spécifiques concernant les mineurs et en quoi le juge des enfants a une mission de protection et d'éducation face à des mineurs en difficultés.

▶ **Je m'engage dans une campagne d'information**

Dans votre collège, dans votre commune, interrogez les personnes qui pourront vous donner des informations sur le droit des mineurs, le rôle de la justice, les lieux d'information sur le droit des jeunes. À l'aide de leurs réponses, réalisez des affiches pour transmettre ces informations au collège.

MÉTHODE

▶ Classez vos informations.
▶ Trouvez des titres et des rubriques.
▶ Cherchez des illustrations.
▶ Composez votre affiche.

Le droit et la justice, au service de tous

→ **Quel est le rôle du droit et de la justice dans le règlement des conflits ?**

A Le droit, une nécessité pour vivre ensemble

1. Le **droit** est l'**ensemble des règles écrites qui s'imposent à tous dans les relations entre les personnes**. Par le droit, les membres de la société renoncent à la force pour résoudre leurs conflits. S'il garantit des droits et des libertés, il crée aussi des **obligations** : respecter le Code de la route, réparer les dommages causés à autrui...

2. Depuis la Révolution française, **la loi est la principale source du droit**. Issue du débat public, elle est l'expression de la volonté générale et tous doivent la respecter. Elle est votée par le Parlement et doit être conforme à la Constitution de la Vᵉ République et à ses valeurs.

B La justice au service de tous, pour mieux vivre ensemble

1. En 1789, l'État a institué une **même justice pour tous**. La justice protège, punit et arbitre les conflits. **Le procès doit être équitable** : débat contradictoire, respect des droits de la défense, peine proportionnelle à l'**infraction** commise. Si le justiciable est mécontent de la décision de justice, il a le droit de faire appel.

2. À chaque conflit, sa justice : la **justice civile** traite des **litiges** entre particuliers, la **justice pénale** punit les **infractions** à la loi, la **justice administrative** juge les litiges entre les personnes privées et les collectivités publiques. Chacun, sans distinction de nationalité, d'âge, de sexe, de revenus, peut recourir à la justice. **La justice est gratuite**, mais l'État a créé **l'aide juridictionnelle**, car tout procès entraîne des frais.

VOCABULAIRE

▸ **Droit**
Il définit, à travers des textes de lois, les droits et obligations de tous, pour nous permettre de vivre ensemble.

▸ **Infraction**
→ p. 367.

▸ **Litige**
Désaccord sur l'application du droit, donnant lieu à un arbitrage ou à un procès.

▸ **Loi**
Règle adoptée par le Parlement que doivent respecter tous les habitants d'un pays.

Les valeurs de la République

▸ **Esprit de justice**
Respect de la procédure judiciaire qui applique les **principes d'un procès juste et équitable** : respect du droit et application de la loi, débat contradictoire, droits de la défense, présomption d'innocence, proportionnalité des peines, droit de faire appel. . L'esprit de justice, c'est la **reconnaissance de la dignité humaine de chacun, au nom de l'égalité**.

Je révise chez moi

● **Je vérifie que je connais les principaux repères du chapitre.**

Je sais définir et utiliser dans une phrase :
▸ litige
▸ prévenu
▸ infraction

Je sais expliquer :
▸ ce qu'est le droit.
▸ quels principes un procès doit respecter pour être équitable.
▸ pourquoi il y a une justice pour les mineurs.

site élève
⬇ mon bilan de compétences

1 J'identifie le statut juridique du mineur

↳ **SOCLE :** Domaine 3

Fabrice a 17 ans. Depuis 3 ans, il est suivi par la justice d'abord pour vols de téléphones portables puis pour usage de cannabis et trafic de stupéfiants. Il est actuellement placé dans un centre éducatif fermé (CEF)[1]. Aujourd'hui, le tribunal pour enfants de Lille l'a convoqué pour fixer la peine qu'il encourra à sa sortie du CEF, mais aussi pour évaluer le chemin parcouru depuis son placement.

Comme il est mineur, son affaire est jugée à huis clos[2].

Interrogé par la juge des enfants, Fabrice explique qu'il prépare un diplôme, et qu'il s'entraîne régulièrement au football.

Les éducateurs du CEF évoquent son projet de devenir plombier. La procureure met en garde le tribunal sur le risque pour Fabrice de replonger dans la drogue à la sortie du CEF.

Le jugement est rendu : 4 mois de prison avec sursis et un TIG[3] de 115 heures.

La juge des enfants : « Le TIG, c'est une alternative à la prison. Mais la priorité des priorités, c'est d'abord d'obtenir votre diplôme. »

■ D'après un article de Laurence Neuer, *Le Point*, 6 juillet 2012.

1. Ces centres accueillent les mineurs délinquants récidivistes. C'est une alternative à la prison.
2. Pour protéger le mineur, la séance n'est pas publique.
3. Travail d'intérêt général.

QUESTIONS

❶ Que pensez-vous des décisions de justice prises à l'encontre de Fabrice ? Peuvent-elles s'appliquer à une personne majeure ayant commis les mêmes délits ?

❷ Qui suit l'évolution personnelle de Fabrice ? Dans quel but ?

❸ Pourquoi peut-on affirmer que la justice des mineurs délinquants privilégie l'éducation et non la répression ?

2 Je développe mon aptitude à la réflexion critique

↳ **SOCLE :** Domaine 2

Violence réciproque ou légitime défense ?

Les faits jugés se déroulent dans la nuit du 28 au 29 décembre 2014. Deux hommes, une jeune femme, de la jalousie et des propos qui tournent mal... Un duel d'armes blanches et de bouteilles cassées s'engage. Le plus âgé est grièvement blessé au thorax, l'autre s'en sort avec des « plaies de défense ».

Chacun porte plainte devant la justice et prend un avocat pour être défendu. Les deux avocates plaident la légitime défense de leur client.

Le tribunal retient la réciprocité des violences et condamne les deux hommes : le plus âgé, récidiviste, à 6 mois d'emprisonnement ; le plus jeune, inconnu de la justice jusqu'alors, à 3 mois de prison avec sursis.

■ D'après « Valenciennes : prison ferme après un duel nocturne », *La Voix du Nord*, 16 avril 2015.

QUESTIONS

❶ Quels actes ont été commis ?

❷ Qui est l'accusé ? Qui est la victime ?

❸ Pourquoi les peines prononcées ne sont-elles pas semblables ?

Textes de référence

Déclaration des droits de l'homme et du citoyen (26 août 1789)

Article 1er. Les hommes naissent et demeurent libres et égaux en droits. Les distinctions sociales ne peuvent être fondées que sur l'utilité commune.

Article 2. Le but de toute association politique est la conservation des droits naturels et imprescriptibles de l'homme. Ces droits sont la liberté, la propriété, la sûreté, et la résistance à l'oppression.

Article 3. Le principe de toute souveraineté réside essentiellement dans la nation. Nul corps, nul individu ne peut exercer d'autorité qui n'en émane expressément.

Article 4. La liberté consiste à pouvoir faire tout ce qui ne nuit pas à autrui : ainsi, l'exercice des droits naturels de chaque homme n'a de bornes que celles qui assurent aux autres membres de la société la jouissance de ces mêmes droits. Ces bornes ne peuvent être déterminées que par la loi.

Article 5. La loi n'a le droit de défendre que les actions nuisibles à la société. Tout ce qui n'est pas défendu par la loi ne peut être empêché, et nul ne peut être contraint à faire ce qu'elle n'ordonne pas.

Article 6. La loi est l'expression de la volonté générale. Tous les citoyens ont droit de concourir personnellement, ou par leurs représentants, à sa formation. Elle doit être la même pour tous, soit qu'elle protège, soit qu'elle punisse. Tous les citoyens étant égaux à ses yeux sont également admissibles à toutes dignités, places et emplois publics, selon leur capacité, et sans autre distinction que celle de leurs vertus et de leurs talents.

Article 7. Nul homme ne peut être accusé, arrêté ni détenu que dans les cas déterminés par la loi, et selon les formes qu'elle a prescrites. Ceux qui sollicitent, expédient, exécutent ou font exécuter des ordres arbitraires, doivent être punis ; mais tout citoyen appelé ou saisi en vertu de la loi doit obéir à l'instant : il se rend coupable par la résistance.

Article 8. La loi ne doit établir que des peines strictement et évidemment nécessaires, et nul ne peut être puni qu'en vertu d'une loi établie et promulguée antérieurement au délit, et légalement appliquée.

Article 9. Tout homme étant présumé innocent jusqu'à ce qu'il ait été déclaré coupable, s'il est jugé indispensable de l'arrêter, toute rigueur qui ne serait pas nécessaire pour s'assurer de sa personne doit être sévèrement réprimée par la loi.

Article 10. Nul ne doit être inquiété pour ses opinions, même religieuses, pourvu que leur manifestation ne trouble pas l'ordre public établi par la loi.

Article 11. La libre communication des pensées et des opinions est un des droits les plus précieux de l'Homme : tout citoyen peut donc parler, écrire, imprimer librement, sauf à répondre de l'abus de cette liberté dans les cas déterminés par la loi.

Article 12. La garantie des droits de l'homme et du citoyen nécessite une force publique : cette force est donc instituée pour l'avantage de tous, et non pour l'utilité particulière de ceux auxquels elle est confiée.

Déclaration universelle des droits de l'homme (10 décembre 1948)

Article 1er. Tous les êtres humains naissent libres et égaux en dignité et en droits. Ils sont doués de raison et de conscience et doivent agir les uns envers les autres dans un esprit de fraternité.

Article 2. Chacun peut se prévaloir de tous les droits et de toutes les libertés proclamés dans la présente Déclaration, sans distinction aucune, notamment de race, de couleur, de sexe, de langue, de religion, d'opinion politique ou de toute autre opinion, d'origine nationale ou sociale, de fortune, de naissance ou de toute autre situation.

Article 3. Tout individu a droit à la vie, à la liberté et à la sûreté de sa personne.

Article 7. Tous sont égaux devant la loi et ont droit sans distinction à une égale protection de la loi. Tous ont droit à une protection égale contre toute discrimination qui violerait la présente Déclaration et contre toute provocation à une telle discrimination.

Article 18. Toute personne a droit à la liberté de pensée, de conscience et de religion ; ce droit implique la liberté de changer de religion ou de conviction ainsi que la liberté de manifester sa religion ou sa conviction seule ou en commun, tant en public qu'en privé, par l'enseignement, les pratiques, le culte et l'accomplissement des rites.

Article 19. Tout individu a droit à la liberté d'opinion et d'expression, ce qui implique le droit de ne pas être inquiété pour ses opinions et celui de chercher, de recevoir et de répandre, sans considérations de frontières, les informations et les idées par quelque moyen d'expression que ce soit.

Article 20. 1. Toute personne a droit à la liberté de réunion et d'association pacifiques.

Article 22. Toute personne, en tant que membre de la société, a droit à la sécurité sociale [...]

Article 26. 1. Toute personne a droit à l'éducation. [...]

Mon cahier de compétences

Vous voici en 4ᵉ, milieu du cycle 4 de votre scolarité, le « cycle des approfondissements ». Vous allez approfondir vos connaissances en histoire et en géographie, travaillées au cycle 3 (CM1, CM2, 6ᵉ) et au cycle 4 (5ᵉ). Vous allez aussi faire de nouvelles découvertes.

En histoire, dans la continuité de la classe de 5ᵉ, vous étudiez une vaste période qui couvre le XVIIIᵉ et le XIXᵉ siècles.

En géographie, à partir des acquis de la classe de 5ᵉ, vous étudiez les effets géographiques de la mondialisation contemporaine.

- Pour apprendre en histoire et en géographie, vous allez travailler des compétences du **« socle commun de connaissances, de compétences et de culture »**.

- Elles sont regroupées en cinq grands domaines :

> ▶ **Domaine 1 – Les langages pour penser et communiquer**
> ▶ **Domaine 2 – Les méthodes et outils pour apprendre**
> ▶ **Domaine 3 – La formation de la personne et du citoyen**
> ▶ **Domaine 4 – Les systèmes naturels et les systèmes techniques**
> ▶ **Domaine 5 – Les représentations du monde et l'activité humaine**

- Ces compétences sont travaillées tout au long du manuel. Elles sont nécessaires pour comprendre le sens de tout ce que vous allez découvrir en histoire et en géographie, mais elles vont aussi vous permettre de renforcer votre capacité à travailler seul-e, à prendre des initiatives, **à savoir faire**.

 C'est de cette manière que vous pourrez réussir. Bien sûr, votre professeure est là pour vous accompagner dans vos apprentissages et vous apporter son aide !

- Ces compétences font partie de ce que vous devez apprendre et elles seront évaluées tout au long de votre année de 4ᵉ. Elles seront ensuite consolidées jusqu'à la fin du cycle 4, en classe de 3ᵉ.

SOMMAIRE

SOCLE Compétences

▶ **Domaine 1 :** Je pratique différents langages
▶ **Domaine 2 :** Je me constitue des outils personnels de travail
▶ **Domaine 5 :** Je me repère dans le temps historique

Je me repère dans le temps : construire des repères historiques

En 6ᵉ, vous avez appris à mesurer le temps et à situer des faits dans l'ordre chronologique. En 5ᵉ, vous avez commencé à approfondir vos apprentissages. En 4ᵉ, vous **mettez en relation des faits**, et vous pratiquez des **allers-retours entre eux**. Vous réalisez que dans l'histoire, il peut y avoir des **ruptures**.

Ainsi, vous réfléchissez et vous comprenez l'intérêt d'une chronologie pour expliquer le sens d'une époque ou d'une période donnée.

➊ Je situe chronologiquement et j'ordonne des faits

- **Situer**, c'est d'abord indiquer à **quelle grande période historique** ont lieu les faits.
- Situer, c'est aussi **ordonner des faits** les uns par rapport aux autres.
- Une **rupture** en histoire, c'est un **événement qui est à l'origine d'une autre vie pour les sociétés**. C'est ainsi, par exemple, que la Révolution française en 1789 est à l'origine d'une nouvelle société.

→ **Chapitre 4 p. 82-83**
La « révolution industrielle » (XIXᵉ siècle)

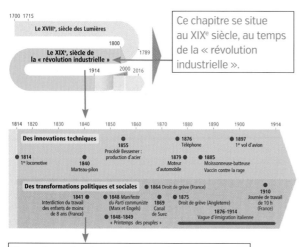

Ce chapitre se situe au XIXᵉ siècle, au temps de la « révolution industrielle ».

Pour situer et ordonner, je donne le nom des principales lois politiques et sociales et je suis capable de donner les dates de leur promulgation.

➋ Je mémorise les repères historiques et je sais les utiliser

- En histoire, il est important de connaître les principaux repères, mais aussi de **savoir les utiliser**.
- Au cycle 4, vous apprenez **à associer des dates pour ordonner** et **mettre en relation des faits**.
- Vous comprenez aussi qu'une date peut créer **une rupture** dans l'histoire.

→ **Chapitre 5 p. 110-111**
Dans cette double page, vous devez être capable d'ordonner des faits dans l'ordre chronologique, mais aussi de les mettre en relation en faisant des allers-retours entre eux : raconter les étapes des conquêtes coloniales. Vous cherchez, dans ces faits, lequel a pu être une rupture pour une société et où et quand il a eu lieu.

Le savez-vous ?

Une rupture, en histoire, cela veut dire qu'une société ne peut plus vivre comme avant à cause d'un événement important qui met fin à sa manière de vivre, par exemple une révolution.

En fin de cycle 4, je dois être capable :

→ de situer des faits dans l'ordre chronologique et dans des périodes ;
→ d'utiliser progressivement des documents représentant le temps (dont les frises chronologiques) ;
→ de mettre en relation des faits d'une période donnée ;
→ de manipuler et réutiliser les repères historiques que j'ai appris.

SOCLE **Compétences**

▶ **Domaine 1 :** Je pratique différents langages
▶ **Domaine 2 :** Je me constitue des outils personnels de travail
▶ **Domaine 5 :** Je me repère dans l'espace

Méthode

Je me repère dans l'espace : construire des repères géographiques

> **Pour vous repérer dans l'espace, vous avez appris au cycle 3 à utiliser les points cardinaux, les grands repères terrestres, les ensembles de reliefs, les continents et les océans.**
> Depuis la 5ᵉ, vous apprenez à localiser et situer plus précisément les espaces que vous étudiez mais aussi à en **donner les caractéristiques géographiques principales**, quelle que soit l'échelle.
>
> L'utilisation de cartes est très importante. Vous apprendrez aussi à réaliser vous-même des plans, des croquis, des schémas et des cartes.

❶ Je localise pour repérer

Localiser, c'est répondre à la question « Où ? ».

● La réponse peut être **cartographique** : placer par exemple une ville sur une carte ou, à l'inverse, reconnaître que le point correspond à telle ville.

● La réponse peut être formulée en utilisant les **points cardinaux**, les grands **repères terrestres**, **les hémisphères Nord ou Sud**.

➔ Reportez-vous à votre atlas **p. 397**.

● La localisation peut se faire en référence à **des éléments du milieu physique** (montagnes, fleuves, mers...) ou au **découpage administratif** (États, régions, départements, communes).

● Pour être capable de localiser, vous devez connaître **les repères géographiques élémentaires.**

● Au cycle 4, vous devez construire les grands repères géographiques comme les continents et les océans sur **des cartes à différentes projections**. C'est un exercice difficile, pour lequel il faut souvent s'entraîner. Commencez toujours par rechercher le pôle Nord, lieu précis qui vous indiquera la localisation de l'océan Arctique.

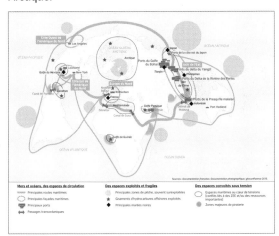

Une projection polaire ➔ **p. 281**

❷ Je situe pour me repérer

Situer répond aussi à la question « Où ? », mais en y ajoutant « par rapport à qui ou à quoi ? ».

● Il faut réussir progressivement à situer des lieux et des espaces **les uns par rapport aux autres**.

● À mesure que vous progressez dans le **cycle 4**, vous devez devenir plus autonome et être capable de **manipuler différentes échelles géographiques**, du local au mondial, pour raisonner et mieux comprendre un espace géographique.

➔ **Chapitre 15**
Les dynamiques des espaces africains dans la mondialisation

Le continent africain, un continent inégalement intégré dans la mondialisation (petite échelle).
➔ **Doc 2 p. 321**

L'Afrique de l'Ouest, une région dynamique mais fragile (grande echelle).
➔ **Doc 2 p. 308**

> **En fin de cycle 4, je dois être capable :**
>
> ➔ de nommer et localiser les grands repères géographiques découverts tout au long du cycle 4.
> ➔ de nommer, localiser et donner les caractéristiques des espaces étudiés.
> ➔ de situer des lieux et des espaces les uns par rapport aux autres.

Je raisonne comme un-e géographe

Pour devenir un-e vrai-e géographe, il vous faut connaître et vous entraîner à mettre en œuvre les 3 étapes du raisonnement géographique :

1. Je localise et je décris > 2. J'explique, j'analyse > 3. Je mets en perspective.

❶ Je localise et je décris

● Dans les études de cas de votre manuel, **la boîte « Activités »** vous permet de travailler les étapes 1 à 3 de ce raisonnement. Vous parviendrez ainsi à mettre en lumière les **spécificités du territoire étudié**.

❷ J'explique et j'analyse

● Souvent, en géographie, la recherche d'explications impose de **changer d'échelle** : c'est pour cela qu'on trouve des **documents à différentes échelles dans les études de cas** : par exemple, une carte du pays étudié et une photographie d'un site particulier ou d'une ville de ce pays.

❸ Je mets en perspective

● C'est la dernière étape du raisonnement géographique mais aussi la plus difficile ! **Il faut maintenant changer d'échelle, passer du cas particulier** que vous venez d'étudier à **une réalité plus étendue**.

Par exemple, à la fin des études de cas du chapitre 10, vous êtes capables d'expliquer pourquoi et comment les villes sont inégalement intégrées dans la mondialisation.
→ Chapitre 10 p. 210 à 217

Mais vous ne savez pas encore si les conclusions auxquelles vous avez abouti pour Tokyo et Detroit sont valables pour le monde entier ! Il va donc falloir vérifier…

● **Je fais le point ou je compare**
Ce premier temps permet de commencer à faire émerger la (ou les) notion(s) clé(s) que vous devez maîtriser, à partir du (ou des) cas concret(s) que vous venez d'étudier.
→ Des études de cas… au monde **p. 218-219**

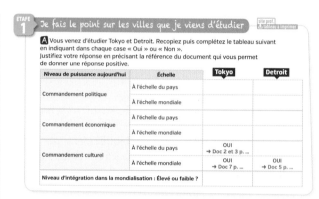

ÉTAPE 1 — Je fais le point sur les villes que je viens d'étudier

A Vous venez d'étudier Tokyo et Detroit. Recopiez puis complétez le tableau suivant en indiquant dans chaque case « Oui » ou « Non ».
Justifiez votre réponse en précisant la référence du document qui vous permet de donner une réponse positive.

Niveau de puissance aujourd'hui	Échelle	Tokyo	Detroit
Commandement politique	À l'échelle du pays		
	À l'échelle mondiale		
Commandement économique	À l'échelle du pays		
	À l'échelle mondiale		
Commandement culturel	À l'échelle du pays	OUI → Doc 2 et 3 p. …	
	À l'échelle mondiale	OUI → Doc 7 p. …	OUI → Doc 5 p. …
Niveau d'intégration dans la mondialisation : Élevé ou faible ?			

● **Je formule des hypothèses générales**
C'est le moment où vous passez du cas particulier à l'idée générale : les conclusions de l'étape 1 sont-elles valables dans d'autres villes du monde ?

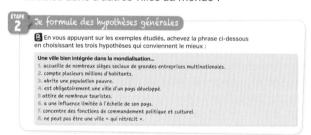

ÉTAPE 2 — Je formule des hypothèses générales

B En vous appuyant sur les exemples étudiés, achevez la phrase ci-dessous en choisissant les trois hypothèses qui conviennent le mieux :

Une ville bien intégrée dans la mondialisation…
1. accueille de nombreux sièges sociaux de grandes entreprises multinationales.
2. compte plusieurs millions d'habitants.
3. abrite une population pauvre.
4. est obligatoirement une ville d'un pays développé.
5. attire de nombreux touristes.
6. a une influence limitée à l'échelle de son pays.
7. concentre des fonctions de commandement politique et culturel.
8. ne peut pas être une ville « qui rétrécit ».

● **Je vérifie si mes hypothèses sont justes**
Cette idée générale doit être confrontée à d'**autres exemples, ailleurs dans le monde**. C'est l'étape 3. Cette vérification se fait à partir de documents à grande et petite échelles dans d'autres endroits du monde, mais aussi à l'aide de la carte proposée dans la double page « Carte » qui suit.

ÉTAPE 3 — Je vérifie si mes hypothèses sont justes

C Observez attentivement les documents 1 à 3 ci-contre. Viennent-ils confirmer les trois hypothèses sélectionnées à l'étape 2 ? Justifiez vos réponses.

En fin de cycle 4, je dois être capable :

→ de poser des questions ;
→ d'émettre des hypothèses ;
→ de vérifier en croisant plusieurs sources d'informations ;
→ d'argumenter.

Je m'informe dans le monde du numérique

Internet représente aujourd'hui la principale source d'informations.
Les consultations de sites et l'utilisation des réseaux sociaux multiplient les recherches dans le monde du numérique. C'est une mine d'informations précieuse, mais il faut apprendre à naviguer efficacement.

① J'évalue un site Internet avant de l'utiliser

- **Toutes les informations sur Internet ne sont pas fiables.** Vous devez savoir vous poser les bonnes questions sur l'origine et l'intérêt des informations trouvées dans l'univers du numérique.
- Avant d'utiliser les informations publiées sur un site, vous devez toujours vous poser les questions suivantes.

Un site peut être passionnant, mais n'oubliez pas le thème de vos recherches, sinon vous risquez d'y passer trop de temps !

Qui est l'auteur-e de la page et du site ?

- Trouvez la rubrique « Mentions légales » ou « Qui sommes-nous » pour savoir qui est le responsable légal du site :
  – est-ce un organisme reconnu ? un particulier ? un spécialiste du sujet ?
  – les coordonnées du responsable sont-elles visibles pour le contacter ?
- L'information publiée est-elle récente ?
- Quelle est la date de mise à jour du site ?

Pourquoi le site publie-t-il cette information ?

- L'auteur-e a-t-il des intentions (convaincre, défendre des idées, vendre un produit...) ?
- Quels sont les objectifs du site (informatifs, scientifiques, commerciaux, politiques)...

Le site répond-il bien à mes recherches d'information ?

- Quel est le titre de la page ? Correspond-il au sujet de mes recherches ?
- La lecture de l'introduction, du chapeau en haut page correspond-elle à mes attentes ?
- L'article propose-t-il des renvois vers d'autres sites ? Cite-t-il ses sources ?

② J'utilise les outils numériques de manière autonome

- **Utiliser un moteur de recherche**
  Qwant Junior est un moteur de recherche **recommandé pour les collégien-ne-s**. Grâce à des filtres spéciaux, il exclut de ses pages de recherche les contenus qui pourraient choquer. Il préserve également la vie privée ; vos données personnelles ne seront pas divulguées.

qwantjunior.com

- **Utiliser une encyclopédie en ligne**
  Wikipedia est une encyclopédie libre, gratuite et autogérée, dont les informations sont modérées et vérifiées par un comité de rédaction. Tout le monde peut contribuer à cette encyclopédie et proposer des corrections.

wikipedia.fr

- **Utiliser des outils d'information spécifiques**
  En histoire :
  – les vidéos d'archive du **site Jalons pour l'histoire du temps présent** : fresques.ina.fr.
  En géographie :
  – les globes virtuels comme **Géoportail** présentent des images prises par satellite, mais aussi des cartes. geoportail.gouv.fr

▶ **En fin de cycle 4, je dois être capable :**

→ de connaître des ressources numériques fiables pour m'informer ;
→ d'effectuer des recherches d'informations à l'aide d'outils numériques divers et adaptés ;
→ de vérifier l'origine des informations d'un site internet et leur intérêt pour mes recherches.

Méthode

SOCLE Compétences

◗ **Domaine 1 :** Je raconte, je décris, j'explique, j'argumente
◗ **Domaine 2 :** J'analyse et je comprends un document
◗ **Domaine 5 :** Je me repère dans le temps historique

J'analyse et je comprends un document

Au cycle 4, vous approfondissez la compréhension d'un document en histoire et en géographie. Vous l'analysez précisément en identifiant ses différents éléments et vous le confrontez à ce que vous connaissez du sujet étudié. Vous utilisez vos connaissances pour l'expliquer et le critiquer.

→ **Doc 4 p. 175 :**
un article de journal

La revendication du suffrage universel en 1848

date

personnage
voir biographie

personnage
voir note

Que demande
l'auteur-e du texte ?

Il ne suffit pas d'énoncer un grand principe et de proclamer bien haut que l'on en accepte toutes les conséquences ; il faut se dévouer à la réalisation de ce principe et témoigner par tous ses actes que l'on a le courage de son opinion [...].

En 1849, une femme vient encore frapper à la porte de la cité, réclamer pour toutes les femmes le droit de participer aux travaux de l'Assemblée législative[1]. Ce n'est pas au vieux monde qu'elle s'adresse ; on ne parle pas aux morts, mais aux vivants : c'est à ses frères, aux démocrates socialistes[2], à ceux qui ont accepté toutes les conséquences des principes de liberté, d'égalité, de fraternité. Elle vient leur demander de protester contre une injuste exclusion, et de proclamer par leur vote qu'ils veulent sincèrement l'abolition de tous les privilèges de race, de naissance et de fortune.

■ Jeanne Deroin, *L'Opinion des femmes*, n° 3, 10 avril 1849.

1. Jeanne Deroin se présente comme candidate aux élections législatives de mai 1849, (→ Biographie p. 167).
2. Autre nom des républicains à cette époque.

auteure   source

❶ Je comprends le sens général du document

● **Lire le texte, se poser les bonnes questions :** de quoi parle ce document ? Qui sont les personnages cités ? Quelle situation historique évoque-t-il ?
● À partir des réponses aux questions posées, **dégager l'idée générale du document** en présentant en une phrase le sujet du texte.

❷ J'identifie le document et son point de vue particulier

● **Présenter l'identité du document :** sa nature, son auteur-e, sa source.
● **Situer** le document **dans le temps et dans l'espace :** quand ? où ?
● **Indiquer le point de vue de son auteur-e :** que pense-t-elle de la situation politique des femmes au XIXe siècle ?

❸ J'extrais des informations pertinentes et je les mets en relation avec d'autres documents

● **Extraire les informations qui expliquent le fait historique ou la situation géographique** racontés par le document : Qui est Jeanne Deroin ? Où et quand se déroule l'action qu'elle évoque ? À qui s'adresse-t-elle ?
● **Classer** les informations selon leur nature.
Il faut identifier le document, nommer les acteurs et les actrices, réunir les revendications de l'auteure.
● **Expliquer le document en le confrontant à d'autres documents et en faisant preuve d'esprit critique.**
Il s'agit de présenter le contexte historique de l'article : Jeanne Deroin est-elle la seule à réclamer des droits politiques pour les femmes ? Quelle est la situation politique et sociale des femmes au XIXe siècle ? Qui s'engage pour la faire évoluer ? Comment ?
→ **p. 172 et 182**

En fin de cycle 4, je dois être capable :

→ de comprendre le sens général d'un document ;
→ d'identifier le document et son point de vue particulier ;
→ d'extraire et de classer des informations pertinentes pour répondre à une question sur un ou plusieurs documents ;
→ d'expliquer le document en faisant preuve d'esprit critique.

Je pratique différents langages

En histoire et en géographie, vous êtes amené·e à lire et analyser de nombreux types de documents : textes, cartes, plans, images, reconstitutions, œuvres d'art, récits, frises, graphiques... Certains documents, comme les cartes, ont leur propre langage, très spécifique, qu'il faut apprendre à lire et à pratiquer progressivement.

1 Les images

L'image n'est pas une simple illustration, elle est aussi une source d'information qu'il faut savoir analyser.

- **Lire la légende :** auteur·e, date de création, source...
- **Analyser sa composition,** c'est-à-dire étudier la façon dont les éléments sont organisés sur l'image :
  - les **lignes** (droites, courbes, lignes de force...) ;
  - les **plans** (premier plan, deuxième plan, arrière-plan...).

- **En histoire et en géographie, on trouve différents types d'images, par exemple :**
  - des **photographies** (de paysages, de monuments historiques...)

Le littoral barcelonais, 2013.
➔ **Doc 3 p. 257**
La plage et des hôtels composent le littoral de Barcelone.

- **des représentations d'œuvres d'art** présentées dans des **musées** ou d'autres lieux où on les **conserve** dans les meilleures conditions possibles (peintures, sculptures...)
➔ **Doc 1 p. 126**

La Liberté guidant le peuple, Eugène Delacroix, 1830, 260 x 325 cm, musée du Louvre.

2 Les documents cartographiques

Les cartes, les croquis et les schémas cartographiques sont des documents qui nécessitent une observation pour repérer, nommer, localiser (➔ fiche p. 380).

- Pour lire une carte, il faut :
  - **repérer son titre** pour savoir de quoi elle parle ;
  - repérer les **grands ensembles identifiables** sur la carte à l'aide des aplats de couleur ;
  - comprendre les informations indiquées en **légende** ;
  - **décrire la carte** en utilisant un vocabulaire spécifique ;
  - **comprendre comment s'organisent les espaces.**

Les espaces maritimes
➔ **carte p. 281**

3 Les documents statistiques

Les graphiques, les tableaux de chiffres, certaines infographies sont des documents statistiques.

- Ils nécessitent, pour les comprendre :
  - de bien **repérer les unités** (km, euros...) ;
  - de maîtriser les **ordres de grandeur** (milliers, millions, milliards...) ;
  - d'identifier si les informations sont exprimées en **valeurs absolues** (nombre d'habitants) ou en **valeur relative** (nombre d'habitants par km^2) ;
  - de maîtriser les **pourcentages** (%).

La croissance du commerce britannique
➔ **Doc 2 p. 18**

En fin de cycle 4, je dois être capable :

➔ de présenter des documents de différente nature ;
➔ de prélever, classer et interpréter des informations, quel que soit le type de document ;
➔ de lire les documents cartographiques et les graphiques les plus courants.

SOCLE Compétences

▶ **Domaine 1** : Je m'exprime en utilisant la langue française à l'oral et à l'écrit
▶ **Domaine 2** : J'organise mon travail personnel pour apprendre à apprendre

Je m'exprime à l'écrit et à l'oral

En 6e, vous avez consolidé vos apprentissages en lecture, en expression écrite et orale.
Depuis la 5e, lorsque vous lisez un texte, présentez un exposé ou rédigez un texte, vous recherchez des arguments pour comprendre et faire comprendre. Vous pouvez aussi exprimer votre point de vue.

❶ Je m'exprime à l'écrit

S'exprimer à l'écrit, cela signifie construire sa pensée : décrire, raconter, expliquer, argumenter...

● Après avoir étudié un ou plusieurs documents sur un sujet, votre professeur va vous demander de **rédiger des phrases pour expliquer le sujet étudié**.

→ **Chapitre 6 p. 131**
Les Français et le vote entre 1814 et 1848

> **ITINÉRAIRE 1**
>
> ▶ Je prélève des informations dans les documents
> ❶ **Doc 1.** Qu'est-ce qui montre que cette carte est celle d'un électeur censitaire ?
> ❷ **Doc 2.** Quelles conditions faut-il remplir pour être électeur ?
> ❸ **Doc 3 à 5.** Quels sont les arguments pour et contre le suffrage censitaire?
>
> ▶ J'argumente à l'écrit
> ❹ À l'occasion des prochaines élections présidentielles, vous écrivez un article dans le journal du collège sur l'histoire du vote en France entre 1814 et 1848.

● **Rassemblez les informations relevées**
– **Notez au brouillon** les éléments qui expliquent le sujet : mots clés, personnages, dates, lieux, faits...

 Aidez-vous des questions posées sur les documents !

– **Classez et hiérarchisez les éléments notés** de manière logique, dans l'ordre des questions posées.
– **Rédigez la réponse à la question : écrivez un paragraphe** qui explique avec des arguments l'essentiel du sujet étudié.

❷ Je m'exprime à l'oral : faire un exposé

Savoir s'exprimer à l'oral est essentiel car dans votre vie, vous ne cessez de communiquer, avec vos camarades, vos professeurs, votre famille...
C'est aussi le cas lorsque **vous devez présenter devant la classe un exposé** personnel ou réalisé en groupe.

→ **Chapitre 4 p. 83**
La « révolution industrielle » à Manchester

> **ITINÉRAIRE 2**
>
> ▶ J'argumente à l'oral
> Préparez un exposé pour décrire Manchester, grande ville industrielle du XIXe siècle.
>
> **MÉTHODE**
> Réalisez un diaporama qui servira de support à votre exposé. Illustrez-le avec des images du manuel.
> **Écran 1.** Un paysage urbain et des transports modifiés par l'industrie. (→ Doc 1)
> **Écran 2.** Des industries variées. (→ Doc 1, 2 et 4)
> **Écran 3.** Des conditions de travail difficiles pour les ouvriers. (→ Doc 3 et 4)

● **Préparer l'exposé**
– **Définissez le sujet de l'exposé :** expliquez les termes du sujet, situez-le dans l'espace et dans le temps.
– **Trouvez des documents** et des informations répondant au sujet de l'exposé (dans le manuel, au CDI, sur Internet...).
– **Classez par écrit** les informations recueillies, puis présentez-les en faisant preuve d'**esprit critique**.

● **Présenter l'exposé**
– **Notez le titre de l'exposé** au tableau.
– **Restez** de préférence **debout** et **regardez le public**.
– **Expliquez** et notez au tableau les **étapes clés** de l'exposé.
– **Expliquez** quelques documents illustrant l'exposé, en indiquant leur source. Vous pouvez aussi les projeter.
Attention à bien respecter le temps imparti !

 N'oubliez pas de parler fort et distinctement, ni trop vite ni trop lentement.

> **En fin de cycle 4, je dois être capable :**
>
> → de réaliser une production écrite : écrire pour construire ma pensée, argumenter ;
> → de réaliser une production orale : m'exprimer pour penser, communiquer et échanger, par exemple pour présenter un exposé, un document ;
> → de m'approprier et d'utiliser un lexique spécifique en contexte.

SOCLE Compétences

▶ **Domaine 2 :** J'organise mon travail dans le cadre d'un groupe pour élaborer une tâche commune et/ou une production collective

Méthode

Je coopère et je mutualise : le travail en équipes

Lors d'un cours, votre professeur·e peut vous proposer un travail en équipes.
Dans votre équipe, vous allez travailler avec d'autres élèves sur un même sujet, et ensemble, vous allez réaliser une production collective. Il va falloir faire preuve d'esprit d'équipe !

❶ Découverte de la consigne

● **Pour commencer, vous devez essayer de comprendre la consigne générale.**

CONSIGNE
Répartis en équipes, vous devez étudier la vie des femmes bourgeoises au XIXe siècle : leur rôle au sein de la famille, leurs loisirs. Certains d'entre vous découvriront une grande figure féminine de l'époque : George Sand.

Chaque équipe présente son travail à la classe. Pour conclure, expliquez en quelques phrases la condition des femmes bourgeoises au XIXe siècle.

→ **Consigne p . 170**

● Vous devez ensuite **comprendre** la **consigne** et/ou les **questions** qui se rapportent au travail dont votre équipe est responsable, en formulant des hypothèses.

ÉQUIPE 2
La vie en société des femmes bourgeoises
Comment la vie quotidienne des femmes bourgeoises se déroule-t-elle ? Décrivez aussi leurs loisirs et leur vie en société.

❷ Dialogue et élaboration de la tâche commune demandée

Pour réaliser cette étape, vous devez **échanger** sur les recherches de chacun, **choisir** les éléments qui répondent à la consigne puis **réaliser la production finale** de l'équipe. **Pour cela, il faut apprendre à travailler ensemble.**

● **Savoir prendre la parole dans le groupe :**
– attendre que l'autre ait terminé de parler ;
– prendre la parole et défendre ses idées sans crier ni les imposer ;
– laisser ses camarades s'exprimer et respecter leurs idées.

 Au départ, vous n'aurez peut-être pas envie de travailler avec des élèves que vous n'avez pas choisis, mais vous allez apprendre à les connaître, et ensemble vous allez vous enrichir !

● **Respecter les autres :**
– inclure tout le monde dans le groupe ;
– respecter l'espace et le matériel de l'autre ;
– être capable aussi de travailler en silence.
● **Montrer un sens des responsabilités et faire preuve d'esprit d'équipe :**
– bien exercer son rôle ;
– prendre des initiatives ;
– encourager ses coéquipières et ses coéquipiers ;
– travailler de façon positive.

 Chaque membre de l'équipe a un rôle à jouer : contrôler le bruit et veiller au respect de chacun, gérer la prise de parole, surveiller le temps, prendre des notes...

❸ Mise en commun du travail

Dans chaque équipe, vous pouvez choisir un représentant qui va exposer devant la classe ce que vous avez appris.
● Le (ou la) **représentant(e) explique** oralement à la classe la production réalisée (→ **fiche p. 384**).
● Par un **dialogue** dans la classe, les travaux des groupes sont **mis en commun** pour répondre à la **consigne générale**.

En fin de cycle 4, je dois être capable :
→ de m'intégrer dans un projet collectif en mettant à la disposition du groupe mes connaissances et mes compétences ;
→ de discuter, expliquer, argumenter pour défendre mes choix ;
→ de négocier avec mes camarades une solution commune pour réaliser la production collective demandée ;
→ d'adapter mon rythme de travail à celui du groupe (ni trop rapide, ni trop lent).

SOCLE Compétences
- **Domaine 1 :** Je pratique différents langages
- **Domaine 2 :** Je comprends des documents
- **Domaine 5 :** Je comprends la diversité des modes de vie

Je réalise une tâche complexe

Depuis la 6ᵉ, en histoire et en géographie, vous avez appris à réfléchir, mobiliser vos connaissances, choisir des démarches pour résoudre des tâches complexes.
Vous êtes confronté-e à une situation que vous devez résoudre et qui vous incite à **mener l'enquête**.

Vous ne parviendrez pas à résoudre la tâche qui vous est confiée si vous la divisez en petites tâches, effectuées l'une après l'autre, sans lien entre elles. Vous devez réaliser la tâche dans son ensemble, **en une seule fois**.

1 Je découvre la tâche complexe à résoudre

- **Expliquez** d'abord la tâche à réaliser avec vos propres mots.
- **Réfléchissez** ensuite à la démarche à suivre pour répondre à la consigne donnée : quelles questions se poser après avoir lu la consigne de la tâche à réaliser ?

> N'hésitez pas à tâtonner, essayer... Ce n'est pas grave de se tromper ! Car c'est après avoir fait des erreurs, et les avoir comprises, que vous trouverez la meilleure solution au problème.

→ L'Afrique de l'Est dans la mondialisation **p. 312-313**

CONSIGNE

L'Assemblée générale de l'Organisation des Nations unies vous charge d'écrire un rapport sur les conséquences de la mondialisation sur les sociétés et les territoires de l'Afrique de l'Est.

Votre rapport doit présenter les flux qui traversent les territoires, leurs retombées positives, mais aussi négatives, sur les habitants et les régions.

> **Ex. de questions :** Comment l'Afrique de l'Est est-elle intégrée dans la mondialisation ? Quelles sont les difficultés auxquelles elle doit faire face ?

2 Je fais des recherches pour résoudre la tâche complexe

- Lisez **tous les documents** pour en comprendre le sens général et confrontez-les. (→ fiche p. 382)
- Prélevez dans les documents les **informations pertinentes** pour répondre à la consigne donnée.

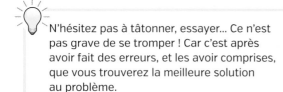

2 Des ateliers de lecture en Éthiopie

Pour aider les enfants à apprendre à lire et à écrire, l'ONG Vision du Monde a mis en place des ateliers de lecture depuis 2012.
Dans l'école primaire de Wonchi en Éthiopie, plus de 60 % des élèves sont incapables de lire des paragraphes, des mots ou d'identifier des lettres. Dawit Shumeme, élève en CM2, témoigne : « Avant de rejoindre l'atelier de lecture, je ne connaissais que les lettres et je ne pouvais pas lire de phrases.
180 chefs d'atelier de lecture et animateurs, 130 professeurs et 8 directeurs d'école ont pu être formés, et plus de 2 800 parents ont été sensibilisés sur le problème de l'analphabétisme.
« D'après « Les ateliers de lecture en Éthiopie », www.visiondumonde.org, 2014.

1 Une région dynamique mais fragile

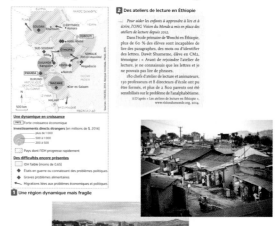

- Si vous en avez besoin, vous pouvez vous aider du « **Coup de pouce** » proposé à la fin de chaque tâche complexe.

COUP DE POUCE

En introduction de votre rapport, localisez la région et situez-la, puis rédigez deux parties pour couvrir le sujet.

1. L'intégration de l'Afrique de l'Est à la mondialisation
- Des investissements (→ Doc 1 et 4)
- Des retombées positives pour ses habitants et territoires (→ Doc 2 à 4)

2. Les difficultés rencontrées en Afrique de l'Est
- Une extrême pauvreté (→ Doc 1 et 3)
- Des problèmes sanitaires et sociaux (→ Doc 1, 2 et 3)
- Des problèmes politiques (→ Doc 1)

3 Je réalise une production pour répondre à la consigne de la tâche complexe

- **Organisez les informations extraites** des documents pour préparer la tâche qui vous a été demandée.
- **Réalisez une production finale** qui sera votre solution à la tâche complexe que vous aviez à résoudre.
  Elle peut avoir la forme d'une présentation orale, d'un texte rédigé, d'une production graphique, d'une carte mentale...
- Pensez à **autoévaluer votre travail** pour vérifier qu'il répond bien au problème posé.

En fin de cycle 4, je dois être capable :

→ de résoudre un problème posé en choisissant une démarche, seul ou en groupe ;
→ d'utiliser mes connaissances et des ressources documentaires ;
→ de proposer une solution, la présenter et la justifier dans une production finale.

LEXIQUE

A

Abolitionniste : partisan de la suppression de l'esclavage (voir p. 23, 112).

Académie : association qui réunit savants, artistes et gens de lettres (voir p. 50).

Alena : accord commercial qui unit les États-Unis, le Canada et le Mexique. Il met en place une zone économique facilitant les échanges commerciaux (voir p. 299, 300).

Anticléricalisme : hostilité à l'influence de l'Église dans la société et sur le pouvoir politique (voir p. 156).

Antiparlementarisme : hostilité à l'encontre du Parlement, voire de la démocratie, jugés corrompus et inefficaces, et volonté de les remplacer par un régime plus autoritaire (voir p. 154).

Antisémitisme : hostilité, haine à l'égard des Juifs, considérés comme une race ou un groupe distinct du reste de la société (voir p. 154, 158).

Armateur : personne qui finance l'équipement d'un navire marchand (voir p. 28).

B

Bidonville : ensemble d'habitations construites illégalement avec des matériaux de récupération (voir p. 200).

Biodiversité : diversité du vivant (voir p. 282).

Bourgeoisie :
– au XVIIIe siècle, classe constituée des habitants d'une ville qui font fortune dans le commerce ou la finance (voir p. 20, 28).
– au XIXe siècle, catégorie sociale qui s'enrichit essentiellement par les revenus du commerce et de l'industrie. Elle concentre richesse, influence et prestige (voir p. 89, 170).

BRICS : groupe de pays émergents – le Brésil, la Russie, l'Inde, la Chine et l'Afrique du Sud – qui sont des puissances économiques montantes (voir p. 322).

C

Canal : voie navigable artificielle (voir p. 273).

Candidature officielle : pratique politique par laquelle le gouvernement désigne aux électeurs le candidat qu'il souhaite voir élu (voir p. 134, 138).

Censure : contrôle des textes par une autorité qui décide s'ils peuvent ou non être publiés (voir p. 43, 50).

Charte constitutionnelle : texte qui définit les pouvoirs du roi sous la Restauration et la monarchie de Juillet (1814-1848) (voir p. 128, 138).

Civiliser : au XIXe siècle, « civiliser » était défini dans les dictionnaires comme « faire sortir de la barbarie, améliorer du point de vue moral, intellectuel, industriel » (voir p. 120).

Clandestin : immigré illégal (voir p. 242).

Cléricalisme : volonté de rendre les idées religieuses dominantes en politique (voir p. 158).

Club : association dans laquelle des citoyens se réunissent pour débattre de questions politiques (voir p. 67).

Code de l'indigénat : ensemble de textes adoptés en 1881 en Algérie. Il maintient les populations colonisées dans un statut juridique inférieur. Il les prive de droits politiques et les soumet à une justice particulière (voir p. 118, 120).

Code noir : ensemble d'articles écrit en 1685 pour organiser la vie des esclaves dans les plantations (voir p. 16, 24).

Colon : habitant d'un territoire colonisé, originaire de la métropole (voir p. 118).

Colonie : territoire conquis, dominé et exploité par un État étranger (la métropole) (voir p. 16, 68, 120).

Colonie de peuplement : territoire colonisé dans lequel s'installent un grand nombre d'habitants venus de métropole (voir p. 118).

Colonisation : conquête et domination d'un territoire par un État (voir p. 110, 114).

Commerce triangulaire : commerce d'esclaves qui s'effectue, au XVIIIe, entre trois régions : l'Europe, l'Afrique et les Amériques (voir p. 16, 28).

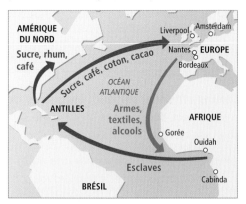

Commune de Paris : gouvernement autonome de Paris entre mars et mai 1871 qui s'oppose à l'arrêt des combats avec l'Allemagne et souhaite une République sociale et populaire (voir p. 146, 158).

Compagnie de commerce : au XVIIIe siècle, association de commerçants. Certaines deviennent très riches et puissantes, comme les compagnies des Indes, spécialisées dans le commerce (appelé à l'époque « négoce ») colonial (voir p. 19, 28).

Comparution immédiate : jugement d'une personne le jour même où elle a commis un délit passible d'une peine d'emprisonnement (voir p. 371).

Comptoir : établissement de commerce et escale maritime (voir p. 16).

Conseil de prud'hommes : juridiction civile qui règle les différends entre salariés et employeurs (voir p. 367).

Constitution : texte de loi fondamental, qui définit le régime politique et l'organisation des pouvoirs d'un État (voir p. 62, 74, 132).

Conteneur : caisse métallique de dimensions standardisées pour le transport de marchandises (voir p. 273).

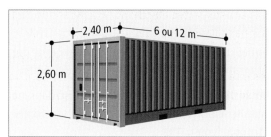

Conteneurisation : fait de transporter des marchandises dans des conteneurs (voir p. 273, 282).

Convention : assemblée élue au suffrage universel masculin en septembre 1792 (voir p. 58, 68).

Coup d'État : prise du pouvoir par une personne en utilisant la force et la brutalité (voir p. 128).

Cyber-harcèlement : forme de harcèlement qui passe par les nouvelles technologies de la communication (téléphones portables, mails, réseaux sociaux, forums...) (voir p. 336, 340).

Densité : nombre d'habitants par km² (voir chap. 9).

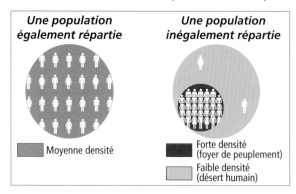

Débat contradictoire : lors d'une audience, chaque partie peut s'exprimer pour donner ses arguments (voir p. 368).

Détroit : bras de mer entre deux terres (voir p. 273).

Démocratie : régime politique dans lequel le peuple exerce le pouvoir. Les opinions peuvent s'y exprimer librement et les gouvernants sont désignés par le peuple lors d'élections libres. La République française est une démocratie (voir p. 358).

Despote éclairé : souverain autoritaire qui s'inspire des idées et des principes des philosophes des Lumières pour mener des réformes dans son pays (voir p. 36, 50).

Développement : amélioration générale des conditions de vie d'une population (voir p. 401).

Diaspora : dispersion d'un peuple à travers le monde (voir p. 235).

Domestique : employé-e de maison au service de la bourgeoisie. Un-e domestique s'occupe de tâches variées (ménage, linge, cuisine...) (voir p. 178).

Droit : il définit, à travers des textes de lois, les droits et obligations de tous, pour nous permettre de vivre ensemble (voir p. 374).

Droits sociaux : ensemble des droits qui définissent et garantissent une place dans la société (éducation, travail...) (voir p. 179).

Droits sociaux : droits qui permettent de garantir une justice sociale (droit au travail, à la protection de la santé...) (voir p. 346).

E

Économie de plantation : économie dont la prospérité et l'équilibre reposent sur l'existence de plantations esclavagistes (voir p. 29).

Écotourisme : forme de tourisme centrée sur une découverte respectueuse des espaces naturels et des populations locales (voir p. 254).

Élections législatives : scrutin pour élire des députés (voir p. 138).

Émancipation : fait de se détacher d'une autorité ou d'une tutelle (voir p. 178).

Émigration : fait de quitter définitivement son pays d'origine (voir p. 233, 240).

Émigré : personne qui quitte son pays natal (voir p. 96).

Empire : régime politique où les pouvoirs sont concentrés entre les mains d'une seule personne. L'empire désigne aussi l'ensemble des territoires contrôlés par la France (voir p. 58).

Empire colonial : ensemble de territoires dominés par un État qui les a conquis (voir p. 110).

Encyclopédie : ouvrage rassemblant l'ensemble des connaissances et des idées d'une période (voir p. 43).

Énergie renouvelable : énergie tirée de ressources naturelles inépuisables (vent, soleil, chaleur de la terre), ou encore de végétaux (voir p. 282).

Étalement urbain : processus de diffusion continue de la ville au détriment des espaces ruraux environnants (voir p. 191, 200).

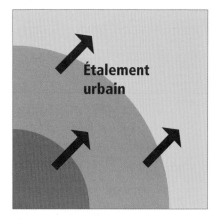

EVP : « équivalent vingt pieds », soit 6,05 mètres. C'est la longueur d'un conteneur (voir p. 274).

Exode rural : migration massive des habitants des campagnes vers les villes (voir p. 98).

F

Façade maritime : région littorale formée de plusieurs grands ports proches (voir p. 273, 282, 299, 300).

Féministe : au XIXe siècle, femme qui lutte pour obtenir plus de droits et atteindre l'égalité avec les hommes (voir p. 179).

Firme transnationale (FTN) : entreprise dont l'activité s'exerce à l'échelle du monde. Son siège social est généralement implanté dans son pays d'origine (voir p. 212, 222, 292, 300, 322).

Flux migratoire : ensemble des personnes en circulation (voir p. 240).

Flux : ensemble des marchandises, personnes, informations et capitaux en circulation (voir p. 308).

Fonctions urbaines : types d'activités dominantes dans une ville ou un quartier de cette ville (fonctions commerciales, industrielles...) (voir p. 192).

LEXIQUE

G20 : groupe des 20 États les plus influents de la planète qui se retrouvent régulièrement lors de sommets pour parler des affaires mondiales (voir p. 322).

Géopolitique : science qui étudie les rapports entre la géographie des États et leur politique (voir p. 276).

Harcèlement : violences répétées (physiques ou verbales), qui sont le fait d'une ou de plusieurs personnes sur une victime isolée, qui ne peut se défendre (voir p. 336, 340).

Hub : plate-forme aérienne, portuaire ou ferroviaire vers laquelle se concentre le trafic de passagers ou de marchandises avant d'être redistribué (voir p. 212, 274).

Hydrocarbures offshore : pétrole ou gaz sous-marins (voir p. 283).

Immigration : fait de s'installer définitivement dans un pays autre que son pays d'origine (voir p. 233).

Immigré : personne qui arrive dans un pays d'accueil (voir p. 96).

Indice de développement humain (IDH) : compris entre 0 et 1. Il est calculé à partir de l'espérance de vie, du taux de scolarisation et du revenu par habitant (voir p. 308, 312, 401).

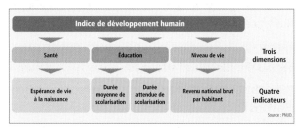

Indigène : nom donné aux populations implantées sur un territoire avant la colonisation (voir p. 118).

Infraction : acte, parole, comportement puni par la loi. Elle peut être une contravention, un délit, un crime (voir p. 367, 374).

Infrastructures : installations nécessaires pour la réalisation d'activités (transport, hébergement...), comme les aéroports, hôtels... (voir p. 262).

Innovation : application d'une invention à l'industrie dans le but d'être commercialisée (voir p. 82).

Insécurité alimentaire : situation où une population n'a pas accès chaque jour à la nourriture en quantité et en qualité suffisantes (voir p. 320).

Invention : mise au point d'un produit ou d'un procédé qui améliore les productions (voir p. 82).

Investissements directs étrangers (IDE) : investissements réalisés par une entreprise dans un pays étranger ; plus ils sont élevés, plus le pays est intégré à la mondialisation (voir p. 308, 312, 314).

Islamisme : idéologie politique se revendiquant de l'islam et qui souhaite réorganiser la société selon sa propre interprétation du Coran (voir p. 310).

Juge de proximité : magistrat non professionnel, en activité ou retraité (avocat, enseignant, chef d'entreprise...). Il est compétent pour juger des conflits civils de la vie courante n'excédant pas 4 000 € (le juge de proximité ne juge pas au pénal) (voir p. 367).

Laïcité : indépendance vis-à-vis de toute religion (voir p. 156, 158).

Laïcité : du grec ancien *laikos*, dérivé du mot *laos* : « peuple uni autour de valeurs partagées ». Principe selon lequel l'État ne favorise aucune religion (voir p. 353).

Libéralisme : idéologie qui prône la liberté d'entreprendre et la limitation du rôle de l'État dans l'économie, afin d'assurer l'enrichissement général (voir p. 102).

Liberté syndicale : elle reconnaît l'existence des syndicats qui ont pour fonction de protéger les travailleurs (voir p. 346).

Ligues : au XIXᵉ siècle, organisations politiques constituées dans le cadre du débat autour de l'affaire Dreyfus.

La majorité d'entre elles sont hostiles à Dreyfus et à la République (voir p. 154).

Litige : désaccord sur l'application du droit, donnant lieu à un arbitrage ou à un procès (voir p. 368, 374).

Loi : règle adoptée par le Parlement que doivent respecter tous les habitants d'un pays (voir p. 374).

Lois constitutionnelles : lois votées en 1875 qui organisent la IIIᵉ République (voir p. 146, 158).

Lumières : courant de pensée du XVIIIᵉ siècle qui regroupe des savants et des penseurs voulant guider l'humanité sur le chemin du bonheur et du progrès (voir p. 36).

Malnutrition : état causé par le manque ou l'excès d'un ou de plusieurs types d'aliments (voir p. 322).

Marronnage : fuite d'esclaves pour échapper aux conditions très difficiles de la plantation (voir p. 24, 29).

Mécanisation : introduction de machines dans le travail de la terre (voir p. 98).

Médiateur : personne qui sert d'intermédiaire entre deux personnes, ou deux groupes, pour régler un désaccord (voir p. 340).

Médiation entre élèves : médiation de certains conflits (petites violences quotidiennes, incivilités), par des élèves extérieurs aux désaccords et formés pour trouver une solution (voir p. 335).

Mégalopole : région urbaine où plusieurs villes sont très connectées entre elles (voir p. 221, 222).

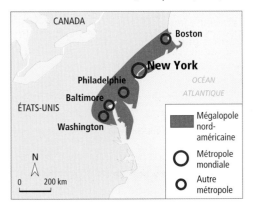

Megalopolis : espace moteur de l'intégration des États-Unis dans la mondialisation. Il regroupe de nombreuses villes connectées entre elles, des entreprises puissantes et des universités de réputation mondiale (voir p. 300).

Mégapole : très grande ville de plus de 10 millions d'habitants (voir p. 192).

Métropole : au XIXᵉ siècle, puissance qui a fondé une colonie et qui la domine (voir p. 118, 120).

Métropole : grande ville concentrant population, activités et richesses. Elles exercent des fonctions de commandement politique, économique ou culturel à différentes échelles, y compris mondiale (voir p. 199, 210, 222, 300).

Métropolisation : processus de concentration des populations et des activités de haut niveau dans et autour des plus grandes villes ou métropoles (voir p. 222, 299, 300).

Migrant : personne qui se déplace d'un lieu à un autre avec pour objectif de s'y installer à long terme (voir p. 242).

Missionnaire : au XIXᵉ siècle, femme ou homme d'Église chargé de répandre la religion chrétienne dans les territoires colonisés (voir p. 114, 121).

Monarchie absolue : régime politique dans lequel le roi est la seule autorité et dispose de tous les pouvoirs (voir p. 36, 58).

Monarchie constitutionnelle : régime politique dans lequel les pouvoirs du roi sont limités par une Constitution, ou loi fondamentale (voir p. 58).

Monarchie parlementaire : régime politique dans lequel le pouvoir du roi est limité par l'existence d'une assemblée (ou Parlement) (voir p. 36).

Mondialisation : au XIXᵉ siècle, processus d'accélération des échanges (migrations, marchandises, capitaux, informations) à l'échelle mondiale (voir p. 82).

Mondialisation : mise en relation des différentes parties du monde sous l'effet des échanges (humains, marchands, financiers et d'informations) (voir p. 210, 221, 223, 262, 322).

Mouvement libéral : mouvement réclamant plus de libertés politiques et la limitation des droits des souverains (voir p. 92).

Mouvement national : mouvement réclamant l'indépendance d'un peuple ou son unité lorsqu'il est divisé entre plusieurs États (voir p. 92).

N

Nation : population partageant des caractéristiques communes (langue, histoire...) et cherchant à détenir le pouvoir politique (voir p. 73, 74).

Négociant : marchand qui fait du commerce en très grande quantité et à l'échelle internationale. Les négociants forment un groupe puissant dans les grandes villes (voir p. 20).

O

Organisation non gouvernementale (ONG) : organisation qui intervient dans son pays ou à l'étranger pour apporter une aide (soin, scolarisation, etc.) (voir p. 311, 312).

P

Parlement : sous la IIIᵉ République, ensemble formé par la Chambre des députés et le Sénat. Il vote la loi, contrôle le gouvernement et élit le président de la République (voir p. 158).

Paternalisme : système dans lequel les patrons, soucieux de fidéliser et de contrôler leur main-d'œuvre, accordent des avantages sociaux aux ouvriers (écoles, système de soins, accès au logement...) (voir p. 91).

Pays en développement (PED) : pays où les conditions de vie ne sont pas jugées satisfaisantes. Celles-ci progressent, mais à des rythmes différents selon les pays (voir p. 200).

Pays les moins avancés (PMA) : les 48 États (dont 34 pays africains) les plus pauvres de la planète. Extrêmement désavantagés dans leur processus de développement, ils bénéficient d'une aide internationale particulière (voir p. 401).

Peine avec sursis : sanction que le condamné est dispensé d'exécuter à condition qu'il se soumette à certaines obligations (ne pas récidiver, travail d'intérêt général...) (voir p. 371).

Philosophe : au XVIIIᵉ siècle, personne qui cherche à comprendre le monde par la raison (voir p. 36).

Plantation : exploitation agricole dans laquelle travaillent et vivent des esclaves sous l'autorité d'un propriétaire (voir p. 24).

Plébiscite : consultation directe du peuple (suffrage universel) auquel on demande de répondre par oui ou non à une question (voir p. 128, 134, 138).

Prévenu : personne poursuivie pour un délit, qui n'a pas encore été jugée (voir p. 371).

« Printemps des peuples » : de 1847 à 1849, l'Europe est traversée par une vague révolutionnaire qui porte des revendications à la fois politiques (libertés, unité des nations) et sociales (meilleures conditions de travail et de vie pour les ouvriers) (voir p. 92).

Produit urbain brut (PUB) : valeur de l'ensemble des richesses produites en un an par une ville (voir p. 223).

Prolétariat : ensemble des ouvriers de la grande industrie qui sont au bas de l'échelle sociale et qui, selon l'analyse de Karl Marx, sont exploités par la bourgeoisie capitaliste (voir p. 102).

Puissance émergente : puissance connaissant une croissance économique forte depuis les années 1990 et qui souhaite jouer un rôle à l'échelle mondiale face aux grandes puissances (voir p. 320).

R

Raison : capacité à réfléchir par soi-même et à porter un jugement critique sur le monde (voir p. 40).

Réfugié : personne reconnue comme en danger dans son pays d'origine qui obtient le droit de s'installer dans un autre pays (voir p. 242).

Remises : sommes d'argent transférées par les migrants à leurs proches restés au pays (voir p. 235, 242).

République : régime politique dans lequel tous les dirigeants sont élus par les citoyens (voir p. 58, 62, 74, 132).

République sœur : État organisé entre 1795 et 1799 sur le modèle de la République française (voir p. 60).

Ressources halieutiques : ressources de la pêche (voir p. 276, 283).

Ressource naturelle : élément naturel qui, par sa production et son exploitation, devient un atout pour un territoire et ses habitants (voir p. 322).

« Révolution industrielle » ou industrialisation : processus d'accélération des activités industrielles, par lequel la production industrielle dépasse la production agricole au XIXe siècle (voir p. 82, 102).

Route commerciale : route terrestre ou maritime empruntée par les marchands (voir p. 16).

Salon : au XVIIIe siècle, lieu de réunion, souvent tenu par les femmes de la haute société, où les élites cultivées se retrouvent pour échanger, débattre et se distraire (voir p. 50).

Sécurité : mesures décidées par l'État, pour protéger la société contre les dangers et agressions qui porteraient atteinte à la liberté de chacun, au quotidien (voir p. 358).

Ségrégation sociale : situation où des personnes vivent uniquement avec des gens issus du même milieu social et/ou culturel qu'elles (voir p. 200).

Socialisme : au XIXe siècle, ensemble des courants politiques visant à établir une société moins injuste et plus égalitaire (voir p. 102).

Société d'ordres : au XVIIIe siècle, société divisée en trois ordres. Clergé et noblesse (environ 3 % de la population) concentrent richesse et pouvoir et bénéficient de privilèges (ils paient notamment moins d'impôts). Les autres Français constituent le tiers état (voir p. 46, 48, 50).

Souveraineté : droit d'exercer la totalité du pouvoir politique (voir p. 62, 74).

Suffrage censitaire : système électoral dans lequel seuls les citoyens masculins qui paient un certain montant d'impôt par an (le cens) ont le droit de vote (voir p. 128, 130, 138).

Suffragette : à la fin du XIXe siècle, militantes pour le droit de vote des femmes. Le mot apparaît en Angleterre (voir p. 175).

Suffrage universel masculin : au XIXe siècle, vote qui concerne l'ensemble des citoyens âgés de plus de 21 ans (voir p. 128).

Syndicat : association qui défend les intérêts des travailleurs (durée de travail, salaires) (voir p. 91, 102).

Technopôle : espace consacré aux nouvelles technologies regroupant des entreprises, des universités et des laboratoires de recherche (voir p. 292).

Terreur : politique adoptée par la Convention et dirigée par Robespierre de septembre 1793 à juillet 1794. Elle suspend toutes les libertés afin d'éliminer toutes les personnes suspectées d'opposition à la Révolution (voir p. 58).

Théorie de l'évolution : théorie élaborée en 1859 par Charles Darwin selon laquelle l'être humain descend du singe et a évolué au cours du temps. Elle s'oppose au fixisme, hypothèse selon laquelle le monde tel qu'il se présente a toujours été le même puisque façonné par Dieu (voir p. 100).

Tourisme balnéaire : tourisme de bord de mer basé sur le soleil, la plage et les bains de mer (voir p. 256).

Tourisme culturel : tourisme qui a pour objectif de découvrir le patrimoine culturel d'un espace (musées, monuments, gastronomie...) (voir p. 252).

Tourisme d'affaires : déplacement à but professionnel avec mise en œuvre de pratiques touristiques classiques (transport, hébergement, restauration) (voir p. 252).

Touriste : personne qui quitte son domicile, pour des raisons personnelles ou professionnelles, pour une durée supérieure à 24 heures (voir p. 252, 256, 262).

Traite négrière : au XVIIIe siècle, commerce de femmes et d'hommes africains capturés puis vendus à des propriétaires esclavagistes (voir p. 16, 29).

LEXIQUE

Travail forcé : travail obligatoire imposé aux populations colonisées qui ne touchent aucun salaire ; ceux qui le refusent sont sévèrement punis (voir p. 121).

Tribunal correctionnel : juridiction pénale qui juge les délits (vols, violences, infractions de la circulation routière...), passibles d'amendes et, pour la plupart, de peines d'emprisonnement (voir p. 367).

Tribunal de grande instance : il statue sur ce qui concerne l'identité des personnes, le droit des familles (adoption, divorce, héritage...) et a la charge des affaires dont les montants sont supérieurs à 10 000 € (voir p. 367).

Tribunal d'instance : il règle les litiges de la vie quotidienne (loyers impayés...) pour lesquels la demande porte sur des sommes comprises entre 4 000 et 10 000 €. Les affaires sont jugées par un juge unique, assisté d'un greffier (chargé de retranscrire les débats) (voir p. 367).

Urbanisation : phénomène de concentration d'une population dans des villes (voir p. 199, 200).

Plus de
1 être humain sur 2
habite en **ville** depuis 2007

Probablement
2 êtres humains sur 3
d'ici à **2050**

Ville connectée : ville bien intégrée aux réseaux de la mondialisation. Plus une ville est connectée, plus son poids et son influence sont importants à l'échelle mondiale (voir p. 221).

Ville fragmentée : ville où les habitants vivent dans des quartiers séparés, selon leur richesse ou leur origine ethnique (voir p. 191, 200).

Ville mondiale : ville qui concentre des fonctions économiques, de décision et souvent culturelles et/ou politiques. Une ville mondiale est un centre majeur de la mondialisation (voir p. 212, 221).

Zone économique exclusive (ZEE) : zone maritime dans laquelle un État a le droit d'exploiter les ressources maritimes et marines (voir p. 276, 280, 283).

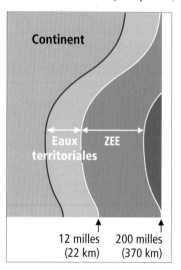

Continent

Eaux territoriales | ZEE

12 milles (22 km) | 200 milles (370 km)

Crédits photographiques

L'*Arrivée du train des maris*,
lithographie couleur de 1908.
Bibliothèque des Arts décoratifs,
Paris.

Touriste sur la plage, quartier de la Marina,
Dubaï (Émirats arabes unis), 2015.

Édition : Morgane Guilhem, avec l'aide de Juliette Sauty, Séverine Bulan et Alexandre Antolin

Conception graphique de l'intérieur : Frédéric Jély

Conception graphique de la couverture : Véronique Lefebvre

Mise en pages : Adeline Calame

Iconographie : Électron libre (Valérie Delchambre) et Geoffroy Mauzé

Cartographie : Légendes cartographie (Frédéric Miotto et Marie-Sophie Putfin)

Frises et schémas : Renaud Scapin

Illustrations : Françoise Scapin-Daumal, Laetitia Aynié (p. 334, 337) et Romain Ronzeau
(p. 345, 363, 368-369)

Relecture : Isabelle Macé

ATLAS

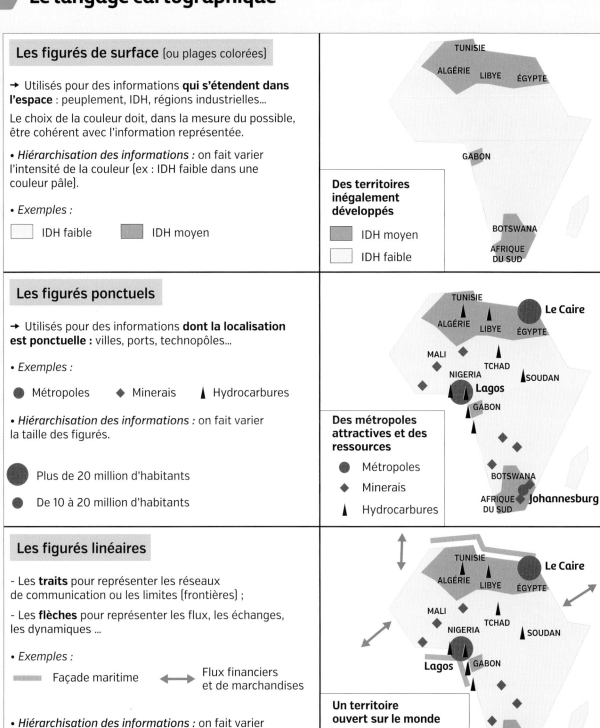

Le langage cartographique

Les figurés de surface (ou plages colorées)

→ Utilisés pour des informations **qui s'étendent dans l'espace** : peuplement, IDH, régions industrielles...

Le choix de la couleur doit, dans la mesure du possible, être cohérent avec l'information représentée.

• *Hiérarchisation des informations :* on fait varier l'intensité de la couleur (ex : IDH faible dans une couleur pâle).

• *Exemples :*

☐ IDH faible   ▨ IDH moyen

Des territoires inégalement développés
▨ IDH moyen
☐ IDH faible

Les figurés ponctuels

→ Utilisés pour des informations **dont la localisation est ponctuelle :** villes, ports, technopôles...

• *Exemples :*

● Métropoles   ◆ Minerais   ▲ Hydrocarbures

• *Hiérarchisation des informations :* on fait varier la taille des figurés.

● Plus de 20 million d'habitants

● De 10 à 20 million d'habitants

Des métropoles attractives et des ressources
● Métropoles
◆ Minerais
▲ Hydrocarbures

Les figurés linéaires

- Les **traits** pour représenter les réseaux de communication ou les limites (frontières) ;

- Les **flèches** pour représenter les flux, les échanges, les dynamiques ...

• *Exemples :*

▬ Façade maritime   ⟷ Flux financiers et de marchandises

• *Hiérarchisation des informations :* on fait varier l'épaisseur des traits ou des flèches.

Un territoire ouvert sur le monde
▬ Façades maritimes
⟷ Flux financiers et de marchandises

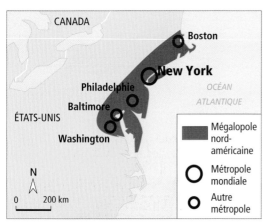

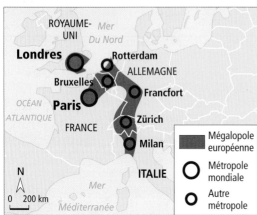

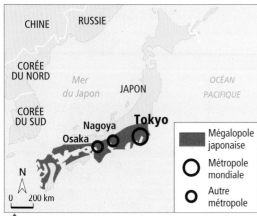

1 Les grandes mégalopoles mondiales

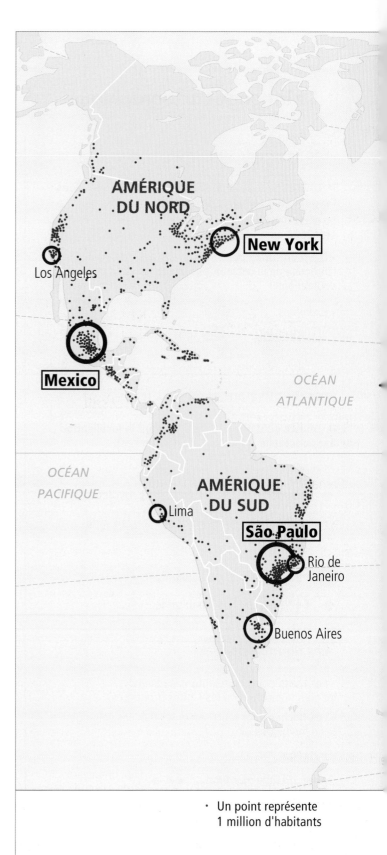

· Un point représente 1 million d'habitants

2 La répartition de la population

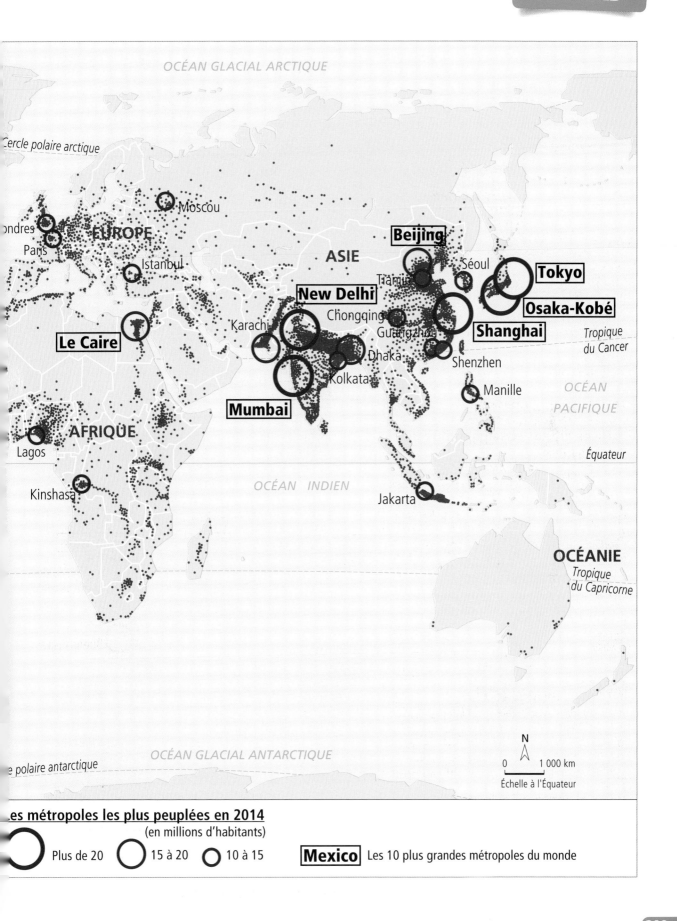

OCÉAN GLACIAL ARCTIQUE

Cercle polaire arctique

Moscou

EUROPE

ondres

Paris

Istanbul

ASIE

Beijing

Séoul

Tokyo

Tiamin

New Delhi

Osaka-Kobé

Karachi

Chongqing

Guangzhou

Shanghai

Tropique
du Cancer

Le Caire

Dhaka

Shenzhen

Kolkata

Manille

OCÉAN
PACIFIQUE

Mumbai

Lagos

AFRIQUE

Équateur

Kinshasa

OCÉAN   INDIEN

Jakarta

OCÉANIE
Tropique
du Capricorne

OCÉAN GLACIAL ANTARCTIQUE

e polaire antarctique

N

0   1 000 km

Échelle à l'Équateur

es métropoles les plus peuplées en 2014
(en millions d'habitants)

Plus de 20   15 à 20   10 à 15   Mexico   Les 10 plus grandes métropoles du monde

ATLAS Relief et climats

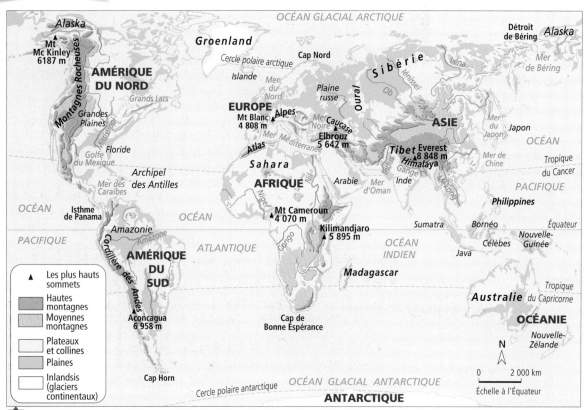

1 Les grands ensembles du relief

Légende carte 1 :
- ▲ Les plus hauts sommets
- Hautes montagnes
- Moyennes montagnes
- Plateaux et collines
- Plaines
- Inlandsis (glaciers continentaux)

Principaux éléments : Alaska, Mt Mc Kinley 6187 m, AMÉRIQUE DU NORD, Montagnes Rocheuses, Grands Lacs, Grandes Plaines, Mississipi, Floride, Golfe du Mexique, Mer des Caraïbes, Archipel des Antilles, Isthme de Panama, OCÉAN PACIFIQUE, Amazonie, Amazone, AMÉRIQUE DU SUD, Cordillère des Andes, Aconcagua 6 958 m, Cap Horn, Groenland, Cercle polaire arctique, Islande, Mer du Nord, EUROPE, Mt Blanc 4 808 m, Alpes, Atlas, Mer Méditerranée, Mer Noire, Caucase, Elbrouz 5 642 m, Sahara, AFRIQUE, Niger, Congo, Mt Cameroun 4 070 m, Kilimandjaro 5 895 m, Madagascar, Cap de Bonne Espérance, OCÉAN ATLANTIQUE, Cap Nord, Plaine russe, Oural, Sibérie, Lena, Ob, Ienisseï, ASIE, Arabie, Mer d'Oman, Inde, Indus, Gange, Tibet, Himalaya, Everest 8 848 m, Mékong, Mer de Chine, Japon, Mer du Japon, Philippines, Sumatra, Bornéo, Célèbes, Java, Nouvelle-Guinée, OCÉAN INDIEN, OCÉAN PACIFIQUE, Tropique du Cancer, Équateur, Tropique du Capricorne, Australie, OCÉANIE, Nouvelle-Zélande, Détroit de Béring, Mer de Béring, OCÉAN GLACIAL ARCTIQUE, OCÉAN GLACIAL ANTARCTIQUE, Cercle polaire antarctique, ANTARCTIQUE

N ↑

0 — 2 000 km — Échelle à l'Équateur

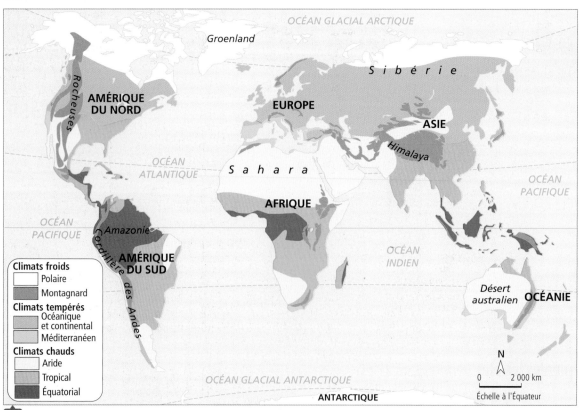

2 Les différents climats

Légende carte 2 :
- **Climats froids**
  - Polaire
  - Montagnard
- **Climats tempérés**
  - Océanique et continental
  - Méditerranéen
- **Climats chauds**
  - Aride
  - Tropical
  - Équatorial

Principaux éléments : Groenland, AMÉRIQUE DU NORD, Rocheuses, OCÉAN ATLANTIQUE, OCÉAN PACIFIQUE, Amazonie, AMÉRIQUE DU SUD, Cordillère des Andes, EUROPE, Sahara, AFRIQUE, Sibérie, ASIE, Himalaya, OCÉAN INDIEN, OCÉAN PACIFIQUE, Désert australien, OCÉANIE, OCÉAN GLACIAL ARCTIQUE, OCÉAN GLACIAL ANTARCTIQUE, ANTARCTIQUE

N ↑

0 — 2 000 km — Échelle à l'Équateur

N° d'éditeur : 10283848 – Dépot légal: Avril 2016
Imprimé en Mai 2022 en Italie par Rotolito S.p.A.

MIXTE
Papier issu de sources responsables
FSC® C022030

Le niveau de développement dans le monde

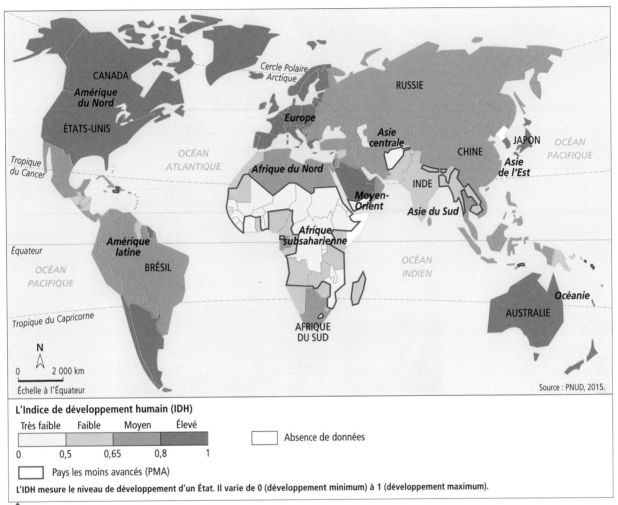

CANADA
Amérique du Nord
ÉTATS-UNIS
Cercle Polaire Arctique
RUSSIE
Europe
Asie centrale
JAPON
OCÉAN PACIFIQUE
CHINE
OCÉAN ATLANTIQUE
Afrique du Nord
INDE
Asie de l'Est
Tropique du Cancer
Moyen-Orient
Asie du Sud
Afrique subsaharienne
Équateur
Amérique latine
BRÉSIL
OCÉAN PACIFIQUE
OCÉAN INDIEN
Océanie
AUSTRALIE
Tropique du Capricorne
AFRIQUE DU SUD

N

0   2 000 km
Échelle à l'Équateur

Source : PNUD, 2015.

L'Indice de développement humain (IDH)

Très faible   Faible   Moyen   Élevé

0   0,5   0,65   0,8   1

Absence de données

Pays les moins avancés (PMA)

L'IDH mesure le niveau de développement d'un État. Il varie de 0 (développement minimum) à 1 (développement maximum).

3 Les inégalités de développement dans le monde

CHIFFRES CLÉS

➡ En **2 jours**, **les 5 % les plus riches** gagnent ce que **les 5 % les plus pauvres** mettent 1 an à gagner.

➡ **8 %** de la population mondiale détiennent plus de **80 % des richesses mondiales.**

Bertrand Badie et Dominique Vidal (dir.), *Un Monde d'inégalités*, *L'état du monde 2016*, La Découverte, 2015.

VOCABULAIRE

▸ **Développement**
Amélioration générale des conditions de vie d'une population.

▸ **Indice de développement humain (IDH)**
Compris entre 0 et 1. Il est calculé à partir de l'espérance de vie, du taux de scolarisation et du revenu par habitant.

▸ **Pays les moins avancés (PMA)**
Les 48 États (dont 34 pays africains) les plus pauvres de la planète. Extrêmement désavantagés dans leur processus de développement, ils bénéficient d'une aide internationale particulière.

Alaska
(É.-U.)

Groenland
(Danemark)

AMÉRIQUE DU NORD

CANADA

Detroit p. 214

Europe p. 236

ÉTATS-UNIS

Chicago p. 290

Californie p. 292

Barcelone
p. 256

MARC

OCÉAN

PACIFIQUE

MEXIQUE

BAHAMAS

Sahara
occidental²

CUBA   HAÏTI   RÉPUBLIQUE
DOMINICAINE

MAURITANIE

BELIZE
GUATEMALA   HONDURAS   JAMAÏQUE
SALVADOR   NICARAGUA
COSTA RICA

Porto Rico (É.-U.)
Guadeloupe et
Martinique (F.)

OCÉAN

SÉNÉGAL
GAMBIE
G.BISSAU
GUINÉE
SIERRA-LEONE

BUF
FA

Mexico p. 192

PANAMÁ

COLOMBIE

VENEZUELA

TRINIDAD-ET-TOBAGO

GUYANA
SURINAM
Guyane
(F.)

ATLANTIQUE

LIBERIA
CÔTED'IVOIRE

G

ÉQUATEUR

AMÉRIQUE DU SUD

BRÉSIL

Costa Rica p. 252

PÉROU

Afrique de l'Ouest
p. 308

BOLIVIE

PARAGUAY

Afrique au
p. 314

URUGUAY

ARGENTINE

CHILI

Ce

N

NORVÈGE

Mer
Du Nord

SUÈDE   ESTONIE   RUSSIE

IRLANDE   ROYAUME-
UNI   DANEMARK

Mer
Baltique

LETTONIE
LITUANIE
RUSSIE

BIÉLORUSSIE

OCÉAN

PAYS-BAS

BELGIQUE ALLEMAGNE   POLOGNE

ATLANTIQUE

LUXEMBOURG

RÉP. TCHÈQUE

UKRAINE

FRANCE   LIECHTENSTEIN
SUISSE AUTRICHE

SLOVAQUIE

HONGRIE

MOLDAVIE

SLOVÉNIE
CROATIE

Crimée¹

PORTUGAL

ANDORRE

ITALIE

MONACO

ROUMANIE

Mer
Noire

BOSNIE
HERZÉGOVINE   SERBIE
MONTÉNÉGRO KOSOVO
VATICAN

BULGARIE

ESPAGNE

ST MARIN

MACÉDOINE
ALBANIE

Ce

GRÈCE   TURQUIE

Mer

0   500 km

MALTE   Méditerranée

1. Région ayant proclamé son rattachement à la Ru
rattachement validé par la Russie mais non reconnu